中国人民大学

中国社会发展研究报告 2018

更好满足人民美好生活需要

RENMIN UNIVERSITY OF CHINA
RESEARCH REPORTS ON CHINA SOCIAL DEVELOPMENT 2018

STRIVING TO BETTER THE PEOPLE'S LIFE

主　　编　张建明　洪大用　刘少杰
执行主编　洪大用
执行副主编　黄家亮

中国人民大学出版社
· 北京 ·

出版说明

2002 年以来，中国人民大学年度系列发展报告（即《中国人民大学中国社会发展研究报告》《中国人民大学中国经济发展研究报告》和《中国人民大学中国人文社会科学发展研究报告》）的出版发行，引起了社会各界和广大读者的广泛关注，产生了较大的社会影响，成为我校一个重要的学术品牌。

中国人民大学系列发展报告的各个子报告均由编委会负责审定选题、整体框架、主要内容和编写体例，组织有关专家召开研讨会，审核报告的写作提纲。各报告实行主编负责制，主编由校学术委员会主任、秘书长会议确定，学校聘任；主编聘请副主编或执行副主编。各报告根据主题，分别聘请相关部门的领导和知名学者担任顾问。中国人民大学社会学理论与方法研究中心、中国人民大学中国经济改革与发展研究院和中国人民大学人文社会科学发展研究中心分别作为《中国人民大学中国社会发展研究报告》《中国人民大学中国经济发展研究报告》和《中国人民大学中国人文社会科学发展研究报告》的依托单位，在组织和写作方面发挥了主要作用。

根据实际情况及学者建议，学校对年度系列发展报告进行了一些调整。2010 年，《中国人民大学中国法律发展报告》开始列入年度系列发展报告。2012 年，学校在上述系列发展报告的基础上推出了“研究报告系列”，涉及经济、社会、新闻和教育等学科，拓展了研究领域。现在，报告的编写出版工作已纳入学校的年度科研计划，成为一项常规性工作。2014年，学校根据“研究报告系列”发展的实际情况，决定不再出版《中国人民大学中国经济发展研究报告》和《中国人民大学中国人文社会科学发展研究报告》。

由于报告所涉及的问题大多具有重大、复杂和前沿性的特点，加上写作与出版周期较短及研究水平的局限，尽管我们尽了努力，报告中的不足或易引起争议的地方仍在所难免。欢迎专家和学者批评指正。

中国人民大学发展研究报告编委会

2018年6月1日

目　录

专题报告

Contents

Abstract

The theme of *Research Report on China Social Development 2018* is "Striving to better the people's life". This report consists of 1 introduction, 12 chapters and 1 appendix with an indepth analysis of the striking inadequacies that affect people's sense of fulfillment, happiness and security in 12 basic areas. These areas are related to people's livelihood and wellbeing such as targeted poverty reduction, employment, education, income distribution, medical and healthcare service, elderly care service, housing and housing security, social security, food and medicine safety, culture and sports service, population development and ecological environment.

Since the 18th CPC National Congress, under the strong leadership of the CPC Central Committee with Comrade Xi Jinping as the core, we have a clearer direction of where people's livelihoods and well-being are headed, improving institution effectiveness, and the most remarkable achievements. Thanks to constraining objective conditions, there are pronounced problems as unbalanced and inadequate development in the way to improve livelihoods and wellbeing. The 19th National Congress Report has stressed that "we must prioritize the important, address the inadequate and compensate for the weakness" and "strengthen the weakness in the development of livelihoods". Fundamentally, this requires us to recognize the change of people's needs from the prospective of development and scientifically understand people's new needs for a better life.

People-centered development is one of the core principles of Xi Jinping Thought on Socialism with Chinese Characteristics for a New Era. It is also a fundamental guide to action for improving social security and people's wellbeing, as well as strengthening and innovating social administration and governance. In practice, the key to people-centered development is to put the people's interests above all else, and make sure that the gains of reform and development are shared among all our people in a fair way. We will make sure that everyone performs their duties and shares the benefits; we will never compromise the bottom line , and we will prioritize key areas, improve institution effectiveness, and guide public expectations. We will improve the public service system, ensure people's basic quality of life, and keep up with people's ever-growing needs for a better life. We will continue to promote social justice, develop effective social governance, and maintain public order. With this we should see that our people will always have a strong, self-assured and sustainable sense of fulfillment, happiness, and security. Among these, it is the top priority of practical work to address inadequacies.

The introduction of this report analyzes the historical background, current situation and common causes of inadequacies in improving people's livelihood and wellbeing. Based on these, we propose several pieces of advice on addressing inadequacies in the process of development and establishing development mode with Chinese Characteristics. As this report points out, we must balance between development and people's livelihood and wellbeing, the collective and the individual, supply and demand, leading the people and serving the people, so as to exploring a sound universal-sharing mode that both suits with our national context and has Chinese Characteristics. Meanwhile, we should try to avoid various risks that might emerge during the social advancement in the New Era, and keep a watchful eye on the possible negative social effects produced when improving people's livelihood and wellbeing, "on the discordant development between economic and society", on social ruptures before breaking the cycle of social exclusion. Besides, we must promote institutional innovation regarding to social security and activate the vitality of market and society.

Chapter 1 focuses on problems in targeted poverty reduction area. Under the top-down pressure, some local governments seek for quick but shortsighted success when trying to complete poverty reduction missions. Some local governments rely too much on orders from the above and ignore the function of market and society, failing to activate the autonomy of poverty population. resources distribution to reduce poverty leads to new social inequality and development disparity. Urbanization's impact on poverty problems receives no effective countermeasures or responses. To solve the problems above, the author suggests that we should establish or improve long-term poverty reduction system, construct a multiple-administration framework, enhance rural development and coordinate poverty governance between the urban and rural area.

Chapter 2 analyzes the current situation of employment and new targets and tasks in the future. The employment situation nationwide remains stable and full employment has been basically achieved, especially due to the great attention of the Party and the government, economic development and optimized economic structure, and the bonus from the reform and policy as well. However, there are still some acute problems in employment. At the macro level, the ever-growing pressure of full employment co-exists with structural contradictions. At the individual level, some laborers "find it difficult to find a job and even more so to find a good job". The factors that contribute to this situation are complicated and multiple, the economic transformation, the tension between supply and demand of human resources, the lag of social values and beliefs, and a lack of relevant policies to name a few. In the future, our country's employment should be developed in the direction of "better quality", which indicates that more efforts should be made on market guidance and policy support.

Chapter 3 analyzes the acute inadequacies in education area. It has been

40 years since the reform and opening-door policy was launched. Our country's education has made remarkable achievement. Meanwhile, we encounter prominant problems of unbalanced and inadequate development, including "inaccessibility to quality kindergartens", the "school-choice craze" during the compulsory education stage (which is becoming more and more prevalent in medium and small cities), severe rural education problems, difficulty for rural migrant workers' children to "go to urban school", for instance. Insufficient supply of education resources, unbalance distribution of high-quality education resources and inequality of institutions are the main reasons of those problems mentioned. To address inadequacies in education area, efforts should be made to promote education equality and improve education quality.

Chapter 4 analyzes striking problems in our country's income distribution area. Firstly, income gap on the whole is still too wide and the Gini Coefficient remains a relatively high level in the world. Secondly, residents fail to sense the slowly-falling Gini Coefficient in recent years, thus they have a relatively strong sense of social injustice. Thirdly, to some extent, stagnant income fluency has emerged in rural and urban area. Fourthly, middle income group which is small in proportion have a strong sense of relative deprivation, and therefore a low social-status identification. Differences in individual's income sources and talents, inequality in government's redistribution and household differences in human and social capital investments all lead to inequality of income distribution. It is suggested that we should promote education equality, enhance the function of government redistribution and enlarge middle income group.

Chapter 5 analyzes problems existing in national health service area. Problems of "being difficult and expensive to see a doctor" have not been fundamentally solved yet. Demand for community-level medical service is not satisfied. Conflicts between 4 doctors and patients are still serious. The public still lack a scientific health knowledge. Imperfection of medical care security system, failure of medical insurance policy, ineffective reform of medical administrations, disordered industry supervising and lack of migrant perspective in distribution of medical resources lead to problems mentioned above. In the long term, to improve national health care system, we need to aim at "BIG HEALTH" strategy and rethink health service from three macro perspectives, which are life-course, progress-of-health-care service and whole-population. Besides, we should handle the relationship between "government" and "market" properly in order to achieve effective distribution of medical resources.

Chapter 6 focuses on the development of our country's elderly care service. Currently, we are facing "three thorny issues", that is, "the difficulties of elderly care" by the family, "of operation" by the market, and "of being administrated" by the government. Aging population, incompatibility between development of elderly care service and social values on elderly care, social-economic characteristics of "becoming aging before getting rich" and imperfection of elderly care policy are all the main causes of these problems. This proposes new requests on top-level design and institution improvement to elderly care service. It is also suggested that long-term elderly care system be established and social environment of elderly care be built. Besides, we can develop E-elderly-care with the help of information technology.

Chapter 7 focus on problems of housing and housing security, which is people's very big concern. The principle of our country's housing advancement in the New Era is that "A house is for dwelling, not for speculation". Currently, we are still facing so many challenges in housing area, such as people's lack of confidence on housing prices control, imperfection of renting market, insufficient support for housing policy, failure to meet the public's demands for government-subsidized housing, et. al. Growth-focused mission and bargain between central and local governments have weakened the effectiveness of price control. Weak market supervising and unequal rights for housing purchase and renting have limited the development of renting market. The policy system of housing security and flaws of supply system have weakened the function of government-subsidized housing. To solve these problems, it is urgent to establish a housing system that ensures supply through multiple sources, provides housing support through multiple channels, and encourages both housing purchase and renting.

Chapter 8 analyzes acute problems of social security. Firstly, unbalanced and inadequate development on the whole remains pronounced, the different original designs for different categories of institutions have resulted in the great disparities in welfare. For example, there are relatively huge differences of basic pension schemes between employees, rural and non-working urban residents and employees of public institutions. So is the case of the differences between free medical care, basic medical insurance for urban employees and rural and non-working urban residents. Secondly, the fact that pension schemes remain a low level under national unified management not only violates the basic principle of social insurance with a negative impact on the efficiency of that institution, but affects free flows of people with talents and labor force as well. Thirdly, the postponed retirement age policy has not been executed yet. Fourthly, there are inadequacies in subsistence allowances system, including inaccurate identification of low income people, repeated social welfare, disconnection from one institution to anothers. To promote social security system, we need to deepen reform in the system, based on the wishes of people and consensus.

Chapter 9 focuses on our country's food and medicine safety problems. The food and medicine safety concerns the health and living quality of people and thus receive much attention. Problems in this area include failure of some food and medicine to reach the quality standard, pesticides and veterinary drugs residual or heavy metal on edible agricultural products exceeding the limits, disorder in health food industry, rumors of food and medicine safety discouraging consumers and controversies on the security of GMF (genetically modified food). Difficulty and inadequate effort on supervising, lack of experience to supervise "Internet-plus" industry and prevailing local protectionism are main causes of existing problems. Supervising system needs to be improved, especially to adapt to the development of "Internet-plus" industry and sharing economy and to put the supervision work into practice.

Chapter 10 focuses problems in culture and sports area. Firstly, shortage of supply, structural imbalance and inadequate management lead to insufficient public sports and cultural facilities. Secondly, there exists imbalance distribution of facilities and resources, such as the tendency of facilities being concentrated in urban and central areas. Thirdly, irregular management of facilities tends to hold the principle of "Construction First, Management Second", limiting the function of those facilities. The monotonous source of funding, insufficient government investment, irregular policy execution, outdated management institutions and cultural industry's failure to recognize the relationship between economic and social benefits are the main causes of the problems above. It is suggested that based on the principle of "increasing supply" and "activating available resources", we should specify government accountability, improve management institutions, introduce social forces through verified channels, strengthen the "execution" of policy, establish scientific evaluation standard and institutions of cultural products and promote "Internet-plus public cultural and sports service".

Chapter 11 focuses on our country's challenges of population development. In general, our country's population development has come to the New Normal state since 1990s. The population gross remains an inertial growth and the growth is slowing. Great improvement can be seen in national health quality and the average life expectancy has increased. The level of population urbanization is steadily rising and the population mobility is growing. Low birth rate and structural imbalance are the main challenges of population development in our country, which stands out as the accelerating aging issue that affects traditional household function. To achieve balanced and sustainable development of population in a long period is a long-term goal in our country. As a result, we should make proper strategies based on empirical research, with raising birth rate and reshaping g household lying at the heart.

Chapter 12 focuses on significant problems in ecological environment area. After 4 decades of reform and opening-up, rapid development has been achieved in different aspects of socioeconomic in our country, but "extensive" development modes in the past have brought about lots of environment problems. In recent years, air pollution (smog mainly) and water pollution have become biggestenvironment concerns. Besides, the process of ecological advancement is facing extra challenges from some internal flaws in management institutions of environmental protection. To solve these problems, we should figure out solutions to each specific problem, starting from institution building, improve the management institutions of environmental protection.

The appendix shows the results of Survey on the Sense of Development Fulfillment and Satisfaction of livelihoods and Wellbeing in 2017, which was conducted by National Survey Research Center at Renmin University of China. The results show that most people have sensed and approved the development of wellbeing areas in recent years. People's sense of happiness, fulfillment and confidence has increased. Nearly 80% interviewees felt happy in their life, 86% considered that development in recent years had raised level of their material life and 86% felt confident to the future. Meanwhile, we should bear in mind that problems of imbalance and insufficient development have become the main difficulties and obstacles in current process of wellbeing development. Gaps between the urban and rural area are still wide, social and and reginonal disparities are still large. The gains of reform and development therefore should fairly shared among different regions in our country and different social groups in our society. The imbalance and insufficient development in wellbeing area exert negative impact on people's ever-increasing needs for a better life and on the improvement of people's sense of fulfillment. We should put more efforts in wellbeing advancement that is inclusive, fundamental and helpful to those most in need. We should make the gains of reform and development in wellbeing area palpable so that people's sense of fulfillment, happiness and security can be strengthened.

总报告 补短板、促民生，更好满足人民美好生活需要

党的十九大指出，经过长期努力，中国特色社会主义进入了新时代，这是我国发展新的历史方位。新时代我国社会主要矛盾已经转化为人民日益增长的美好生活需要和不平衡不充分的发展之间的矛盾。但是，我国仍处于并将长期处于社会主义初级阶段的基本国情没有变，我国是世界最大发展中国家的国际地位没有变。民生领域还有不少短板，脱贫攻坚任务艰巨，城乡区域发展和收入分配差距依然较大，群众在就业、教育、医疗、居住、养老等方面面临不少难题。如何在发展中补齐民生短板、促进社会公平正义，进一步提升人民生活水平和生活质量，进一步增强广大人民群众的获得感、幸福感、安全感，更好满足人民美好生活需要，是一项具有重大理论意义和实践意义的课题。深入学习和实践习近平新时代中国特色社会主义思想，精准聚焦，精准发力，精准施策，是破解这一重大课题的关键所在。

一、更好满足人民美好生活需要

党的十八大以来，以习近平同志为核心的党中央提出了一系列治国理政的新思想新理念新战略，坚持以人民为中心的发展思想，更好满足人民美好生活需要是其核心内涵。

（一）以人民为中心的发展思想的提出

2012 年 11 月 15 日，习近平总书记在新一届中央政治局常委同中外记者见面会上郑重提出，“我们的人民热爱生活，期盼有更好的教育、更稳定的工作、更满意的收入、更可靠的社会保障、更高水平的医疗卫生服务、更舒适的居住条件、更优美的环境，期盼孩子们能成长得更好、工作得更好、生活得更好。人民对美好生活的向往，就是我们的奋斗目标”①。这次讲话直接提出了以满足人民的美好生活需要作为一切工作的出发点和落脚点。党的十八大以来，习近平总书记在多次重要讲话中不断重申和丰富这一思想。2014 年 2 月，习近平总书记在接受外国媒体专访时指出，“我的执政理念，概括起来说就是：为人民服务，担当起该担当的责任”②。此后，习近平总书记多次指出：“让老百姓过上好日子是我们一切工作的出发点和落脚点”，“在发展经济的基础上不断提高人民生活水平，是党和国家一切工作的根本目的”③。2015 年 11 月，习近平总书记在中央政治局第二十八次集体学习讲话时第一次直接使用了“以人民为中心的发展思想”这一表述，他指出：“坚持以人民为中心的发展思想。发展为了人民，这是马克思主义政治经济学的根本立场。”④ 2016 年，习近平总书记在党的十八届六中全会上面向未来提出了“八个如何”理论命题，其中之一就是“如何坚持好以

① 习近平谈治国理政：第 1 卷. 1 版. 北京：外文出版社，2014：4.

② 同①101.

③ 习近平关于社会主义社会建设论述摘编. 北京：中央文献出版社，2017：4.

④ 同③11.

人民为中心的发展思想，更好保障和改善民生”。2017 年 7 月 26 日，习近平总书记在省部级主要领导干部“学习习近平总书记重要讲话精神，迎接党的十九大”专题研讨班开班式上的重要讲话中进一步指出，未来我们党必须更好地回应人民对美好生活的向往，更好推动人的全面发展、社会全面进步，进一步完善了坚持以人民为中心的发展思想。

2017 年 10 月 18 日，习近平总书记在党的十九大报告中指出“明确新时代我国社会主要矛盾是人民日益增长的美好生活需要和不平衡不充分的发展之间的矛盾，必须坚持以人民为中心的发展思想，不断促进人的全面发展、全体人民共同富裕”，强调“人民是历史的创造者，是决定党和国家前途命运的根本力量。必须坚持人民主体地位，坚持立党为公、执政为民，践行全心全意为人民服务的根本宗旨，把党的群众路线贯彻到治国理政全部活动之中，把人民对美好生活的向往作为奋斗目标，依靠人民创造历史伟业”①。坚持以人民为中心的发展思想成为习近平新时代中国特色社会主义思想的重要组成部分。

（二）以人民为中心的发展思想的重要意义

以人民为中心的发展思想是当代中国马克思主义政治经济学思想，体现了中国共产党的宗旨意识和根本立场，体现了公平正义的社会主义核心价值观，体现了新发展理念，是“五位一体”总体布局和“四个全面”战略布局的核心和灵魂。以人民为中心的发展思想不仅充分反映了共产党执政规律、社会主义建设规律、人类社会发展规律的客观要求，而且体现了习近平总书记所阐述的“遵循经济规律的科学发展，遵循自然规律的可持续发展，遵循社会规律的包容性发展”的核心要义，极大地丰富了马克思主义人民观、发展观，是马克思主义人民观、发展观的新飞跃、新发展，是中国共产党关于发展思想的最新成果，更是当前和未来相当长一段时期内进一步保障和改善民生的根本行动指南。

坚持以人民为中心的发展思想是对以神为本、以物为本和抽象的以人为本的超越，也是社会主义发展新阶段的必然要求。“民为邦本，本固邦宁。”发展为了谁、依靠谁，是一切发展观尤其是执政党必须清楚回答的根

① 党的十九大报告辅导读本. 北京：人民出版社，2017：20-21.

本问题。我们党在成立之初就庄严地向世人宣告，中国共产党自身没有特殊利益，人民的利益就是我们的利益。与抽象的以人为本思想不同，以习近平同志为核心的党中央从宏观的、历史的和战略的高度出发，将以人为本落到了执政的方方面面，即将坚持和完善中国特色社会主义与共产主义远大理想统一起来，将解放和发展生产力同实现中华民族伟大复兴统一起来，将经济发展与社会进步统一起来，将中国发展与世界各国共同发展统一起来，实现经济发展的成果由全体人民共享。

十九大报告指出，为什么人的问题，是检验一个政党、一个政权性质的试金石。带领人民创造美好生活，是我们党始终不渝的奋斗目标。必须始终把人民利益摆在至高无上的地位，让改革发展成果更多更公平惠及全体人民，朝着实现全体人民共同富裕不断迈进。人不是抽象的，而是现实的，历史的创造者不是某个人、某些人，而是广大人民群众。我们在发展进程中始终要密切关注人民群众需求的变化，始终把实现好、维护好、发展好最广大人民的根本利益作为党和国家一切工作的出发点和落脚点。我们不仅注重人民群众需求满足的状况，而且尊重人民主体地位，调动人民积极性主动性，发挥人民首创精神，保障人民各项权益，促进全体人民共同参与发展。

坚持以人民为中心的发展思想，要求我们在发展问题上形成全局观、整体观、持续观、公正观、群众观。全局观要求我们意识到，民生是人民幸福之基、社会和谐之本，牵一发而动全身。民生连着民心、民心凝聚民力，做好保障和改善民生工作，不能仅仅就事论事，应当有全局观，要认识到改善民生不仅事关群众福祉与社会和谐稳定，而且是全面建成小康社会的关键要求，是实现中华民族伟大复兴中国梦的核心内容。整体观要求我们从中国特色社会主义事业总体布局的高度，用宏观的、系统的、辩证的思维来观察和分析民生问题。持续观要求我们必须持之以恒，为实现经济发展与社会进步的良性互动形成可持续的体制机制保障，不断满足人民群众的新需求。公正观要求我们从社会主义本质与社会长治久安的高度出发，协调好少数人先富与共同富裕的关系，需要节制资本增进劳动者权益，需要关怀弱势群体的合法权益，需要处理好干部和群众之间的关系，需要完善再分配制度体系。群众观则要求我们进一步认识到，增进民生福祉是坚持立党为公、执政为民的本质要求。人民是最大的靠山，脱离群众是最大的危险。我们党之所以得到人民的拥护和支持，从根本上说，就是因为

能始终代表中国最广大人民群众的根本利益。

（三）以人民为中心的发展思想要求着力保障与改善民生

在实践中，坚持以人民为中心的发展思想，关键是要不断提升广大人民群众的获得感、幸福感、安全感。习近平总书记曾多次强调，“中国梦就是人民的幸福梦”。2015 年 1 月，习近平总书记在中央深化改革领导小组第十次会议上明确提出，要“推出一批能叫得响、立得住、群众认可的硬招实招”，“把改革方案的含金量充分展示出来，让人民群众有更多获得感”①。此后，在众多国内外重大场合中，习近平总书记频繁地提起“获得感”和“幸福感”等关键词。在 2016 年的新年贺词中，习近平总书记着重强调了“获得感”这个概念；在 2016 年 2 月的中央深化改革领导小组第二十一次会议上，习近平总书记将“是否促进经济社会发展、是否给人民群众带来实实在在的获得感”这“两个是否”上升为改革成效的评价标准②；同年 4 月，在网络安全和信息化工作座谈会的讲话中，习近平总书记提出要“让亿万人民在共享互联网发展成果上有更多获得感”③；同年 9 月，在二十国集团杭州工商峰会开幕式发表主旨演讲时，习近平总书记提出，中国将“更加注重公平公正，在做大发展蛋糕的同时分好蛋糕，从人民最关心最直接最现实的利益问题出发，让老百姓有更多成就感和获得感”④。在 2017 年 7 月 26 日在省部级主要领导干部“学习习近平总书记重要讲话精神，迎接党的十九大”专题研讨班开班式上的重要讲话中，习近平总书记进一步强调了人民对美好生活的向往问题。在十九大报告中，习近平总书记强调“坚持在发展中保障和改善民生。增进民生福祉是发展的根本目的”，“保证全体人民在共建共享发展中有更多获得感，不断促进人的全面发展、全体人民共同富裕”⑤。可以说，如何进一步提升人民群众的改革获得感和生活

---

① 习近平总书记系列重要讲话读本：2016 年版. 北京：学习出版社，2016：76-77.

② 习近平主持召开中央全面深化改革领导小组第二十一次会议.（2016-02-23）[2018-06-20]. http://www.xinhuanet.com/politics/2016-02/23/c_1118135058.htm.

③ 习近平. 在网络安全和信息化工作座谈会上的讲话.（2016-04-26）[2018-06-20]. http://www.xinhuanet.com/newmedia/2016-04/26/c_135312437_2.htm.

④ 习近平. 中国发展新起点　全球增长新蓝图. 人民日报，2016-09-04（3）.

⑤ 党的十九大报告辅导读本. 北京：人民出版社，2017：23.

幸福感，已经成为党中央贯彻落实以人民为中心的发展思想的主要抓手。

在具体操作层面上，提升广大人民群众的改革获得感和幸福感，需要不断分析和识别人民需求的变化。当前我国民生发展不平衡不充分的问题还很突出，需要“抓重点、补短板、强弱项”。着力补齐民生短板，是将坚持以人民为中心的发展思想落到实处的客观要求。“民之所呼，政之所向。”习近平总书记指出，抓民生要抓住人民最关心最直接最现实的利益问题，抓住最需要关心的人群，一件事情接着一件事情办、一年接着一年干，锲而不舍向前走。我们要随时随刻倾听人民呼声、回应人民期待，保证人民平等参与、平等发展权利，维护社会公平正义，在幼有所育、学有所教、劳有所得、病有所医、老有所养、住有所居、弱有所扶上不断取得新进展。

二、影响人民美好生活的主要短板

党的十八大以来，以习近平同志为核心的党中央坚持以人民为中心的发展思想，高度重视保障和改善民生工作，我国民生事业发展方向更加明晰，制度日趋完善，发展成就举世瞩目。经过 2013—2017 年五年的努力，我国人均 GDP 超过 9 000 美元，居民收入年均增长 7.4%，超过经济增速，形成世界上人口最多的中等收入群体。城镇新增就业 6 600 万人以上，13 亿多人口的大国实现了比较充分的就业。脱贫攻坚取得决定性进展，贫困人口减少 6 800 多万，易地扶贫搬迁 830 万人，贫困发生率由 10.2%下降到 3.1%。社会养老保险覆盖 9 亿多人，基本医疗保险覆盖 13.5 亿人，织就了世界上最大的社会保障网。人均预期寿命达到 76.7 岁。棚户区住房改造 2 600多万套，农村危房改造 1 700 多万户，上亿人喜迁新居①。此外，3 600 万套保障性住房全部开工并部分建成，教育公平与教育制度现代化持续推进，健康中国建设稳步推进，人口计生政策适时进行调整，广大人民群众的获得感和幸福感持续提升。

为什么说当前人民美好生活仍然存在一些短板？首先是长期以来经济

① 李克强. 政府工作报告：2018 年 3 月 5 日在第十三届全国人民代表大会第一次会议上. (2018-03-22)［2018-06-20］. http://www.gov.cn/premier/2018-03/22/content_5276608.htm.

发展和社会进步的失衡并不能一下子消除，民生领域投入不足制约了一些民生事业的发展；其次，在民生领域的各个方面之间，发展不平衡不充分的情形客观存在，一些方面还不能有效地满足人民美好生活的需要，例如脱贫攻坚的任务依然艰巨；再次，民生建设的每一个方面实际上都是系统工程，从价值理念、政策设计、政策实施到检查评估，任何一个环节的不足，都会影响民生建设的效果，这些不足也成为需要克服的短板；最后，民生本身是在不断发展的，随着新时代人民美好生活需求的变化，原有民生事业的进展和成就成为新工作的起点，甚至也会演变为新的短板。识别民生短板要坚持实事求是、与时俱进的原则，要依据国家的发展理念和实际，依据民生发展规划，特别是要在倾听人民声音的基础上进行科学研究和分析。

为了了解近年来广大人民群众幸福感的提升状况和民生事业存在的短板，中国人民大学等单位多次面向社会公众组织问卷调查。例如，2016 年 12 月，中国人民大学中国调查与数据中心组织的“中国发展信心调查”表明，看病难、买房难、收入少等是民众普遍关心的热点问题①。2017 年 10 月，中国人民大学中国调查与数据中心在全国范围内组织开展了“发展获得感及民生满意度调查”。调查结果表明，过去五年民生领域发展成就获得群众认可，群众反映突出的包括以下方面：31.9％的受访者对我国公共服务资源分布的均衡程度不满意，36.6％的受访者认为目前我国收入分配不公平，33.5％的受访者表示近五年的实际收入基本没有变化，5.6％的受访者表示实际收入有一些减少，4.3％的受访者表示实际收入有大幅下降，41.9％的受访者认为群众的基本居住需求没有得到很好满足，34.9％的受访者担心个人养老问题，56.5％的受访者认为我国食品安全问题严重，43.6％的受访者认为我国环境污染问题严重②。

根据党的十九大的战略部署，结合有关单位问卷调查了解的群众感受，参照专家集体研判的意见，本报告重点分析精准扶贫、就业、教育、收入分配、健康服务、养老服务、住房保障、社会保障、食品药品安全、文化体育服务、人口发展、生态环境 12 个基本民生领域存在的主要短板现象。

① 王卫东．2016 年度发展获得感及民生满意度调查报告．中国人民大学调查与数据中心工作报告．

② 王卫东．2017 年度发展获得感及民生满意度调查报告．本书附录．

在精准扶贫方面，主要短板表现为：一是受扶贫政绩效应驱使，急功近利追求短期效果。二是政府主导扶贫，在充分发挥市场、社会的协同作用方面有所欠缺。三是扶贫资源集中导致新的不公平及发展差距，如略高于扶贫标准的低收入人口无法享受扶贫扶持政策。四是忽略了城镇化对贫困问题的影响，包括城镇就业困难家庭、失地农民、进城农村贫困人口等群体的利益没有得到充分照顾。

在就业方面，主要短板表现为：一是就业总量压力持续和结构矛盾凸显并存，结构性风险有所加剧。从总量上看，劳动力供给增速趋缓，总量逐步减少，总量压力相对缓解，但仍然高位持压；从结构上看，主要是劳动力需求和供给的不匹配。二是部分劳动者“找工作难”，失业风险加大。三是高校毕业生就业压力持续高热，“大学生就业难”依然是牵动社会神经的突出问题。四是劳动收入水平低，收入增长慢，收入差距大。五是劳动强度大，劳动条件差，权益和健康难保障。六是市场体制分割和形形色色的就业歧视等增加就业不公平。

在教育方面，主要短板表现为：一是学前教育“入园难”问题持续存在。二是义务教育“择校热”在短期内仍难消除，并逐渐向中小城市延伸。三是农村教育成为教育基本实现现代化的最大短板，县域义务教育均衡问题形势严峻，特别是中西部地区城乡教育差距突出。随着“城镇化”的快速发展，农村教育面临着生源规模逐年减少、办学规模萎缩、教学质量与城市相比欠佳、教师队伍不稳定、留守儿童家庭教育缺失等诸多问题。四是进城务工人员随迁子女入学难问题困扰流动人口家庭。

在收入分配方面，主要短板表现为：一是总体上居民收入差距过大，基尼系数在世界上位于较高水平。二是近年来基尼系数的缓慢下降并没有让老百姓充分感知到，人民群众的社会不公平感较强烈。三是在城市与农村内部，已经表现出一定程度的收入流动固化趋势。四是中等收入群体具有较强的相对剥夺感，不仅客观的中等收入群体比例较低，主观社会阶层认同也偏低。

在健康服务方面，主要短板表现为：一是看病贵问题仍然存在，疾病负担甚至成为致贫首因。二是基层医疗服务和健康管理服务仍然不能满足需求，看病难问题未明显缓解。三是医患关系矛盾突出，已经成为社会的“不稳定”因素。四是缺乏正规、权威的健康知识来源，医疗和保健市场混乱，公众的科学健康知识有限，健康行为有待进一步改善。五是农民工的职业病和传染病未引起足够重视，正在成为日益严重的疾病负担和社会问题。

在养老服务方面，主要短板表现为：一是社区居家养老发展滞后，无法满足老年人在家养老的需求。二是养老服务机构数量不足、机构服务与需求错位。三是供需结构失衡，“一床难求”与床位闲置并存，公共投入多的城市养老院门庭若市，条件差、位置偏的养老院无人问津。四是缺乏行业标准和分级制度，导致养老院资质和服务标准、财政补贴的效率效能受到影响。五是养老服务体系不够精细化，还存在简单化、粗放式的特点，很多地区都是不加区别地推行普惠式老年人福利制度或者是只针对困难老年人设计政策，使得享受到的“不解渴”、该享受的却没有，过度福利与保障不足并存。

在住房保障方面，主要短板表现为：一是持续上升的房价导致公众形成对未来房价继续上涨的强烈预期，对未来几年房价调控的信心处于较低水平。二是房价和房租水平高、增长快，居民购房租房压力大。三是住房保障大多以户籍为标准，难以有效保障城市非户籍人口特别是外来务工人员的居住需求，住房保障覆盖率低。四是保障性住房供不应求，城市“夹心层”难以获得足够住房政策支持。五是保障性住房职住分离、空间失配严重。六是保障性住房配套设施差，社区管理水平落后。

在社会保障方面，主要短板表现为：一是总体上不平衡不充分的问题仍较明显，不同的制度类别，因制度设计起点不同，导致其待遇水平也有较大差异。如在养老保险方面，职工基本养老保险制度、城乡居民基本养老保险制度和机关事业单位工作人员养老保险制度等不同类别待遇水平就有较大差异。又如公费医疗制度、城镇职工基本医疗保险制度和城乡居民基本医疗保险制度存在同样问题。二是养老保险全国统筹程度较低，不仅违逆了社会保险的基本原则，使制度效能大打折扣，也严重影响了人才和劳动力的自由流动。三是延迟退休年龄政策尚未落地。四是最低生活保障制度还不够完善，还存在低保对象遴选不够精准、福利叠加、不同制度缺乏衔接等问题。

在食品药品安全方面，主要短板表现为：一是人民群众对一些关系到日常生活的重点食品的安全状况不满意。二是食用农产品农兽药残留或重金属超标、超范围超量使用食品添加剂、过期和变质食品等问题依然严重。三是保健食品乱象丛生，难以分辨。四是中药注射剂、疫苗、血液制品等高风险药品安全仍令人担忧。五是互联网餐饮及药品销售安全质量难以令人放心。六是农村食品药品安全问题极为突出。七是食品药品安全谣言盛行，消费者信心不足。

在文化体育服务方面，主要短板表现为：一是公共体育文化设施不足，既有总供给的不足，也有结构性不合理，同时也存在由于管理不完善造成的有效供给不足的问题。二是公共文体设施分布不均衡，我国现有公共文体设施存在向城市集中、向中心城区集中的态势，公共文体资源配置也不尽合理。三是公共文体设施管理不到位、不规范，存在“重建设、轻管理”的倾向，导致公共文体设施的有效作用无法得到充分发挥。

在人口发展方面，主要短板表现为：一是低生育率对流动人口总量、产业结构和劳动力布局等已经产生和正在产生着影响，这一趋势的延续将会给民众心理和社会经济发展带来巨大冲击。二是人口老龄化程度加深、高龄化不断推进，对社会经济发展造成负面影响。三是出生性别比仍处于异常高位且后果开始显现。四是婚姻家庭观念与行为改变，削弱传统婚姻家庭制度和功能。

在生态环境方面，主要短板表现为：一是空气污染问题，雾霾成为公众最关心的环境问题，危险空气污染物污染问题严重。二是城镇和农村燃煤的室内和环境污染问题严重。三是水污染问题严重，城市生活污水处理厂污泥处置严重滞后，城镇生活污水处理覆盖率低，城镇、农村生活垃圾缺乏搜集和无害化处置，广大地区河流水环境破败，设置在村镇的中小企业排放缺乏监管。四是地方政府环保局部分失灵问题严重，环境管理体制需要深入完善。

三、民生领域短板成因的概要分析

针对以上民生领域的主要短板，我们分别进行了深入分析。同时，我们也在整体上认识到当前民生领域短板的存在，有着供需矛盾、体制机制等方面的宏观原因，存在一些共性特征。

（一）民生资源供需矛盾仍然尖锐

从供给角度来看，我国民生资源供给数量与质量不足是客观原因。主

要表现为：一是与人民群众的需求相比，受发展阶段和财力限制，我国的民生资源供给总量仍然相对不足；二是与非基本公共服务的资源供给相比，老百姓最关心的就业、收入、住房、看病等基本民生资源供给仍然相对不足；三是与发达国家相比，我国民生资源使用质量仍然有待提高。

从需求角度来看，广大人民群众的民生需求不断提高是关键影响因素。随着时代的发展进步，人民群众的需求在“水涨船高”。在基本小康时期，人民群众的需求主要限于温饱层面；在全面小康时期，人民群众的需求开始多样化，从温饱走向富裕，从生存走向发展；在后小康时期，人民群众对美好生活的需求不断变化和提高，不仅对物质文化生活提出了更高的要求，而且在民主、法治、公平、正义、安全和环境等方面的需求也在不断增长。我国的发展一直是一种“时空压缩”式的，长期处于赶超式发展和不均衡发展的过程中，导致当前以上三种不同类型的需求同时并存，这就进一步增加了满足人民对美好生活需求的难度。

（二）对经济发展和改善民生之间的关系认识还有不足

习近平新时代中国特色社会主义思想，特别是其中坚持以人民为中心的发展思想，是更好保障和改善民生的根本指导。在实际工作中，深入学习与贯彻执行还有待加强。当前，在党员干部中间还有一些人认为，经济积累用于再生产的越多，经济发展就越快；反之，用于消费尤其是民生类集体消费的越多，就会拖累经济发展，为了保持经济快速发展就要牺牲民生，这是典型的“负担论”。也有一些人认为，近年来改善民生的地位日益上升，各地各部门已经把经济发展和社会进步置于并列位置，已经足够重视民生问题，这可以说是“并列论”。2013 年 5 月，习近平总书记在天津考察时指出，“要实现经济发展和民生改善良性循环”①，从而为经济建设提供长足动力，为社会建设提供长远保障。未来一段时期内，只有彻底摒弃“负担论”，认识到“并列论”的不足之处，全面彻底地贯彻落实习近平总书记坚持以人民为中心的发展思想，真正实现向“循环论”转向，才能在实践中更好地补齐民生短板、提高民生质量。

① 习近平关于社会主义社会建设论述摘编．北京：中央文献出版社，2017：5-6.

（三）民生事业发展体制机制还有待继续完善

尽管目前我国民生事业体制较为系统，运行机制初步健全，但相对于人民日益强烈的需求而言，还有进一步强化和完善的空间。在体制安排上，目前民生事业发展还缺乏统一的领导协调机构，民生领域内的改革创新、激发活力、规划引导、投入支撑等还需要进一步完善。就业创业体制机制建设、教育体制改革、收入分配制度改革、社会保障制度改革、医药卫生体制改革等关键性领域的社会体制机制改革还需要进一步大力推进。特别是，保障和改善民生的法律制度建设还相对滞后。今后需要进一步依法加强和规范公共服务，立法规范和引导各类社会组织健康发展，依法着力发展社会服务产业。

从制度建设本身来看，逐步推进式的制度改革导致制度设计不成体系，制度实施所需要的体制机制不系统不完善。一是制度碎片化。由于城乡、区域和所有制等方面的区隔，不同人群在教育、就业、社会保障、医疗等方面适用不同的制度，而且不同制度的完善程度不一。二是制度欠公平。目前我国仍然存在较严重的城乡、区域、群体间的民生资源供给不均现象，有些基本民生甚至呈现出“歧视性供给”的倾向，其基本特征为歧视农村地区居民，歧视体制外就业群体，歧视低收入社会群体，歧视不发达地区居民。三是制度不可持续性。当前，日益扩大的公共服务供应规模已经对各级政府的供给能力构成挑战，民生事业改革发展所需的长期保障体制机制仍然不够健全。

四、探索实践中国特色民生发展模式

党的十九大提出，保障和改善民生要抓住人民最关心最直接最现实的利益问题，既尽力而为，又量力而行，一件事情接着一件事情办，一年接着一年干。坚持人人尽责、人人享有，坚守底线、突出重点、完善制度、引导预期，完善公共服务体系，保障群众基本生活，不断满足人民日益增长的美好生活需要，不断促进社会公平正义，形成有效的社会治理、良好

的社会秩序，使人民获得感、幸福感、安全感更加充实、更有保障、更可持续。这是探索实践中国特色民生发展模式的根本指南。

十九大报告还对中国特色社会主义新时代的民生发展进行了总体规划。根据这一规划，到2020年，全面建成小康社会。坚决打好防范化解重大风险、精准脱贫、污染防治的攻坚战，使全面建成小康社会得到人民认可、经得起历史检验。到2035年，基本实现社会主义现代化。到那时，人民生活更为宽裕，中等收入群体比例明显提高，城乡区域发展差距和居民生活水平差距显著缩小，基本公共服务均等化基本实现，全体人民共同富裕迈出坚实步伐，生态环境根本好转，美丽中国目标基本实现。到2050年，建成富强民主文明和谐美丽的社会主义现代化强国。到那时，全体人民共同富裕基本实现，我国人民将享有更加幸福安康的生活。这一规划既鼓舞人心又切实可行。

以十九大精神为指引，扎实推进中国特色民生发展，要求我们继续坚持以人民为中心的发展思想，紧紧抓住人民日益增长的美好生活需要和不平衡不充分的发展这一社会主要矛盾，科学研判“人民美好生活需要”的内涵、变化及其规律性，突出“在发展中补齐民生短板”这一主题。

（一）科学分析和把握人民美好生活需要

我们要根据社会主义初级阶段不断发展变化的特点，以发展的眼光看待人民的进步与需要的变化，更好地补齐民生短板。与时俱进是我们思考问题、开展工作的重要方法论。对人民生活、发展状况和需求变化的科学分析和把握，是我党成功领导中国革命、建设和改革的重要保障。随着中国特色社会主义的不断发展，我国经济体制持续变革、社会结构深刻变动、利益格局动态调整、思想观念深刻变化，社会关系呈现出空前的复杂性、多样性。人民群众之间的差异性也日益显著，人民内部矛盾呈现面广量大的特点。人民群众的需要日趋多样化、多层次、多方面，非物质需求更加突出，个性化、自主性以及生活安全、生活质量、生活意义和生活的可持续性等越来越被人们所看重，民主、法治、公平、正义、安全、环境等方面的要求日益增长。人民群众对更加美好的生活更加向往，期盼有更好的教育、更稳定的工作、更满意的收入、更可靠的社会保障、更高水平的健康服务、更舒适的居住条件、更优美的环境、更丰富的精神文化生活。因此，我们要切实践行党的十九大精神和习近平总书记的要求，不断提高战略思维能力，不断增强工作的原则性、系统性、预见性、创造性，以更宽广的视野、更长远的眼光来思考和把握人民群众生活、发展状况和需求的新变化，不断创新以人民为中心的发展理论、制度和方法，增强发展的针对性和有效性。

（二）在推进以人民为中心的发展中着力处理好四大关系

一是处理好发展与民生的关系。发展是民生的保障，民生是发展的目的，发展为了人民。更重要的是，“抓民生也是抓发展”，是开发新产品新服务、培育新模式新业态、实现发展转型升级的重要方面。“为政之道，以顺民心为本，以厚民生为本”。我们一定要落实习近平总书记的指示，“把增进人民福祉、促进人的全面发展、朝着共同富裕方向稳步前进作为经济发展的出发点和落脚点”，不断提升发展质量，创新发展模式，实现发展与民生的良性循环。

二是处理好集体与个人的关系。人民是一个集体性的概念，但是，“人民不是抽象的符号，而是一个一个具体的人的集合”。推进以人民为中心的发展要着眼于让每个人各尽所能、各得其所，让每个人都能受到尊重，都能实实在在地分享发展成果。与此同时，也要基于每个人的根本一致的利益，凝聚集体共识，强化集体安全，保障并增进事关全体人民福祉的整体利益和长远利益。特别是在 2020 年全面建成小康社会后，我们仍然需要为基本实现现代化和建设社会主义现代化强国的目标而奋斗，开启中华民族伟大复兴的新征程。

三是处理好供给与需求的关系。切实从满足需求出发，减少无效供给，增加有效供给，深化供给侧结构性改革，是我们坚定不移的改革方向。这种改革不是简单地增加投资、增加供给，“给什么，吃什么”，而是要求匹配好供给与需求的关系，要求更加精准地分析、把握和引导新需求，推动人的全面发展、社会全面进步。这样，供给侧结构性改革实际上要求更加关注人民群众需求的新变化新特点，更加注意倾听来自人民群众的声音，更加围绕人民群众最关心最直接最现实的利益，更加重视人民群众对需求满足的评价和意见。归根结底，人民群众接受不接受、满意不满意是评价供需匹配的重要尺度，发展效果要由人民评价。

四是处理好带领人民与服务人民的关系。在新时代推进以人民为中心的发展，更好满足人民美好生活需要，必须毫不动摇地坚持和完善党的领导。办好中国的事情，关键在党。只有我们党才能带领人民不断从胜利走向新的胜利。完善党的领导关键在于坚持群众路线，回应人民愿望，“确保党始终同人民想在一起、干在一起”，而不能出现“干部干，群众看”、干部命令群众干等等现象。这就要求党和政府在带领人民谋发展的过程中要充分依靠人民，不搞瞎命令、乱指挥，与人民群众充分沟通协商，调动人民群众的积极性、主动性、创造性，凝聚人民群众的智慧，想群众之所想、急群众之所急、解群众之所困，多些服务意识，多做帮助群众一起干的事情。这样才能更加暖人心、得人心，才能更好团结人、凝聚人，才能更多保证人民当家做主，从而更加体现以人民为中心的发展思想。

（三）致力于构建“适度普惠”型民生发展模式

推进以人民为中心的发展，在发展中补齐民生短板，更好满足人民美好生活需要，我们要特别重视选择与国情相适应的中国特色民生发展模式。当前，发达国家的福利模式主要有三种。第一种是“全福利”国家，以北欧五国为代表，其福利水平很高，在全世界范围内属于最高水平，是基本做到了“从摇篮到坟墓”全部保障的福利国家。但是北欧五国人口总和仅两三千万，有着丰富的天然资源和先进的高新科技产业为支撑，因此这种模式不具有可复制性。第二种是“高福利”国家，以西欧国家为代表，实行“高工资、高税收、高福利”的发展模式，这种模式在 20 世纪五六十年代发展到最佳状态，随后出现的大量“福利病”，让西欧国家不堪重负。虽然经过 20 世纪 80 年代的大改革，但其负面影响一直持续到今天，我们也应当警惕，不能再重蹈覆辙。第三种模式可以称为“中低福利”国家，以美国为代表。美国的福利水平相比较低，譬如，美国至今仍然有 4 000 万左右人口没有参加医疗保险，支付失业救助金时会附加苛刻条件等，使不少需要帮助者无法得到国家的帮助。

立足国情，借鉴国外经验，我们应当规避以上三种福利模式的弊病，建立一种有中国特色的“适度普惠”型民生发展模式。其内涵至少应包括：一是坚持以人民为中心，让广大人民群众过上好日子，这是一切工作的出发点和落脚点。二是民生建设是“适度的”，要着力于“保基本”，即实行以保障基本生活为主的社会保障，实现“应保尽保”。保障和改善民生要多做雪中送炭、急人之困的工作，少做锦上添花、花上垒花的虚功，与此同时，也要根据经济发展和财力状况逐步提高人民生活水平。政府主要是保基本，不适合做脱离实际的过多过高的承诺，要积极引导和鼓励广大群众通过勤劳致富改善生活。三是民生建设是“普惠”的，要着眼于“人人尽责、人人享有”。特别是，我们是社会主义国家，应当充分维护和保障广大劳动人民的美好生活需要和各种合法权利。

（四）要在民生发展工作中警惕潜在风险

在发展中补齐民生短板，探索建立和健全中国特色的民生发展模式，要求我们对一些风险点保持警惕，并努力加强风险管理，规避风险。按照预期，到 2020 年，我国将全面建成小康社会，农村区域性贫困和绝对贫困问题将得到彻底解决，人均 GDP 将超过 1 万美元，进入高收入国家行列。一般而言，在生存型民生得到保障后，民生事业将进入一个全新的质量提升阶段，这一阶段的民生发展难题不会减少，反而可能会因为涉及深层面的利益结构调整而更加复杂。未来，我们在保障和改善民生过程中必须时刻警惕以下一些突出的风险点：

一是持续改善民生可能会产生的负面社会效应。如公共财政的福利支出具有不可逆性，即只能增加不能减少，福利支出效益不断下降，一部分社会成员越来越懒惰散漫；随之而来的就是，一些人权利意识上升但义务意识下降、自由意识上升但责任意识下降，也可能会有部分社会成员因此而丧失人生的坐标，对未来缺乏价值感、目标感和方向感，走向解构主义和价值幻灭。这是在福利国家实践中已经出现的教训。

二是出现“经济和社会两条腿一样长，但步伐不协调”现象，即虽然社会福利总体是适度的，也没有影响经济长远发展，但改善民生的一系列制度安排却并没有转化为经济发展的动力，而经济发展的成果也无法让更多的人有更多的获得感、幸福感。这种状况主要是因为社会政策与经济政策的安排没有处理好“公平—效率”的关系。譬如说，民生资源安排过于集中在享受型福利等方面，很少安排在就业培训等“可持续生计”、激励劳动和创业等方面，这样的社会福利安排就难以与经济发展相协调，难以形成一种相对均衡并且相互促进、良性循环的局面。

三是在利益固化格局被打破之前可能会出现的社会撕裂现象。在未来民生建设中必须做出打破利益固化格局的存量改革，通过提升社会建设的质量来提升人民生活质量。党的十九大明确提出，全面深化改革面临的阻力之一就是利益固化，要“突破利益固化的藩篱”。世界各国既往的改革经验和教训也表明，在利益固化的背景下，如果无法顺利实现利益让渡，改革可能会异化为不同利益群体对既得利益的全力维护，以及对改革新生收益的全力争夺，从而撕裂整个社会。所以，我们在保障和改善民生过程中，除了要积极回应人民利益需求，还要高度重视协调人民内部的利益需求冲突，以人民内部的利益协商和调整为核心，大力推进诸如劳资协商、社会组织协商、社区协商和人民调解等社会合作式社会制度建设，防止“社会不合作”局面的出现，从而使整个社会从机械稳定走向有机的团结与和谐。

（五）持续推进中国特色民生发展的体制机制创新

探索实践中国特色民生发展模式，要全面加强党的领导，在总体上遵循“使市场在资源配置中起决定性作用，更好发挥政府作用”的原则，着重处理好政府、市场与社会的关系，持续推进体制机制创新，坚决破除一切不合时宜的思想观念和体制机制弊端。在建设好服务型政府并充分发挥其作用的基础上，我们特别要注意处理好的问题包括但不限于以下方面：政府责任不到位和包揽过多并存，市场机制、社会资本和民间组织的作用发挥不够，调动各方面积极性的体制机制不健全，民生事业发展活力不足等。实践表明，要把应该由社会和市场发挥作用的事情真正交给社会和市场，特别是在两个方面：一是在实践中证明有效的领域积极推行政府购买、特许经营、合同委托、服务外包、土地出让协议配建等等提供基本公共服务的方式；二是扩大基本公共服务面向社会资本开放的领域，鼓励社会资本以多种方式参与基本公共服务的提供。相应地，在此过程中，政府要在维护社会事业的公益性、保障人民群众基本公共服务需求方面，切实加强管理、服务和监督，提高工作效率，充分发挥应有作用。

专题报告

第一章　精准扶贫面临的深层挑战及关键对策

党的十八大以来，以习近平同志为核心的党中央把精准扶贫、精准脱贫工作作为实现第一个百年奋斗目标的重点工作，摆到治国理政更加突出的位置，开创了农村扶贫开发事业的新局面。从2012年底到2017年底，我国脱贫攻坚取得决定性进展，现行标准下的农村贫困人口由9 899万人减少至3 046万人，年均减少1 370万人；农村贫困发生率由10.2%下降至3.1%；贫困地区农民人均纯收入增幅比全国农民收入增幅高出2.5个百分点，取得历史上最好的成绩①。与此同时，贫困地区交通、水利、能源、通信等基础设施大幅改善，教育、医疗和社会保障等社会事业快速发展，扶贫对象内生发展能力显著增强。联合国秘书长古特雷斯高度评价我国实施精准扶贫、精准脱贫基本方略所取得的成就，认为该项战略“是帮助贫困人口、实现《2030年可持续发展议程》宏伟目标的唯一途径”，“中国的经验可以为其他

① 国家统计局. 中华人民共和国2017年国民经济和社会发展统计公报.（2018-02-28）[2018-06-20]. http://www.stats.gov.cn/tjsj/zxfb/201802/t20180228_1585631.html.

发展中国家提供有益借鉴”①。

不过，在看到巨大成就的同时，也不能忽视我国精准扶贫实践中存在一些不容忽视的问题。正是因为深刻认识到种种问题和困难的存在，十九大报告明确将精准脱贫作为全面建成小康社会必须坚决打好的三大攻坚战之一。深入研究精准扶贫、精准脱贫面临的问题和深层挑战，探索提出针对性解决方案，对于确保打赢打好脱贫攻坚战并推进新时代中国特色社会主义伟大事业，具有重大理论和现实意义。

一、层层传导压力体制下的急功近利倾向及短期行为

精准扶贫须久久为功，下绣花功夫，但一些地方立功心切，急于求成，力图短期内取得突出成效。中央明确要求“保持贫困县党政正职稳定，做到不脱贫不调整、不摘帽不调离”，个别贫困县的党政正职为了能被调离或者提拔，也由过去的争“贫困”变为现在的争“摘帽”，因此就出现了所谓的扶贫“大跃进”。诸如在中西部地区的贫困县常常能够看见“白加黑、5加 2，三年活要一年干”和“奋战 360 天，甩掉贫困帽”等不顾实际情况的“脱贫急躁症”②。

自 2015 年中央扶贫开发工作会议召开至 2016 年底，我国脱贫攻坚的顶层设计基本完成，“五级书记抓脱贫、全党动员促攻坚”的格局基本形成。为级级传导压力，层层压实责任，各级党委和政府制定实施扶贫开发工作成效考核办法，充分发挥成效考核的指挥棒作用，倒逼各地落实脱贫攻坚工作责任。例如，中共中央办公厅、国务院办公厅印发的《省级党委和政府扶贫开发工作成效考核办法》规定，“考核结果作为对省级党委、政府主要负责人和领导班子综合考核评价的重要依据”，对完成年度计划减贫成效显著的省份，给予一定奖励；对发现问题的，由国务院扶贫开发领导小组对省级党委、政府主要负责人进行约谈，提出限期整改要求，情节严重、造成不良影响的，实行责任追究。此外，中央政府还改进了对贫困县的考

① 中共国务院扶贫办党组. 脱贫攻坚砥砺奋进的五年. 人民日报，2017-10-17.

② 周兼明. 扶贫谨防跌入“大跃进”陷阱. 凤凰周刊，2016（35）.

核办法，由过去主要考核GDP向主要考核扶贫成效转变，把提高贫困人口生活水平和减少人口数量作为这些地区党政领导班子和领导干部考核评价的主要指标。

扶贫考核机制的建立和强化极大提升了各级党委和政府对脱贫攻坚工作的重视程度，也在很大程度上为脱贫攻坚工作成效提供了保障。但在这过程中也产生了诸如"建盆景""造花盆"等问题，扶贫工程变成新形势下政绩工程的重点领域。为了应对工作考核，尽早完成扶贫任务，一些地方在脱贫攻坚中"亲易畏难""重形式轻结果"，将工作精力过多分配在容易实现、容易看得见的部分，导致扶贫政策在实施过程中常常偏离政策制定的初衷。如产业扶贫片面强调开展见效快的项目，简单发鸡苗种畜，或搞龙头企业与贫困户的"拉郎配"，短期内容易出效果，但项目结束后可能出现脱贫人口集中返贫的问题。

产业扶贫是开发式扶贫的基本途径，也是实现精准脱贫的重中之重。它旨在通过扶持发展地方特色产业，提升贫困群体自身发展能力，促进贫困地区人口脱贫致富。因此产业扶贫不仅强调增加贫困人口收入，而且注重提升贫困人口稳定脱贫能力。一般来说，在市场经济条件下，若做到了通过产业扶贫提高贫困地区资源利用率及贫困人口自我发展能力，长期稳定的收入增加则是水到渠成的事。值得注意的是，在当前脱贫攻坚的大背景下，一些地方持续增加扶贫投入，通过产业项目支撑，实现短期内贫困人口收入快速增加的目的相对来说并不难，但离当地资源有效开发、贫困人口发展能力提升的目的则相距甚远。例如，在一些市县，产业扶贫实际上成了变相的转移支付或者包装后的"输血"式扶贫。政府将财政扶贫资金或扶贫小额信贷量化到贫困户头上，然后直接交给有关农业企业使用，要求该企业托管指定贫困户的产业并按保底价格收购其农产品。这种做法，短期内即可得到很好的数字脱贫效果，但距产业扶贫的实质精神已相去甚远。

诸如产业扶贫中的"亲易畏难"、重表面效果轻发展过程等问题，在其他扶贫工程中也大量存在。例如，在易地扶贫搬迁中，一些地方重盖房搬迁，轻生计重建和社会融入，致使集中安置点成为潜在的"贫民窟"。从政策设计来看，易地扶贫搬迁旨在彻底改善贫困人口生计发展条件，实现自然资源匮乏、基础设施落后和生产生活条件恶劣地区的贫困人口脱贫致富，而并非落实"住房有保障"的举措。换言之，易地扶贫搬迁的首要目的是改善贫困人口生产生活条件，培养内生发展能力，帮助其实现自我发展，其次才是改善居住条件。在资金投入有保障的条件下，住房改善既比生计重建、社会融入容易实现，也比后者更容易“展现”。在这种背景下，地方政府大张旗鼓推进易地扶贫搬迁的常见景象是，安置点建设非常抢眼，就业和生产发展的规划设计也“头头是道”，但多是表面功夫、短期措施，搬迁后的贫困家庭由于难以重建可持续的生计系统，很难实现稳定脱贫。

再如光伏扶贫和结对帮扶。作为扶贫开发的新探索，光伏扶贫的重点在于对无劳动能力的老弱残进行资产收益式帮扶。它的核心要义在于，通过光伏项目的建设，将贫困地区丰富的太阳能资源转化为贫困家庭管理资产的收益。但在具体实践中，光伏扶贫与其他资产收益扶贫项目一样，也存在简单推行保底分红的问题，资产收益变成变相的转移支付。更一般地，过多依赖资产收益扶贫，盲目扩大其覆盖面，忽略资产经营能力的扎实建设和逐步提升，本来就很容易导致“养懒汉”的局面。结对帮扶作为一项重要的精准扶贫措施，倡导以“一对一”“一对多”形式，构建有条件、有能力的群体帮助扶持贫困群体脱贫致富的局面，其重点本在于通过“一对一”或“一对多”帮扶，把扶贫工作做精做细，真正做到因户因人施策。但在实践过程中，结对帮扶也存在一些违背政策初衷的问题，出现了上门送温暖、简单送钱送物的情形，帮扶工作变成慈善救济行为。与光伏扶贫存在的问题一样，“简单化”的结对帮扶不但未能达至扶贫开发的目标，反而有可能强化贫困群体“等、靠、要”的思想。

每种扶贫路径都有其适用的条件、面向的对象，以及要达到的主要目标，但在工作执行过程中，这些目标常常因为部分领导干部的急功近利而产生偏离。这些问题的出现，根本原因仍在于压力型体制下，一些领导干部习惯于眼睛向上，把主要精力放在追求表面政绩、应付上级检查等方面，缺乏真正深入到人民群众中去的意愿。从取得“政绩”与“完成”上级考核任务的角度来看，把工作从解决问题转变为“完成”考核指标，无疑是更加直接“管用”的策略。这是因为，在具体的考核实践中，考虑到可测量性以及可操作性，考核主体总是只能选择部分具有代表性的指标作为考核依据，考核对象紧紧围绕完成“指标”来开展工作（而不顾及扶贫工作本身的系统性、长期性），是以较低成本获得较好考核结果的理性选择。

二、存在政府动而市场及贫困户不动的现象

自 20 世纪 80 年代中期开始，从中央至地方各级政府均成立扶贫开发领导小组及常设办公室主抓农村扶贫开发工作，由政府主导的有组织、有计划、大规模的扶贫开发工作一直延续至今。在近四十年里，政府主导的农村扶贫开发工作取得了巨大成就，政府运转方式也对农村扶贫开发工作模式产生了深远的影响。一个比较突出的特点就是，各级政府普遍青睐自上而下的、行政指令式的工作手法，一次领导班子决策，一场动员会，一批红头文件，一系列具体项目，各项工作就布置下去了，显得干净而利落。只是其结果常常是：工作效率很高，但资源配置效率不高；项目建成了，却没有取得预期效果；政府干得热火朝天，农户却冷眼旁观；帮扶人着急，贫困户却不急。例如，贵州省平塘县的生态环境与气候条件适宜茶树种植，政府科学论证并投入资金进行茶叶基地建设，同时向贫困农户提供 5 万元扶贫小额信贷以解决产业发展缺资金的问题。但是，由于从茶苗培育到茶树长成需要三年时间，其间没有任何来源于茶叶种植的收入，还需要投入劳动力进行管理与维护，如定期除草、浇水、剪枝等。贫困农户虽然能够预期到种植茶叶三年以后具有较为可观的收益，但仍然倾向于种植收益低但管护少的粮食作物，并在非农忙季节通过打工获取即时现金收入。

这些问题的出现，一个很重要的原因就是一些地方政府未能处理好与市场、社会的关系，干了一些政府干不了、干不好的事情，忽视了市场机制和社会组织在贫困治理中的独特作用和优势，也没有找到激发贫困人口主体作用的有效途径，导致事倍而功半的结果。换言之，由政府主导既是我国扶贫开发取得巨大成就的重要因素，同时也给精准扶贫、精准脱贫带来了一些重大挑战。

一是如上文所提到的对行政指令式工作方式的依赖，虽然可以保障工作效率，却难以确保工作效果。具体来说，在当前脱贫攻坚实践中，地方政府通过开动员会、签责任状、编制实施扶贫规划（方案）等措施，将工作任务逐级细分下去，扶贫工作最终转变成一个个具体项目在贫困乡村快速落地。但由于扶贫项目的设计实施方与收益方分属不同的行为主体，其动机和利益并不一致，因而也就很难保证扶贫项目产生应有的扶贫效益。在当前的行政管理体制中，扶贫项目的实际效果通常也只能依托政府统计、工作总结等“材料”进行反馈，受益群体对扶贫项目的评价常常无法传递到高层。也正是由于这种状况的普遍存在及其严重危害性，中央政府自2016年起引入第三方评估机制，把扶贫对象满意度作为地方党委和政府扶贫长效的重要评估内容，开始了治理相关问题的实践探索。

二是贫困成因比较复杂，单靠政府的力量很难构建有效的贫困治理机制。如在发展产业提高贫困人口收入方面，贫困人口缺乏的不仅仅是一个致富的点子及相应的生产技术，也缺乏相应的市场开发以及风险管控的能力。例如，央视新闻2016年12月7日报道，贵州省黔东南州剑南县扶贫部门于上半年招标采购并下发给贫困农户的14万只鸡苗，在养大出栏时却迟迟无法找到销路，从而由年初的“扶贫鸡”变成后来的“滞销鸡”“致贫鸡”。当时的情况是，剑南县扶贫部门基于市场上对生态食品与农家菜日益增加的青睐和追捧，采购14万只鸡苗发放给贫困农户分散饲养，期望借以促进贫困农户增收脱贫。贫困农户收到鸡苗后自行喂养，人工与饲料等成本均由贫困农户自己承担。由于地理位置偏远，交通不便，高运输成本阻碍了贫困农户进行远距离农产品交易；而且，贫困地区信息闭塞，贫困农户信息技术水平较低，无法借助电商等渠道开拓销售市场，只能依靠传统销售模式在当地进行买卖。10多万只鸡同一时期上市，导致当地生态鸡市场供过于求，再加上相关政府部门与贫困农户并没有提前联系销售渠道，由此出现了“扶贫鸡”滞销的状况。就这样，贫困农户陷入进退两难的境地，如果将鸡廉价变卖，就无法收回其投入的成本；如果继续喂养，肉料比会越来越低，饲养成本会越来越高。从这个例子可以看出，政府单方面推动产业扶贫存在很多风险，引导鼓励企业、专业合作社等经济组织参与产业扶贫是更可行的办法。一方面它们懂技术，可以起到组织示范作用；另一方面它们熟悉市场，天然地要比政府、贫困人口更具市场敏感性。同样道理，在贫困人口内生动力激发方面，社会组织的工作方法要比政府更具专业性，也可以做到更有针对性和更加细致，也应该充分加以利用。

三是长期以来我国过于倚重政府系统的力量，不善于发挥企业、社会组织、个人等社会扶贫力量在扶贫开发中的独特作用，限制了扶贫资源的配置效率。政府一直是贫困治理的强大主体，但是这种单一主体主导模式因其固有的内在缺陷，进一步拓展的空间已经越来越小。与此相反，社会

力量如社会组织、志愿者等在扶贫开发中的能动空间越来越大。我国一直是“强政府、弱社会”的格局，政府在社会生活中具有很大影响力，掌握大量资源，对社会事务大包大揽，其中包括许多政府本身难以做好的社会事务。虽然自改革开放以来，我国一直在调整政府在社会活动中的职能，政府所管的范围越来越窄，“放、管、服”也成为改革理念之一，但目前大政府、弱社会的格局依然存在。农村扶贫工作长期以来仍然由政府主导推动，政府承担了绝大多数项目的设计和实施，从基础设施建设到贫困人口能力建设、从产业开发到医疗服务等等。在“大政府”集中力量办大事的传统下，政府具有很强的资源动员能力，这是我国的制度优势。但这也在一定程度上导致我国扶贫工作过于依赖行政系统，政府做了很多本可以由企业、社会组织等社会力量承担的事情。这种局面一方面使得政府无法集中精力做好宏观调控方面的工作，另一方面又导致一些扶贫项目与市场及贫困人口脱节，大大降低了扶贫资源的配置效率。

四是粗放式扶贫到精准扶贫的转变对扶贫工作提出了更高的要求，扶贫识别需要更加准确，扶贫措施也必须更加具有针对性。在扶贫工作末端，与扶贫对象直接接触的扶贫工作人员需要更专业的工作技能，更加充裕的工作时间。但是，乡村两级干部常常难以满足这些条件，一来贫困地区乡村两级人才流失严重，再者乡村两级干部工作头绪多、任务重，也很难保障深入细致开展扶贫工作的时间和精力。随着脱贫攻坚持续开展，剩余贫困人口分布越来越分散、贫困程度更深，致贫原因也更加复杂。因此，贫困人口数量虽然在减少，但扶贫工作的难度却在增加，乡村干部的压力也在增大。仅靠政府工作力量，已经越来越难以应对新形势下贫困问题新特征带来的挑战。

三、扶贫资源集中配置引发新型不公平及发展差距

社会不平等和群体之间发展差距一直都是各级政府希望化解的社会问题之一，但现实实践中贫困群体与非贫困群体之间的不平等和发展差距却依然很大。精准扶贫力图彻底消除绝对贫困，全面改善贫困人口生产生活条件，促进其收入增长，缩小与非贫困人口的发展差距。实践表明，精准

扶贫取得了巨大成效，十八大以来贫困地区农村居民人均收入年均实际增长明显高于全国农村平均水平。不过，如果将非贫困群体进一步细分为不同类型，并将之与贫困群体相比较的话，可以发现扶贫开发工作在降低社会不平等的同时，也引发了新的社会不平等和群体差距。这种情况的出现与扶贫开发工作的瞄准机制及政策有很大关系。

精准扶贫的首要工作在于对贫困对象进行精准识别，只有找到了贫困人口，才能有针对性地实施扶贫措施。而要确定贫困对象，首先需要制定扶贫标准。我国目前的扶贫标准是人均年收入2 300元（2010 年不变价格），即家庭人均年收入低于该标准的人口属于贫困人口（扶贫对象）。但在实际的精准扶贫工作中，以收入作为贫困户的唯一识别标准并不能全面、客观、真实地反映农户的生活状况和水平，也很难准确测量和操作。因此在对贫困人口进行识别并建档立卡的过程中，除了要计算收入外，还会考虑支出的因素，尤其是农户的吃、穿、住以及子女教育、医疗保障等方面需求。如贵州省一些地方采用“四看”法（一看房、二看粮、三看劳动力强不强、四看家中有没有读书郎）识别贫困人口，相较于单一的收入识别标准，能够更加准确地识别出贫困人口。不过，无论哪种识别方法，都不可避免地将同一地域生活的一群人用二分法划定为贫困人口与非贫困人口或贫困村与非贫困村等两个类别。然而现实生活中，户与户之间、村与村之间的贫困程度是一个渐变的连续型分布，在扶贫标准以上较近的区域还存在一些规模较大的边缘人口、边缘村，其困难程度仅仅略轻于那些贫困人口、贫困村，处于非常脆弱的状态。

实际结果是，各种精准扶贫政策都专门针对贫困村、贫困户，建档立卡贫困户得到教育、医疗、社会保障和生计发展等方面全方位大力度帮扶，而那些邻近扶贫标准的边缘人口则不能享受任何到户到人的扶持政策；贫困村得到大量资金、项目投入和人力支持，基础设施大幅改善，村庄面貌日新月异，与之发展状况相近的非贫困村则相形见绌。这就带来了精准扶贫背景下的新型不公平，导致新的社会矛盾。例如，大多数（74%）贫困县 2016 年实现了农村贫困人口县域内先诊疗后付费，且对贫困人口参加基本医疗保险、大病医疗保险给予财政补贴，加大医疗救助力度，基本做到了给予贫困人口符合政策规定的医疗活动全免费待遇。一些县市的各级医院还设置贫困人口就医绿色通道和专门窗口。未确定为扶贫对象的边缘人口享受的待遇则截然不同，以致贫困人口似乎成了特权群体，成为贫困地

区农村社会羡慕、嫉妒的对象。

这个问题的出现，主要在于国家扶贫资源有限，短期内只能将扶贫资源集中投放于最困难的地区、最困难的人群，集中解决最突出的问题，缺乏在同一时期面面俱到、全面平衡好各方利益的能力。

自改革开放以来，我国经济建设走上了快车道，国民经济快速发展，至2017年人均国内生产总值达到59 660元，全国居民人均可支配收入达到25 974元。但按照每人每年2 300元（2010年不变价）的农村贫困标准计算，2017年年末农村贫困人口仍有3 046万人①。更重要的是，贫困地区在交通、水利、能源、电信、住房、教育、医疗、社会保障等方面欠账很多，都需要投入大量建设资金。经历了30多年的高速发展后，政府虽然有了一定的经济基础开展脱贫攻坚工作，但是相对于庞大的贫困人口以及低收入群体的发展需求来说，政府扶贫资源依然非常有限。例如，在2015年底中央扶贫工作会议以后，全国财政专项扶贫资金开始大幅增加，2016年超过1 000亿元，但这些资金分摊到当年4 335万贫困人口头上，人均只有2 307元②。因此，从政府的角度来看，精准扶贫导致新型不公平和发展差距是不得不付出的代价。

如果在有限的资源基础上，要更加均衡地照顾到更多的贫困人口，理论上可以对贫困人口进行更加精细的识别，如从贫困程度上区分一类贫困户、二类贫困户、三类贫困户等等，再依据贫困程度分类施策提高资源配置效率。但就当前扶贫工作实际来看，这种做法并不现实，政府还不可能做到对贫困对象进行更复杂的区分识别和分类施策。例如，即使是采用较简单的二分法，广西在2015年底完成488万户近2 000万群众入户调查，就发动了25万名干部，用了3个多月时间③。从二分法改变成多分法的贫困人口识别必然进一步增加贫困人口识别工作的难度，同时针对不同等级贫困人口实施不同类型扶贫政策，也将大幅增加扶贫工作的复杂程度和难度，进而提高扶贫工作成本。

---

① 国家统计局．中华人民共和国2017年国民经济和社会发展统计公报．(2018-02-28)［2018-06-20］．http://www.stats.gov.cn/tjsj/zxfb/201802/t20180228_1585631.html.

② 李克强．政府工作报告：2017年3月5日在第十二届全国人民代表大会第五次会议上．(2018-03-16)［2018-06-20］．http://www.gov.cn/premier/2017-03/16/content_5177940.htm.

③ 邓昶．不让扶贫有盲区：广西机关干部进村入户精准识别贫困户工作纪实．农民日报，2016-05-13.

在早期依靠宏观层面发展带动大规模减贫的阶段，经济增长所能够惠及的大多数是发展环境相对较好的贫困地区，而那些生态环境脆弱、交通不便的老少边穷地区则很难通过经济发展的“滴漏”效应实现脱贫致富。进入到精准扶贫阶段，我国农村贫困人口主要分布在发展条件较差的地区。这些地区减贫难度大，实现同等贫困人口降幅需要投入更多扶贫资源。2010年国家扶贫开发工作重点县扶贫投资总额为606.2亿元，该年度内这些县共减少482万贫困人口，相当于每投入1.26万元扶贫资金可带动1个人脱贫①；2015年贫困地区县级扶贫资金共1 902.6亿元，该年度内共减少1 442万贫困人口，相当于每投入1.32万元扶贫资金仅带动1个人脱贫②。这只是一个人脱贫的资金成本的增加。同样道理，脱贫所需投入的人力、政策等资源也较之以前有所增加。因此，在扶贫资源总量有限的国情下，要保障到2020年打赢脱贫攻坚战，就必须把有限资源优先投放到最需要的扶贫对象身上，并且也不可能实现更高水平的多分法精准识别和精准施策。

四、城镇化对贫困问题的影响尚未得到有效回应

中华人民共和国成立以后，我国实施重工业优先的发展战略并构建与之相适应的以乡哺城、以农养工城乡关系，形成了城乡二元发展格局。受这种格局影响，农村贫困问题显得特别突出，并成为改革开放的突破口。家庭联产承包经营责任制释放了农民的主动性，1978—1985年间，农村贫困人口由2.5亿人减少到1.25亿人，贫困发生率由30.7%降低到14.8%③。但是，一些农村地区因为道路交通、水利、土地、教育、卫生等方面条件制约，依然存在大量贫困人口，国家因此于1986年启动了有组织、有计划、大规模的农村扶贫开发工作，农村和农业发展一直是这项工作的中心内容。

---

① 国家统计局住户调查办公室. 中国农村贫困监测报告（2011）. 北京：中国统计出版社，2011：51.

② 国家统计局住户调查办公室. 中国农村贫困监测报告（2016）. 北京：中国统计出版社，2016：39.

③ 张磊. 中国扶贫开发历程. 北京：中国财政经济出版社，2007：43.

在计划经济时代，城镇户籍（非农业户口）受到严格控制，城镇居民的衣食住行由单位（国家的代理人）统一安排，虽不富裕，但能够维持生存。改革开放初期，这种局面得到延续，城镇居民的贫困问题并不突出。一直到 20 世纪 90 年代，随着国有企业普遍陷入经营困难及相应的企业改制实践，大批工人下岗失业，新增就业人口也出现就业困难的现象，城镇贫困问题才凸显出来。这时的贫困问题主要反映为下岗失业人员的再就业和生活困难救助，比农村扶贫开发涉及的内容要少得多，相关工作由劳动就业部门、民政部门在职能范围内开展就大体差不多（妇联、工会等群团组织也做一些配合工作）。

可见，改革开放以后很长一段时间，城镇贫困问题和农村贫困问题实际上是两个完全不同的问题，因而相关工作也是分开的。20 世纪 90 年代中期以后，在工业化和市场化的带动下，我国城镇化进程走上快车道。至 2016 年底，全国城镇常住人口79 298万人，比上年末增加2 182万人，城镇人口占总人口比重（城镇化率）为 57.35%，较 1993 年 27.99%增加近 29.4 个百分点，年均提高一个百分点以上①。在这种背景下，我国城镇贫困问题和农村贫困问题开始发生深刻变化，并逐渐交织到一起。

一方面，转移就业和人口流动使得农村贫困问题需要延伸到城镇中加以解决。这一时期，我国劳动密集型加工制造业快速发展，同时带动城镇餐饮、住宿、零售等服务业蓬勃兴起，大量农村劳动力到城市务工，工资性收入成为农村居民日益重要的收入来源。2008 年以后，虽然我国劳动密集型产业遭遇国际需求市场、东南亚及南亚竞争对手、国内劳动力成本和资源环境压力等多方面挑战，转移就业仍是农民增收和扶贫开发的重要途径。2016 年全国外出农民工16 934万人，其中进城农民工13 585万人②。更重要的是，我国城乡二元结构已经趋于解体，农村转移就业人口特别是二代农民工、三代农民工中越来越多的人倾向于在城镇扎根、在工作地扎根，他们已经没有返回农村的意愿，很多人也从来没有从事过农业生产活动。随着户籍等城乡壁垒的消除，这些人将逐渐转变为城市居民，即使出现丢

---

① 国家统计局. 2016 年国民经济实现“十三五”良好开局. (2017-01-20) [2018-06-20]. http://www.stats.gov.cn/tjsj/zxfb/201701/t20170120_1455942.html.

② 国家统计局. 2016 年农民工监测调查报告. (2017-04-28) [2018-06-20]. http://www.stats.gov.cn/tjsj/zxfb/201704/t20170428_1489334.html.

掉工作岗位的情形，也很可能不会回到农村。按照现行农村扶贫开发组织体系，这些人的扶贫开发工作仍由户籍所在地地方政府及村庄承担，但户籍所在地政府和村庄很可能根本就与他们没有联系、找不到他们或者因鞭长莫及而无法开展有效帮扶工作。很显然，这种局面必然对精准扶贫、精准脱贫工作构成巨大挑战。

另一方面，城镇贫困问题的复杂化迫切要求借鉴农村扶贫开发的成功经验。这一时期，我国城市经济的市场化改革快速推进，城镇数量快速增加，城市规模不断扩张，城市贫困问题变得更加复杂。一是原有贫困问题常态化。总有一些家庭和个人，因种种原因在竞争激烈且变幻莫测的市场中找不到工作或者找不到稳定的工作（或生计渠道），基本生活及住房、医疗、子女教育等面临巨大困难，没有国家和社会的帮助就无法过上有保障的生活。二是因农民失地而导致的新型贫困问题不断浮现。随着城镇化的推进，城镇规模扩张，扩张所及的村庄耕地被征用，农民失去以往赖以谋生的土地，在城中村或还建房中开始一种全新的生活模式。有些人具备较强就业创业能力，顺利融入城镇生活和二、三产业；也有一些人缺乏这类能力，靠征地补偿等费用及缺乏稳定性的门道维持生计，无法顺利融入城镇生活，成为新兴贫困群体。截至 2016 年底，全国有城市低保对象 855.3 万户、1 480.2万人，因此 2016 年城市贫困人口至少有1 480万人，超过当年农村贫困人口4 335万人的三分之一①。实际上，全国城市低保人口总数是由各城市统计的低保人数加总而来的。在实际操作中，地方政府受限于本级财政负担能力，通常倾向于尽可能降低最低生活保障标准。因此，以城市低保人口来估计城市贫困人口规模，实际上存在比较明显的低估倾向。这两种类型贫困问题（原有城市家庭因为下岗、失业等问题陷入的贫困和城镇化过程中部分失地农民的贫困）与进城务工人口贫困问题（第三类贫困问题）叠加在一起，使得 21 世纪以来我国城镇贫困问题不论在内涵上还是在外延上都大大超过了 20 世纪 90 年代的状况，仅仅依靠那个年代建构起来的城镇帮扶体制和措施（主要由劳动就业、民政及妇联等部门单位给予再就业支持和社会困难方面的救助）已经力不从心。

特别重要的是，由于城镇住房价格不断上涨，三类贫困人口特别是第

① 民政部. 2016 年社会服务发展统计公报. (2017-08-03) [2018-06-20]. http://www.mca.gov.cn/article/sj/tjgb/201708/20170800005382.shtml.

二、三类贫困人口因为没有能力购买较好条件的住房，在市场规律作用下会出现聚集居住的趋势。如果说市场竞争是促使他们陷入贫困的外部经济条件，那么由集中居住带来的贫困文化则是阻碍他们逃离贫困陷阱的社会心理因素。具体来说，陷入贫困状态的居民在居住区域上与非贫困群体呈现出隔离状态，这种空间上的长期区隔会进一步演变成心理上的区隔。收入水平低下的居民与他人的互动、交流倾向于或者只能限制在本居住区域内。持续互动促进这些居民形成社区认同、群体认同，进而形成一种居住空间内的贫困文化——满足于现状，失去逃离贫困状态的动力和方向。换言之，各种类型的城镇贫困人口聚集居住的情形，容易形成拉美国家城镇化过程中普遍存在的“贫民窟”现象，进而导致社会矛盾加剧、治安犯罪问题增多等严重社会问题。

但是，我国现行贫困治理体系并未将城镇贫困问题纳入范围，农村扶贫开发也只是将转移就业作为脱贫攻坚的一个去向，在城镇落户后的农村人口包括农村贫困人口的后续发展困难等问题就交由城镇体系去回应了。

五、继续打好精准脱贫攻坚战的关键对策

毋庸置疑，前文所揭示的主要问题属于发展中的问题，不能因为这些问题而否认精准扶贫、精准脱贫所取得的巨大成就；但也不能忽视这些问题，而应该根据问题的具体性质采取针对性的干预措施。需要尽快予以干预的，就应该抓紧制定实施相关政策措施；需要根据相关条件的变化审时度势加以干预的，就应该建立健全分阶段分步骤的应对机制或措施。总体而言，要重点抓好以下四方面工作。

（一）把建立健全精准扶贫长效机制作为脱贫工作考核的核心内容

在政府部门层级管理模式中，上级政府对下级政府的政绩考核评估是上级政府督促下级政府落实各种政策的重要手段，在扶贫开发领域也是如

此。2016年2月，中共中央办公厅、国务院办公厅印发《省级党委和政府扶贫开发工作成效考核办法》，确定了减贫成效、精准识别、精准帮扶、扶贫资金等四类扶贫开发工作成效考核指标，包括建档立卡贫困人口数量减少情况、贫困县退出情况、贫困地区农村居民收入增长情况、贫困人口识别准确率、贫困人口退出准确率、因村因户帮扶工作群众满意度、扶贫资金使用管理成效等7项具体指标。同年4月，中共中央办公厅、国务院办公厅印发《关于建立贫困退出机制的意见》，就贫困人口、贫困村、贫困县的退出标准和具体程序做出了严格要求。为贯彻落实中央决策部署，中西部22个省（自治区、直辖市）及市、县各级地方党委和政府也制定出台了扶贫开发考核的具体办法。毫无疑问，制定实施考核办法的初衷在于确保各项扶贫政策得到切实贯彻落实，以实现脱贫攻坚目标。但由于中央政府与地方政府之间存在信息不对称，扶贫成效考核办法在倒逼地方政府加大精准扶贫工作力度的同时，也成为地方政府的扶贫行动追求“短平快”效果的重要原因。追求政绩是各级官员在现行晋升体系下的理性选择，政绩的评价与考核是指挥棒。根据政府部门和官员的这种理性选择，把强化扶贫成效考核作为凝聚脱贫攻坚强大动力是可行和有效的。关键是要细化完善考核评价体系，把地方政府和官员的脱贫攻坚动力引向对扶贫开发长期效果的追求。

一是在贫困人口脱贫、贫困村出列、贫困县摘帽等方面，应淡化退出数量、时间等考核内容，强化对退出质量的考核，防止出现脱贫时间逐级提前的情形。考核指挥棒是十分有效的激励手段，一旦将贫困退出的时间、数量纳入考核指标体系的话，则无法避免同级单位竞相提高退出数量和提前退出时间；上级单位为了确保在规定时间内完成贫困退出，常常会要求下级单位计划脱贫的时间朝前提，进而导致整个省、市、县、乡逐级往下提前设定脱贫时间。扶贫成效考核指标体系对退出时间和退出数量的强调，以及同级单位和上下级单位为了展现扶贫成效而展开的相互竞争是导致扶贫“大跃进”的根本因素。可以将同级政府和上下级政府之间的竞争引向退出质量。一旦同级政府和上下级政府竞争的焦点在于退出质量而非退出时间和数量上，那贫困退出的质量必然得到有效提升。

二是在扶贫成效考核、贫困退出评估中，应增加反映长期效果的考核指标及其权重。经过30多年扶贫开发，各地剩余贫困人口脱贫难度较大，要使这部分群体实现长期、稳定脱贫必须要投入更多精力。地方政府在追

求政绩的状况下，会优先把精力放在容易看得见成绩、容易取得立竿见影效果的扶贫项目和措施上。为了改变这种局面，应当在考核指标中加入反映长期脱贫成效的指标及其权重，如收入方面，不仅应考察贫困户当前的收入水平，而且要考察其稳定增收能力。对于经营性收入，增加产业结构调整、产业链条延伸、土地适度规模经营、农业科技应用水平提升等反映长期增收能力的指标。对于工资性收入，增加就业所在行业、工种及其技术含量、有无正规用工合同、“五险一金”缴纳情况等反映就业能力和就业保障水平的指标。对于资产性收入，增加资产类型、资产结构、资产市场化程度等反映市场前景的指标。对于转移性收入，区分长期性转移收入和短期性转移收入，将长期性转移收入占转移性收入的比重作为评价转移性收入稳定程度的指标。如果能够将这些反映扶贫开发长期效果的指标纳入扶贫成效考核指标体系，就能够改变地方实践中急功近利追求短期效果的局面。

三是分类建立专项评估考核制度，确定针对性的评价指标。扶贫工作是一项综合性很强的工作，围绕脱贫致富这一目标需要开展许多不同类型的扶贫工作。因此需要在考核评估过程中，分门别类地对不同类别的扶贫工作设立针对性的考核指标，以便对扶贫工作开展更加精准的评估考核。在指标设立的时候应该十分注重考虑从该项扶贫工作目标入手，紧紧围绕扶贫目标的实现来设置具体的考核指标。如对产业扶贫、转移就业、易地扶贫搬迁等旨在提升贫困人口内生发展能力的扶贫政策项目，重点考察贫困人口增收发展能力的提升；对教育、医疗、社会保障等领域旨在减轻贫困人口经济负担的扶贫政策（如学生生活费补贴、大病医疗救助、低保等），重点考察其制度化的水平。

四是结合评估考核结果加强典型案例的宣传。我国扶贫开发工作虽然已经进行了好多年，也积累了丰富的扶贫经验，但各地贫困问题不断发生变化，减贫措施和扶贫政策也应该随着实际情况变化而变化。这导致过去成效显著的一些工作方法不一定适用于当前的实际状况，各地只有始终坚持改革创新，不断根据新形势探索贯彻落实精准扶贫、精准脱贫基本方略的具体措施，才能取得好的扶贫效果。为此，可以将评估考核中发现的经验和问题，通过有效交流机制用于地方实践探索的参考。也就是说，扶贫工作成效考核评估不仅仅可以发挥指挥棒的激励作用，还可以充当扶贫工作经验总结、传播的支撑。在评估考核过程中所发现的建立长效机制的好典型、好案例，除了用作肯定相关单位和个人成绩的证据外，还应加以深入总结并用作参考借鉴的正面经验，进行示范推广；而对于追求短期效果的负面典型，要查找原因，要求及时整改。

（二）把加强构建贫困问题多元治理格局作为精准扶贫的基础工程

政府、市场和社会组织作为扶贫事业的共同推进力量，在扶贫开发实践中各具优点和弱项。政府最大的优势是统配能力和动员能力极强。政府的统配能力体现于，政府在提供公共物品上具有天然的合法性并以财政收入作为支撑，从而能够在短时间内将大量的资源投向贫困地区。而强大的动员能力在扶贫实践领域则主要表现在组织党政机关、企事业单位开展定点扶贫，动员东部沿海发达地区对口帮扶中西部贫困地区等方面。市场参与反贫困最大的优势在于，能够最大程度挖掘和利用贫困地区和贫困人口的资源禀赋。相比非贫困地区非贫困人口而言，贫困地区和贫困人口虽然在资本、技术等市场要素上处于劣势地位，但其仍有特色资源环境、廉价劳动力等资源禀赋优势，而根据供求关系来调配各种资源流向的市场能够充分挖掘这些禀赋优势，实现其市场价值，使贫困地区、贫困人口从中受益。社会组织参与贫困治理最大的优势是具有较强的专业能力。社会组织特别是小型社会组织通常走专业化、差异化发展道路，进而分别选择产业、教育、医疗卫生、环境保护等不同领域利用自身专业化优势开展扶贫活动。

虽然政府在扶贫开发工作中发挥着主导作用，但传统的政府“包办”扶贫模式已不能很好地应对新的贫困问题，政府在扶贫筹资机制、运行模式上的缺陷逐渐暴露出来。政府主导扶贫开发最大的弊端就是“总体性”的扶贫政策设置很可能与某些地区的实际情况存在偏离；而且政府部门自上而下齐一化的扶贫项目难以避免扶贫效率低下等问题。市场参与反贫困最大的缺陷在于市场的逐利性与公共物品的本质相矛盾。反贫困作为典型的公共物品，具有明显非竞争性和公益性特征。这些特征与市场机制优胜劣汰的逐利性相矛盾，这导致市场机制很难自动地参与到扶贫开发工作中，必须要以政府恰当发挥作用作为保证。社会组织参与扶贫最大的缺陷在于经费短缺，对政府的财政依赖性大，经济上的可持续性较差。为了保障有

足够的资金投入扶贫领域，社会组织通常不得不依赖政府部门或借助企业支持，获取可投向扶贫开发的资金。

政府、市场和社会组织各自所具备的优势决定了我国扶贫开发事业需要这三种力量共同参与其中，但政府、市场和社会组织各自具备的缺点又阻碍了三者扶贫功能的充分发挥。尤其是在三者各自为政的扶贫格局中，政府、市场和社会组织都很难通过自身来克服这些缺陷。因此，构建政府、市场和社会组织协同推进的大扶贫格局，使政府、市场和社会组织在扶贫开发中相互取长补短、实现优势互补，就具有特别重大的价值。

一是政府继续发挥好主导作用，主要负责制定脱贫攻坚目标任务、战略规划、支持政策和筹措财政扶贫资金、开展绩效评估，并通过政策和财政资金引导企业、社会组织参与扶贫开发资源投放、项目执行等具体工作。政府应尽量从具体的扶贫工作中抽身出去，将有限的人力放到脱贫攻坚任务目标及支持政策制定、扶贫资源筹集、扶贫工作监督等环节上去，通过政策及资金引导企业、社会组织等社会力量参与扶贫项目的具体实施；再根据项目实施效果，利用竞争机制来选择和培养出在相应扶贫工作领域最为专业的社会力量。将政府在扶贫工作中的作用更多置于协调规划评估层面，一是可以避免做一些政府干不了也干不好的事，二是可以通过引入社会组织、企业等力量，将政府变成扶贫对象利益的代言人，减少贫困群众与基层政府利益不一致或对抗的地方，进而间接提高贫困群众对政府扶贫工作的满意度。

二是正确发挥市场主体的能动作用。通过倾斜政策引导企业等市场主体到贫困地区、贫困村庄投资兴业，将贫困地区土地、特色农产品、劳动力等资源优势转化为产业优势，带动贫困人口就业和贫困农户生产经营。市场主体始终是经济发展的能动性力量，政府由于专业能力、激励机制等不足的限制难以确保自身实施的产业扶贫项目的成功率。从理论上看，市场主体是配置资源的主体力量，天然具有追求可持续经营的动力和能力。贫困对象通过市场主体同市场连接起来，有助于增强其造血功能，实现持续发展、稳定发展。因此在发展扶贫产业等方面，政府应当通过帮助各类市场主体解决其在贫困地区经营所面临的基础设施、土地、资金等实际困难，进而引导这些企业承担贫困地区的产业发展工作，不能搞“拉郎配”，不能搞强迫命令。

三是充分发挥社会组织的优势。以扶贫开发规划为依据，在中央、省、县等三个层次制定政府向社会组织购买扶贫服务目录。凡适合由社会组织提供的扶贫服务，交由社会组织承担。用于购买社会组织扶贫服务的经费，纳入相关部门年度财政预算予以保障。政府购买社会组织扶贫服务采用公开招标、邀请招标、竞争性谈判、询价等方式确定承接主体，保障扶贫资金使用的透明度，并引导社会组织提供更优质的扶贫服务。依托政府采购体系，建立健全扶贫服务项目的招投标市场。加强对社会组织提供扶贫服务全过程的跟踪监管和对服务成果的绩效评估，把评价结果作为今后选择扶贫服务承接主体的重要依据。构建社会组织投向农村扶贫开发的服务平台。充分发挥扶贫类社会组织机动灵活和专业化发展的优势，提高扶贫资源利用效率①。

四是切实保障贫困人口的主体地位。保障贫困人口参与扶贫项目设计、实施的权利，不断完善利益表达机制和参与机制。加强扶贫项目和政策的满意度调查评估，让那些难以获得人民群众认可的项目和政策能够及时得到纠正。在产业扶贫、资产收益扶贫等开发式扶贫项目中，加强对企业、合作社、大户等市场主体与贫困户利益联结机制的监测评估，建立扶贫效益预警纠偏机制，确保那些不能实现扶贫目标的扶贫项目能够及时得到纠正或予以终止。

（三）把加强农村社会建设作为及时回应农村精准扶贫新问题的有效举措

随着中国特色新型工业化、城镇化、农业现代化进程的加快，我国农村社会正在发生深刻变化，农村基层社会治理面临许多新情况新问题：农村人口结构加剧变化，部分地区非户籍居民大幅增加，非户籍居民的社会融入问题凸显；部分地区存在村庄“空心化”现象，农村“三留守”群体持续扩大；农村利益主体日趋多元，农村居民服务需求更加多样，农村社会事业发展明显滞后，社会管理和公共服务能力难以适应；村民自治机制和法治体系仍需进一步完善等。此外，随着精准扶贫、精准脱贫工作的深入开展，部分贫困群众产生了较为严重的“等、靠、要”思想；同时扶贫政策含金量高，引发了不能享受这些政策的边缘人口对扶贫工作的不满，

---

① 覃志敏，陆汉文. 社会组织扶贫的改革方向. 中国财政，2016（20）.

增加了农村社会矛盾。加强农村社会建设，有利于促进政府行政管理、公共服务与农村居民自我管理、自我服务更好衔接互动，有利于增强农村自治和自我服务功能，进而能够为解决农村精准扶贫过程中所遇到或者引发的新问题提供有力支撑。

一是提升村级组织的治理能力。市场化改革以来，传统社会的价值观念不断受到冲击，原本由文化习俗和道德理念凝聚在一起的农村社会，在市场经济的影响下逐渐分解为原子化的个体，人与人之间的联系不再由以往的伦理习俗所约束。随着外出务工人员的不断增加，农村社会呈现出“空心化”现象，有才能、有组织能力的农村精英都流向城市，村庄治理面临人才短缺的困境。这些问题在贫困地区农村表现得尤为突出。贫困村的种植业和养殖业即使具有得天独厚的资源环境优势，也很难通过村组内部的组织化工作和经营管理实现产业化发展。通过种种途径提升村庄自我管理能力和内生发展能力成为迫切需要。以“村两委”为核心，充分发挥乡规民约、乡村权威的影响力和老年人协会、合作社等新兴组织的凝聚力，发展壮大村集体经济，提高村集体开展村庄公共设施建设、提供村庄公共服务的能力，进而提高村级组织在平衡村内利益关系、处理农户矛盾、解决各种不公平问题及促进共同发展、共同致富等方面的工作能力，是一条重要途径。

二是深入开展村庄文化扶贫和精神扶贫。一方面，树立脱贫致富典型，发挥典型案例对价值观嬗变的引领作用。电视上、其他地区通过个人努力实现脱贫致富和过上美好生活的故事，对贫困社区来说，只不过是遥远的传说，和自己没有关系，对心灵难有触动。但是，身边的儿时玩伴、隔壁的小哥大姐，若是通过自己的努力，实现了脱贫致富，其对自己的刺激、启发、示范作用就大不一样了：他和我差不多，他能行，我难道不行？因此，地方政府和“村两委”、驻村工作队要把在贫困人口中发现、培育致富典型作为一项重点工作，大力支持有发展意愿的贫困农户通过个人努力摆脱贫困、改变命运，进而唤醒沉睡的社区，激发静默的心灵。另一方面，开展适合村庄实际的文化建设活动。贫困社区、贫困家庭通常都已经形成根深蒂固的贫困文化，如因循守旧、甘于现状、不思进取等等。这种文化的改变异常艰难和缓慢，运动式的办法通常只能取得昙花一现的效果，运动过后一切又恢复原状。可结合树立脱贫致富典型的有关工作，通过组织开展村民喜闻乐见的文体活动、传统节庆等途径，把贫困文化揭示出来，让村民在集体活动中逐步认识到贫困文化，进而形成否定和摆脱这种文化的意识和行为①。可通过建设村庄新文化，重塑村民心态，重绘村民愿景，激发村民对未来的希望和信心。可以乡村两级公共服务体系为依托，支持开展跨村的公共性文化体育活动，引导成立乡镇乃至县区范围内的农民文化协会等组织，提升乡村社区的社会团结程度、归属感、凝聚力。在此基础上，增强乡村社会自我协调能力，为不同村庄形成共同发展、合作发展新局面提供支撑，将村庄之间在文化层面的凝聚力转换为不同村庄在发展资源、发展能力之间的互通有无。

三是壮大村庄人才队伍。依托社区文化建设，引进与培养相结合，启动实施贫困村脱贫攻坚和长期发展的人才培育引进工程。吸引从贫困村走出去的大中专学生、创业者、农民工等本土人才回乡发展，以各种形式参与家乡建设和脱贫攻坚。提升村庄干部带领群众脱贫攻坚的能力，培养脱贫攻坚急需的技术能人、经纪人、乡村医生等实用人才。基层政府加大从农村招录公务员的比例，不断增强围绕脱贫攻坚各类人才提供服务的能力，努力为各类人才创造良好发展环境，提供更多施展才华的机会。中央和省级政府制定出台脱贫攻坚各类人才支持政策，引导人才向贫困地区流动，向脱贫攻坚第一线流动，把贫困地区、贫困村庄开发成锤炼人才、造就人才的沃土。在贫困村设置社会工作专门岗位，提供必要工作经费和补贴，聘请城市退休人员（重点是公务员、教师、医生、农业科技人员等）专门承担乡村文化、乡风文明和贫困农户组织化等方面建设任务，促进乡村社会的内生发展，建设可与城市文明交相辉映的乡村文明。

（四）把统筹城乡贫困治理作为完善扶贫开发体制机制的重要方向

城乡分割的贫困治理格局不适应我国扶贫开发形势的变化，不符合全面建成小康社会的需要，不适应推进新时代中国特色社会主义伟大事业向前发展的需要。应该尽快将城乡统筹扶贫提上议事日程，构建城乡一体化贫困治理体系。

一是明确城乡统筹扶贫的总体思路。在战略目标上，近期内以治理和解决绝对贫困问题为重点：通过城乡统筹扶贫管理体制和政策措施，提升

① 陆汉文．激发贫困人口内生发展动力．中国社会科学报，2017-12-15.

流动到城镇的农村建档立卡贫困人口的精准扶贫力度，并将城镇贫困人口纳入精准扶贫范围。中长期以缓解和治理相对贫困问题为重点：通过城乡统筹扶贫管理体制和政策措施，促进农村居民共享城镇化、工业化的成果，缩小城乡差距，走向城乡一体化发展；保障城乡贫困人口都能够得到及时有效的支持帮助，共享改革发展成果，迈向共同富裕。在操作思路上，应该顺应城乡一体化发展趋势，依托户籍制度改革成果，实行扶贫对象属地化管理，把居住地作为扶贫对象识别、管理和帮扶的切入点，把辖区内居住的所有贫困人口纳入扶贫开发对象范围。坚决防止出现户籍所在地和务工所在地基层政府、社区都不清楚农村流动性贫困人口具体工作生活情况的情形。在扶贫标准与扶贫对象的确定方面，在完成国家现行扶贫标准下脱贫攻坚任务以前，原则上仍采用2 300元（2010 年不变价）扶贫标准，以确保该标准下全部贫困人口得到精准扶持并如期脱贫①。对于已经完成现行扶贫标准下脱贫攻坚任务的地区，可以以县（市、区）为单元，以解决相对贫困问题为出发点和落脚点，按年度制定实施城乡统一的扶贫标准（相对贫困标准）。县（市、区）之间发展差距比较小的地区，可以以地（市、州）或省（自治区、直辖市）为单元制定实施统一的、城乡通用的扶贫标准。本县（市、区）户籍人口中，家庭人均可支配收入处于扶贫标准以下的人口即为贫困人口（扶贫对象）。非本县（市、区）户籍人口，但可认定为本县（市、区）常住人口并且缴纳社会保险 1 年以上的外地人口，可视为本县（市、区）户籍人口。实行扶贫对象分类管理、分类施策。按劳动能力缺失程度，把扶贫对象划分为失能人口、弱能人口和有能人口。对失能人口，实施救济式扶贫政策；对弱能人口和有能人口，实施救济式与开发式相结合扶贫政策。

二是建立健全城乡统筹扶贫的管理体制。各级扶贫开发领导小组是本级党委、政府领导城乡统筹扶贫工作的议事协调机构，组织协调民政、住建、教育、卫计、人社、农业、工信、国土、水利、交通等相关部门开展本部门业务范围内的扶贫工作。领导小组下设办公室，即扶贫办，作为扶贫开发领导小组的日常办事机构，具体承担扶贫对象识别与扶贫工作规划、

① 国家现行扶贫标准下脱贫攻坚任务较轻、提高扶贫标准后仍可确保2 300元（2010 年不变价）扶贫标准下贫困人口得到有效帮扶并如期脱贫的地区，确有条件的，也可按年度制定实施城乡统一的扶贫标准（相对贫困标准）。

协调、监督、评估等任务。按年度制定实施扶贫标准（相对贫困标准）的地区，由扶贫开发领导小组负责该标准的制定及相应扶贫开发任务的确立，统计部门负责新标准下贫困人口规模的测算，扶贫办负责按照统计部门测算的贫困人口规模识别认定扶贫对象并建档立卡，并根据认定结果制定年度扶贫方案。经领导小组审批后的年度扶贫方案，由民政、住建、教育、卫计、人社、农业、工信、国土、水利、交通等各相关部门按照分工加以落实和具体实施，扶贫办对实施结果开展监测评估，领导小组根据监测评估结果进行扶贫成效考核。按年度开展扶贫对象识别和动态调整工作，与上一年认定结果相比，当年新纳入者为新增扶贫对象（含返贫人口和提高扶贫标准后的新增人口），未纳入者为上一年度脱贫人口。

三是逐步建立完善城乡一体化的基础设施和公共服务体系。城乡统筹范围内的地方政府按照年度扶贫方案落实住房与基本生活条件、公共服务和社会保障、就业增收等方面支持政策，推进城镇道路、能源、供水、排污等基础设施向乡村延伸，加快实现教育、医疗等基本公共服务均等化，制定实施城乡一体化的就业支持政策。根据政策目标的差异，把救济式扶贫政策与开发式扶贫政策区分开来：救济式政策以帮助扶贫对象维持基本生活为主要目标；开发式扶贫政策以提高增收与发展能力为主要目标。扶贫对象脱贫以后，不再享受救济式扶贫政策，但在一定时期内继续享受开发式扶贫政策。

第二章　就业形势与未来展望

就业是民生之本，是我国13亿多人口的最大民生。近几年，在世界经济复苏疲弱、不确定性风险增强，国内经济增速持续放缓、转型升级和结构调整持续深化、钢铁煤炭行业去产能大力推进条件下，我国就业局势保持总体稳定，基本实现社会充分就业目标，成为经济社会建设的亮点，也是民生改善的根本保障。但也应看到，当前就业局势的稳定来之不易，就业中仍然存在一些难点和痛点问题，影响老百姓的获得感、幸福感，不容忽视。

一、就业局势总体稳定，最大民生得到基本保障

在新形势下，我国就业形势保持总体稳定、稳中有进的基本态势，城镇新增就业同比增加、失业保持较低水平、市场供求动态平衡、企业用工和群体就业基本稳定。

（一）当前就业形势保持平稳，社会充分就业基本实现

1. 就业规模持续扩大，城镇就业人数持续增长

2017年，全国城镇新增就业人数达到1 351万人，同比增加37万

人，连续 5 年保持在1 300万人以上。2013—2017 年，城镇新增就业人数年均超过1 300万人，五年累计达到6 609万人[①]。全国就业人员总量持续增加，2017 年达到77 640万人，比 2013 年增加 663 万人[②]，超过欧洲总人口。

2. 就业产业、城乡和区域结构持续优化

随着我国经济结构在产业、城乡和区域间的不断调整升级，就业的产业结构、城乡结构和区域结构等方面也得到持续优化改善。产业方面，第三产业就业主阵地作用更加凸显，占比从 2012 年的 36.1%升至 2016 年的 43.5%，三次产业就业结构实现了从一产占主导的“金字塔”形向三产比重不断上升的“倒金字塔”形转变。城乡就业格局发生历史性改变，2013 年城镇就业人员38 240万人，占全国就业人员比重为 49.7%，2014 年城镇就业人员比重首次超过乡村，2017 年城镇就业人员42 462万人，比 2013 年增加4 222万人，年均增加 844 万人，占全国就业人员总量比重达 54.7%，比 2013 年增长了 5.0 个百分点。中西部地区劳动者就近就地就业和返乡创业趋势明显，区域就业结构更趋合理。随着区域经济均衡发展特别是中西部地区的后发赶超，地区之间工资水平差距缩小，以及鼓励返乡创业政策的落地见效，2016 年本地农民工11 237万人，与 2010 年相比增长 26.4%。本地农民工增量占全部新增农民工的比重，从 2010 年的 35.6%提高到 2016 年的 88.2%。2016 年，在西部地区务工农民工数量比上年增长 5.3%，中部地区增长 2.6%，而同期东部地区则下降 0.3%[③]。

3. 失业状况保持在较低水平，区域失业风险状况有所改善

2012 年以来，全国城镇登记失业率始终维持在 4.1%以下，以较低水平平稳运行。2017 年则连续四个季度保持在 4.0%以内，年末降至 3.9%，为 2002 年以来的最低水平[④]。国家统计局数据显示，城镇调查失业率也先升后降，在波动中总体呈现下行趋势，2017 年 31 个大城市城镇调查失业率全年有 11 个月在 5.0%以下，12 月份为 4.9%，降至 2012 年以来的低点[⑤]。

① 本文城镇新增就业数据来源于历年人力资源和社会保障事业发展统计公报。

② 本文全国就业人数、城乡就业人数等来源于历年中国统计年鉴。

③ 农民工数据来源于国家统计局历年农民工监测报告。

④ 本文城镇登记失业率数据来源于历次人力资源和社会保障部新闻发布会材料，见人力资源和社会保障部网站。

⑤ 调查失业率数据来源于国家统计局新闻发布会材料，见国家统计局网站。

两项失业率均降至多年来的新低，在世界主要经济体中也处于低位。同时，一些重点地区的就业局势也明显有所好转。近两年东北地区就业形势趋紧，失业率连攀新高。2017 年，东北地区经济发展也出现了企稳向好的态势，工业增长实现由负转正。随着东北振兴、困难地区就业援助工作的持续开展，东北地区失业率逐渐回落，与全国平均失业水平的差距收窄，城镇新增就业人数由减转增，表明其就业形势逐步回暖趋稳。

4. 重点群体就业保持稳定

一是高校毕业生就业维持稳定。近年来，受高等教育持续扩招影响，高校毕业生人数连创新高，但在各方共同努力下，高校毕业生就业总体上承压持稳，高校毕业生年底总体就业率均保持在 90%以上，就业和创业人数连年实现“双增长”。2017 年应届高校毕业生达到 795 万人的历史高位，比 2016 年增加 30 万人，年底高校毕业生就业水平仍保持高位，就业规模达到 750.4 万人，同比增加 24.7 万人，总体就业率为 94.4%。二是农民工就业平稳增长。农村劳动力转移就业规模继续扩大，而失业稳定在较低水平。2017 年农民工总量达28 652万人，比上年增长 1.7%。其中，外出农民工 17 185万人，增长 1.5%；本地农民工 11 467 万人，增长 2.0%。与 2013 年比，农民工总量增加1 758万人，年均增加 351.6 万人①。据统计局调查，全国城镇外来农业户籍人口调查失业率也保持在较低水平。人力资源和社会保障部一线观察项目调查表明，农民工在招聘、薪酬、工作稳定性、就业预期等方面也基本保持平稳，没有出现显著变化和波动。这都表明农民工就业总体稳定。三是城镇失业人员和就业困难人员的就业形势有所好转。2013—2017 年城镇失业人员再就业累计达到2 796万人，就业困难人员就业 876 万人。从 2013 年以来，城镇失业人员和就业困难人员就业出现更加困难现象，就业人数同比略有下滑。但 2017 年这一局面被扭转，全年城镇失业人员再就业 558 万人，同比增加 4 万人，就业困难人员实现就业 177 万人，同比增加 8 万人②。这表明随着我国经济发展的进一步稳中向好，城镇失业人员再就业和就业困难人员就业援助力度加大，其就业形势有所好转。四是去产能职工安置有序推进。近年，以钢铁、煤炭行业去产能为重点的

① 农民工数据来源于历年国民经济和社会发展统计公报，见国家统计局网站。

② 失业人员再就业和就业困难人员就业数据来自人力资源和社会保障部历次新闻发布会材料，见人力资源和社会保障部网站。

职工安置工作任务繁重，经多方努力，去产能职工安置工作进展基本顺利。2017 年全年分流安置当年和结转职工 37.7 万人，两年累计分流安置职工 110.3 万人。此外，随着就业扶贫工作的大力推进，累计有 600.2 万名建档立卡贫困劳动力实现了就业增收。

5. 人力资源市场供求趋热，企业用工持稳回暖

2017 年人力资源市场活跃度持续攀升，100 个城市公共人力资源市场招聘人数连续四个季度同比增加，求人倍率连创新高，四季度达到 1.22，为 2001 年以来最高值。近年，我国人力资源市场供求保持动态平衡，总体市场求人倍率保持在 1 以上，市场岗位数量大于求职人员数量①。与此同时，调查监测数据显示，企业现有用工趋稳。人力资源和社会保障部对全国 5 万家企业的监测显示，2017 年，监测企业岗位数量有 7 个月环比增加，增长月数是近五年最多的，表明监测企业用工结束前两年处于持续流失状态，后重返增长通道。同时，国家统计局发布的采购经理指数（PMI）表明，企业用工呈现企稳止损的良好态势，2017 年全年从业人员指数都保持在 49.0 以上，均高于上年同期。这表明制造业用工虽然仍处于缩减状态，但用工缩减幅度下降，明显趋于稳定②。

（二）保持就业形势稳定的主要条件分析

在错综复杂的国内外形势下，就业保持稳中向好局面，得益于经济的平稳增长和结构优化，源自改革创新释放的巨大红利，更是中央高度重视和科学决策的结果。

1. 党和政府高度重视就业问题

十九大报告明确指出“就业是最大的民生”，这是对就业是民生之本思想的进一步深化，对就业问题在整个国民经济和社会生活中的重要性和作用的认识进一步提升。不但要保障人民的基本生存生活，还要满足每个劳动者获得生产机会的需求，提供合适的就业岗位，通过就业发挥劳动者的才能，实现个人的全面自由发展，同时也激发社会活力，创造社会的生机。就业不仅仅是民生，还是经济问题，我国政府高度重视就业和经济的关系，

① 人力资源市场数据来源于人力资源和社会保障部中国人力资源市场信息监测中心。

② 数据来源于国家统计局各月发布的制造业 PMI 指数。

党中央、国务院坚持把稳定和扩大就业作为宏观调控的重要目标，特别强调就业是“下限”和“底线”，是宏观调控的触发器。在2014年中央经济工作会议上，习总书记指出：“宏观调控方向和力度在很大程度上取决于准确及时的就业数据。”我国政府明确提出和实施就业优先战略，将实现社会充分就业作为经济发展的优先目标，明确“保增长就是保就业”，在政府工作报告和发展规划中逐步淡化和消除GDP增长量化指标的同时，坚持将城镇新增就业和失业率作为政府工作的量化目标，各级地方政府更将其作为政府绩效考核的核心指标，正如李克强总理在2018年全国两会记者会上所要求的“各级政府及其工作人员，都要把就业放在心上，扛在肩上”。与此同时，为帮助劳动者实现就业目标、提高就业技能，政府加大财政资金投入，近五年年均就业补助资金投入近900亿元。正是这种自上而下形成的对就业问题高度重视的思想认识、组织领导体系、目标责任机制和考核监督举措等形成了促进就业创业的最有效的体制机制，为实现就业增长提供了高效有力的思想、组织、机制和财政等基础保障。

2. 经济增长与结构优化为稳定就业提供坚实基础

经济运行保持在合理区间，经济增长拉动就业增强。近年来，我国经济继续在新常态的大逻辑下运行，经济增长速度缓中趋稳、稳中向好，经济运行保持在合理区间。2017年国内生产总值为827 122亿元，比上年增长6.9%，增速比上年提高0.2个百分点。2013—2017年GDP年均增速7.12%，2017年比2013年GDP总量增长23万多亿元[①]。经济规模扩大，经济增速拉动就业的能力增强，2017年GDP增长1个百分点带动城镇新增就业196万人，2013—2017年，GDP增长1个百分点平均带动城镇新增就业188万人。

经济结构的优化进一步提升了就业容量。2017年，第一产业增加值65 468亿元，增长3.9%；第二产业增加值334 623亿元，增长6.1%；第三产业增加值427 032亿元，增长8.0%。服务业占国内生产总值的比重为51.6%，比第二产业高11.1个百分点。全年最终消费支出对经济增长的贡献率达到了58.8%，比资本形成总额高26.7个百分点。随着经济结构的持续优化，服务业主导特征更加明显，经济吸纳就业能力进一步加强。

---

① 本报告宏观经济数据均来自国家统计局网站发布的历年国民经济和社会发展统计公报或者历年统计年鉴。除另有出处外，相关数据不再一一注释。

新产业新业态加快成长，就业增长新动能不断形成壮大。节能环保产业、新一代信息技术产业、生物产业、高端装备制造产业、新能源产业、新材料产业、新能源汽车产业等工业战略性新兴产业规模以上增加值比上年增长 11.0%。高技术制造业、装备制造业、新能源汽车、智能电视、工业机器人、民用无人机等行业发展快速。战略性新兴服务业比上年增长 17.3%。在服务业当中，信息传输、软件和信息技术服务业，租赁和商务服务业指数增长速度分别达到了 12.8%和 14.4%。新业态和新商业模式也在蓬勃发展，数字经济、平台经济、共享经济广泛渗透，新的服务不断涌现。创新创业对发展的支撑作用增强，大众创业万众创新扎实推进，2017 年，全国新登记企业比上年增长 9.9%，日均新登记企业 1.66 万户。新一批双创示范基地批复成立，各类众创空间和央企双创平台近5 000家，创新创业带动就业效应更加显著。

3. 改革与政策红利释放促进就业动能

新时期经济社会发展和改革发展进入新阶段，需要更加重视实现经济发展与就业促进的良性互动，更加重视以全面改革促进就业创业。习近平指出，“就业是民生之本，解决就业问题根本要靠发展”，“就业是永恒的课题，更是世界性难题。我国每年新增1 000多万就业人口，必须大力促进就业创业，一是要集中精力抓发展，二是要把就业再就业工作做实，三是劳动者要转变观念”，“所以，我们必须统筹抓好经济社会发展和促进就业工作，千方百计增加就业岗位，着力在提高就业质量、提高劳动人口尤其是就业困难人口就业能力、改善创业环境上下功夫，建立全员培训制度，引导劳动力适应和促进企业实现转型升级”，“推进结构性改革，为增长创造空间、增加后劲。我们要创新增长方式，把握好新一轮产业革命、数字经济等带来的机遇，既应对好气候变化、人口老龄化等带来的挑战，也化解掉信息化、自动化等给就业带来的冲击，在培育新产业新业态新模式过程中注意创造新的就业机会”。同时，通过全面深化改革，积极深化行政审批、商事制度改革，取消部分职业资格证，释放市场空间，创造更加公平有效的劳动力市场，大力实施就业优先战略，出台一系列积极就业政策措施，推动大众创业、万众创新，提高公共就业创业服务水平，为实现更高质量和更充分就业释放更多的改革红利。2015 年 4 月 27 日，国务院出台《国务院关于进一步做好新形势下就业创业工作的意见》（国发〔2015〕23 号），围绕实施就业优先战略，文件提出要把稳定和扩大就业作为经济运行

的下限，围绕着促进以创业带动就业提出新的政策措施。《意见》最大的亮点就是把鼓励创业和促进就业更好地结合在一起，把党的十八大提出来的政府促进就业和鼓励创业相结合这一方针进一步细化，在政策上加以具体化，也正是我国政府提出来的打造大众创业、万众创新的新引擎在政策上具体化。近年来，随着“互联网＋”计划的实施和信息技术的飞速发展，新就业形态的迅速发展对完善就业政策提出了新要求。2017 年 04 月 19 日国务院下发了《国务院关于做好当前和今后一段时期就业创业工作的意见》（国发〔2017〕28 号）。提出坚持实施就业优先战略，支持新就业形态发展，促进以创业带动就业，抓好重点群体就业创业以及强化教育培训和就业创业服务等五个方面的政策措施。这一项被评价为积极版、创新版的就业政策继续强调通过稳增长保就业，支持新就业形态发展，并针对部分地区和行业群体在就业中的突出矛盾和问题采取针对性措施。另外在《“十三五”促进就业规划》（国发〔2017〕10 号）中明确提出“大力发展新兴产业新兴业态，不断拓展新兴就业领域”。与此同时，国务院还连续发出多个促进“大众创新、万众创业”、就业精准扶贫、支持新业态发展、重点群体就业等方面的文件，形成了新一轮的积极就业政策的集成与创新。全面深化改革和新一轮积极就业政策适时出台实施，为我国就业局势的稳定提供了强大的动力源泉。据中国人民大学的调查，约四分之三的受访者认可我国这些年来的发展为人民提供了更多的就业机会。有 32.5％的受访者表示完全同意人民的就业机会随着发展而增多的观点，有 41.9％的受访者表示比较同意，二者合计占 74.4％。说不清的比例占 15.2％，比较不同意和完全不同意的比例分别为 8.2％和 2.2％①。

二、当前就业领域存在的突出问题及其原因分析

党的十九大报告做出了中国特色社会主义进入新时代的重大论断，指出我国社会主要矛盾已经转化为人民日益增长的美好生活需要和不平衡不充分的发展之间的矛盾。这种时代性变化与社会主要矛盾转换，同样在就

① 王卫东. 2017 年度发展获得感及民生满意度调查报告. 本书附录.

业领域得到明显体现。进入新时代，随着我国经济社会发展与劳动力供给趋势变化，我国就业的基本形势和主要矛盾也在发生深刻变化。无论是从宏观层面还是从劳动者个体层面，我国就业仍然存在一些突出问题并面临诸多新的挑战。

(一) 就业总量压力持续和结构矛盾凸显并存

宏观层面，主要是就业总量压力持续和结构矛盾凸显并存，结构性风险有所加剧。在 2014 年经济工作会上，习近平总书记指出："当前形势下，就业形势会发生一些变化。一方面，劳动年龄人口减少，就业总量矛盾相对有所缓解；另一方面，结构性就业矛盾进一步凸显。"从就业总量和结构方面，明确了当前和今后一个时期我国就业形势特征的基本面。

从总量上看，劳动力供给增速趋缓，总量逐步减少，总量压力相对缓解，但仍然高位持压。2012 年开始，我国的劳动年龄人口数量出现持续下降，与以往高速增长的发展趋势明显不同，就业总量的压力从增量向存量转变。未来相当长一段时期，我国的就业总量仍将处于一种持续中高压状态。2016 年，16～59 岁劳动年龄人口90 747万人，比 2015 年减少 349 万人，但从业人口规模77 603万人，比 2015 年净增 152 万人。据测算，到 2030 年之前我国 16～59 岁的劳动年龄人口仍将一直保持在 8 亿人以上。

从结构上看，就业结构性矛盾逐步成为主要矛盾。在总量压力由持续攀升进入高位平台的基础上，结构性矛盾更加凸显出来。与改革开放初期和国有企业改革攻坚阶段出现的就业结构性矛盾不同，当前就业结构性矛盾是在经济社会发展的持续转型到一定阶段时形成的，劳动力的需求和供给结构都存在显著的转型特征。在 2014 年经济工作会上，习近平总书记专门列举了当前就业结构矛盾比较突出的几个方面："一是化解产能过剩、推动国企改革，使隐性失业显性化，部分地区下岗压力可能增大。二是经济下行压力仍然存在，部分企业困难加重，要关注一些小微企业迫于生存压力减员可能带来的失业问题。三是 90 后是新增就业的主体，他们对岗位的选择性增大，其中有些人不愿从事苦脏累和自由度小的工作。四是新技术、新产品、新业态、新模式不断涌现，但技能型人才远远满足不了需要。明年高校毕业生数量将继续增加，供求矛盾会更为突出。"就业结构性矛盾是经济社会发展不协调不平衡的结构性问题在就业领域的集中反映。这里既

有产业结构调整和技术进步的因素，也有区域经济格局变化的影响，最根本的还是劳动力需求和供给的不匹配。一方面，劳动力供给总量从无限向有限供给转变，劳动力结构明显变化，劳动者人力资本投资增加，劳动者就业观念方式多元，就业预期提高。每年新进入市场的劳动力中，高校毕业生将近一半，农民工群体中80后、90后新生代已超过60%。新一代求职者更加注重职业发展、薪酬待遇、工作条件和自我价值实现，供需对接存在错位。与此同时，大量劳动者职业技能和知识水平偏低、部分劳动者就业观念落后等情况也仍然存在。另一方面，经济发展进入新常态，随着工业化、信息化、城镇化的不断深化，企业生产转型升级，消费结构、消费观念和要求提升，人力资源市场对劳动者的知识技能素质和服务能力水平要求显著提高，但低端产业链条中生产企业和传统服务业仍然存在，大量的低端就业岗位需要低成本劳动力的情况也没有彻底改变。与此同时，城乡二元结构正在逐渐打破，但体制分割没有完全消除；各地区发展迅速但仍然很不平衡；居民收入水平上升但仍然差距巨大；社会流动普遍存在但社会阶层趋于固化。伴随这种结构性调整和变化，各种类型和形式的结构矛盾和冲突日益增多，劳动力市场的结构性分化和风险加剧。

（二）部分劳动者“找工作难、找好工作更难”

1. 部分劳动者“找工作难”，失业风险加大

据人社部2017年二季度一项针对农民工和大学生的调查，农民工认为找工作有点难或很难的比例为39.2%；大学生认为找工作有点难或很难的比例为49.1%。当前我国还有大量高龄、低学历、低技能劳动者，其就业困难问题突出。100个城市公共人力资源市场供求数据显示，人力资源市场上45岁以上劳动者长期处于供大于求状态，求人倍率一直少于1，有时接近0.6，即10个劳动者对应的岗位只有6个。2016年，城镇失业人员再就业人数和困难人员就业人数均比上年分别减少13万人和4万人。目前，主要涉及几个群体：部分原国有企业改革、主辅分离、厂办大集体企业改革和资源矿产枯竭城市转型等过程中产生的下岗失业人员就业再就业困难；化解过剩产能和处置僵尸企业中形成的部分下岗和转岗人员就业困难；部分进城务工大龄农村劳动者（尤其是体力劳动者）因为年纪偏大体力下降找不到合适工作，也不能在城市定居，不得不提前退出城市劳动力市场；

农村仍有相当数量的大龄劳动者转移就业难。数据显示，近两年调查失业率和城镇登记失业率波动幅度更加明显，部分地区调查失业率保持在较高水平。部分劳动者处于长期失业状态，城镇失业人员中失业半年以上人员占比超过 50%，失业一年以上人员占比超过 25%。尤其是一些资源枯竭型城市和独立工矿区，由于产业单一，就业门路十分狭窄，有相当数量的职工长期处于失业或隐性失业状态。

2. 高校毕业生就业持续高压，“大学生就业难”牵动社会神经

高校毕业生就业总体形势虽保持稳定，但随着毕业生人数连年增加，就业压力仍持续处于高位，毕业生“就业难”仍成为每年的热点问题。每到毕业季，以“大学生就业难”为关键词的网络搜索指数都会显著提高。在供需数量、结构、观念等错位的情况下，青年失业率始终高出社会总体失业率 1 倍左右，大专以上学历青年失业率更高。据有关方面统计，每年 25%左右的应届毕业生在毕业之前没能找到工作。

这是市场供大于求的反映，也源于供需结构错位的矛盾在短期内难以化解。最为典型的是，劳动力市场中生产、销售等一线岗位仍占大头，而技术和管理岗位不足三成，与毕业生就业预期相去甚远。除部分毕业生就业难以外，找不到自己和家人满意的合适工作或“好工作”是毕业生就业的核心问题。毕业生就业压力居高不下，也使得性别等就业歧视现象抬头，以求职就业为名的不良校园贷、传销骗局等违规违法行为有空可钻，更使得毕业生非常渴望稳定就业。部分毕业生的初次就业处于“将就”状态，或者只是为下一步“过渡”和跳槽“做准备”，毕业生中灵活就业、“慢就业”和“不就业”的比例不断增大。此外，毕业生就业择业时间长、过程复杂，职业搜寻的资金、时间和其他社会成本过大，遇到户籍、编制、人事档案、社会保障、劳动人事关系和工资福利房的制度性障碍，以及社会关系网络的无形隔阂和形形色色的就业歧视等，也增加就业难度。因此，虽然高校毕业生就业总体稳定，但毕业生及家长仍然感觉不满意。

3. 劳动收入水平低，收入增长慢，收入差距大

据国家统计局发布的报告显示，2016 年全国城镇非私营单位就业人员年平均工资为67 569元，实际增长 6.7%，比上年增速下降 1.8 个百分点。全国城镇私营单位就业人员年平均工资为42 833元，实际增长 6.0%，比上年增速下降 1.2 个百分点。人力资源和社会保障部人力资源市场一线观察调查显示，无论农民工还是高校毕业生，其实际薪酬水平和预期薪酬水平之

间都存在较为明显的差距。总体看，大部分劳动者的劳动收入水平偏低，尤其在经济下行压力下，劳动者的劳动收入增长速度下降，劳动报酬所占财富比例下降，而住房、教育、医疗及基本生活开支价格上涨，导致贫富差距继续扩大和生活收支平衡压力加大，劳动者对其工作报酬不满意度增加。同时劳动报酬之间收入差距扩大，私营企业职工工资收入基本上只有非私营单位职工工资的一半多，最高的行业职工工资大约是最低的行业职工工资的3倍，这也使部分劳动者的获得感减弱、不公平感加强。

4. 劳动强度大，劳动条件差，权益和健康难保障

目前在劳动力市场结构中，有相当比例的就业人员是脆弱群体，他们的就业不稳定、收入偏低、就业权益得不到基本保障，部分劳动者甚至被欠薪，部分中小企业职工社会保险参保率较低，缴费基数低，断保（中断社会保险缴费）现象有所增加，导致社会保障权益受损，部分企业劳动条件差、职业病多发。一些新就业形态从业人员也存在就业机会随机化，职业生涯碎片化，工作时间长，劳动强度大，收入不稳定，权益义务法律关系不清晰，没有单位依托，医疗、工伤、失业等社会保险缺失问题。从调研情况看，不少一线工人反映每月“300小时”是工作常态，即每天至少工作12个小时，每周至少六天。生产线工人抱怨，长时间站着工作，枯燥、重复、单调，身心负担很重。不少劳动者表示，自己不怕吃苦受累，但城市生活成本高，钱攒不下，身体被掏空，担心一场大病后全部归零。即便是在一些“好单位”就业的劳动者，也普遍存在超时加班、带薪休假权益没保障，一些人员成为“24731部队”（即一天24小时处于工作和工作待命状态，一周工作7天，一个月工作31天），“过劳死”现象时有发生。随着互联网数字经济发展，越来越多的各种新业态发展，产生了大量的新就业形态，其中很大一部分处于就业不稳定状态，其劳动和社会保障权益难以得到传统法律规制的保护，正如《2017年全球风险报告》中所指出的：在“零工经济”时代，技术变革意味着稳定的长期工作让位给自由职业。如今，个人更多地承担着与经济和社会风险相关的成本，例如失业、被开除、生病、残疾和晚年无保障。

5. 就业不稳定，缺乏必要的职业发展空间

目前，非体制内劳动力市场和低层劳动力市场的“流动性”相对过剩，以农民工和城市“漂族”为代表的劳动者在城乡之间、不同地区和城市之间、不同行业和企业之间频繁流动和跳槽，部分劳动者处于不停的“求

职—失业—再求职—再失业”循环中，长期处于“打零工”状态，就业稳定性不足，缺乏职业发展空间，降低了就业质量，增加了就业的不安全感。农民工在春节期间的往返，差不多有 3 个月左右时间不能工作，也是一种巨大的劳动浪费。从人口统计的城乡人口年龄结构看，16～45 岁的农村人口比例明显低于城镇，16 岁以下和 45 岁以上年龄人口比例则明显高于城镇，主要是因为部分进城务工农村劳动者在进入大龄后被迫离开城镇劳动力市场，重返农村。

6. 市场体制分割和形形色色的就业歧视等增加就业不公平

我国劳动力市场在过去几十年有着积极的发展，但目前仍存在一些不合理现象，各种层次、各种形式和各种原因的劳动力市场分割甚至歧视现象，增强了劳动者的就业不公平感。体制内与非体制内人员、核心人员与非核心人员之间存在着很大的收入与权益差距，在整个劳动力市场横向流动性过大的同时，市场内部纵向流动的机会和途径却很少。一些毕业生虽然实际上有工作，但由于不是体制内工作和“正规单位工作”，就不认为自己就业了。同一单位和岗位上多种身份并存，劳务派遣比重大，同工不同酬，甚至“多劳少得”现象仍大量存在；少数超大城市和大城市拥有大量的就业资源和机会，却仍然存在明显的户籍限制和基本公共服务的不平等问题。正是这种市场体制的不合理和分割，在很大程度上加剧了就业的结构性矛盾，同时也加大了劳动者的就业不公平感。

7. 创业热情高，但创业难度大，创业风险缺乏社会保障

近年来，随着大众创业、万众创新的持续推进，劳动者自主创业渐成风潮，创业并带动就业成为当前就业增长的重要助推器。但从各方面调研情况看，劳动者创业仍面临较大不稳定性和难点，包括场地、资金、市场、项目和能力不足以及创业扶持政策不到位、审批监管环节多、社会诚信不足、基础设施条件落后等诸多困难，劳动者创业仍然艰难；同时，面对创业风险，缺乏必要的风险保障机制，部分初次创业劳动者甚至没有参加社会保险，一旦创业失败，连失业保险金都没有，缺少基本的失业救济渠道和生活保障。

（三）存在问题的主要成因分析

当前我国经济社会发展处于一个复杂结构转型调整阶段，既是经济增

速换挡期、新旧动能转换期，又是转型升级爬坡期、结构调整深化期和深化改革攻坚期，经济社会发展保持总体稳定的同时，一些不稳定、不确定性因素增加。就业，是一项复杂的经济社会活动，呈现出诸多转型期的阶段性特征，就业问题表现在不同的维度和层面，同时也具有复杂的经济社会成因。其中几个突出的原因如下：

1. 受经济增速下行压力、发展方式转型升级和结构调整的转型因素的影响

随着经济增速持续下行，企业用工更趋谨慎，用工条件提高，开始“挑人”，“招工难”热度下降，求职的“卖方市场”降温，劳动者择业机会相对减少。同时，当前经济发展处于增长方式转型升级、新旧动能转换、结构调整加剧、技术进步加速的转型阵痛期，经济不确定性和劳动力市场不稳定性增加。传统制造业、住宿餐饮业等行业岗位持续较大幅度流失，而新兴业态和平台经营可持续性差、用工不稳定，劳动者的失业风险有所加大。互联网、机器人、人工智能等技术替代，减少了就业岗位，也提高了对劳动者素质技能的要求，增加了就业难度。以自动化、智能化为特点的新工业革命在技术发展的速度、广度和深度上正超越以往，从全球进程看，新工业革命主要集中在制造、信息、金融、安全、能源、生物等领域。现阶段，工业机器人、3D打印、物联网、人工智能等技术的发展，已经在影响和改变生产服务模式和人们的生活方式，对就业的影响也更加深广，技术进步的“双刃剑”效果更加明显。一些行业特别是传统制造业中“机器换人”明显增多，岗位流失有所加剧。浙江省统计，随着生产自动化加快，仅2015年全省就减少一线操作岗位57.7万个，占全省制造业岗位总量的4.1%。另一个明确提出“机器换人”的东莞市，自2014年9月至2015年底，因“机器换人”全市减少用工7.1万人，约占当地制造业城镇职工人数的3.7%、全部城镇职工数的3%。从调研情况来看，一些制造业自动化机器应用中，一个岗位可替代的劳动力为3～5人，一条流水线的自动化更新的劳动力替代率高达50%～80%，甚至更高①。这势必导致短期内岗位流失加剧，或用工需求减弱。

2. 人力资源供给与经济结构深度调整不同步、不匹配

无论是学历教育还是职业教育和职业培训，都未能充分满足市场需求。

① 根据调研数据资料推算。

教育结构不合理，学历教育比重增加太快，职业教育发展不足，教育内容和方式以知识灌输为主，劳动者终身学习能力教育严重不足，导致包括接受高等教育在内的新生劳动力实际工作技能严重缺乏。新产业发展和新技术革命会使得人力资源市场岗位需求结构有所调整和优化，在一定程度上缓解普工过度需求的问题，也会为高校毕业生创造更多更匹配的就业机会，但同时也对人力资本提出了更高要求。相对于技术的快速发展、流水线的迅速更替，人的观念转变和能力提升是一个慢变量，转岗转业需要一个过程，若不能及时进行知识、技术和观念更新，原有的部分中低技术人员也将面临失业风险。若高等教育、职业教育改革不能及时跟进，技术技能人才培养规模不能有所扩大，计算机等学科的“通识”教育和创新创业教育力度不够，部分院校、部分专业毕业生就业难的问题仍将难以化解，而复合型、技术技能型、创新创业型劳动者将严重短缺，技术性失业和高层次人才短缺的矛盾将同时存在，技能结构矛盾进一步加剧。

3. 高校毕业生短期快速增加与市场相应岗位供给不足

近年来高校毕业生就业问题突出，主要原因是市场供需的失衡和不匹配。近年来，高校毕业生就业规模不断扩大，应届毕业生人数从 2001 年的 110 多万人增长到 2018 年的 820 万人，其增长速度远高于同期经济增长速度。近几年，应届高校毕业生人数在 700 万以上，占城镇新成长劳动力的一半左右。由于我国经济总体仍处于产业中低端，劳动力市场岗位大多为低端岗位，产业转型升级创造高端岗位的速度低于毕业生数量的增速，适合毕业生的就业岗位有效需求不足。目前针对高校毕业生的用人需求中，很大部分比例为一线生产岗位和销售岗位，与毕业生的择业期望存在很大差距，难以形成有效需求。中小企业和非公有制企业需要大量毕业生，但由于工资待遇相对较低、发展空间小，加之部分企业用工不规范，对毕业生吸引力不足。基层教育、医疗、农技等事业单位急需人才，但由于编制限制、个人职业发展受限、整体工作生活环境局限等原因，吸纳毕业生作用不很明显。统计数据分析显示，建筑业、制造业、批发和零售业等一些重点用工行业中具有大专以上文化程度的就业人员比例较低，其吸纳毕业生就业的能力有限。同时因为高校人才培养滞后于动态变化的市场需求，部分高校专业设置、教学内容、培养模式与企业需求脱节，导致一些毕业生有岗干不了。当然，家庭条件、就业观念、体制机构障碍和服务不足等因素也共同导致部分毕业生的就业困局。

4. 社会价值观念因素的影响

受传统观念和习惯影响，全社会还没有形成尊重劳动、崇尚技能的良好氛围。以往经济发展中重视经济增长速度、重视资本、土地等有形要素，对人力资源要素的重视和规划不足，随着资本、技术等要素的不断增长，人力资源要素的短板逐步显现，经济社会发展与人力资源要素配置的不协调性更加突出。受此影响，全社会还没有形成尊重劳动、学习技能的良好氛围，普遍认为“体力劳动”不是“体面劳动”；社会上重学历轻技能、重普教轻职教的倾向还比较严重。家长普遍不鼓励孩子到职业院校学习，优秀学生就读职业院校的比例也不高。在择业观念上，部分毕业生及其家长的就业期望值偏高，大多希望留在大城市，想进机关事业单位和大企业，而不愿意到中小企业、中小城市和中西部基层单位就业。另外，从我国经济发展的现状来看，以低端产业为主体的经济结构形成的就业岗位与劳动者预期错位，尤其是与以 80 后、90 后为主体的新生代劳动者的求职预期存在较大落差。部分用人单位的用人观念没有转变，用工条件没有改善，企业管理过于僵化落后。企业对人力资本的重视不够，企业人力资本投入不足。一些企业偏好使用年轻劳动力，将大龄劳动者排斥在就业市场之外，增加了其就业难度。

5. 政策制度供给滞后与公共就业服务能力不足

户籍、人事制度、教育培训、社会保险、收入分配以及财税等方面的制度政策，有些不能适应新的经济社会发展趋势与就业变化趋势，成为影响劳动者顺利就业和提高就业质量的制度性障碍。基本公共服务供给的不平等，以及公共就业服务能力不足，也是造成前述就业问题的重要因素。尤其需要注意的是在不同的劳动力市场之间仍然存在一些体制分割的现象，机关事业单位、国有企业等一些部门进入门槛很高。同时在一些条件较好的部门，存在大量的劳务派遣用工，形成了所谓的“中心—边缘”分割，体制内就业人员与非体制内人员、核心人员与非核心人员之间存在着很大的收入与权益差距，也存在着难以逾越的一些鸿沟。在整个劳动力市场横向流动性过大的同时，市场内部纵向流动的机会和途径却很少。正是这种劳动力内部结构之间的不合理和分割，在很大程度上加剧了就业的结构性矛盾，比如高校毕业生就业集中在北上广等大城市，热衷于公务员和国有企业的职位，而不愿意到基层和中小企业就业。

6. 鼓励创新创业制度政策和社会环境土壤还不厚实

以创业带动就业是经济社会发展的内在要求和必然趋势，当前创业活动也呈现出一些新的特征，如创业主体更趋多元化，以自我实现为目标的发展型创业成为主导，以初次创业和新开办项目为主，创业要素内生化特征明显，新经济和新形态的创业活动增加，创业与创新融合深化、经济社会综合政策效应更加明显等。现有创业带动就业政策体系也存在一些不足和突出问题，与创业活动蓬勃发展不相适应，主要是对创业扶持政策的性质和目标存在认识上的分歧，政出多门现象仍然存在，工作协调和资源整合机制尚有欠缺，政策支持体系建设尚不完善，政策的宣传、贯彻和落实不能完全到位，政策的知晓度和受惠面不足，政策主体实施和执行能力存在短板，创业服务体系和服务能力不足，劳动者的创业创新能力不足，创业者培育政策效果有待进一步提升，创业风险的预防、容错和保障机制尚不健全，社会鼓励和保护创新创业的环境土壤还需进一步厚植。

三、未来展望与主要政策建议

（一）我国就业面临的新形势、新目标和任务

1. 就业问题处于新的历史方位

十九大报告提出了中国特色社会主义进入新时代的重大论断，提出了我国社会主要矛盾已经转化为人民日益增长的美好生活需要和不平衡不充分的发展之间的矛盾。一方面要看到新的变化，这是未来方向和趋势，要突出重视新变化对就业形势的影响和挑战；但另一方面，十九大报告也强调“必须认识”“两个没变”，即“我国仍处于并将长期处于社会主义初级阶段的基本国情没有变，我国是世界最大发展中国家的国际地位没有变”。并强调要牢牢把握这个基本国情，牢牢立足这个最大实际，牢牢坚持党的基本路线。未来我国的就业发展面临的大局，就是这样一个社会主要矛盾转换的新时代所具有的突出特征。当前和今后一段时期我国仍处于经济增速换挡期、新旧动能转换期、转型升级爬坡期、结构调整深化期、全面深

化改革攻坚期和老龄化加速发展期。经济社会发展正在经历一个综合结构的复杂转型阶段，处于转型升级爬坡过坎的过程中。经济社会发展保持总体稳定的同时，一些不稳定、不确定性因素会增加。转型过程中，一方面，有新的经济增长和发展，全面改革提供的新空间、新经济、新技术、新产业、新机制为我们打开了一片天地，创造出很多新的就业岗位和机会，因此，就业工作最大的机遇就是要紧紧抓住新经济发展和改革创新中的机遇。另一方面，在转型过程中也会出现结构性破坏，导致行业、群体、地区之间的分化，并形成结构性失业风险。同时，由于资本、技术等鸿沟扩大，也可能进一步加剧劳动力市场结构分化、断裂，出现一定规模的低端、低质量的劳动力市场，这种失业风险和部分劳动者的下沉，可能导致收入的差距扩大，成为经济社会发展中的潜在风险点。

2. 就业形势出现新的特征

未来一段时期，我国就业总量压力持续和结构矛盾突出的基本特征仍然不会改变，当前就业总量问题不容忽视。以前我们更大的压力是劳动力不断供给、快速增长导致的就业压力，现在虽然劳动年龄人口数量下降，但劳动力供给仍然处于高位，下一步的压力是高存量的压力，就业仍然是负重前行。而且这个总量的内部构成也在变化，总量需求也不一样了。就业增长动力由增量主导向存量开发调整，主要依靠对现有人力资源的开发，通过提高劳动参与率和劳动生产率，以增加劳动要素的供给及对经济发展贡献的比例。结构问题是当前和今后主要的、突出的问题，十九大报告也再次强调要着重解决结构矛盾问题。就业结构问题是一个常态，但常态常新，结构问题也在不断发展、不断变化。比如，产业结构不断发生新的变化和挑战，现在要扩大第三产业就业，目前第二产业就业人数的占比已连续下降，已经不足30%，下降的空间还有多大？第一产业就业占比较大，但转移的速度明显下降，随着现代农业发展和农民工返乡，甚至可能出现反弹。那么，第三产业就业的劳动力从哪里来？就业产业结构优化的路径是什么？再如，青年就业问题更加突出，青年劳动力供给正在逐步减少，十九大报告提出要使绝大多数城乡新增劳动力接受高中阶段教育、更多接受高等教育，新成长劳动力供给就会出现新的变化，可能进一步导致劳动力供给结构问题更突出。还有前面讲到的劳动力市场内部结构变化问题、新技术变革带来的挑战和机器换人问题、结构调整中的失业人员再就业问题、生育政策调整影响下的女性就业问题等等，都是需要关注的新问题。

3. 就业发展明确新的目标任务

经济社会发展进入新的历史时期，我们党对就业在保障和提升民生水平、促进经济发展和质量提升、防范社会风险和稳定社会秩序等方面的基础性关键性地位和作用有了更加系统和深入的认识。为此，适应经济社会发展新要求和劳动力市场供求新趋势，对就业发展提出了新的目标和任务。党的十八大报告提出要“推动实现更高质量的就业”，之后的“十三五”促进就业规划明确要“推动实现比较充分和高质量的就业”。十九大报告再次提出要“实现更高质量和更充分就业”，将“比较充分”改成了“更充分”，并且把“更高质量”放在“更充分”的前面，从质和量两个方面提出了要求，且更加注重就业质量。这种目标任务的变化，和我国社会主要矛盾的转换是相适应的，劳动者对更好就业的向往要求，经济发展从规模型向质量型发展，都要求更加注重就业质量问题。当然，还要处理好更加充分和更高质量之间的平衡关系。不能一味追求充分而牺牲了质量，也不要一味追求质量而影响充分就业。其中，还要注意一个效率问题，因为只有更有效益的就业才能同时实现保证就业的充分和高质量。更有效益的就业，包括实现更高的劳动参与率效益，要保证它维持在一定水平，不能总是往下降；包括更高水平的劳动生产率，要不断提高劳动技能素质，提高就业创业能力；包括市场配置效率，对人力资本在内的各种劳动要素的配置效率要提高；还包括政府公共就业创业服务的效率要提高；等等。为适应这种时代趋势和目标要求，就业方面需要实现几个方面的主要任务：一是保存量、促增量、防风险。就是要继续实施就业优先战略，不断丰富完善积极就业政策，稳定现有就业岗位，加强对新经济扶持力度，多方面拓展就业新空间，创造新岗位，加强规模性失业风险防控。二是强能力、调结构、提质量。要以着力提高劳动者就业创业能力为重点，适应经济结构转型升级要求，促进劳动者职业转换，实现就业的结构优化，同时提高就业质量，促进经济社会发展质量提升，实现经济转型和就业转型的同步，避免劳动者能力严重滞后经济发展需要，出现脱节现象。三是夯实基础、提高效率、优化服务。要进一步完善市场配置资源的体制机制，更好发挥政府作用，充分利用现代信息技术，夯实公共就业创业服务的各项基础，创新工作方式，提升服务能力和效率，满足劳动者更加多元、更高水平的需求。

（二）主要政策建议

1. 加强经济政策与就业政策联动挂钩，坚持以高质量发展促进高质量就业

中国特色社会主义进入了新时代，我国经济发展也进入了新时代，基本特征就是我国经济已由高速增长阶段转向高质量发展阶段。经济发展是扩大就业的火车头，合理的经济结构更是拉动就业的加速器，高质量经济发展是实现更高质量就业的前提保障。坚持把实现更高质量和更充分就业作为经济社会发展的优先目标，作为经济运行合理区间的下限，创新实施区间调控、定向调控、精准调控等宏观调控方式，保持宏观政策连续性、稳定性，加强就业与财政、货币、产业、区域等政策协调配合。要着力解决发展不平衡不充分问题，围绕建设现代化经济体系，坚持质量第一、效益优先，促进经济结构优化升级。着力加快建设实体经济、科技创新、现代金融、人力资源协同发展的产业体系，把发展经济着力点放在实体经济上，进一步激发市场主体活力，提升经济发展质量，做强做优制造业，做大做强新兴产业集群，加快发展现代服务业，加快实施“互联网＋”战略，运用新技术、新业态、新模式，大力改造提升传统产业，发展新产业新业态，不断拓展就业空间，创造更多高质量的就业岗位和创业机会。经济决策部门和人社部门要建立常态的工作协商机制，做好宏观经济政策的人力资源评估，更加注重结构调整与扩大就业的良性互动。

2. 建立市场需求导向的教育与技能培训体系，优化劳动力市场供给

大力调整学校教育结构和改进教育方式，形成帮助劳动者建立终身学习能力和职业适应能力的教育体系。进一步完善技能人才培养使用、考核评价、竞赛选拔、表彰激励等政策，提升职业培训的针对性和有效性。要创新技能人才培养模式，满足劳动者提升职业能力的差异化需求，畅通技能劳动者职业发展通道，逐步构建起劳动者终身职业培训体系。加大对新产业、新技术和新业态人才的培训力度，引导劳动者向这些产业实现就业转移。为更好应对新技术变革的挑战，要从产业布局、加强教育与培训体系建设出发，改善人力资源供给结构，确保适应本轮工业革命中生产力和生产关系的变化，把应对技术发展挑战的过程变成推动产业升级、优化人力资本结构和促进高质量就业的过程。

3. 分类施策，加大对困难地区和困难群体的政策扶持力度

对资源枯竭、化解过剩产能任务较重、规模性失业风险较大的地区，要通过加强产业布局规划、重点项目倾斜，帮助其发展接续产业；对特别严重的地区要加大财政、金融投入，实施临时性、区域性的税费减免政策。指导企业通过集体协商，采取在岗培训、弹性工时、协商薪酬等办法，稳定职工队伍。加大对公益性岗位、各类自主创业和灵活就业人员的补贴扶持力度，引导劳动者广开就业渠道。以应届高校毕业生和农民工就业为重点，继续编织好就业经纬网络。统筹实施高校毕业生就业促进和创业引领计划，加强对就业困难学生的帮扶，加大引导和鼓励毕业生到基层就业创业政策力度。加快将农民工纳入统一的城乡就业创业扶持政策和公共服务体系，引导农民工向新经济和产业转移。加强全方位公共就业服务，大规模开展职业技能培训，尽快建立覆盖全体劳动者、覆盖劳动者职业生涯全过程的公共就业服务和职业技能培训体系，为所有有需要的各类劳动者提供高效的有针对性的政策和服务支持。

4. 加强就业权益保障，提高就业质量，培育和弘扬尊重劳动的社会价值观念

加大财政在承担经济社会转型成本中的比例，当前主要是加大财政在结构调整中对职工安置、技能培训和公共服务的支持力度，分担企业在降低成本过程中的责任，加大对弱势群体的就业帮扶援助和社会保护力度等。要加快收入分配制度改革，健全工资决定和正常增长机制，确保劳动报酬增长和劳动生产率提高同步；规范收入分配秩序，努力缩小城乡、区域、行业收入分配差距；在个税制度改革总体方案难以出台之前，尽早提高劳动者劳动收入个税征收起征点，降低劳务费税率。全面建成覆盖城乡各类用人单位的社会保障体系，解决好社会保险关系转移接续问题，重点解决灵活就业和新就业形态从业人员的各类社会保险问题。加强劳动者就业权益保障，引导企业转变用人观念，构建和谐劳动关系。加强舆论引导，在全社会培育尊重劳动、崇尚技能的良好氛围。逐步消除人力资源市场中城乡、地区、行业、身份、性别等一切影响平等就业的制度障碍和就业歧视，为劳动者提供更加公平的就业机会和就业环境。适应“互联网+”条件下就业创业方式多元化趋势和促进新经济、新业态发展要求，研究改革和完善相关社会政策、公共管理和服务体系，维护劳动者基本权益。

5. 持续改进提升“双创”政策，切实促进以创业带动就业

加强创业政策与经济社会发展的综合性政策关联，进一步整合有利于促进创业创新的资源要素。加快转政府变职能，创造公平市场竞争环境、培育市场化的创新机制，在保护产权、维护公平、改善金融支持、强化激励机制、集聚优秀人才等方面发挥积极作用。在“放管服”改革中，破除或降低各种行业和职业进入门槛，开放公共资源和服务领域，广开门路，为企业、劳动者获得创业资源和机会提供制度保障。建立起具有差异的、针对性强的多层次分类政策体系。充分发挥公共就业服务、中小企业服务、高校毕业生就业指导等机构的作用，为创业者提供项目开发、开业指导、融资服务、跟踪扶持等服务。对符合产业发展方向的农民工返乡创业，在土地、金融、产业和税费等方面加大支持力度。推广新型孵化模式，鼓励发展众创、众包、众扶，建立面向人人的创业服务平台。广泛开展创业竞赛、创业论坛和创业先进表彰等活动，在社会上营造尊重创新创业人才、崇尚创业精神、支持创新、宽容失败的风气，使创业创新成为社会习惯，为创业创新提供文化支撑。进一步完善失业保险等社会保障政策，为自主创业和自主就业劳动者提供失业风险保障。

第三章　优先发展教育事业

十九大报告指出，建设教育强国是中华民族伟大复兴的基础工程，必须把教育事业放在优先位置，深化教育改革，加快教育现代化，办好人民满意的教育。现代学校教育作为个体实现社会流动的重要途径及社会分层的合法化工具，越来越深地影响个体及其家庭命运，并直接关系着社会公众幸福感的获得及对社会的满意程度。而教育的社会流动及社会分层功能的实现，落实到可知可感的具体操作层面，民众最关心和关注的是各个学段不同质量教育机会的分配及相应的筛选机制等问题，简言之即能否享有公平而有质量的教育，在我国当下困扰老百姓的教育民生问题基本都与此相关，并由此引发。

一、现阶段影响民生的重要教育问题

改革开放 40 年以来，特别是随着近些年一系列惠民举措落地实施，人民获得感显著增强。从中国人民大学中国调查与数据中心 2017 年 10 月实施的“发展获得感及民生满意度调查”的相关数据看，在教育领域，“高达九成的受访者认为我国这些年来的发展给人民提供了更多的受教育机会……

超过五分之四的受访者认为我国这些年来的发展给人民提供了更好的受教育资源……四分之三的受访者认为我国这些年来的发展使得人民群众受教育的机会更加公平"①，而相比较各民生领域，教育也是受访者获得感较高的领域之一②。毫无疑问，随着我国教育事业的全面发展，在努力办好世界规模最大的教育体系上，我们取得了巨大的成果。但在充分肯定教育发展成就的同时，也要清醒地认识到，教育中不平衡不充分发展的问题依然突出，还有不少短板，如学前教育"入园难""入园贵"、义务教育均衡化、农村教育发展等都可谓当下教育领域的民生之痛，也是实现十九大报告所提出的"学有所教""努力让每个孩子都能享有公平而有质量的教育"目标所必须直面并着力解决的问题，下面就此展开分析与探讨。

（一）学前教育"入园难"持续存在

学前教育是人力资本形成的起点。多有研究表明，教育具有明显的累积效应，良好的早期教育对儿童未来的学业成就有显著且持续的影响③。在我国，虽然学前教育是国民教育体系的重要组成部分，但实际上长期以来并没有得到足够的重视，"入园难"一直是学前教育的首要问题，特别在广大偏远落后的农村地区，家庭对幼儿的养育方式落后、社会保育服务缺乏、规范的学前教育提供极其有限，带来了儿童发展的各种问题，甚至造成"人口隐形危机"④。

"人生百年，立于幼学"，随着社会经济的发展，近年来从政府到民间各人群对学前教育重要性的认识皆有所提升，各重大教育政策开始直接回应学前教育问题，而有关学前教育发展的专项行动计划亦进入实践。2010年，《国家中长期教育改革和发展规划纲要（2010－2020年）》（以下简称《教育规划纲要》）提出2020年"基本普及学前教育"、学前三年毛入园率达到70%的发展目标；同年，《国务院关于当前发展学前教育的若干意见》（以下简称《意见》）下发实施。2011年以来，为落实《意见》精神，按照

---

① 王卫东．2017年度发展获得感及民生满意度调查报告．本书附录．

② 同①．

③ E. C. Melhuish. Preschool matters. Science，333（6040），2011：299－300.

④ 王羚．人口隐形危机：逾50%农村幼儿认知滞后．第一财经，（2017－06－18）［2018－06－20］．http://www.yicai.com/news/5301770.html.

统一部署，各地以县为单位先后实施完成了第一期、第二期“学前教育三年行动计划”（以下简称“行动计划”），学前教育资源快速扩大。2016 年底，学前教育三年毛入园率达到了 77.4%①，提前实现了《教育规划纲要》提出的 2020 年目标，“入园难”的问题得到了一定程度的缓解。在此基础上，《国家教育事业发展“十三五”规划》又提出了 2020 年学前教育三年毛入园率 85%的新目标。

随着一系列学前教育措施的落地，学前教育正进入一个快速扩张期，但正如新近出台的《教育部等四部门关于实施第三期学前教育行动计划的意见》（教基〔2017〕3 号）所言：“学前教育仍是教育体系中最薄弱的环节，普惠性资源供给不足，教师数量短缺、工资待遇偏低，幼儿园运转困难，保教质量参差不齐等问题还普遍存在，仍处于爬坡过坎的关键期”。而 2016 年，中国青年报社会调查中心对 2 002 人进行的一项调查也显示，84.6%的受访者认为所在地区普遍存在“入园难”“入园贵”的现象②。简言之，“入园难”在当下以及今后的一段时间里仍然是学前教育所要面临的核心问题，但需要注意的是，在规模快速扩张及民众对教育需求日趋多元化的背景下，“入园难”会有新的表现。

首先，绝对数量供给不足仍然是“入园难”问题的基本表现。“全面二孩”政策的实施，必将会对学前教育发展的结构、规模、速度、质量等产生较大的影响。按照国家卫计委的预计，“全面二孩”政策实施后，近几年每年净增人口将在 300 万以上。如果参照“全面二孩”政策前 2012—2016 年幼儿园规模变化情况（见表 3-1）估算，未来两到三年，每年在原有常规增长的基础上，仍需净增幼儿园数在 1.55 万所以上，超过近五年来年度增加 1.46 万所的均值，这也就意味着未来两到三年，每年需新增幼儿园 3 万所以上，这对学前教育资源的持续稳定扩大投入是一个考验③，绝对数量

---

① 蔡继乐. 十九大代表、教育部部长陈宝生：教育改革进入“全面施工内部装修”阶段. 中国教育报，2017-10-20.

② 周易. 72.7%受访者支持企事业单位办幼儿园：超八成受访者称当地入园难、入园贵现象普遍. 中国青年报，2016-03-29.

③ 这也仅仅是粗略的估计，并非严格依据人口普查数据、采用中国人口预测系统、从不同的预测方案严格推算预测出来的结果。其实，随着“全面二孩”政策的实施，科学预测学龄前人口变动趋势和相关教育资源的需求具有紧迫的现实意义，但目前，笔者没有查阅到基于全国数据的研究，但有研究者开始做区域性的预测研究，如洪秀敏等所做的《“全面二孩”政策与北京市学前教育资源需求》的研究。

不足而致的“入园难”在一定时期内仍然是学前教育发展急需回应的首要问题。

表 3-1　　　　2012—2016 年我国幼儿园规模情况统计表

年份	在园幼儿数（万人）	园数（万所）	平均园人数（人）	在园幼儿年度增加数（万人）	园年度增加数（万所）
2012	3 685.76	18.13	203.30	261.31	1.45
2013	3 894.69	19.86	196.11	208.93	1.73
2014	4 050.71	20.99	192.98	156.02	1.13
2015	4 264.83	22.37	190.65	214.12	1.38
2016	4 413.86	23.98	184.06	149.03	1.61
均值	4 061.97	21.07	193.42	197.88	1.46

资料来源：据教育部官网 2011—2016 年全国教育事业发展统计公报整理。

注：2011 年在园幼儿数为3 424.45万人，园数为 16.68 万所。

其次，优质、普惠性公办园的供给不足是“入园难”的瓶颈问题。如前文所言，学前教育近年可谓进入规模扩张期，在基本的绝对供给上有了很大改变，毛入园率也有明显提高，但与此同时，相关调查也表明，学前教育规模虽有扩张，但优质、普惠性公办园供给不足、分布不均仍然形势严峻，这具体表现为三方面的失衡。一是“广覆盖”与“保基本”的失衡。现有政策虽强调大力发展公办园，提供“广覆盖，保基本”的学前教育服务，但在地方落实中，多着力于“大力发展公办园”，对如何保障弱势群体子女获得基本的学前教育机会却较少用心。财政支持的公办园，集中了更多优质资源，且收费相对低廉，但由于数量有限，因此能否入读公办幼儿园变成了家庭各种资本的竞争。家庭资本有限的弱势人群子女，本应是政府重点保障对象，但调查显示这些群体中 65.44%家庭中的孩子只能进入民办幼儿园而无法享受公共财政的普惠。二是“求速度”与“保质量”的失衡。短时期的超常规发展，师资培养、物力资源需求等配套难以跟上，质量明显下降。民进中央的调查表明，目前学前教育的教师 70%没有资格证书，45%学历不达标，直接结果是优质园难寻的“入园难”。三是“城市”与“乡村”学前教育资源分配的失衡。相关调查发现，在本来就处于弱势的农村学前教育，目前面临城乡差距进一步扩大的趋势，特别在中西部地区，单从园所数量上就存在普惠性公办园数量有限，民办幼儿园比例过高的问题。如西部农村地区，民办幼儿园比例高达67%①。因此，财政供给的普惠性公办园对多数农村地区的孩子而言根本没有可及性。

总之，“入园难”一方面既有绝对数量不足而表现出的“一票难求”——没有幼儿园可上，另一方面，则是上“好”幼儿园难。而对于处境弱势的城市低收入人群家庭、农民工家庭子女以及居住于分散农村社区的儿童，要想便利地获得普惠性公办优质学前教育则更是难上加难。

（二）义务教育阶段“择校热”在短期内仍难消除，并逐渐向中小城市延伸

谈到教育民生，义务教育阶段“择校热”始终是一个躲不开、绕不过的话题，从每年的全国两会到招生时节的街头巷尾，择校都是人们谈论的焦点。在我国的语境下，所谓“择校”主要“体现为一种由家长自下而上发起，以金钱、关系以及权力等方式竞逐公办优质学校学额的现象”②。择校其实在全球范围各国都存在，而且意在通过赋予家长选择权以提升学校竞争力的择校也是20世纪70年代末80年代初英美等西方国家“新右”政府推行包括教育在内的公共部门市场化改革的工具，但在我国，择校问题与西方作为自上而下的教育改革策略完全不同，它从未得到过政策的明确支持，而且基本上是“政府一边禁，家长一边择”。

择校现象在20世纪90年代兴起，近些年来已逐渐从一线城市向中小城市延伸，自1995年至今，多有政策明令禁止择校。2013年十八届三中全会更是将“破解择校难题”纳入全面深化教育领域综合改革的若干重大问题；2014年以来，教育部提出多措并举，推行多校划片，希望通过将热点学校、优质学校教育资源按一定标准大致均衡地分给每一片区等做法来啃这块“硬骨头”。然而，从现实来看，政策干预收效不大，政策上的努力不能说徒劳，但显得乏力则是肯定的。

---

① 朱永新．朱永新委员：学前教育困局究竟怎么破?．人民日报中央厨房，（2017-03-02）[2018-06-20]．http://original.hubpd.com/c/2017-03-02/562551.shtml．

② 卢乃桂，董辉．审视择校现象：全球脉络与本土境遇下的思索．教育发展研究，2009（20）．

2016 年全国两会期间，40 万一平方米的学区房问题将择校问题再次推上风口浪尖。择校本身并没有问题，它甚至可以成为提升学校效能的政策工具，但在我国，今天的现实情境下，择校成为一个需要解决的“问题”，其实主要在于它不再是关涉个体学校选择的行为，而是其衍生了种种威胁民众生活日常的乱象，并挑战了优质教育资源分配秩序，甚至危及教育社会整合功能的实现。

在可见的层面，与择校相伴而生的“学区房”问题、“大班额”现象、疯狂的“学而思”等校外辅导已经让民众疲惫不堪。在更隐蔽的层面，择校以及相应各相关“市场”的成型，让家长背景极大程度地介入学生的受教育过程，教育系统的筛选机制虽看似仍然是以学术标准为主的成就取向，但在学业成就背后经年累月的资本支持却让很多处境不利人群难以承受，因此，有研究指出：“家长主义（parentocracy）”的迹象已在我国出现并蔓延，优质教育资源正在向优势阶层集中，这不仅加剧社会分化，并成为社会分层定型化的重要表征①。

（三）农村教育成为教育基本实现现代化的最大短板

农村教育是我国教育体系中的重要组成部分，在教育改革和发展中处于特殊重要的地位。从 2015 年教育事业发展统计数据看，农村地区幼儿园 15.5 万所，约占全国的 69.1%，在园生2 700多万，约占全国 65%以上；小学（含教学点）28.4 万所，占全国 70.6%，在校生6 633.3万，占全国的 68.4%；初中在校生2 869.1万，占全国的 66.5%，显然，我们有着规模庞大的农村基础教育。但由于历史和现实的原因，农村教育一直是教育中的薄弱部分，各种问题、矛盾突出。特别是近年来，随着“城镇化”的快速发展，农村教育面临着生源逐年减少、办学规模萎缩、教学质量城乡差距加大、教师队伍不稳定、留守儿童家庭教育缺失等诸多问题。要实现《教育规划纲要》提出的“到 2020 年，基本实现教育现代化，基本形成学习型社会，进入人力资源强国行列”的战略目标，其重点和难点都在农村地区，甚至可以说，庞大的农村教育现代化是影响和决定国家教育现代化进程的

① 卢乃桂，董辉. 审视择校现象：全球脉络与本土境遇下的思索. 教育发展研究，2009 (20).

关键。

首先，县域义务教育均衡问题依然形势严峻，特别是中西部地区城乡教育差距突出。2012 年发布的《国务院关于深入推进义务教育均衡发展的意见》提出推进义务教育均衡发展的时间表与任务书，即“到 2015 年，……，实现基本均衡的县（市、区）比例达到 65%；到 2020 年，……，实现基本均衡的县（市、区）比例达到 95%”。但到 2016 年底，实现义务教育基本均衡的县的比例为 62.4%，仍有近 38%的县没有通过义务教育均衡发展督导评估认定。目前，中、西部地区分别有 48.5%和 54.5%的县尚未通过认定，可见，县域义务教育均衡化的现实与提出的目标尚有较大距离①。

其次，城镇化带来乡村学校的小规模化，农村教育质量问题日益突出。在义务教育非均衡发展的县域中，非均衡的县域义务教育与城镇化相遇，城镇化在一定程度上沦为教育吸引型城镇化。大量学龄儿童涌入县镇上学，引发县镇巨班大校现象，加剧了乡村学校的小规模化。据统计，2015 年，全国共有小学与教学点约 28.3 万所，其中不足 100 人的小规模学校 12.7 万所，占小学与教学点总数的 44.9%。在不足 100 人规模的 12.7 万所学校中，乡村校 11.1 万所，占到了 87.4%；同时，不足 10 人的乡村校点达 3.4 万个，除此，随着农村学生向城镇流动，农村寄宿生数量也不断增加，2015 年农村义务教育寄宿生人数达到农村地区在校生总数的 27.8%，小学阶段寄宿率为 14.4%，初中阶段寄宿率达到 58.6%②。这些都给农村教育提出了新的挑战，比如，随着农村寄宿学生不断增加，学生寄宿条件、生活教师数量与素质、教育资源等准备不足的问题凸显，跟不上教育质量全面提升的要求；乡村小规模学校剧增，小班教学、多科教学、复式教学广泛存在，小班教学、多科教学在更加个体化地关注学生、增加师生连续接触机会以及课程整合方面都有优势，但这往往对老师个人素质有更高要求，而目前农村既有的师资条件距此要求还有很大距离，因此，学校小规模化并没有带来发展的契机而是质量下滑，而面对小规模学校、老师多科教学，

① 国务院教育督导委员会办公室. 2016 年全国义务教育均衡发展督导评估工作报告（摘编）. 人民日报，2017-02-27.

② 秦玉友，邬志辉. 中国农村教育发展状况与未来发展思路. 东北师大学报（哲学社会科学版），2017（3）.

人们更多讨论“缺乏”人气、教师专业不对口以及成本规模等问题，这也显示出学界对农村教育教学的优势挖掘非常有限，就此，我国台湾地区偏乡小规模学校发展的经验中有很多值得学习借鉴的内容。

最后，农村留守儿童为农村学校传统教书育人提出了新的挑战。2015年贵州省毕节市4名留守儿童集体喝农药自杀事件将留守儿童教育问题推到了聚光灯下。事实上，留守儿童问题成为农村教育矛盾和痛楚所在。根据民政部农村留守儿童摸底排查的结果，2016年全国农村留守儿童902万人，其中，东部省份87万人，占9.65%；中部省份463万人，占51.33%；西部省份352万人，占39.02%①。

实践中，我们看到留守儿童普遍年龄较小，父母长期不在身边，缺少关爱和照顾，极易产生各种心理健康问题；同时，因为缺乏朝夕相处的共同生活，父母难以及时掌握孩子学习、生活、心理和思想方面的变化，在情感上也易产生隔阂，亲子关系脆弱，这些都将直接影响留守儿童在学校的表现和日常行为，因此，留守儿童厌学、逃学、辍学的现象屡见不鲜。中国人民大学人口与发展研究中心的研究也发现，留守儿童学习成绩与初中在校学习率都低于同龄正常家庭儿童，14周岁留守儿童初中在校率仅为88%②。

在留守儿童完整家庭生活缺失、家庭教育支持极度有限的状况下，学校作为留守儿童最重要的生活场所，如何充分发挥学校社会化的功能，在传统教书育人的日常中创新在地实践以呼应新的现实需求是当下农村教育实践与研究的又一重要课题。

（四）进城务工人员随迁子女③入学难问题仍然是困扰流动人口家庭的重要问题

自20世纪80年代以来，中国社会转型对教育最直接的影响之一是带来

---

① 民政部首次发布摸底数据：我国农村留守儿童达902万人.（2016-11-10）[2018-06-20]. http://news.cctv.com/2016/11/10/ARTI7724QHwMIys9qmKSSh71161110.shtml.

② 刘云博，白华. 新型城镇化进程中农村教育的问题与对策. 长安大学学报（社会科学版），2015（3）.

③ 此处的“进城务工人员随迁子女”特指进城务工人员子女中跟随父母或监护人迁居城市的那部分儿童，不包括留守儿童，因为在不同时期的政策文本中有使用“流动人口子女”“流动儿童”等不同概念指“随迁子女”，本文对这几个概念遵从其原文使用。

了庞大的进城务工人员随迁子女的受教育问题。在原有与户籍紧密关联的义务教育管理体制之下，随迁子女从农村进入城市，一度求学无门，于是“流动的孩子哪上学”① 被提出并逐渐成为最棘手的教育甚至社会问题。因此，对进城务工人员随迁子女教育问题的讨论成为近些年教育公平议题之下最重要的民生实践问题之一。对此，政策也做出了回应，2001 年国务院颁布《关于基础教育改革与发展的决定》提出：要重视解决流动儿童少年接受义务教育的问题，流动儿童接受义务教育应以流入地区政府管理为主，以公办中小学为主，采取多种形式，依法保障流动儿童少年接受义务教育的权利（简称为“两为主”原则）；2003 年，国务院办公厅转发教育部等六部门《关于进一步做好进城务工就业农民子女义务教育工作的意见》，其核心内容在“两为主”基础上，增加了“两个一视同仁”，即减免费用、实现收费的一视同仁，以及评优日常活动的一视同仁，至此，政策架构基本成型。政策发展，反映到实践中是一定程度缓解了流动人口随迁子女义务教育阶段入读公办学校难的问题。根据教育部《2016 年全国教育事业发展统计公报》，2016 年全国义务教育阶段在校生中进城务工人员随迁子女共 1 394.77万人，其中，在小学就读1 036.71万人，在初中就读 358.06 万人。而稍早的 2015 年已有数据表明近年全国随迁子女进入公办学校就学比例已经超过 80%②。

虽然 20 世纪 90 年代中期提出的“流动的孩子哪上学”问题，到今天已经有了明确的政策回应，实践也有了很大改善，但随迁子女作为城市系统中具有“特殊身份”的群体，在获得平等、优质教育的问题上仍然面临各种障碍，“入学难”仍然是困扰流动人口家庭的重要问题。

首先，信息不畅、政策不稳定是随迁子女家长最感无能为力的入学障碍。“两为主”原则提出已经 10 年有余，但实际上随迁子女并没有被真正完全纳入城市教育系统，仍然是常态之外的特殊人群，在入学上有区别于本地儿童的各种制度“门槛”。入学“门槛”各地不一，甚至在同一个城市各区县也可能有不同要求。教育部虽然在 2016 年下发的《关于做好 2016 年城市义务教育招生入学工作的通知》中要求简化随迁子女入学流程和证明要

① 李建平. 流动的孩子哪上学：流动人口子女教育探讨. 中国教育报，1995-01-21.

② 进城务工人员随迁子女公办学校就读比例达 80%. (2015-11-26) [2018-06-20]. http://edu.people.com.cn/n/2015/1126/c1053-27859074.html.

求。但家长实际感受到的却仍然是烦琐、要求多变、令人措手不及的焦虑。以北京市为例，随迁子女申请入读公办学校的基本要求虽然都是常说的“五证”——（1）适龄儿童父母或其他法定监护人本人在京务工就业证明；（2）在京实际住所居住证明；（3）全家户口簿；（4）在京暂住证；（5）户籍所在地街道办事处或乡镇人民政府出具的在当地没有监护条件的证明等相关材料。但在“五证”的基础上，各区县每年都可根据实际情况做进一步细化，如社保缴纳的时限、地点、家长从事工作的时间、对暂住证的认定等等，入学资格审查时都需要一一细致审查，细则政策往往是当年 2、3 月发布。由于每年政策变化，而且信息发布较晚，以致很多家长提前按照前一年的要求准备材料，但到入学的当年政策变化，材料还是准备不充分。而且虽然说是“五证”，延伸出去所需要提供的材料却远远超过“五证”，2017 年春季一位为孩子申请入学资格的家长告诉笔者，他最后提供了 26 份证明材料，即使这样，最后他拿到的派位也并非暂居社区所在片区的小学，而是被安排在距离住地较远的一所小学，是区教委在一所民办学校为本区外来户籍孩子购买的服务。

其次，社会最底层的随迁子女仍然难以进入公办学校，而能入读公办学校的孩子也多集中于薄弱学校，难以企及城市优质教育资源。

在我国当下，入读公办学校系统还是私立学校，完全不是西方教育“准市场化”脉络下赋予家长选择权的问题，而是关涉能否获得基本义务教育机会的底线公平的问题①。虽然到底哪些孩子仍旧被排除在公办学校之外，并没有全国范围的调查研究，但笔者曾在华南沿海某市进行田野调查，考察到底哪些随迁子女被留在了公办学校之外。研究发现，在 2013 年该市随迁子女入读公办学校的比例小学约为 80%，其余集中在简易的民办学校。研究通过对比该市公办学校与民办学校随迁子女的人口学特征，发现其中那些留在简易民办学校的随迁子女主要是——迁入该市时间相对较短、家庭经济条件极为有限、父亲受教育程度较低、转学情况更为普遍的以外省户籍（另外有本省外县市农村户籍孩子）为主的随迁子女，很明显是那些家庭社会经济地位处境更为不利的孩子被排除在公办学校之外②。

① 罗云，钟景迅，曾荣光. 进城务工人员随迁子女教育公平的分配正义与关系正义之考察. 北京大学教育评论，2015 (2).

② 同①.

我国义务教育发展不均衡是不争的事实，无论是城乡、区域之间，还是区域内部的校际。因此，能否拿到流入地公办学校的“入场券”自然是随迁子女入学机会公平实现最基本的一步，但显然仅仅停留于此是不够的，在此基础上更具有实质意义的考察是随迁子女到底能进入哪些学校①，同样是笔者在华南某市的研究，在这个问题上得到了令人深思的结果。

对于进入公办学校的随迁子女到底都分布在哪些类型的学校，这是相对较为敏感的问题，该市官方并没有现成统计数据供研究者使用，但笔者通过抽取其中一个区，对各个学校的生源结构逐一统计整理分析。最后发现，小学阶段，在占总学位供给 14.6％的第一类校里，入读公办小学的随迁子女中仅有 5.6％的孩子进入这一层级学校，与此相较，所有本地在校生中 20.5％的儿童能够得到这一层级学校的教育机会；在占总学位供给 22.6％的第二类学校中，随迁子女中 13.3％的孩子获得了这一层级学校的教育机会，本地户籍孩子则有 28.7％的儿童进入这一类学校；除此，入读公办小学的随迁子女中 81.1％分布在更为薄弱的第三类和第四类学校。初中亦有类似情况②。

最后，对于随迁子女义务教育阶段的异地就学与升学还没有稳定统一的方案，特别是异地高考也面临各种不确定，随迁子女入学难亦延伸到就学地域转换的衔接和升学机会的获得等方面。

总之，从根本上讲，随迁子女并没有被纳入流入地教育系统且极易受各种宏观社会政策调整的影响，入学机会的稳定实现面临困难，而且在地区升学利益区隔影响之下，流入地政府实际上开放给随迁子女的就学机会往往是有限的。

二、当前问题的主要原因分析

教育作为现代民族国家架构下的重要社会设置，与社会紧密关联。也

① 罗云，钟景迅，曾荣光．进城务工人员随迁子女教育公平的分配正义与关系正义之考察．北京大学教育评论，2015（2）．

② 同①．

正因此，教育问题往往不仅仅是教育内部的问题，同时也是各种社会问题在教育领域的投射。因此，以上提及的当下所面临的种种教育民生问题，其后有着复杂的原因。

（一）学前教育“入园难”的原因分析

学前教育“入园难”，特别是进入普惠性价廉质优公办园难的问题，背后受社会经济发展程度等结构性因素的深刻影响，但更直接的原因却与我们对学前教育的认识以及与之相关的制度设置、资源投入等紧密关联，具体体现在以下三方面：

首先，长期以来自上而下对学前教育重视不够，历史欠账较多。学前教育作为国民教育体系的起点，对儿童全面健康发展、义务教育质量甚至国家整体人力资本的提升都有基础性的作用。但学前教育属于非义务教育，长期以来市场供给是其主要的供给机制，而私立机构的盈利属性在可能对市场需求及时做出回应的同时，也可能受制于盈利空间有限而造成某些地区或某些类型的服务必要供给不足，如分散的农村社区即使有学前教育需求，也少有外来资金愿意投入、提供相应服务，这在一定程度上是我国长期以来农村学前教育发展严重滞后、幼儿园总量供给不足的原因所在。2015 年，也即《教育规划纲要》颁布五年后，民办幼儿园的数量仍为 14.64 万所，占 65.4%；在校生数2 302.4万人，占 53.98%。从教育投入上看，2001—2009 年间，学前教育经费投入在全国教育经费投入中的比例一直为 1.2%～1.5%，2010 年在《教育规划纲要》颁布实施的背景下，这个比例上升到 3.72%①，而自 2011 年开始实施学前教育“行动计划”，学前教育财政性经费才得以较大幅度提升。

其次，学前教育发展结构不合理、结构失衡也是入园难的重要原因之一。受幼儿年龄特征的影响，学前教育的便利可及性直接影响入园率，因此，学前教育发展，除了总体规模扩张，布局结构合理也至关重要。

最后，学前教育教师队伍建设严重不足，幼儿园质量参差不齐，无法满足人民日益增长的对优质学前教育的需求导致新的“入园难”问题。根据全国教育事业发展统计，2015 年幼儿园在园幼儿数为 4 264.83 万人，教

① 以上数据均来自教育部网站相应年份教育统计数据。

职工人数为 349.58 万人，教职工与幼儿比为 1∶12.2[①]。根据教育部 2013 年颁布的《幼儿园教职工配备标准（暂行）》的规定，全日制幼儿园教职工与幼儿标准比为 1∶5～1∶7，半日制幼儿园教职工与幼儿比标准为 1∶8～1∶10。如果按照标准的上限来算，也就是说，幼儿园现有教职工数只能满足在园幼儿一半多一点的需要。加上教师队伍建设特别是身份地位与待遇保障政策缺乏，教师准入资质等有规不落实和培养培训体系的不完善等原因，学前教师队伍建设远远落后于学前教育事业实际发展要求。

（二）义务教育"择校热"短期内无法消除之原因分析

根据卢乃桂、董辉等人的分析，从深层次上讲，我国中小学择校现象的出现有其必然，其衍生根植于 1978 年以来社会转型的历史脉络[②]。

"改革开放"开启了社会转型的探索之旅。随着总体性社会向分化型社会转变[③]，一方面，国家角色转变，社会空间被释放，不同利益主体出现，各种利益关系开始形成；另一方面，社会地位的开放性增强，而个人自主选择机会渐趋增多，以前被湮没的"利"与"个人"观念也开始复苏。"剧烈"的经济与社会转型不可避免地带来了社会各阶层的权力分化，也令人们普遍产生了危机感和紧迫感。这样的背景进一步凸显出教育对个人职业、经济与社会地位获得的积极意义，故自 20 世纪 90 年代以来，教育竞逐不断得到"正向"激励，"择校热"也不断升温[④]。

但如果回到择校家长的实践逻辑，其实可以更清晰地看到"择校热"背后是优质教育资源有效供给、合理分配等问题，另外，择校中各利益攸关者也是重要推手。

首先，义务教育发展不均衡导致有效供给不足。随着义务教育的全面普及，"有学可上"问题的根本解决，区域之间、城乡之间、学校之间的办学水平、教育质量的差异问题便凸显出来，成为择校、学生学业负担过重、乱收费等热点难点问题的直接原因。推进义务教育均衡化，保障所有适龄

---

① 以上数据均来自教育部网站相应年份教育统计数据。

② 卢乃桂，董辉．审视择校现象：全球脉络与本土境遇下的思索．教育发展研究，2009（20）．

③ 孙立平．转型与断裂：改革以来中国社会结构的变迁．北京：清华大学出版社，2004.

④ 同②．

儿童少年接受公平而有质量的义务教育成为新时期义务教育发展的重点。

2010 年，《教育规划纲要》把“以均衡发展治理择校”提到了义务教育战略性任务的高度。同年，教育部在《关于贯彻落实科学发展观进一步推进义务教育均衡发展的意见》中则给出了时间表和路线图：“2012 年区域内实现义务教育初步均衡，到 2020 年实现区域内义务教育基本均衡”。2012 年 9 月，《国务院关于深入推进义务教育均衡发展的意见》印发实施，提出“到 2015 年，……，实现基本均衡的县（市、区）比例达到 65%；到 2020 年，……，实现基本均衡的县（市、区）比例达到 95%”的发展目标。与此相适应，教育部明确了“以教育督导评估促进义务教育均衡发展”的治理思路和方案，《县域义务教育均衡发展督导评估暂行办法》随之出台实施，提出“县级人民政府推进义务教育均衡发展工作评估得分在 85 分以上、小学和初中的差异系数分别小于或等于 0.65 和 0.55 的县，方可通过义务教育发展基本均衡县的评估认定”。但截止到 2016 年底，全国实现义务教育基本均衡的县达到 1824 个，占全国总数的 62.4%，其中东部地区 740 个，占 40.6%；中部地区 556 个，占 30.5%；西部地区 528 个，占 28.9%。目前，中、西部地区仍然分别有 48.5%、54.5%的县尚未认定①，由此可见，义务教育发展不均衡在一段时期内仍将持续存在。

实际上，名校、优质校与薄弱学校的差距除了表现在资源等一些可指标化的内容上之外，还体现于长期积淀下来的校园文化、各种符号资本等方面，物质资源层面的均衡相对易于实现，而后者却需要更漫长的过程，甚至需要契机。因此，客观上讲，县域以至更大范围内因长期经济社会发展不平衡所带来的教育发展不均衡实际上难以在短时间内消除，这也意味着择校亦难短期内通过明令禁止方式解决。

其次，择校之所以广泛存在，还与优质教育配置方式不尽合理有关。如果说教育发展不均衡、优质教育资源总量不足是导致“择校热”的内在原因，那么，按照什么样的标准、规则去分配这些既有的优质教育资源就是影响“择校热”的外在原因。在优质教育资源这块“蛋糕”大小既定的情况下，如何“切分”便显得至关重要。纵观这些年解决择校问题的相关政策，多数是基于优化和规范配给方式而展开。

① 国务院教育督导委员会办公室．2016 年全国义务教育均衡发展督导评估工作报告（摘编）．人民日报，2017-02-27.

择校早期主要是以“以分择校”形式出现，这种形式因为更符合大众对业绩取向的价值认同，因此这个时期择校问题并没有引起任何波澜。而随着改革开放的深入，市场经济和民办学校不断发展，特别是20世纪90年代初，随着一批以优质公办校为基础的“改制学校”成立，出现了“以分择校”“以钱择校”两种形式并存的局面，择校现象开始蔓延并引起社会的关注，教育部门也开始重视择校以及择校带来的问题，并相继出台相关政策加以规范。

1995年原国家教委印发《关于治理中小学乱收费工作的实施意见》，提出九年义务教育阶段“严禁把捐资助学同录取学生挂钩”，初中和小学“不准举办各种收费的补习班、补课班、兴趣班、‘提高班’、‘超常班’等”；1997年《关于规范当前义务教育阶段办学行为的若干原则意见》明确规定“义务教育阶段不设重点校、重点班、快慢班”；2003年教育部、发改委等部门对普通高中择校招生则提出实行限分数、限钱数、限人数的“三限政策”；2006年的《义务教育法（修订案)》也有明确规定：“县级以上人民政府及其教育行政部门应当促进学校均衡发展，缩小学校之间办学条件的差距，不得将学校分为重点学校和非重点学校。学校不得分设重点班和非重点班。”近年更是多措并举，如“多校划片”“指标到校”“集团化办学”等诸多政策纷纷出台，实际上都是在“免试就近入学”大原则下对优质教育资源配给方式的规范和优化的探索。

各种政策疏堵，但实际上问题并没有得到有效解决，各种形式的“以权择校”“以钱择校”依然存在，但只是以更“隐蔽”的方式进行，如原来的“择校费”转化为各种名目的“借读费”“赞助费”“共建费”等。这在一定程度上反映了政策适切性的缺乏，即优质教育资源如何配置没有一套一以贯之、系统、科学合理、让群众满意的分配规则和措施，更多的仅是头疼医头、脚疼医脚而已。

最后，择校屡禁不止其实也与利益攸关群体的联合变相抵制紧密相关。通过对择校治理有关政策的梳理，可以看到中央政府在此问题上的持续努力，但如前文所言，现实效果并不明显。这一方面说明了问题的复杂性，也说明了问题解决任务之艰巨。许多研究表明，“择校热”背后是诸多利益攸关群体，因为不同的利益诉求，不同利益群体在择校问题解决上缺乏基本的共识也难形成合力。如优质教育资源学校，在现有教育管理体制下，通常就会用招生权与对它们有用的部门或个人进行“交易”，通过择校获取大量“赞助费（择校费）”，以用来改善学校运营等；对于地方政府，由于我国基础教育管理体制实行“地方负责，分级管理”，基础教育直接由地方政府负责，地方政府常常会出于教育“政绩”的需要，在资金、资源、政策等方面向优质学校倾斜，如此其实是“制造”了不均衡，也为择校创造了机会；作为家长，在中国现阶段招生考试政策、选人用人制度等都偏向于“高分数、高文凭”的现实环境下，不能让孩子输在起跑线上成了大众心理，人们对高质量教育的需求有增无减，创造各种条件给予孩子良好的教育环境，这无疑对“择校热”起到了推波助澜的作用。

（三）农村教育是实现教育现代化的最大短板原因分析

农村教育成为当下教育系统的薄弱环节，背后有深刻历史原因，新中国的教育发展在极贫极弱中起步、城乡二元分治、社会转型带来的人口流动等，构成了影响农村教育发展的宏大社会背景，但从更具体的教育系统内部实践上讲，农村教育今日发展之情形更多直接与以下具体教育治理、政策等相关。

首先是农村教育经费投入不足的问题。充足的教育经费是教育发展的重要保障，教育经费的投入直接影响教育资源优化、教学条件改善、教育质量提高。从近年来生均公共财政预算教育事业费支出情况可以发现，农村生均公共财政预算教育事业费支出呈现明显上升趋势，但仍低于全国平均水平。总体来看，近年来政府对农村教育投入力度不断加大，但增加力度不够，农村教育投入始终落后于城市，使本来就相对落后的农村各类教育发展更加困难①。

其次是农村教育结构失衡。长期以来，农村教育一直缺乏明确的自身定位，更大程度上是按照“城市教育”的要求和模式发展，比如，谈到农村教育首要的就是学前教育、义务教育、高中阶段教育，升学或跳出“农门”很长时期以来一直是农村教育的价值主导。本应在农村教育中有一席之地的职业教育、成人教育等社会性教育没有得到应有重视。很多地区的政府也将中、高考的升学率和重点率作为衡量本地区教育发展质量的指标，

① 刘云博，白华. 新型城镇化进程中农村教育的问题与对策. 长安大学学报（社会科学版），2015（3）.

并在财政投入和政策支持上倾向于基础教育。因此，当前农村教育结构是以基础教育为主的“单条腿”走路模式，职业教育、成人教育、社区教育等社会性教育没有得到足够的重视，农村教育在农村地区精神文化建设方面的核心作用未能充分发挥，农村教育结构严重失衡。

再次是“撤点并校”引发农村教育新问题。2001 年 5 月，国务院发布了《国务院关于基础教育改革与发展的决定》，农村中小学布局调整开始在全国制度化、规模化地快速推进。1997—2011 年，小学生数下降了 29%，小学校数则减少了 59.6%。一些地方学校撤并的规模和幅度之大令人难以置信，如内蒙古自 1995 年至 2010 年，小学数量由13 645所减少到2 996所，减幅达到 78%①。持续十年的“撤点并校”“学生进城”，在一定程度上起到了整合教育资源和降低生均办学成本的作用，但也引出了新的“上学远、上学贵、上学难”及生源流失、辍学等诸多问题。根据国家审计署 2012 年所做的专项审计调查，西部地区的 270 个县，初中、小学服务半径平均达到 14.35 公里和 6.09 公里，与 2006 年相比增幅分别为 47%、59%②。随“撤点并校”而产生的城镇地带的大班额、大规模学校、农村寄宿制学校、农村小规模学校相继产生新的问题，如“撤点并校”后农村学校普遍采取寄宿制，离家较远的孩子只能选择由家长租车接送或寄宿在学校，一方面安全隐患较多，另一方面也增加了家庭负担，等等。虽然 2012 年国家对学校布局调整进行过纠偏，但出于地方利益考虑，部分地方政府只是减缓了盲目撤并的风潮，对已经完成撤并的学校仍维持了现状，而上述“撤点并校”引发的一系列问题却依然存在③。

最后是农村教育师资队伍不稳定。良好的师资队伍是农村教育发展的保障，能否建设一支相对稳定、有较高水平的师资队伍是制约农村教育发展的核心问题，也是难点问题。从现实和政策评估的角度看，我国农村中小学教师队伍建设还远远不能满足农村教育发展的需要，其现状堪忧，优秀教师大量流失和减少、教师年龄老化现象严重、音体美及外语等学科教师严重不足、职称偏低等问题，使农村中小学教师队伍无论是从数量、质

---

① 杨东平. 农村教育需要“底部攻坚”. 教育发展研究，2014 (24).

② 同①.

③ 刘云博，白华. 新型城镇化进程中农村教育的问题与对策. 长安大学学报（社会科学版），2015 (3).

量和结构上都满足不了农村义务教育发展的需要。

当然，无论是财政经费投入不足、师资队伍不稳，还是政策不当带来新问题等，其实都是影响制约农村教育发展的外部因素，如果对照我国台湾地区、日本等地偏远地区乡村学校发展的路径，我们会发现我们长久以来忽略了农村教育自身内在力量的开发。我们专注于外部结构力量对农村教育的意义，却忽略了农村教育与当地社区建立紧密的关联，忽略了乡村学校与当地社会更多功能上的关联。只有让农村社区参与到农村教育中来，让乡村学校更好融入所在社区，乡村学校不做城市教育置于村落的飞地，而是作为与地方社会唇齿相依不可或缺的设置，如此，农村教育、乡村学校才有持久长存的内在意义与可能。

（四）进城务工人员随迁子女“入学难”之成因分析

从理论上讲，义务教育的入学应遵循简单公平原则，根据需要，在全体适龄公民中按照就近原则随机分配。因为义务教育指向满足国家需要——所有儿童被想象成未来公民，被认为具有共同需要明了的知识，因此要在学校中教授同样的东西，以形成共同社会成员理想，实现社会团结。因此，这一阶段的教育应该作为社会共同福利，统一供给，不允许与家长的社会地位、经济能力关联①。

美国义务教育的机会分配不仅遵循沃尔泽（Walser）所讲的简单公平原则，而且走得更远，其分配除了面向本国适龄公民，也包括其他在美居住的适龄儿童。在美国，适龄儿童入学主要审查两个内容：一是年龄，即确保达到义务教育的年龄阶段；二是合法监护人居住地，确保学生属于申请入读学校所在学区服务对象。其中规定不得审查的内容则包括：社会保障号（a social security number），如果孩子没有和父母住在一起而出现现有安排的原因，孩子以及父母的护照签证，等等，这也就意味着无论孩子的身份如何、合法与否都同等具有平等入学资格②。

---

① Michael Walser，Spheres of Justice：A Defense of Pluralism and Equality. New York：Basic Books，1983：202-203.

② 罗云. 美国学校对英语作为第二语言儿童教育的个案探究：兼论对我国进城务工人员随迁子女社会融合教育的启发. 比较教育研究，2015（12）.

如果我国按照沃尔泽所讲的原则分配义务教育机会，随迁子女则不会有所谓“入学难”问题，因此，从义务教育作为社会共同福利指向国家需要的逻辑上分析，随迁子女“入学难”最根本的原因即在于我们的义务教育的分配原则，个体身份以及父母职业等家庭背景要素都参与了受教育机会的分配。但抛开理想的制度安排不谈，在我国现实国情下，“两为主”原则其实是当前可能做到的最恰当安排，但为何政策在落实到具体随迁子女的入学机会获得上却让家长们倍感艰难、困难重重？在研究者大量的观察与实证调研中，随迁子女家长频密提及的几点特别值得注意。

一是缺乏稳定、有效的信息沟通平台与机制。在研究者的调研中发现，很多家长都反映，每年随迁子女入学要求的发布时间都不太一致，也没有专门的发布平台，而且每年信息发布时间都比较晚，这种状况导致了家长的焦虑紧张，总担心错过了信息；而且因为每年在一些细则上经常会有变化，信息发布晚，导致有家长根本没有充足的时间备齐入学申请材料而耽误孩子入学。

二是现有入学门槛政策忽略了进城务工人员这一人群的现实特点，如：工作变动频繁、流动性较大、居住不稳定、没有完善的社保记录等等。由于这些现实特点，现有的很多资格审查或政策实施机制都对随迁子女入学机会获得构成现实障碍，如各地甚至同一个城市不同区域之间实施细则不一致，有的资格要求如社保有严格的时限，等等。

三是在现有入学派位中随迁子女仍然作为与本地儿童区隔的群体在优先序列中最后单独派位，以致处境最为不利的随迁子女最终可能被排除在公办学校之外，而那些即使能进入公办学校的随迁子女，也多无缘优质学校而集中于薄弱学校。

三、主要对策建议

针对以上所提及的教育民生问题，近些年从中央到地方都有充分的认识，无论在顶层设计还是政策落实上都有积极行动，但教育是个复杂的系统工程，需要有多元的视角去考察理解真正问题之所在，也需要从不同的角度去探寻问题解决的路径，为此，本部分内容将基于现有的宏观政策架

构，尝试更多从受众需求的角度提出政策建议。

（一）缓解学前教育“入园难”的政策建议

如何缓解“入园难”？近年来国家宏观政策、两会代表和委员都从不同方面有所回应与讨论，包括推出学前教育三年行动计划、加大财政性经费投入、呼吁推进学前教育立法，以及财政向农村等处境不利幼儿倾斜等，重复的内容不赘述。在此，针对前文对问题现状的分析，借鉴国际经验，提出两点建议。

首先，做好人口预测工作，科学预测学龄前人口变化趋势及学前教育资源需求，合理布点。在人口横向流动持续存在、“全面二孩”政策落地的背景下，未来若干年，学龄前儿童总量及区域分布都可能出现较大变化。通过科学预测学龄前幼儿人口数量的变化以及区域分布，预测学前教育规模的变动趋势，以及相应师资及其他教育资源的需求，以此指导公办园、普惠性幼儿园的设点规划、师资力量的培养、教具玩具的开发生产等，是实现学前教育科学决策、合理布局的迫切需求。

其次，在农村地区探索将幼儿园与小学捆绑建设，同时，借鉴美国、中国台湾等地做法，将义务教育向下延伸，重点普及学前一年教育，以兼顾数量扩张与质量保证，并推进教育公平。

在现有政策，特别是在学前教育“行动计划”所强调的“着力扩大农村学前教育资源，重点解决好连片特困地区、少数民族地区、留守儿童集中地区学前教育资源短缺问题”的大方向之下，考虑到农村地区的社区特点，探索将幼儿园与小学捆绑建设有利于农村有限教育资源的整合利用，也有利于提高农村居民对学前教育机会获得的可及性。

有研究表明，家庭背景是影响学前教育入园率的重要因素，而作为福利供给的学前教育扩张有利于减弱家庭背景对入园率的影响，从而增进教育教育公平。当下，学前教育城乡差异显著，农村学前教育明显滞后，起点较低，全面普及学前三年教育出发点很好，但从目前政策实施效果看，明显表现出师资准备不足、质量难以保证等问题。其实，与其强行全面撒网，不如重点突破，我们可以借鉴美国和中国台湾地区等地做法，将义务教育向下延伸一年，具体可以从学前教育最为薄弱的农村开始探索，逐步展开，实现学前一年普及，这既是从最具可操作性的层面落实当前政策所强调的财政经费向农村倾斜，也是切实推进教育公平的举措。

（二）缓解义务教育“择校热”的必然途径

与前文对“择校热”持续升温的原因分析相应，从实践的层面探讨缓解之途径仍需要从以下三个层次入手。

第一，尊重人民对优质教育资源的利益诉求，着力推进教育均衡，扩大优质教育资源供给。在利益分化和社会分层的转型期，择校也是人们回应社会脉络变迁而做出的“适应性”反应①，政府应该尊重人们表达对优质教育资源的利益诉求，承认教育选择的事实，扎实推进教育供给侧改革，扩大优质教育资源供给，优化教育资源配置，给受教育者提供更多、更好的教育选择。

解决好这个问题，首要的就是决心。只要下定决心，摆上议事日程，问题就会得到有效解决，十八大以来党和政府对于长期存在的公款吃喝、公务用车、腐败等问题的解决充分说明了这一点。在下定决心，贯彻执行既定的规划发展目标和路线图、时间表的基础上，要重点着力解决好以下四个方面的问题②。

首先是改革义务教育经费投入制度，保障义务教育经费的充足与公平。回顾“择校热”演变的历史，不难发现经费投入不足是很重要的原因，“重点校”“体改校”“共建费”等背后都是经费短缺的问题，教育经费欠缺可以说是当前义务教育均衡发展的最大问题，国务院教育督导办公室在《2016 年全国义务教育均衡发展督导评估工作报告》中将“义务教育经费保障机制依然未完全落实到位”列为义务教育均衡发展的首要问题。

其次是加大标准化建设力度。以义务教育学校标准化建设为抓手，结合“全面改薄”计划，加快改善不达标学校的办学条件，确保城乡每一所学校每一项指标都达到省级办学条件标准。要关注城乡一体化发展、新型城镇化及“全面二孩”政策所引发的人口变动对义务教育的影响，构建适应未来发展需要的义务教育均衡发展布局机制。

---

① 卢乃桂，董辉. 审视择校现象：全球脉络与本土境遇下的思索. 教育发展研究，2009（20）.

② 国务院教育督导委员会办公室. 2016 年全国义务教育均衡发展督导评估工作报告（摘编）. 人民日报，2017-02-27.

再次是精准抓好教师队伍建设。“择校热”的背后实际上是“择师”。教师是让硬件办学条件发挥作用的生产力，是缩小教育质量校际差异的核心要素。推进教育的均衡发展，其关键是师资队伍建设，需要始终把教师队伍能力水平提升和师资均衡配置作为工作重点，理顺教师管理体制、精准补充教师、全面提升教师业务水平等等。

最后是抓好统筹，全面提高均衡水平。针对全国各区县义务教育均衡发展水平不同的地区采取不同的策略和要求：对未达标地区，要加大统筹力度，强化目标责任，加快工作进度，确保如期实现义务教育均衡发展目标；对于新通过认定的县，要巩固均衡评估成果，做好动态监测，建立健全监测和复查制度；对于基本均衡发展水平较高的地区引导其率先由基本均衡向优质均衡推进，实现城乡公共服务的一体化，在更多指标上实现区域内校际均衡发展，尤其是在百姓关心、与教育质量密切相关的指标上实现均衡发展。

第二，着力优化完善优质教育资源的配置机制。任何一种稀缺资源，都需要制定一套规范分配体系，使之能够在相关人群中进行有效公平分配。义务教育阶段校际差异的存在，意味着那些有较好教学条件、声誉和口碑的学校拥有稀缺优质教育资源，而教育资源的有限性则不可避免地使人们关注优质教育资源配置的有效性及公平性，如何配置这部分不够平均分配的稀缺资源，不仅影响学校的办学方向，也制约着家长及学生的努力方向。

义务教育作为政府统一供给的公共服务，本不允许与家长的社会地位、经济能力等外在要素关联，而仅应遵循公平优先，根据需要随机分配的简单公平原则进行分配。但现实情况给公众留下的印象是，在取消统一考试之后，优质教育资源的分配出现了复杂的局面，由于缺乏必要的规章制度予以约束，经济资本、社会资本成为影响优质教育资源流向、具有教育资源配置功能的重要资源。而各种家庭资本的介入，使电脑派位、划片入学等教育机会分配方式以起点公平的理想开始，却以起点极不平等的教育资源配置收尾。对此，需要发挥政府的宏观调控作用，完善优质资源长效配置机制，使之能够公平、有序地引导民众理性择校。理性择校首先需要有明确适度的择校政策，教育部可以牵头制定择校政策，地方政府根据相关文件和当地实际情况制定出明确的择校标准，并向社会公布择校细则，如划定择校范围、确定择校费的合理标准等；其次是要严格执行择校政策，并建立相关的监督机制，通过建立择校执行问责机制来加强教育督导机构、反腐纠风办、各级人大和家长联合委员会等之间的联系与合作，质询和监督学校及教育主管部门执行择校政策的不力行为，纠正教育的不良之风和查处择校腐败现象①。

第三，应加强政策与制度执行的有效监督和管理。以往针对禁止择校，政府出台了一些办法和制度，但是实际执行过程中却出现各种利用政策漏洞牟利的行为，比如国家政策对公办校举办民办性质义务教育阶段学校情况没有明确禁令，导致家长及学生的择校行为集中在名校办民校的竞争中，名义上的民办学校实质上仍然是对公办学校的选择，变相导致义务教育起点机会的不均等。因此，政府对制定实施的政策制度必须进行有效监管。一是要加强监管的工作制度，如长期监测和评估制度、科学的教育业绩考核制度、择校公示制度、责任追究制度等；二是要在监管过程中引入第三方社会机构和力量，尝试成立有学生家长代表参与的择校问题社会监督委员会，保证监管的公正公开透明；三是要下决心切断政府和学校、家长之间庞大的利益链条。

（三）农村教育发展的当务之急

面对当前农村教育的种种问题，结合其中的原因分析，有如下几点建议在此提出。

一是大力推进城乡教育均衡。发展才是硬道理，但发展的标准是什么？在今天中国的社会情境下，在广大老百姓眼里，农村教育发展的标准之一就是缩小城乡差距、均衡城乡教育，这可能是缓解农村学生进城、县镇学校大班额等现象的必经之路。城乡教育均衡发展大体会经历三个阶段：第一阶段是从生均教育资源不均等到生均教育资源均等，这个阶段的主要任务是追求城乡生均教育资源均等；第二阶段是从城乡生均教育资源均等到城乡教育服务机会均等，这个阶段的主要任务是追求教育过程中教育服务机会均等；第三阶段是从教育服务机会均等到教育服务质量均等，这个阶段的主要任务是追求以城乡教师质量均衡为主要内容的教育服务质量均衡化②。目

---

① 王建平，金玉梅．我国中小学择校治理的政策透视．教育理论与实践，2015（2）．

② 秦玉友，邬志辉．中国农村教育发展状况与未来发展思路．东北师大学报（哲学社会科学版），2017（3）．

前，农村教育正处于城乡教育均衡发展的第二个阶段或由第二个阶段向第三个阶段过渡的时期，当下，特别需要突破原先一些固有的思维局限与长期存在的司空见惯又不尽合理的利益分配结构。一方面，要以公平发展观为基本的指导理念，突破重城轻乡的发展思维惯习；另一方面，要制定切实可行、积极稳健的城乡教育均衡化发展政策，为促进城乡教育公平、彰显社会公平正义提供制度保障①。

二是要努力改善优化农村教育结构。在新型城镇化发展进程中，农村教育结构的调整要立足当前实际，以促进农村经济发展和提升农村人口综合素质为中心，在提升学前教育、义务教育、高中教育等基础性教育质量的同时，充分发掘农村教育的社会功能，大力发展职业教育和成人教育，使农业、教育、科技三者有机统一，加快农村经济发展，进而促进城乡一体化建设，为新型城镇化建设奠定基础。

三是强化农村教育师资队伍建设。农村学校留不住教师，而新生力量更是缺乏，这是农村教育师资队伍建设中最突出的问题。虽然现在城乡教育一体化如火如荼地展开，但在更大社会发展层面的城乡差异没有根本性改变的前提下，城乡教育一体化必然面临很多现实困难。因此，改善农村教育必须正视既有宏观社会资源格局对农村教育的持续影响，城乡一体化建设中很多举措，如教师、校长轮岗制等，虽有其积极意义，但不可夸大其对均衡发展的作用。当前，加大对农村教育的扶持力度在师资队伍建设方面更务实的做法，不是借用外部流动的教师力量，而是建设自身稳定的队伍。一方面要有意识地增加农村新教师编制，在优秀教师培养方案的制定和实施过程中也向农村教师倾斜；另一方面是大幅度提升农村教师待遇，应该研究解决当前存在的同级别、同工龄教师在同一地区由于城乡差异而产生的待遇差距，甚至可以保证农村教师待遇略高于城镇，且在评定职称、评先评优方面给予更多优惠政策，让乡村教师在乡村能过上最体面的知识分子生活，以增强吸引力，以此鼓励更多优秀人才服务于农村教育，如果乡村教师工资收入甚至不及外出务工，再谈什么样的农村教育发展路径都是空谈。另外，设立农村教师职后发展专项资金并建立职后教育相关制度，对农村教师给予有针对性的常规职后学习，以提升农村教师队伍业务水平。

① 秦玉友，邬志辉. 中国农村教育发展状况与未来发展思路. 东北师大学报（哲学社会科学版），2017（3）.

四是着力解决好留守儿童教育问题。在留守儿童家庭教育缺失的情况下，学校需要更充分发挥学校教育的主体作用，甚至需要在传统教书育人的功能之外寻求教育活动创新，以回应留守儿童特殊的要求，如根据留守儿童特殊的家庭生活模式现实，学校可以通过结合课程学习让孩子们定期给父母写信，以积极引导良好的家庭亲子互动，让留守儿童即使没有父母的陪伴，也能理解父母的选择和家庭的温暖。另外，学校作为社区中的制度化教育机构，可以运用自身“官方”身份积极调动社区各方力量积极参与关爱留守儿童，为留守儿童公平接受教育、展开生活创造良好的外部环境；同时，应积极鼓励城市公办中小学降低入学门槛，尽可能地接纳进城务工农民子女入学，避免亲子分离①。总之，留守儿童的大量存在，对学校教育提出了更多更高的要求，学校需全面承担起留守儿童的教育与管理的责任与义务。

（四）从随迁子女教育机会获得的现实障碍出发解决“入学难”问题

在目前宏观社会设置（如户籍制度）难有根本性改变的情况下，谈论沃尔泽所讲的义务教育机会分配应该遵循简单公平的原则并不现实。更务实的做法应该是在既有“两为主”的基本原则下，从前文分析的进城务工人员群体的现实需求出发，探讨进一步更好服务、帮助随迁子女实现入学机会的可能策略与政策回应。

首先，政策制定中需要注意政策的延续性与相对稳定性。对很多随迁子女家长而言，最苦不堪言的莫过于此——“你按照去年的标准早早准备入学材料，但等到自己孩子今年入学时，发现要求变了，搞得措手不及”。教育作为基本的民生工程，本应该起到安定人心、稳定民情的作用，但目前在随迁子女入学安排这一问题上，政策频频调整，不仅给家长心理平添焦虑，而且很多家长因为政策变化，让孩子错失就地入学的机会。政策稳定不仅可以稳定人心，更重要的是可以让家长有更充分的时间把握政策，并根据自身情况为孩子选择恰当的就学途径。

其次，随迁子女异地入学资格细则制定需考虑进城务工人员的现实条

---

① 范先佐. 义务教育均衡发展与农村教育难点问题的破解. 华中师范大学学报（人文社会科学版），2013（2）.

件，确保资格要求的合理。政策制定多为“精英决策”，这其中最常带来的问题便是，因为对政策利益相关者的理解局限而导致政策设计基于错误假设而使其合理性受损。进城务工人员多为普通体力劳动者或小本个体经营者，当前针对这部分人群的劳动力市场并不规范，因此，他们当中很多都面临工作流动性大，收入有限，居住条件恶劣，根本就没有包括社保在内的各种保障等问题，也正因此，他们中的很多人可能即使在一个城市工作生活多年，也难以拿出工作证、规范的租房合同、一定年限的社保等等，如家庭保洁人员。按照罗尔斯提出的社会福利分配的“差异原则”，这部分人属于处境更不利人群，本应得到更好的社会福利照顾，包括他们的子女本应得到更好教育以补偿先赋因素带来的不利处境，但现实的制定安排则可能把处境最不利的人群排除在了义务教育机会分配之外。

最后，建议统一设立异地就学的专门综合信息服务平台，及时发布各类相关信息，以方便随迁子女家长更好地了解政策，把握相关资讯，保证信息传递及时通畅。

教育是个系统工程，千头万绪，以上提及的仅仅是当下民众痛痒关联最直接、反应最强烈的内容，所有这些问题所关涉的不只是某个人群或个体的受教育机会或教育质量的问题，更与国家未来劳动者素质和整体人力资本状况紧密相关。因此，在进一步的政策制定过程中，无论是顶层设计还是基层实施行动，都需要本着提供更好服务的原则，充分考虑不同人群在当前社会脉络中的真正境遇，以切实回应其需求。

第四章 完善收入分配体制机制

伴随中国经济持续高速增长，收入分配问题成为人们越来越关注的一个问题。根据 CGSS2003 年和 CGSS2013①年的调查，2003 年仅有 18.51%的被访者认为最需解决的社会问题是“贫富差距”，而 2013 年则有 31.25%的被访者选择了“贫富差距”选项，是所有选项中选择最多的。在“2017 年度发展获得感及民生满意度调查报告”中，被访者在收入问题上的获得感指数仅高于食品安全与环境污染，有 36.6%的被访者认为目前我国的收入分配不公平，9.9%的被访者近五年来的实际收入没有提高甚至下降。正因为此，新世纪以后的历次党代会报告均对此高度关注，十九大报告指出，“坚持按劳分配原则，完善按要素分配的体制机制，促进收入分配更合理、更有序”。本章将围绕我国收入分配领域面临的主要问题及其形成原因展开讨论，并在最后提出一些相应政策建议。

---

① 中国综合社会调查（Chinese General Social Survey，CGSS）由中国人民大学中国调查与数据中心负责实施，始于 2003 年，是我国最早的全国性、综合性、连续性学术调查项目。CGSS 系统、全面地收集社会、社区、家庭、个人多个层次的数据，总结社会变迁的趋势，探讨具有重大科学和现实意义的议题，推动国内科学研究的开放与共享，为国际比较研究提供数据资料，充当多学科的经济与社会数据采集平台。详情可见：http://www.chinagss.org/index.php? r=index/index。

一、当前收入分配领域面临的主要问题

（一）居民收入差距维持高位

居民收入基尼系数是目前衡量居民收入分配不平等程度的常用指标，图4-1显示了国家统计局公布的1980—2016年居民收入基尼系数，从20世纪80年代开始，我国居民收入基尼系数一直处于上升趋势，直到2008年达到最高，为0.491，之后连续七年下降，2016年略有回升。虽然该系数自2008年以后呈现下降趋势，但始终在0.45以上，这在世界各国比较中也处于较高水平，意味着我国居民收入分配不平等较严重。

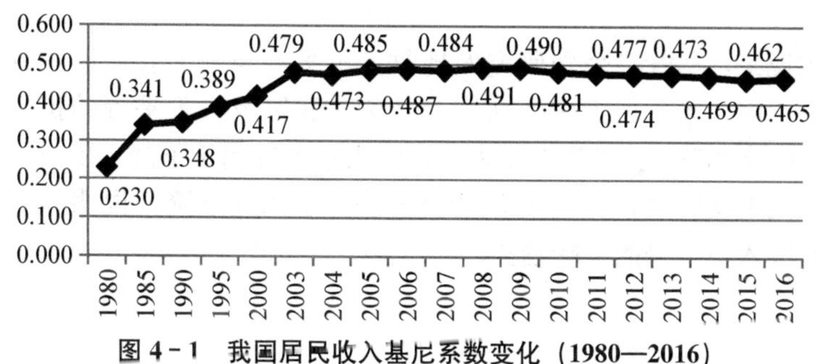

图4-1　我国居民收入基尼系数变化（1980—2016）

数据来源：1980—2000年数据来源于《中国统计年鉴2005》；2003—2016年数据来源于国家统计局网站。

适度的收入不平等往往能给人带来较高的收入预期，会增强人们通过努力获取经济利益的憧憬与信心，从而提高幸福感。但是，较大的收入差距却能带来相反的结果。第一，较大的收入差距会增加社会成员的相对剥夺感，尤其是在当下的信息化社会，一些炫富、“×二代”社会事件的出现与传播加剧了相对剥夺感，甚至使得那些在社会结构中处于中间位置的社会成员也产生了相对剥夺感，从而提高了社会整体的不公平感①。CGSS2005年和

① 李骏，吴晓刚．收入不平等与公平分配：对转型时期中国城镇居民公平观的一项实证分析．中国社会科学，2012（3）．

CGSS2015 年的调查询问了被访者的社会公平感，人们的社会公平感从 2005 年的 3.80 分下降到 2015 年的 3.49 分①。

第二，一旦收入不平等趋于严重化，人与人之间的关系信任将被侵蚀，而关系信任是影响人们幸福体验的重要因素。因为过度的不平等意味着资源分配有失公允，当社会成员无法共享同等的权利待遇，无法获得同样向上流动的机会，必然会降低他们的“共同命运感”，而且过度的不平等强化了地位的差异性，容易造成人际的隔阂与疏离②。CGSS2010 年和 CGSS2015 年的调查询问了被访者的社会信任感，人们的社会信任感从 2010 年的 3.511 分缓慢下降到 2015 年的 3.484 分③。

第三，一个地区的收入不平等通常反映了当地政府的社会治理绩效，如果一个地区的收入不平等较高，可能意味着当地政府的社会治理绩效不高，那么这个地区的基础设施建设、社会福利和社会保障水平往往也会较低，而政府对公共资源的投入会显著影响民众的健康与幸福状况④。

总的说来，尽管有个别研究发现收入不平等与中国农村居民的幸福感呈显著的正向关系，但大多数研究都认为，我国收入不平等的扩大会显著降低人民的幸福感⑤。虽然近年来我国收入不平等趋于下降，不过下降幅度较小，正如上文所述，人们的社会公平感并未因此下降，说明人们没有明显感知到收入不平等的下降趋势。

---

① 关于社会公平感的题设是：“总的来说，您认为当今的社会是不是公平的?”选项包括：“1. 完全不公平；2. 比较不公平；3. 居中；4. 比较公平；5. 完全公平。”得分越高，说明社会公平感越强。

② 秦广强. 代际流动与外群体歧视：基于 2005 年全国综合社会调查数据的实证分析. 社会，2011 (4)；黄嘉文. 收入不平等对中国居民幸福感的影响及其机制研究. 社会，2016 (2).

③ 关于社会信任感的题设是：“总的来说，您是否同意在这个社会上，绝大多数人都是可以信任的?”选项包括：“1. 完全不同意；2. 比较不同意；3. 无所谓同意不同意；4. 比较同意；5. 完全同意。”得分越高，说明社会信任感越强。

④ 黄嘉文. 收入不平等对中国居民幸福感的影响及其机制研究. 社会，2016 (2)；谢舜，魏万青，周少君. 宏观税负，公共支出结构与个人主观幸福感. 社会，2012 (6).

⑤ 黄嘉文. 收入不平等对中国居民幸福感的影响及其机制研究. 社会，2016 (2)；汤凤林，雷鹏飞. 收入差距，居民幸福感与公共支出政策. 经济学动态，2014 (4)；陈池波，李成豪. 收入不平等，再分配偏好与居民主观幸福感研究. 财政研究，2016 (12)；鲁元平，王韬. 收入不平等，社会犯罪与国民幸福感：来自中国的经验证据. 经济学（季刊），2011 (4).

（二）代际收入流动趋于稳定

居民收入基尼系数衡量的是一个社会收入分配结果的不平等程度，收入流动性则是指一个人或一个群体收入变化的可能性，这里的变化包括向上流动获得更高收入与向下流动获得更低收入。收入流动包括代内流动与代际流动，前者是指个人在职业生涯中收入的变化，后者则是指父代收入对子代收入的影响程度。收入流动性反映了一个社会收入分配机会的不平等程度，其中代际收入流动性尤其受人关注，代际收入流动性越高，说明父代收入对子代收入的影响越低，那么低收入家庭子女通过个人努力获得高收入的可能性越高。

一个社会如果代际收入流动性较低，对社会成员的幸福感也会有明显的消极影响。首先，收入流动不平等会像收入结果不平等一样直接影响人们的幸福感①，而且机会不平等的影响甚至要强于结果不平等②。其次，收入流动不平等还会加深收入结果不平等带来的消极影响，因为较高的代际收入流动性会使得那些低收入群体抱有向上流动的期望，从而提高他们对收入结构不平等的容忍度，有助于缓解收入差距扩大带来的社会矛盾。

测量代际收入流动性的方法有很多，但各种方法都有一定局限③，目前使用最多的还是根据多元回归方程所测算的代际收入弹性，也即父代收入对子代收入的影响系数。代际收入弹性越高，即影响系数越大，说明父代收入对子代收入影响越高，那么代际收入流动性越低。但是，考虑到具体计算代际收入弹性的模型不同，使用数据不同，对数据的处理方式不同等一系列原因，已有研究对于我国代际收入弹性及其变迁还没有一致的结论，表 4 - 1 汇总了国内一些相关研究的基本结论。

从表中可以看到使用最多的数据是“中国健康与营养调查”（CHNS）

① 鲁元平，张克中．社会流动影响居民幸福感吗：来自中国转型期的经验证据．财经科学，2014（3）．

② Bobo，Lawrence. Race, Public Opinion，and the Social Sphere. Public Opinion Quarterly，1997，61（1）：1-15.

③ 刘志国，范亚静．代际收入流动性度量及其影响因素的分析：一个综述．经济问题探索，2012（9）；秦雪征．代际流动性及其传导机制研究进展．经济学动态，2014（9）．

和"中国家庭收入调查"（CHIP），除此以外，还有个别研究使用"中国综合社会调查"（CGSS）与"中国家庭追踪调查"（CFPS）。"中国健康与营养调查"（CHNS）是由中国疾病预防控制中心营养与食品安全研究所与美国北卡罗来纳大学教堂山分校卡罗来纳人口中心联合调查并创建的。它涵盖辽宁、黑龙江、江苏、山东、河南、湖北、湖南、广西和贵州 9 个省区，并分别于 1989 年、1991 年、1993 年、1997 年、2000 年、2004 年、2006 年、2009 年及 2011 年进行了 9 次调查（2011 年加入了北京、上海和重庆），每次大约访问 4 400 个家庭。该调查是追踪调查数据，而且每次调查都询问了父代与子代的收入情况，因此是目前研究代际收入流动性变迁的最常用数据。"中国家庭收入调查"（CHIP）由国家统计局和中国社会科学院经济研究所共同组织，分别于 1988 年、1995 年、2002 年、2007 年与 2012 年组织了 5 次调查，是目前关于中国微观收入的最全面、严格的公开数据库，不过该数据并不是追踪调查。

从表 4－1 的研究结果来看，第一，虽然不同方法获得的结论不同，大多数研究发现我国代际收入弹性为 0.3～0.7，而且相对于基本方程而言，使用收入均值法与工具变量法测算出的代际收入弹性更高，这是因为使用特定年份的短期收入通常会与其长期收入发生偏离，因此基于短期收入得到的 OLS（最小二乘法）估计实际上低估了收入的代际流动弹性，而收入均值法和工具变量法能更有效地处理长期收入测量偏误问题。由此来看，通过收入均值法与工具测量法测量的代际流动弹性更准确，那么我国的代际流动弹性应该在 0.4 以上。这一结果与其他国家相比，处于中等水平，总体而言，比欧洲发达国家要高，但比一些南美、非洲发展中国家要低，大致与美国相似①。

第二，现有研究对我国代际收入流动性的变迁也没有一致结论，而且最近十年的变迁尤其缺少数据分析。总的来看，利用 CHNS 数据分析，进入 21 世纪以后，代际收入流动性虽有波动，但变化并不是特别明显，保持着相对稳定；分收入来看，虽然低收入群体的代际收入弹性较高，但低收入群体的代际收入弹性趋于减小，也即流动性有所增加，而高收入群体的

① 郭丛斌，闵维方．中国城镇居民教育与收入代际流动的关系研究．教育研究，2007（5）；龙翠红，王潇．中国代际收入流动性及传递机制研究．华东师范大学学报（哲学社会科学版），2014（5）．

代际收入弹性则有固化趋势①。然而，如果考虑到父代所有因素而不仅仅就收入来说，一些研究发现代际流动可能还有固化趋势②。更重要的是，人们实际感知到的代际流动性也出现固化趋势，根据 CGSS2005 年和 CGSS2015 年的调查，人们关于代际流动机会公平感的得分已从 2005 年的 3.80 分下降到 3.50 分③。

表 4-1　　我国代际收入流动性研究汇总

研究作者，发表年份	使用数据	模型	总体	城市	农村
王海港，2005	CHIP1988	基本方程	0.384		
	CHIP1995		0.424		
陈琳、袁志刚，2012	CHIP1988	基本方程		0.51	0.42
	CHIP1995			0.42	0.28
	CHIP2002		0.33	0.22	
	CGSS2006		0.30	0.24	
陈琳，2015	CHIP（1990—1995）	收入均值法		0.80	
	CHIP（1998—2002）			0.40	
徐晓红，2015	CHIP2002	工具变量法		0.472	
	CHIP2007			0.413	
	CFPS2012			0.359	
姚先国、赵丽秋，2006	CHNS（1989—2000）	收入均值法	0.70	0.80	0.55

① 陈琳，袁志刚．授之以鱼不如授之以渔?：财富资本、社会资本、人力资本与中国代际收入流动．复旦学报（社会科学版），2012（4）；何石军，黄贵田．中国社会的代际收入流动性趋势：2000—2009．金融研究，2013（2）；周兴，张鹏．代际间的收入流动及其对居民收入差距的影响．中国人口科学，2013（5）；杨娟，张绘．中国城镇居民代际收入流动性的变化趋势．财政研究，2015（7）；陈杰，苏群，周宁．农村居民代际收入流动性及传递机制分析．中国农村经济，2016（3）；吕光明，李莹．中国居民代际收入弹性的变异及影响研究．厦门大学学报（社会科学版），2017（3）．

② 高艳云，王曦璟．中国代际收入流动特点及变迁：基于收入分布分解的视角．财经科学，2017（1）；卢盛峰，陈思霞．中国居民代际间地位流动性分析．世界经济文汇，2014（3）．

③ 关于代际流动机会公平感的题设是：您对这些说法的同意程度是怎样的呢？其中一个说法是"在我们这个社会，工人和农民的后代与其他人的后代一样，有同样多的机会成为有钱、有地位的人"。其中 1 表示完全不同意，5 表示同意，得分越高，说明社会机会公平感越强。

续前表

研究作者，发表年份	使用数据	模型	总体	城市	农村
韩军辉、龙志和，2011	CHNS（1989—2006）	基本方程			0.369
周兴、张鹏，2013	CHNS（1991—1993）	收入均值法	0.389		
	CHNS（1997—2000）		0.382		
	CHNS（2004—2006）		0.393		
	CHNS（2009—2011）		0.358		
徐俊武、易祥瑞，2014	CHNS（1989—2009）	收入均值法	0.527		
王美今、李仲达，2012	CHNS	工具变量法	0.83		
何石军、黄桂田，2013	CHNS2000	收入均值法	0.66		
	CHNS2004		0.49		
	CHNS2006		0.35		
	CHNS2009		0.46		
胡洪曙、亓寿伟，2014	CHNS（1989—2009）	工具变量法	0.659	0.587	0.825
龙翠红、王潇，2014	CHNS	收入均值法	0.60	0.80	0.50
陈杰，等，2016	CHNS1989	基本方程			0.437
	CHNS1991				0.344
	CHNS1993				0.380
	CHNS1997				0.45
	CHNS2000				0.414
	CHNS2004				0.401
	CHNS2006				0.363
	CHNS2009				0.296
	CHNS2011				0.398
亓寿伟，2016	CHNS（1989—2011）	基本方程法		0.484	0.507
江求川，2017	CHNS（1989—2011）	工具变量法	0.60	0.50	0.70
吕光明、李莹，2017	CHNS1989	基本方程	0.355		
	CHNS1991		0.363		
	CHNS1993		0.384		

续前表

研究作者，发表年份	使用数据	模型	总体	城市	农村
吕光明、李莹，2017	CHNS1997	基本方程	0.372		
	CHNS2000		0.347		
	CHNS2004—2006		0.408		
	CHNS2009—2011		0.332		
方鸣、应瑞瑶，2010	CGSS2006	工具变量法	0.57	0.584	0.546
周兴、张鹏，2014	CGSS2006	基本方程		0.398	0.28
刘小鸽，2016	CFPS2010	工具变量法	0.34		

（三）社会分层结构有待优化

所谓社会分层，是指根据一定标准将社会成员区分成不同社会群体，社会分层结构就是不同社会群体的组成状况。社会分层的标准有很多种，既有一元标准也有多元标准，如果仅以人们的收入作为分层标准，那么可以区分为不同收入群体。一般来说，以平均收入为基准线，低于平均收入50%的称为低收入群体，高于平均收入50%且低于平均收入3倍的称为中等收入群体，中等收入群体又可以区分为中低收入群体（高于平均收入50%且低于平均收入）和中高收入群体（高于平均收入且低于平均收入3倍），高于平均收入3倍的称为高收入群体。在这里，平均收入是使用全国居民平均收入还是仅使用城镇居民平均收入也有争议，我们利用CGSS2005年和CGSS2015年数据，基于全国居民平均收入和城镇居民平均收入分别计算了各收入群体的比例，详情见表4-2。

从表4-2结果来看，一方面，我国社会分层结构向“橄榄形”结构逐渐转变，无论是使用全国平均收入还是城镇平均收入，从2004—2014年，我国低收入群体比例都下降了10%左右，而中等收入群体（包括中低收入群体与中高收入群体）比例都增加了10%左右，这一结果与现有结果类似①。但是，我国低收入群体与中低收入群体的比例仍然较高，以全国平均

① 李强，杨艳文．“十二五”期间我国社会发展、社会建设与社会学研究的创新之路．社会学研究，2016（2）．

收入为基准，2014 年二者的比例合计达到 67%，而以城镇平均收入为基准，二者比例更高，达到 81%。考虑到我国中低收入群体非常容易落入低收入群体，那么稳定的中等收入群体比例还非常低，我国社会分层结构依然是“金字塔”形结构。

另一方面，不仅客观的中等收入群体比例较低，我国主观社会阶层认同也偏低。这体现在两个方面：一是国际上的横向比较发现，我国居民自认为处于社会中层的人偏少，而自认为处于社会底层的人数相对较多①；二是纵向的历史比较也发现，自认为属于“中下层”与“下层”的比例在上升，而“中间认同”则趋于下降②。“中间认同”偏低意味着我国中等收入群体可能还未完全形成相应的阶层意识，这可能会直接影响他们的生活消费方式。此外，我国中等收入群体尤其是中低收入群体的公平感相对较低，中低收入群体主要由工人群体与一部分白领群体构成，虽然他们的收入高于农民群体，但其公平感与幸福感却往往更低③。

表 4-2　　我国各收入群体结构

	以全国平均收入为基准线（%）		以城镇平均收入为基准线（%）	
	CGSS2005	CGSS2015	CGSS2005	CGSS2015
低收入群体（收入＜平均收入×0.5）	48.14	39.75	71.41	61.32
中低收入群体（平均收入×0.5≤收入＜平均收入）	23.10	27.71	15.36	19.93
中高收入群体（平均收入≤收入＜平均收入×3）	24.79	28.88	11.56	16.22
高收入群体（收入＞平均收入×3）	3.97	3.65	1.67	2.53

① 李培林，张翼．中国中产阶级的规模、认同和社会态度．社会，2008（2）．

② 冯仕政．中国社会转型期的阶级认同与社会稳定．黑龙江社会科学，2011（3）．

③ 怀默霆．中国民众如何看待当前的社会不平等．社会学研究，2009（1）；李培林，李炜．农民工在中国转型中的经济地位和社会态度．社会学研究，2007（3）．

二、收入分配问题的成因分析

（一）居民收入结果不平等的形成原因

居民收入差距的形成原因要从居民收入形成过程着手。我国居民收入分为总收入与可支配收入，居民总收入是由工资性收入、经营性收入、财产性收入与转移性收入共同组成的。工资性收入，即劳动者的劳动报酬；经营性收入，即个人或家庭在从事生产经营活动时取得的收入；财产性收入，即家庭拥有的银行存款、有价证券和不动产等资产所获得的收入，包括利息、租金等；转移性收入，包括国家、单位、社会团体对居民家庭的各种转移支付和居民家庭间的收入转移，如离退休金、住房公积金、赠送收入等。总收入减去个人所得税和社会保障缴费，就形成了居民家庭的可支配收入。考虑到可支配收入才是家庭最终可自由支配用于消费和积累的收入，因此在讨论居民收入差距时，一般讨论的是可支配收入差距。

从四种不同来源的收入类型来看，工资性收入、经营性收入与转移性收入目前是居民收入的主要来源，而财产性收入只占了非常小的部分，不到5%，其中工资性收入是城镇居民的主要收入来源，而经营性收入则是农村居民的主要收入来源。由于前三种类型收入是居民收入的主要来源，因此这些收入差距也就构成了居民收入差距的主要来源，如果居民工资性收入差距很大，那么总体居民收入差距也会变得很大。但是，不同类型收入对于居民收入差距的作用性质却不同，经营性收入事实上有助于缩小居民收入差距，而其他三种收入对于居民收入差距则有扩大效应。从时间变迁上来看，2008年之前我国居民收入不平等持续扩大的原因在于工资性收入的扩大效应上升，而经营性收入的缩小效应下降①；而2008年以后我国收入不平等有所缓解的原因在于，工资性收入与转移性收入的扩大效应出现

---

① 顾海兵，王亚红．中国城乡居民收入差距的解构分析：1985—2007．经济学家，2008(6)；曾国安，胡晶晶．2000年以来中国城乡居民收入差距形成和扩大的原因：收入来源结构角度的分析．财贸经济，2008(3)．

下降，虽然财产性收入的扩大效应有所上升，但该收入只占总收入非常小的部分，因此对总体居民收入差距的影响不大[①]。

进一步分析，不同类型收入的差距是如何形成的呢？从可支配收入的形成可以看到这涉及两个具体过程。（1）初次收入分配过程，或者是市场分配，也就是居民从市场中所获得的收入，包括工资性收入、经营性收入和财产性收入。（2）初次收入分配之后的是政府部门介入的再分配过程，其中既包括政府向居民家庭的转移性支出（也即个人的转移性收入），也包括居民向政府缴纳的个人所得税和社会保障缴费。可支配收入差距的形成正是来源于市场初次分配过程与政府再次分配过程，下面分别来看。

（1）市场初次分配。

就市场收入（包括工资性收入、经营性收入和财产性收入）而言，影响因素主要包括市场性因素与非市场性因素。所谓市场性因素主要是指人们的能力、努力和投入的生产要素，大家最为关注的是人力资本与经济资本。而非市场性因素则主要是指影响收入分配的结构性与制度性因素，如行业垄断、地区、家庭结构、户籍制度、单位制度等。比较二者的影响，市场性因素的作用近年来逐渐上升，而非市场性因素则有所下降[②]。

已有研究的一个普遍性共识是，改革开放以后，我国居民收入不平等迅速增加的最重要原因是人力资本回报的提高[③]。人力资本回报一般用教育收益率来衡量，是指每增加一年的受教育年限，平均收入能够增加的百分比。改革开放以来，我国教育收益率经历了一个快速增长过程，从 80 年代不到 4%增长到最高 14%左右[④]，随着教育收益率的提高，不同教育程度居民之间的收入差距也会扩大。例如，当教育收益率为 4%时，意味着受教育年限每提高一年，收入约增长 4%，那么大学毕业生比高中毕业生多

---

① 范从来，张中锦. 分项收入不平等效应与收入结构的优化. 金融研究，2011（1）；杨天宇，曹志楠. 中国的基尼系数为什么下降：收入来源角度的分析. 财贸经济，2016（11）.

② 陈光金. 市场抑或非市场：中国收入不平等成因实证分析. 社会学研究，2010（6）；陈纯槿，李实. 城镇劳动力市场结构变迁与收入不平等：1989—2009. 管理世界，2013（1）.

③ Zhou，X. Increasing Returns to Education，Changing Labor Force Structure，and the Rise of Earnings Inequality in Urban China，1996-2010. Social Forces，2014，93（2）：429-455.

④ 李培林，田丰. 中国劳动力市场人力资本对社会经济地位的影响. 社会，2010（1）；李实，丁赛. 中国城镇教育收益率的长期变动趋势. 中国社会科学，2003（6）；孙志军. 中国教育个人收益率研究：一个文献综述及其政策含义. 中国人口科学，2004（5）.

读四年，则收入平均增加 17%；但当教育收益率为 10%时，则意味着收入约增长 10%，那么同样是大学毕业生与高中毕业生相比，前者平均收入比后者高 46%，可见收入差距迅速扩大了。不过，近年来我国教育收益率趋于稳定，甚至有轻微下降趋势①，这有助于我国居民收入差距保持稳定②。

除了人力资本以外，随着我国居民收入不断积累，我国家庭财产分布差距也在扩大，事实上，我国家庭财产基尼系数要远远高于居民收入基尼系数。正因为此，近年来家庭财产成为日益关注的生产性要素，而由财产形成的收入就是财产性收入。居民持有的财产分为实物资产和金融资产，财产性收入自然也分为实物财产性收入（租金等）和金融财产性收入（利息、股息等）。虽然财产性收入在居民可支配收入中占比较小，但该比例自改革开放以来一直在上升③。2012 年，城镇居民人均财产收入 707 元，占人均可支配收入的 2.88%；2016 年，全国居民人均财产收入1 889元，占人均可支配收入的 7.93%。由于我国家庭财产分布差距在扩大，财产性收入差距也就随之扩大，尤其是租金收入和金融资产投资收益成为推动财产性收入差距扩大的主要因素④。随着我国居民财产性收入不断增长、差距不断拉大，其对居民收入差距的贡献也将持续增加⑤。

尽管上述市场性因素是我国居民市场收入差距的主要影响因素，但非市场性因素的影响也不能忽视，主要包括城乡、地区、行业、单位等结构性因素，这些因素主要反映了权力与特定制度安排的影响。研究显示，20 世纪我国收入不平等的迅速增长很大程度上是因为城乡、各地区、不同行

---

① 周金燕．明瑟教育收益率述评：计量方法及在中国的估计趋势．教育学报，2015 (1)；丁小浩，余秋梅，于洪霞．本世纪以来中国城镇居民教育收益率及其变化研究．教育发展研究，2012 (11).

② 周金燕，钟宇平．教育对中国收入不平等变迁的作用：1991—2006．北京大学教育评论，2010 (4).

③ 郭庆旺，吕冰洋．论要素收入分配对居民收入分配的影响．中国社会科学，2012 (12)；徐瑾．国民收入分配格局演化对跨越中等收入陷阱的影响研究．经济问题探索，2016 (11).

④ 宁光杰，雒蕾，齐伟．我国转型期居民财产性收入不平等成因分析．经济研究，2016 (4)；吴卫星，邵旭方，陶利斌．家庭财富不平等会自我放大吗?：基于家庭财务杠杆的分析．管理世界，2016 (9).

⑤ 范从来，张中锦．分项收入不平等效应与收入结构的优化．金融研究，2011 (1)；杨天宇，曹志楠．中国的基尼系数为什么下降：收入来源角度的分析．财贸经济，2016 (11)；余玲铮，魏下海．金融发展加剧了中国收入不平等吗?：基于门槛回归模型的证据．财经研究，2012 (3).

业与不同单位之间的收入差距持续扩大①。不过，这种差距近年来开始缩小，农村人均可支配收入增长速度连续四年快于城镇人均可支配收入，2012 年，城镇人均可支配收入是农村人均可支配收入的 3.1 倍，2016 年缩小至 2.72 倍。2012 年，金融业城镇单位就业人员平均工资是农、林、牧、渔业城镇单位就业人员平均工资的 3.96 倍，2016 年缩小至 3.59 倍②。比较有争议的是，这些结构性因素谁的作用更强？随着市场化的推进，单位所有制与单位类型对收入差距的影响相对弱化，而行业因素则逐渐成为更重要的因素，甚至超越地区因素的影响③。不同行业之间的收入之所以有差距，一方面是因为不同行业的技术结构有所不同，另一方面则是因为行业垄断，而在中国，行业垄断也不纯粹是市场竞争的结果，更多是与行政权力干预有关，因此人们对于垄断行业高工资一直持有异议。

（2）政府再次分配。

通过市场初次分配所形成的市场收入还需要经过政府再分配才能形成居民最终可支配的收入。这一再分配过程是由政府通过相关政策来完成的，主要包括转移支付和个人所得税两种。转移支付是指政府通过社会保障和社会救济等转移支付制度支付给居民家庭的，家庭收入中这种来自政府的收入称为转移性收入。由于政府的转移性支出在再分配过程中主要承担着提高低收入人群收入水平的作用，因此转移性收入的再分配目标主要为“提低”。而个人所得税和社会保障缴费是居民家庭缴纳给政府的，且税负和缴费额的比例会随收入水平的升高而增加，因此个人所得税和社会保障缴费有着限制高收入人群收入水平的作用，其发挥的再分配作用应为“限

---

① 王天夫，崔晓雄．行业是如何影响收入的：基于多层线性模型的分析．中国社会科学，2010（5）；王天夫，王丰．中国城市收入分配中的集团因素．社会学研究，2005（3）；郝大海，李路路．区域差异改革中的国家垄断与收入不平等．基于 2003 年全国综合社会调查资料．中国社会科学，2006（2）；陈钊，万广华，陆铭．行业间不平等、日益重要的城镇收入差距成因：基于回归方程的分解．中国社会科学，2010（3）；叶林祥，李实，罗楚亮．行业垄断、所有制与企业工资收入差距．管理世界，2011（4）．

② 2016 年数据引用自国家统计局网站：http://www.stats.gov.cn/tjsj/sjjd/201701/t20170120_1456174.html；http://www.stats.gov.cn/tjsj/sjjd/201701/t20170120_1456268.html；2016 年以前数据引用自国家统计局网站：http://data.stats.gov.cn/easyquery.htm? cn=C01。

③ 齐亚强，梁童心．地区差异还是行业差异?：双重劳动力市场分割与收入不平等．社会学研究，2016（1）；聂海峰，岳希明．行业垄断对收入不平等影响程度的估计．中国工业经济，2016（2）．

高”。但是，我国收入再分配政策的实际效果并不理想，在市场收入未经过再分配的情况下，我国居民市场收入的基尼系数与西方发达国家是相似的，但经过政府再分配政策的调节之后，我国居民可支配收入的基尼系数却远远高于西方发达国家，说明我国收入再分配政策的整体效果远远低于西方发达国家。进一步比较两种再分配政策的效果，我国转移支付政策对于缩小居民收入不平等的效果又要远高于个人所得税政策①。

一方面，政府为了取得 GDP 政绩，以税收减免吸引资本，使富人收入越来越高；相反，穷人税收未能减免以致收入越来越低，这造成了中国税制整体是累退的。中国税收包括以流转税为主的间接税和以所得税为主的直接税，一般而言，间接税的平均税率（即间接税负对收入的比率）与收入水平之间呈现负相关关系，即收入越高，平均税率越低，而低收入人群的平均税率反而越高，而个人所得税则是一种累进性税收②。虽然我国个人所得税等累进性税收在一定程度上减弱了间接税的累退性，但因其规模小，不足以完全抵消间接税的累退性③。另一方面，大量研究显示，不是所有的政府公共支出的增加都会缩小居民收入不平等，只有那些与人力资本、社会保障相关的公共支出的增加才会起到有效作用④。但是，中国财政分权以及基于经济增长政绩考核下的地方政府竞争，使得地方政府公共支出结构呈现“重基本建设、轻人力资本投资和公共服务”的扭曲特点⑤，进而抑制了我国转移支付政策的效果。

---

① 蔡萌，岳希明．我国居民收入不平等的主要原因：市场还是政府政策?．财经研究，2016（4）．

② 岳希明，张斌，徐静．中国税制的收入分配效应测度．中国社会科学，2014（6）．

③ 刘穷志，吴晔．收入不平等与财政再分配：富人俘获政府了吗．财贸经济，2014（3）；岳希明，张斌，徐静．中国税制的收入分配效应测度．中国社会科学，2014（6）；徐建炜，马光荣，李实．个人所得税改善中国收入分配了吗：基于对 1997—2011 年微观数据的动态评估．中国社会科学，2013（6）．

④ 李永友，郑春荣．我国公共医疗服务受益归宿及其收入分配效应：基于入户调查数据的微观分析．经济研究，2016（7）；林迪珊，张兴祥，陈毓虹．公共教育投资是否有助于缓解人口贫困：基于跨国面板数据的实证检验．财贸经济，2016（8）；王延中，龙玉其，江翠萍，等．中国社会保障收入再分配效应研究：以社会保险为例．经济研究，2016（2）；谢颖，于海峰，许文立．公共支出能缓解不平等吗?．财政研究，2017（2）．

⑤ 傅勇，张晏．中国式分权与财政支出结构偏向：为增长而竞争的代价．管理世界，2007（3）．

（二）代际收入流动不平等的形成原因

代际收入传承是指父代收入传递给子代，这可以通过多种渠道，其中最主要的包括财富转移、人力资本投资与社会资本动用[①]。如果子代获得的市场收入包括工资性收入、经营性收入与财产性收入，那么财富转移主要增加了子代的财产性收入与经营性收入，而人力资本投资与社会资本动用则主要作用于子代的工资性收入与经营性收入。

1. 财富转移

财富转移是代际收入流动的最直接实现形式，通过财富的代际流动实现收入的代际流动。通俗地讲，财富转移就是父代将所拥有的财产，通过赠予、遗产继承以及彩礼嫁妆等方式，转移到子代。子代所获得的房产可以出租或自住，获得的货币资产可以储蓄或者投资，获得的企业股份则可以参与分红，总而言之，子代利用这些财富可以增加自己的收入。因此，家庭财富的直接继承会明显抑制我国代际收入流动[②]，而且，我国家庭财富差距持续扩大，已远远超过家庭收入的不平等[③]，又缺少“遗产税”“房产税”等阻碍财富转移的制度安排，这使得财富转移的效应更加明显。

除了家庭的直接继承以外，婚姻也是一种财富转移的渠道。如果婚姻双方来自不同收入家庭，一方来自高收入家庭，一方来自低收入家庭，那么婚后配偶将会共享对方从家庭中获得的财富，低收入家庭能通过婚姻获得配偶家庭的财产，从而提高家庭收入，因此婚姻将会促进代际收入流动；相反，如果婚姻双方的家庭收入是差不多的（也即同质性婚姻），那么婚姻并没有带来代际收入流动。但在中国，“门当户对”的同质性婚姻一直是婚配模式的主流模式，而且近几十年来，同质性婚姻越来越多[④]，这将会扩大

---

① 陈琳，袁志刚．授之以鱼不如授之以渔?：财富资本、社会资本、人力资本与中国代际收入流动．复旦学报（社会科学版），2012（4）；袁磊．我国居民代际收入流动的实现路径：兼文献综述．经济问题探索，2016（11）．

② 陈琳，袁志刚．授之以鱼不如授之以渔?：财富资本、社会资本、人力资本与中国代际收入流动．复旦学报（社会科学版），2012（4）；王美今，李仲达．中国居民收入代际流动性测度．中山大学学报，2012（1）．

③ 李实，魏众．中国城镇居民的财产分配．经济研究，2000（3）．

④ 李煜．婚姻匹配的变迁：社会开放性的视角．社会学研究，2011（4）；齐亚强，牛建林．新中国成立以来我国婚姻匹配模式的变迁．社会学研究，2012（1）．

收入不平等，同时也抑制代际收入流动①。

2. 人力资本投资

人力资本是影响收入获得的重要原因，所谓人力资本投资主要是指父母通过影响子女的教育获得进而影响他们的收入。大量研究显示，家庭经济资本与文化资本均有助于子女获得更好的教育机会，那些收入更高的父母通常受教育程度也更高，故而他们子女的受教育程度往往更高，收入也就更高②。改革开放以来，我国教育规模迅速扩张，目前小学入学率接近100%，高等教育毛入学率则达到42.7%③，虽然在义务教育阶段，家庭背景对子女教育获得的影响有所下降，但在高等教育阶段，教育机会不平等并未出现明显改善，城乡之间的不平等甚至还有所加剧④。正因为此，人力资本投资已经成为代际收入流动的重要推动力量⑤，而通过加大教育公共支出，可以有效降低家庭经济资本对子代教育机会获得的影响，进而促进代际收入流动⑥。

3. 社会资本动用

除了财富直接转移与人力资本投资外，家庭社会资本同样会影响子代收入，这里的社会资本主要是指家庭社会网络中的社会资源，包括信息资源与权力资源，即父母可以通过社会网络了解到更多求职信息，降低子女

① 潘丽群，李静，踪家峰. 教育同质性婚配与家庭收入不平等. 中国工业经济，2015 (8).

② 刘精明. 中国基础教育领域中的机会不平等及其变化. 中国社会科学，2008 (5)；李煜. 制度变迁与教育不平等的产生机制：中国城市子女的教育获得 (1966—2003). 中国社会科学，2006 (4)；李春玲. 高等教育扩张与教育机会不平等. 社会学研究，2010 (3)；郝大海. 中国城市教育分层研究 (1949—2003). 中国社会科学，2007 (6).

③ 张烁. 教育部：我国高等教育毛入学率4年增长12.7%. 人民日报，2017-07-11 [2018-06-20]. http://news.xinhuanet.com/politics/2017-07/11/c_1121297052.htm.

④ 刘精明. 中国基础教育领域中的机会不平等及其变化. 中国社会科学，2008 (5)；李煜. 制度变迁与教育不平等的产生机制：中国城市子女的教育获得 (1966—2003). 中国社会科学，2006 (4)；李春玲. 高等教育扩张与教育机会不平等. 社会学研究，2010 (3)；郝大海. 中国城市教育分层研究 (1949—2003). 中国社会科学，2007 (6)；吴晓刚. 1990—2000年中国的经济转型，学校扩招和教育不平等. 社会，2009 (5).

⑤ 周兴、王芳. 城乡居民家庭代际收入流动的比较研究. 人口学刊，2014 (2)；邸玉娜. 代际流动、教育收益与机会平等：基于微观调查数据的研究. 经济科学，2014 (1).

⑥ 周波，苏佳. 财政教育支出与代际收入流动性. 世界经济，2012 (12)；杨娟，周青. 增加公共教育经费有助于改善教育的代际流动性吗?. 教育科学文摘，2013 (3)；徐俊武、易祥瑞. 增加公共教育支出能够缓解"二代"现象吗?：基于CHNS的代际收入流动性分析. 财经研究，2014 (11).

求职成本，甚至可以利用人情或者权力直接安排子女的工作①。无论何种社会资源，都有助于子女获得更好工作，进一步获得更高收入，即使市场转型日益深化，社会网络在职业流动中依然发挥重要作用②。近年来关于大学生求职的文献中，绝大多数都发现家庭社会资本有助于大学生就业。一方面，家庭社会资本能够降低求职时的成本，包括求职花销、求职时间③；另一方面，家庭社会资本对大学毕业生的就业落实、起薪、工作满意度都存在显著的正面影响④。更为重要的是，随着我国各级教育大规模扩张，大学文凭的信号作用大幅下降，文凭贬值现象日益严重，此时父母的社会资本在市场初次分配中的作用将更加明显，对于代际收入流动的抑制作用也将更加突出⑤。

（三）中等收入群体发展缓慢的原因

尽管中国社会分层结构在向“橄榄形”结构转变，但中等收入群体比例依然较低，而低收入群体比例依然较高。从宏观层面来看，我国中等收入群体发展受到收入分配格局与城镇化缓慢的限制。第一，我国居民收入仅占国民收入的六成左右，两成左右的国民收入为政府所得，而政府所获得的国民收入中大部分投资于地方建设，用于科教文卫与社会保障的则明显不足，这种收入分配格局既抑制了中等收入群体的增量发展，对已形成的中等收入群

① Bian，Yanjie. Bringing Strong Ties back in：Indirect ties，Network Bridges，and Job Searches in China. American Sociological Review，1997：366－385；Granovetter，M. S. The Strength of Weak Ties. American Journal of Sociology，78（6），1973：1360－1380.

② 边燕杰，张文宏．经济体制、社会网络与职业流动．中国社会科学，2001（2）；边燕杰，张文宏，程诚．求职过程的社会网络模型：检验关系效应假设．社会，2012（3）；张顺，郭小弦．社会网络资源及其收入效应研究：基于分位回归模型分析．社会，2011（1）．

③ 张顺，程诚．西部高校毕业生求职难度影响因素的实证研究：基于社会资本、人力资本与物质资本的比较研究及其交互效应．青年研究，2009（2）；陈宏军，李传荣，陈洪安．社会资本与大学毕业生就业绩效关系研究．教育研究，2011（10）．

④ 陈海平．人力资本、社会资本与高校毕业生就业：对高校毕业生就业影响因素的研究．青年研究，2006（11）；胡永远，马霖，刘智勇．个人社会资本对大学生就业市场的影响．中国人口科学，2007（6）；阎凤桥，毛丹．影响高校毕业生就业的社会资本因素分析．复旦教育论坛，2008（4）．

⑤ 陈琳，袁志刚．授之以鱼不如授之以渔?：财富资本、社会资本、人力资本与中国代际收入流动．复旦学报（社会科学版），2012（4）．

体也造成了很大生活压力，因为如果科教文卫与社会保障的公共支出不足，那么他们自己就必须在教育、医疗、社会保障等方面投入更多。

第二，中等收入群体以企业中低层管理人员、专业技术人员、办公人员、商业服务人员、技术工人等为主体，该群体的发展得益于工业化、信息化、城市化的发展。改革开放以来，我国城镇化速度远远慢于工业化速度，根据常住人口来看，2016 年我国城镇化率仅达 57.35%①，而以户籍角度为标准的话，我国城镇化率将更低，我国劳动力市场存在明显的户籍歧视，很多农民即使进城了也不能获得公平待遇。因此，如果我国人口中占比将近一半的农民不能顺利实现“市民化”，不能通过城镇化成为中等收入群体，那么我国中等收入群体规模的扩大亦将难以实现。

第三，从微观层面来看，中等收入群体的形成主要有三条渠道，即教育渠道、专业技术渠道和市场渠道②，但这三条渠道均不完善。首先，教育渠道历来是实现向上流动的重要渠道，而成为中等收入群体，高等教育渠道则是一个重要渠道，不过通过高等教育渠道上升为中产的人数有限。2016 年全国高等教育毛入学率仅达 42.7%③，也即在 2016 年所有适龄学生中，有 42.7%的人能够进入大学，但是，其中“985”与“211”高校的大学生仅占少部分，更多的则是普通高校与大专学生，但在目前我国产业结构还未升级转型的情况下，高端职业的位置有限，那么后者成为中等收入群体则较为困难。

其次，所谓专业技术渠道主要分为两类：一类是专业工作者，如教授、律师、医生、工程师等，这类专业工作者与上面的教育渠道是接轨的，在中国发展较快。另一类是技术工作者，主体是技术工人，这一渠道在中国则明显受阻，21 世纪以来，中国技术工人所占比例不但没有上升，反而有所下降，2000 年为 11.2%，2010 年为 9.8%④。这里面存在较多原因：一是我国职业教育发展未受到重视，由于职业教育的办学条件（包括财政投入、师资和各项硬件环境）都不及普通教育，因此职业学校就沦为二流学

---

① 国家统计局．2016 年中国城镇化率达到 57.35%．（2017-01-20）[2018-06-20]．http://www.ce.cn/xwzx/gnsz/gdxw/201701/20/t20170120_19752962.shtml.

② 李强．中国中产社会形成的三条重要渠道．学习与探索，2015（2）．

③ 张烁．教育部：我国高等教育毛入学率 4 年增长 12.7%．人民日报，2017-07-11 [2018-06-20]．http://money.163.com/17/0710/17/CP0IL2B700254TI5.html.

④ 同②．

校，大多数家庭也都不愿意让孩子去上职业学校①。二是我国职业培训尤其是对工人的技术培训非常缺乏，这是因为培训工人存在较大风险，在我国技术工人紧缺的背景下，企业培训出的技术工人容易被其他企业高薪挖走，因此许多企业只愿意雇用已有工作经验与技术能力的工人，而不愿意投入资源培训工人。三是我国技术工人的评估认证制度存在较大问题，许多有技术的劳动者得不到相应的技术地位认证，也难以借此提高收入。

最后，改革开放以来，通过商品市场营销的渠道成为中等收入群体是最常见的渠道，因为市场渠道很少出现身份歧视。但是，中国的市场发展具有两个明显阶段：在改革初期，市场刚刚兴起时，自雇佣者往往是那些社会底层，他们也更有机会通过自己的努力获得较高收入；随着市场改革推进，当精英阶层尤其是原来的体制内精英看到市场所带来的高收益时，则纷纷下海，此时他们才是市场竞争中的主体，并且压缩了原来社会底层在市场中的发展机会，也就是说，虽然市场进入门槛越来越低，但是对于那些社会底层而言，即使进入市场也很难再有机会获得较高收益②。一个重要原因在于市场经营环境仍然不完善，我国小微企业税负较重，甚至高于规模以上企业，而在融资支持上，小微企业却难以与规模以上企业竞争，对于那些自雇佣者而言则更为困难。

（四）社会公平感下降的原因

无论从居民收入结果来看，还是从代际收入流动来看，我国收入分配不平等都在逐渐转好，但是社会成员的社会结果公平感和社会机会公平感却在下降。一般来说，社会公平感的形成是一个主观判断的过程，具体来说，是人们比较感知的不平等与认可的不平等之间的差距所产生的结果。虽然我国收入不平等有所改善，但其改善的幅度并不大，故而老百姓难以明显感知到。此外，近年来由于网络媒介的兴起，人们可以从中接触到以前难以接触的不平等信息，尤其是许多“炫富”“×二代”事件的传播，更是激化了人们的不公平感。

---

① 吴愈晓. 教育分流体制与中国的教育分层. 社会学研究，2013（4）.

② 吴晓刚. “下海”：中国城乡劳动力市场转型中的自雇活动与社会分层（1978—1996）. 社会学研究，2006（6）；吴愈晓. 家庭背景、体制转型与中国农村精英的代际传承（1978—1996）. 社会学研究，2010（2）；李路路，朱斌. 中国经济改革与民营企业家竞争格局的演变. 社会发展研究，2014（1）.

从微观角度来看，人们在评价社会资源分配状况公平与否时，很大程度上取决于因为社会比较而产生的相对剥夺感，相对剥夺感越强，人们的公平感越低①。社会比较广泛存在于各个社会群体，即使那些社会优势群体也会因为相对剥夺而产生不公平感②。相对剥夺感的产生，关键在于社会比较的参照点，从已有研究来看，社会比较的范围很宽泛，具体存在三种比较对象。一是横向的参照群体，即与社会环境中的其他成员或社会群体进行比较；二是纵向的个体生活经历，也就是与自己以往的社会经济地位进行比较；三是个体内在的期望水平，是社会行动者对自己相比他人的任务完成能力的潜在的、无意识的预期，当人们的现实状态未达到他们的期望水平时，相对剥夺感就会出现。例如，当人们认为自己的能力应该拿到1万元月收入但实际只有5 000元时，不公平感就会产生③。

总的来说，我国主观社会公平感的下降与社会比较所形成的相对剥夺感有很大关系。近年来，房价、教育、医疗等生活压力依然高居不下，特别是房价，近十年增长迅速，即使人们的可支配收入有所提高，但也远不及房价增长速度，纵向社会比较的停滞抑制了社会公平感。与此同时，市场初次分配中，暗箱操作、违法乱纪、权力寻租等行为造成不同生产要素回报扭曲，一些地区、行业、部门的资本回报远远高于技术与劳动回报，进一步降低了人们的社会公平感。与其他群体相比，中等收入群体对于收入获得具有较高期望，但在高税负、高消费的情况下，中等收入群体的“流量收入”难以转化为“存量收入”，既难以增加财产性收入，又难以抵抗经济风险，特别是中低收入群体容易重新落入低收入群体，因此他们更可能形成较强的相对剥夺感。

三、政策分析与建议

十九大报告指出：“鼓励勤劳守法致富，扩大中等收入群体，增加低收

① 刘欣．相对剥夺地位与阶层认知．社会学研究，2002（1）；马磊，刘欣．中国城市居民的分配公平感研究．社会学研究，2010（5）．

② 怀默霆．中国民众如何看待当前的社会不平等．社会学研究，2009（1）．

③ 马磊，刘欣．中国城市居民的分配公平感研究．社会学研究，2010（5）；孟天广．转型期中国公众的分配公平感：结果公平与机会公平．社会，2012（6）．

入者收入，调节过高收入，取缔非法收入。坚持在经济增长的同时实现居民收入同步增长、在劳动生产率提高的同时实现劳动报酬同步提高。”总的来说，我国收入分配改革与发展的主要目标是：（1）持续增加城乡居民收入，优化国民收入分配格局，维持居民收入增长和经济发展同步、劳动报酬增长和劳动生产率提高同步，提高居民收入在国民收入分配中的比重，提高劳动报酬在初次分配中的比重。（2）持续缩小居民收入差距，降低城乡、区域、行业之间的收入差距，减少贫困人口规模、增加低收入者收入、扩大中等收入群体比重、调节过高收入，逐步形成“橄榄形”社会结构。

完成上述基本目标，需要努力做到：（1）积极发挥初次分配中市场机制，抑制非市场因素的干扰，完善劳动、资本、技术、管理等要素按贡献参与分配的初次分配机制；加快健全以税收、转移支付为主要手段的再分配调节机制。（2）规范收入分配秩序，保证初次分配与再分配过程中的机会公平。保护合法收入，规范隐性收入，遏制以权力、行政垄断等非市场因素获取收入，取缔非法收入。

具体而言，针对收入分配领域的上述问题，为了进一步提高人民幸福感，要继续充分发挥政府在教育机会公平、收入再分配、扩大中等收入群体等三个方面的作用。

（一）继续促进教育机会公平的若干政策建议

教育机会不平等既是居民收入结果不平等的重要原因，同时也是代际收入流动不平等的中间机制之一，因此改变收入分配不平等的关键在于促进教育公平。根据现有研究，在不同教育阶段，需要建立与完善不同的教育政策。

第一，在义务教育阶段，需要全面评估 21 世纪以来实施的素质教育政策对教育机会不平等的影响。素质教育政策的提出是希望像美国教育那样能够培养更多综合型、创新型人才，但是该政策的出台却忽视了美国教育机会不平等的现实，我国愈演愈烈的过度素质教育化却可能对教育机会不平等产生消极影响。首先，中小学尤其是小学的课堂时间大大压缩，许多小学下午三四点就放学，与之相对应的，小学生的家长仍然没有下班，那么小学生放学以后就无人管教。在这种情况下，高收入家庭可以将子女送进课外补习班继续学习，而低收入家庭与中低收入家庭子女由于家庭收入

限制，只能自己解决课后时间，事实上，很多孩子都是无所事事，从而丧失了更多学习机会。

其次，课堂时间压缩同时大大减少了教师辅导学生的时间，而且过度素质教育化导致学校授课知识的精英化，如社交礼仪、绘画音乐、贵族体育等等，这些教学内容与低收入家庭子女的日常生活相违背，同时也需要大量金钱与时间投入。对于升学考试所需要的数学、语文和英语内容，学校则减少了教学时间，针对此，高收入家庭子女可以通过课外补习班弥补，低收入家庭子女既难以从课外补习班弥补，也难以通过缺少能力的父母辅导。

现在义务教育阶段的过度素质化，一方面导致课外教育培训泛滥，中等收入家庭因要承担子女课外培训支出而负担沉重；另一方面则导致低收入家庭子女因为缺少正式学校教育辅导而在升学考试中落后。因此，为了改变这一情况，政府需要协调我国义务教育阶段的教学内容与教学时间，要确保低收入家庭子女能够从学校中获得充分知识来应对升学考试。

第二，在中学阶段，需要加强政府的公共教育支出，并且调整教育支出的分配。大量研究显示，加强政府的公共教育支出，是降低教育机会不平等的关键措施，而且公共教育支出要向中西部与农村、乡镇倾斜。对于我国教育机会不平等而言，考虑到小学入学率已接近100%，目前中学阶段是一个关键阶段，而城乡之间由于社会经济发展的差异，教育资源发展极不平衡，进一步导致城乡教育机会不平等。立足我国社会经济发展的基本国情以及城乡社会经济发展明显差异，我国在城乡需要采取不同的教育资源分配政策，即乡镇教育资源集中化、城市教育资源均衡化。这里主要涉及的教育政策是“重点中学”政策，所谓乡镇教育资源集中化、城市教育资源均衡化，也即在县镇要集中力量建立一到两所重点中学，而在城市则要真正取消重点中学。

中华人民共和国成立初期，教育事业的发展面临着公平与效率的矛盾，即要普及教育提高整体国民素质、扩大所有人受教育的权利，但如果把教育资源平均分配到每一个人，那么资源是非常少的，不足以培养国家为了实现现代化而急需的大量专业技术人才。为处理这一矛盾，逐渐形成了重点学校制度，即在照顾大部分人的基础教育需求的同时，集中稀缺教育资源培养国家需要的人才，虽然20世纪90年代中期开始，教育部门开始认识到重点学校制度对教育公平的负面影响，并明确取消义务教育阶段的重点学校制度，但是重点学校仍“名亡实存”，或者以其他名义（如实验学校、示范学校、一级学校等）存在着，形成了一种“没有重点学校的重点学校制度”①。

一些研究发现，我国县镇的重点中学对于农民子弟向上流动具有重要意义②，这是因为农村与乡镇的教育资源贫乏，而在我国目前国情之下，很难在短时间内大幅提高乡镇教育投入。在这种情况下，如果教育资源均衡化，那么所有孩子都不能接受好的教育，也就难以与城市孩子进行竞争，为此需要在保证所有学生基本教学资源的情况下，集中资源培养一部分有潜力的农民子弟，使得他们能够通过教育实现向上流动。与乡镇不同的是，城市教育资源非常丰富，而且城市内部家庭分化更为严重，如果实行重点中学制度的话，那么优质教育资源主要被高收入家庭所获得，而低收入家庭与中低收入家庭则难以获得。如此，则相当于政府教育支出向高收入家庭倾斜，为了避免这种现象发生，城市中需要努力实行教育资源均衡化，使得低收入和中低收入家庭子女同样能够接受好的教育。

第三，在高等教育阶段，继续巩固并完善现有的大学招生过程中对贫困生进行倾斜的政策。由于家庭资源的不足，贫困生在受教育过程中往往面临更大困难与障碍，例如，平均每学年5 000元的大学学费，一般中等收入家庭都可以轻松支付，但对许多贫困家庭而言则是一笔较大负担。因此，为了促进教育流动，要在招生过程中对于那些家庭贫困而又品学兼优的学生给予一定的补偿，也即降分录取，目前教育部已经出台了相关政策，许多高校也进行了响应。但是，目前的补偿政策通常只是针对贫困县学生进行倾斜，而贫困县学生并不都是真正的贫困生，事实上，很多通过国家招生政策进入大学的贫困县学生都是来自贫困县中的高收入家庭，与之相反，还有大量的贫困家庭位于非贫困县，但他们却不能享受特殊招生政策。由此可知，为了更好发挥招生补偿政策的效果，该政策不能仅仅以贫困县为单位，而应该覆盖到所有地方的贫困家庭，也就是说，补偿招生政策补偿的是贫困生而非贫困县。此外，我国一般高校的学费保持在5 000元左右，

---

① 吴愈晓．教育分流体制与中国的教育分层．社会学研究，2013（4）．

② 梁晨，张浩，李兰，等．无声的革命：北京大学、苏州大学学生社会来源研究（1949—2002）．北京：三联书店，2013；庞圣民．市场转型、教育分流与中国城乡高等教育机会不平等（1977—2008）：兼论重点中学制度是否应该为城乡高等教育机会不平等买单．社会，2016（5）．

但对不同收入家庭而言，学费负担是不一样的，收入越低的家庭，学费负担反而越重，因此，可以适当提高我国大学学费标准，与此同时，针对贫困生，建立完整的学费减免、奖助贷学金政策，也就是说，通过提高高收入家庭学费以及转移支付政策，来减轻贫困生家庭乃至中低收入家庭大学生的学费负担。

（二）积极发挥政府再分配作用的若干政策建议

政府对于居民收入的再分配主要通过两种渠道：一是税收政策，二是转移支付。首先，我国当前税收结构仍然是以流转税为主体，而西方许多发达国家的居民收入基尼系数比我国小很多，一个重要原因在于所得税在税收结构中占据较大比例，而以所得税为主体的税收结构更容易调节收入分配，尤其是财产税在所得税中又发挥重要作用。正如上文所说，家庭财产分布要比居民收入分布更不平等，而且财产回报率又要高于其他生产要素回报率，故而为了抑制财产分布所带来的收入不平等，应该适时推进财产税改革，如房产税、遗产税、赠予税等，抑制财产收入差距扩大。

其次，目前个人所得税的税率结构还存在一定不合理之处，例如月工资所得超过 8 万部分的税率为 45%，而经营所得超过 8 万部分的税率则为 30%，这就加大了经营所得与工资所得的收入差距。在目前税收结构下，低收入群体与中低收入群体的税负要高于高收入群体，因此，需要尽快完善个人所得税制度，加快建立综合和分类相结合的个人所得税制度，降低中、低收入群体税负。

最后，增加财政民生支出，公共资源出让收益更多用于民生保障，与此同时，加强社会保障供给的精准分配与均衡程度，尤其在住房、医疗、教育、养老等影响居民重大支出的领域，保证低收入群体转移收入增长快于全国居民平均水平。另外，目前的社会保障缴费是按同比例缴费的，例如养老保险，个人缴纳 8%，单位缴纳 20%，这对于所有收入群体都一样，那么也就没有充分发挥转移支付的功能。例如，如果一个人的月收入为 2 000 元，那么他可获得的养老保险则为 560 元，另一人的月收入为 20 000 元，那么他可获得的养老保险则为 5 600 元，二者的月收入与养老保险收入差距都是 10 倍。因此，为了加强社会保障的转移支付功能，单位的缴纳比例应该随着收入的变化而变化，对于低收入群体应缴纳更高比例，而对于高收入群体则缴纳更低比例，这样在保证单位整体缴纳比例不变的情况下，能够有效降低居民转移性收入的不平等程度。

（三）进一步扩大中等收入群体的若干政策建议

正如上文所说，扩大中等收入群体有三种渠道，教育渠道、专业技术渠道与市场渠道。就市场渠道而言，2015 年我国个体户数量达到5 407.94万，个体户就业人数达到11 682.2万①，故而通过市场渠道向上流动的机会越来越小，那么我国中等收入群体的潜在发展群体应该重点在于大学生与技术工人（包括农民工）。对于大学生而言，自 1998 年以来的大学扩招导致大学生规模急遽扩大，大学文凭也相应贬值，与此同时，我国产业结构却未实现相应的升级转型，中低端产业依然占据主导，也就未能产生足够的高端职业，最终大量大学生不能找到与文凭相匹配的职业，也就不能进入中等收入群体。因此，加快产业结构转型既是解决我国大学生就业难的重要途径，同时也是扩大中等收入群体的重要渠道。

如何帮助技术工人进入中等收入群体也是一个重要问题，针对此，有三个方面配套措施要同时加强。第一，要加大职业教育的公共投入，我国现有的高等教育投入主要集中在学术教育，而对于职业教育则非常不足，在财政收入有限的情况下，可以参考学术教育，集中资源建设几十所重点职业学校，既要培养高端技术人才、职业教育师资力量，同时也要扭转将职业教育看作次等教育的社会风气。第二，大力推动企业与职业学校的联系，鼓励企业参与职业学校办学，给予相关企业资金、税收、土地等方面的优惠条件，鼓励企业与本地职业学校进行一对一合作，共同培养学生以及培训企业技术工人，尤其是对进城农民工给予相关培训。第三，目前的职业资格与技能等级认证体系由国家颁布，但政府与生产一线距离较远，职业资格与技能等级考试往往徒具形式而脱离实践，从而不被企业所承认，因此要充分调动政府、行业协会、企业与技术工人四方合作，构建完善的认证体系，赋予行业协会更多实际职能，在各行业形成技术壁垒，进而提高技术回报，激励更多工人参与技术培训。

---

① 中华人民共和国国家统计局. 中国统计年鉴 2016. 北京：中国统计出版社，2016：111.

第五章　完善国民健康服务体系

2009年新医改以来，我国医疗卫生事业快速发展，国民健康服务水平有很大改进：基本医疗保险覆盖率维持在95%以上，筹资金额和保障水平逐年提高；卫生财政投入逐年增加，个人现金卫生支出占卫生总费用的比例逐年下降，"看病贵"问题有所缓解。在此期间，各级地方政府还积极探索，在分级诊疗、公立医院改革等方面创造出了许多典型经验和模式。这些经验和模式为下一阶段的中国医改积累了经验、提供了新的思路和办法。但是，国民健康服务领域的短板问题仍然较为突出。"看病贵、看病难"问题没有得到根本性解决。大多数研究都表明，医疗保险覆盖率提升虽然增加了报销比例，但并没有减轻中国家庭的实际医疗负担，也没有相应提升医疗服务的质量。而且，一些迹象表明，我国医患关系也并没有得到明显改善。医生群体对执业环境恶化、社会尊重下降的不满正在快速上升。这些问题背后有着复杂的体制机制原因，需要系统性、整体性、系统性改革措施加以解决。

一、国民健康服务领域的主要问题

（1）“看病贵”虽然有所缓解，但是贫病恶性循环仍普遍存在，因病致贫仍是致贫首因。

新医改以来，政府对于医疗卫生的投入逐年增加，2015 年卫生总费用占 GDP 的比例已经达到 6%，政府卫生支出的比例由 2010 年的 28.69%上升到 2015 年的 30.88%，个人现金卫生支出的比例由 35.29%下降到 29.97%，实现了“将个人现金卫生支出降到 30%以下”的“十二五”目标①。然而，如图 5－1 所示，虽然个人现金卫生支出所占的比例在下降，但是从绝对值上看，无论是卫生总费用还是个人现金卫生支出都增长迅速。

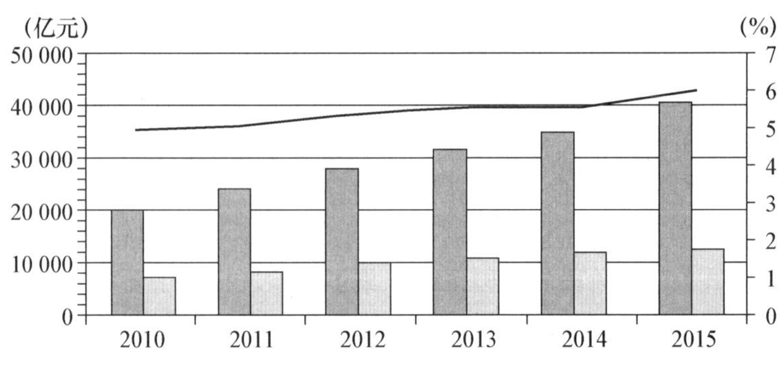

图 5－1　2010—2015 年卫生费用情况

再将个人现金卫生支出的增长率与城乡居民可支配收入的增长率相比较可以发现，2015 年全国居民人均可支配收入比上年名义增长 8.9%，而个人现金卫生支出比上年名义增长 7.7%。与前两年相比，2015 年个人现金卫

① 本部分使用的数据，如无特殊说明，均来自历年《中国卫生统计年鉴》，以及《2016 中国卫生和计划生育统计提要》。

生支出的增速要更低于居民人均可支配收入的增速（2014 年全国居民人均可支配收入和个人现金卫生支出的增速分别是 10.1%和 9.5%，2013 年这两个数字分别是 9.7%和 11.1%）。这些数据说明，医疗经济负担整体上有所减轻，但是缓解程度有限。而健康扶贫数据及近年兴起的大病网络求助现象说明，看病贵问题并未有效解决，普通个人和家庭罹患病程长、治疗方案复杂的疾病（如白血病、肿瘤）时，会不可避免地遭遇灾难性医疗支出。

近两年兴起的大病救助网络筹款凸显了这种广泛存在的医疗费用支出负担。救助平台“轻松筹”数据显示，从 2014 年 9 月该平台成立，至 2017 年 8 月 23 日，3 年间，通过该平台大病求助的家庭数为 487 987 个①。这些家庭提供的身份证明显示，不论是城乡居民还是城镇职工，只要患白血病、肿瘤等大病，都有发起大病求助的需求。而从网民对求助的积极呼应来看，这种求助的必要性被广泛认可，亦可说明大病医疗费用负担之沉重。从疾病种类来看筹款结果，白血病平均筹款 139 815 元，肿瘤平均筹款 119 653 元，其他意外伤害平均筹款 131 279 元，通常情况下，筹款结果离患病家庭的需要和预期还有距离。

个人医疗费用支出负担过重导致的极端现象即为因病致贫，罹患大病的医疗费用支出是导致因病致贫返贫的主要原因。国务院扶贫办数据显示，2014 年底，全国贫困人口为 7 071 万人，其中患大病重病的 240 万人，患长期慢性病的 960 万人。2015 年全国贫困人口数为 5 575 万人，全国因病致贫、因病返贫贫困户为 838.5 万人，占建档立卡贫困户总数的 44.1%②。在江西、四川、湖北等省份，因病致贫、因残致贫比例接近或超过 60%，成为致贫首因③。针对大病个人医疗费用支出负担过重，城乡居民大病保险提供进一步保障。但经多地健康扶贫摸排，经过大病保险报销后，基本医保和大病保险报销占实际支出的比例不足 60%④。

除了灾难性医疗支出外，因为家庭成员罹患重病，随之而来的赴城市

① 轻松筹官方网站实时统计数据. https://www.qschou.com/.

② 朱铭来. 因病致贫人群精准保障的分析与思考. 南开大学风险管理与保险学系，中国劳动保障报，2016-09-27.

③ 国家卫生计生委健康扶贫地方典型经验专题新闻发布会.（2017-05-17）[2018-06-20]. http://www.china.com.cn/zhibo/2017-05/17/content_40817541.htm.

④ 同③.

医院求医的路费、求医期间的生活费，以及家庭其他劳动力因照顾病人而产生的误工费等，往往也超出城市低收入家庭和农村一般收入家庭的承受能力，这也是造成“因病致贫”的重要原因。

（2）基层医疗服务不能满足需求，没有形成“健康管理”的服务模式，“强基层”的目标不仅没有实现，反而在一定程度上下降，看病难问题未明显缓解。

中国正面临着人口老龄化、环境污染和快速城镇化的多重压力，其疾病谱已经从以传染性疾病为主转变为以非传染性疾病为主。这种疾病谱的转变使得国民对医疗卫生服务的需求已经不再是单一的疾病治疗需求，而是逐渐发展为健康综合管理需求。这种需求变化要求服务供给方能够将疾病预防、问诊和治疗、康复与保健有效衔接，形成连续化的疾病管理与健康干预。但是，目前我国基层医疗服务能力和服务供给模式尚不能满足人民群众的需求变化，满意度较低。从全国数据来看，新医改以来，基层医疗机构的服务比例持续下降，近两年甚至出现了绝对量下降的情况，这进一步加剧了大医院的“看病难”问题。

从医疗资源配置情况看，如图 5－2 和图 5－3 所示，尽管“强基层”被多次强调，但是从人力资源情况看，医院卫生人员的增长速度远远超过基层医疗机构；从病床情况看，新医改以来，各级医院的床位数都持续增长，其中，级别越高，床位数增长的速度越快。也就是说新医改以来，无论人力资源还是病床，都仍是向上积聚的趋势。

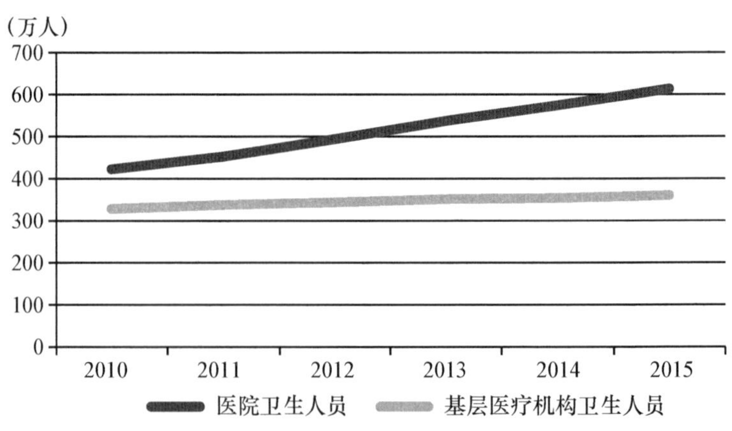

图 5－2　医疗机构卫生人员变动情况

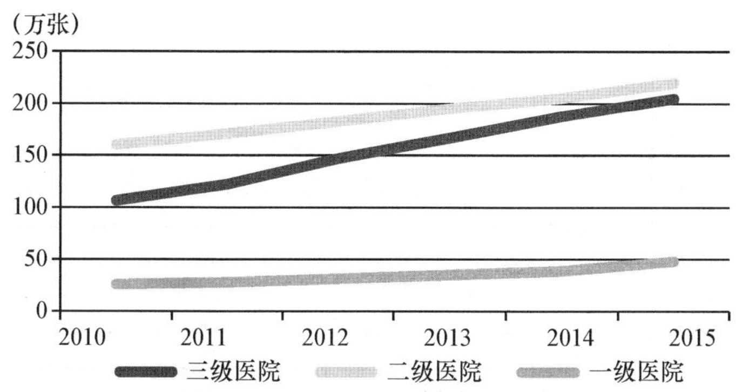

图 5-3　各级医院病床增长情况

再从服务情况来看，如图 5-4 所示，新医改以来，医院和基层医疗机构的门诊服务量都大幅上升，但是从比例上看，基层医疗机构分流病人、缓解大医院看病压力的作用并没有显现。尤其是从 2012 年以来，基层医疗机构诊疗服务的上升速度明显放缓，尤其是就 2015 年的数据而言，医院的诊疗人次从 2014 年的 29.72 亿人次上升到 2015 年的 30.84 亿人次，而基层医疗机构却从 43.64 亿人次下降到 43.42 亿人次。在占总诊疗服务的比例上，医院从 2008 年的 36.3%上升到 2015 年的 40.0%，而基层医疗机构却从 60.5%下降到 56.4%。住院服务的情况比门诊服务更为明显。如图 5-5 所示，新医改以来医院的入院人数持续大幅上升，但是基层医疗机构的入院人数却并未增长。

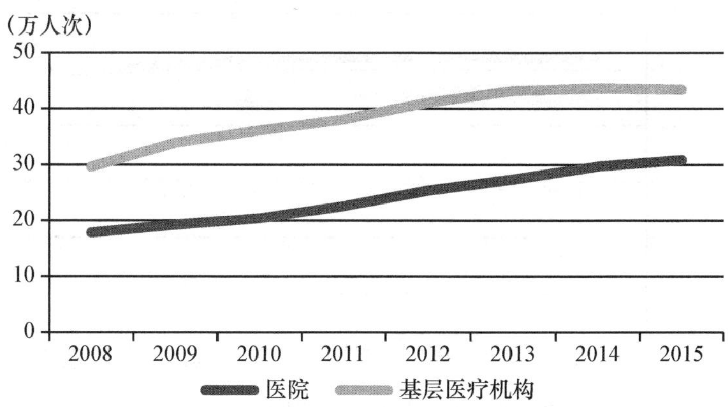

图 5-4　各类医疗机构历年诊疗人次

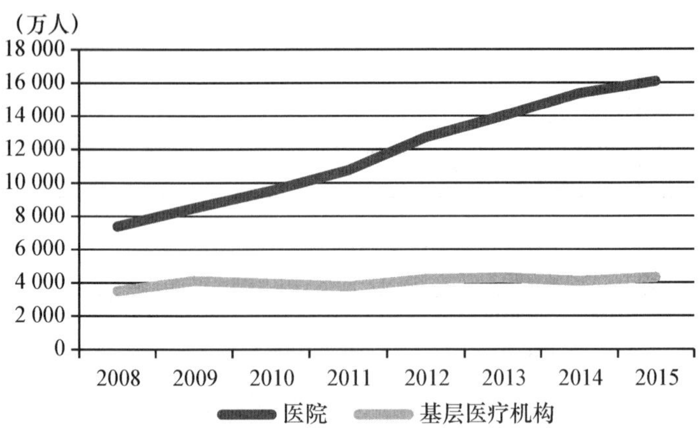

图5-5 各类医疗机构历年入院人数

再从病床使用率情况看，如图5-6所示，首先，医院级别越高，病床使用率越高；其次，2012年以来，各级医疗机构的床位使用率都有不同程度的下降，其中二级医院下降的趋势最为明显。对于三级医院而言，由于其病床使用率过高，因此其下降意味着"一床难求"的缓解，但是其病床使用率的绝对值仍接近100%的高位；而就二级医院和一级医院而言，它们的病床使用率本来就不高，其下降更意味着基层医疗卫生机构的医疗资源远没有得到有效利用。2015年，二级医院和一级医院的病床使用率各是84.1%

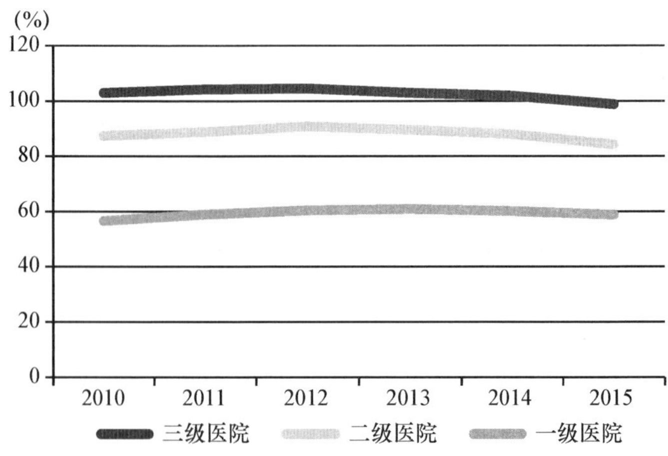

图5-6 历年各级医院的病床使用率

和 58.8%。结合图 5-3 和图 5-6，医院床位数的增长速度高于病床使用率的下降速度，三级医院的病床增长速度最快，病床使用率也最高。因此我们可以得出结论，越是级别低的医疗机构，资源和服务利用率越低，存在较大的资源浪费。

此外，跟医疗资源浪费相关的还包括我国护理康复资源供给不足造成的对住院服务的过度使用。2017 年 3 月，上海市卫生发展研究中心首次对外发布老龄化对医疗费用的影响。这份《老龄化对上海市医疗费用影响研究》显示，从上海全市人口来看，占总人口数 19.5%的老年人口门急诊人次占总量的 52.2%，出院人数占总量的 45.3%，医疗资源消耗总体以老年人口为主。这部分老年人口相应的门急诊费用占总量的 63.2%，住院费用占总量的 52.8%①。

上海市的老年人医疗费用随年龄增加而持续增长。而世卫组织报告显示，高收入国家 70 岁以后医疗保健支出显著下降。护理服务供给不足，保险“重医疗、轻护理”，共同导致部分仅需要护理服务的患者选择费用相对较高的医疗服务，从而造成医疗资源的浪费。上海市社科院结合 2010—2015 年上海人均卫生总费用预测，照此趋势，到 2020 年，上海市常住人口医疗费用将从 2015 年的 1 072 亿元增长至 1 861.8 亿元。届时，占总人口 21.5%的老年人医疗费用将占总费用的 58.0%。

(3) 医患关系矛盾突出，已经成为社会的“不稳定”因素。

近年来，医疗卫生领域医患冲突频现，伤医、杀医事件频发，这些事件时时牵动着社会的神经，凸显了医患之间的紧张关系。根据中国医师协会的调查，59.8%的医务人员受到过语言暴力，13.1%的医务人员遭受过身体上的伤害，只有 27.1%的医务人员没有受到过暴力伤害。中国青年报社调中心的一项调查则表明，73.8%的公众在就医过程中对医生的诊断和治疗持有“半信半疑”或者“不相信，但有病没办法”的态度，只有 10%的患者对医生完全信任。医患之间的冲突已经成为当今社会越来越突出的问题。

近来，公立医院安保力量的增强使得见诸报端的恶性伤医事件有所减少，但并不意味着患者对于医生和医疗机构的信任有所提升。2016 年引起

① 上海市卫生发展研究中心. 老龄化对上海市医疗费用影响研究.

公众广泛讨论的公共事件中，“纱布门”① “肾没了”②，以及 2017 年 8 月 24 日“湖北省妇幼摇头爷爷”③ 事件，显示除了暴力伤医、医闹以外，医患关系紧张开始转向借助媒体、网络舆论施压的方式存在。虽然冲突的剧烈程度相较过去似有所降低，但由于不像伤医事件那样有明显的对错，再加上自媒体的快速发展使各路未经证实的信息快速释放，而对事件彻底的调查则需要一定的时间以及调查人员较高的职业素养，澄清事实相比过去更为困难。在事实得到澄清前，舆论激荡使得医患关系的重塑更为困难。

在医患关系紧张的大背景下，儿科、急诊、产科等被视为工作负荷更重、职业风险更高的科室，这直接造成上述科室人员流失严重，形成短缺。此外，出于自身安全的考虑，在综合判断患者情况后，医务人员也越来越倾向于能够规避自身风险的方案，这在表面看来是避免医患冲突的权宜之计，但是因此带来的推诿病人、过度检查和治疗，事实上损害了患者的健康权利，而且长远来看，也使得整个社会的医患信任被进一步破坏。

（4）公众的科学健康知识有限，健康行为有待进一步改善。

近年来，我国居民健康素养逐年提高。2015 年，我国居民基本知识和理念素养为 20.60%，健康生活方式与行为素养为 10.36%，基本技能素养水平为 13.94%。但是，与发达国家相比，我国居民的健康素养存在较大的差距。

一方面，健康素养不足导致疾病预防意识淡薄，会直接提高疾病风险，影响居民的健康水平。以肿瘤预防为例，数据显示，中国癌症发病率不断上升，其中男性以每年 0.2%的速度稳步提高，而女性则每年提高 2.2%④。世界卫生组织（World Health Organization，WHO）强调对于癌症有合理的预防措施，避免不合理的饮食、远离恶劣环境、控制职业危害等都能有效防癌。但公众缺乏对于合理饮食、恶劣环境的认识和判断标准。尽管疾控中心健教所会定期推送一些健康教育知识，但相较于公众对于健康信息的

① “纱布门”结束了，中国医疗的痛点何时结束呢?.（2016-12-04）[2018-06-20]. http://www.cn-healthcare.com/articlewm/20161204/content-1008665.html.

② “肾没了”背后的信任危机. http://www.cankaoxiaoxi.com/rui/xinrenweiji/.

③ “摇头爷爷”摇孩子头治脑瘫医院称治愈率超 80%.（2017-08-27）[2018-06-20]. http://news.ifeng.com/a/20170827/51770343_0.shtml.

④ 贺涛，王小. 迎战！肿瘤君. 财经，2017（8）.

广泛需求，这些零散、碎片化的健康信息在数量和匹配程度上远未满足需求，却为大量难辨真伪的商业软文、广告提供了空间，公众的鉴别成本进一步提升。

再比如，以2017年获批且引发巨大关注的HPV疫苗为例，尽管有协和医院等医疗机构的医师主动向公众科普，但由于信息来源不同，在接种年龄等细节上，存在不同的说法，引起公众的困惑，致使一些被判定为“超过年龄”的女性放弃接种，从而错失了预防机会。在类似的重要健康信息发布上，还缺乏统一、全面、高效的信息发布与健康知识传播机制。而一旦罹患肿瘤，早期筛查、早诊早治也能提高生存和治愈率，显著提高肿瘤患者的生存质量。但事实上，公众对于包括肿瘤早期筛查等在内的健康体检所知甚少。尽管健康体检已相当普遍，但这些体检缺乏针对性，公众对于怎样结合自身的身体状况选择体检项目缺乏意识，也缺乏获取体检知识的渠道。

另一方面，健康素养不足导致部分患者受到虚假宣传的影响。社会上充斥着部分民营医疗机构和保健品企业对其服务和产品的过度、虚假宣传。这些宣传经过百度搜索引擎的放大，成为患者获取医疗知识的主要渠道。这种情况不仅严重损害了患者的经济利益，加剧了患者的焦虑，且使很多患者延误了治疗时机，或者选择了错误的治疗方式，损害了患者的身体健康，甚至危及生命。仍以体检为例，由于检出能力的提高，再加诸商业体检机构对“甲状腺体检套餐”的大力推广，近年来“甲状腺结节”的检出率居高不下。公众一度陷入“不食加碘盐”的误区。但事实情况是，绝大部分甲状腺结节不需要任何治疗手段，但仍有不少人因为过度担心要求手术切除，带来不必要的经济、心理和生理负担。

此外，随着经济的发展和老年人口的增加，广大老年人成为医疗保健消费的主体，也因此而成为电视虚假广告的主要欺骗对象。近期，媒体爆出“神医刘洪斌”① 事件，发现类似的“专家演员”在各地方电视台十分普遍，一些卫视也参与其中。各种虚假宣传伪装成健康教育，借助“电视”这一相对“权威”“正规”的信息发布渠道进行推广，对广大中老年人形成误导。

---

① 三年9个身份：“专家刘洪斌”反复推销神药，节目多次被查处.（2017-06-21）[2018-06-20]. http://www.thepaper.cn/newsDetail_forward_1713920.

（5）农民工的职业病和传染病未引起足够重视，正在成为日益严重的疾病负担和社会问题。

目前我国农民工至少面临三个方面的健康风险：一是职业病风险，其中由粉尘污染造成的尘肺病，以及苯中毒引起的相关疾病是危害最大的两类职业病，这两类都是危及生命的重大疾病，患者既失去了劳动能力，也面临沉重的疾病负担。二是性传染病，在农民工群体中普遍存在“临时夫妻”或者多个性伴侣的情况，因此感染性病的概率较高，且在农民工流动的过程中会将性病带回农村或带到其他地方，造成了性传染病的大肆传播。尽管这两方面的情况都缺乏全国性的权威数据，但是从媒体报道和地区调查来看，问题已经非常严重。三是结核病风险较大。农民工是结核病的高发人群。目前，我国依然是结核病大国。结核病病人数量占全球结核病患者的 11%，耐多药结核患者有 5.2 万人，其疾病负担位于全球第二位。

南开大学风险管理与保险系提供的数据显示，流动人口平均住院支出为 8 754.26 元，平均自付费用为 5 412.52 元，自付比达到 61.93%。1.23%的流动人口平均医疗费用超过了 75 000 元，这一比例远高于 0.4%的平均大病发生率。而根据《2015 年国民经济和社会发展统计公报》和《2014 年全国流动人口卫生计生动态监测调查》，截至 2015 年底，中国流动人口达到 2.47 亿人，而月收入低于 2 000 元的低收入人群占比 25.17%，约为 6 368 万人。按此标准计算，我国流动人口中因病致贫人数约为 300 万人①。

二、健康服务问题的原因分析

（1）医疗保障和健康扶贫的设计还不完善，对患者家庭的社会支持网络缺乏，共同导致对大病风险的保障不够。

一是尽管现有的医疗保险制度设计已经越来越倾向于大病保障，但是其防范大病风险的能力仍旧非常有限。《医保目录》设计缺乏对大病患者特

① 朱铭来. 因病致贫人群精准保障的分析与思考. 中国劳动保障报，2016-09-27.

殊用药需求的考虑，这直接导致后续针对大病救济设计的城乡居民大病保障制度救济乏力。城乡居民大病保障的资金来源于基本医保基金，而城乡居民基本医保基金基本上保持在收支平衡、略有结余以防风险的状态，实质上可以用于大病救济的资金非常有限。资金的来源决定资金的使用方式，即大病医保报销的范围必须和基本医保保持一致，都在《医保目录》范围内进行。大病医保的保障思路是在政策范围内提高报销比例，这对患者来说诚然已有帮助，但究竟能帮助其分担多少风险，取决于其所患疾病花费与《医保目录》究竟有多大交集。值得注意的是，对大病患者来说，交集的范围是随着疾病阶段、其所接受治疗的地域等原因不断变化的。就以白血病患者使用抗菌药为例，由于患者病程长，治疗所需的抗菌治疗时间亦长，患者自身的耐药性也越来越强，因此使用的抗菌药也逐步从目录内扩展到目录外。如果《医保目录》只考虑“保基本”，就会只考虑绝大部分疾病所需的药品，因为进口抗菌药、特别是使用人数较少的抗菌药显然无法进入“基本”范畴。

此外，医院药品断货等情况也很可能会导致患者自付比例变高。有不少患者向研究者反应，由于医院药品断供，不得已必须在院外药店购药，但费用无法报销。以白血病病人化疗使用的高三尖杉酯碱为例，医院断供且全国范围内缺货，患者只能辗转到北京购买一盒价格近4 000元的高价药，费用全由患者自行承担。这主要是因为基本医保和大病保险报销限定在“政策范围内”，也即人社部和地方卫生计生委分别制定的药品报销目录内。实际上，很多大病的用药都超出药品报销目录，尤其是高价治疗必需药物。各地“健康扶贫”摸排数据显示，尽管有大病保险，大病患者所能获得的报销只占实际医疗支出的40%～50%。

二是“健康扶贫”对于解决“因病致贫”问题仍有很大局限。从全国“健康扶贫”先进经验来看，“健康扶贫”的主要思路是各地财政和国有保险企业出资，“政策范围”内外“双管齐下”，一方面在大病保险的基础上再提高政策范围内的报销比例，另一方面无条件地报销个人自付部分。通过这种方式，患者的个人自付比例被严格地控制在5%以内。这是“因病致贫”患者和家庭的福音。但问题在于，“健康扶贫”只能对已经因为疾病陷入贫困的患者和家庭提供救助，而“贫困”有一条标准线。一些脆弱程度与贫困户相当，但尚未达到标准的患者和家庭就无法得到救助。而在农村之外，广大城市地区还有大量脆弱程度相当的流动人口也无法获得救助。

更重要的是，“健康扶贫”毕竟只是一种事后救济，只能等着患者和其家庭坠入泥潭后再行打捞。由于效率较低，成本更高，中产家庭因病致贫的事例屡见不鲜，大病致贫的焦虑广泛存在。

即便只考虑“健康扶贫”救助的人群，这项救助制度亦有待完善。研究者在江西赣州调研发现，目前患者只能在县域内实现一站式结算，如果到市区看病，就按照跨医保统筹地区就医结算。而需要到县域外诊疗的疾病，也通常更为复杂，费用更高，需要垫付大笔资金，贫困患者家庭举债看病的窘境仍未得到有效缓解。

三是在社会支持网络上，由于缺乏社会化的护理体系，家庭中的劳动力经常需要放弃工作照顾患者，这在就业机会较少的中西部农村地区就会造成并非因为家庭医疗支出增加，而是因为家庭收入减少导致的贫困。

(2) 医疗、医药、医保的三医联动尚未完全形成，医疗保险还不能充分发挥应有的调控作用，而且跟现有的医药行政管理存在冲突。

长期以来，公立医院的薪酬结构和医疗服务价格都是沿袭计划经济时期的规定，因此形成了“以药养医”的局面。破除“以药养医”是公立医院改革的重要内容，也是新医改的重要内容。新医改对此的战略是“腾笼换鸟”，国务院医改办进一步提出了“腾空间、调结构、保衔接”的步骤。改革首先是“腾空间”，即“通过降低药品耗材费用和加强成本控制，留出空间用于调整医疗服务价格”；接下来，逐步提高医疗服务的价格，药品耗材收入和服务收入此消彼长；最后，还要加强医疗服务价格、医保支付、医疗控费、分级诊疗等政策的统筹衔接。最终希望实现的目标是：既形成合理的医疗服务价格，又没有给医保带来过大压力，更没有给人民群众增加医疗负担。

在上述路径中，“腾空间”，或者说降低药品和耗材费用是第一步。自新医改启动以来，降低药品价格一直采用的是行政手段，在医药领域施行的是“基本药物制度”，然而从数据来看，这方面的改革并不尽如人意。结合表 5-1 和表 5-2 的数据可知，基层医疗机构在经历了医改初期药费占比下降后，2012 年以后的情况相对稳定，而且药费占比下降的空间非常有限；尽管公立医院无论在门诊还是住院费用中，药费占比都在持续下降，但是其下降的幅度并不大，且绝对值仍在上升，因此并没有达到“腾空间”以提高医疗服务价格的目标。

表 5-1　　公立医院服务费用情况

年份	次均门诊费用		人均住院费用	
	费用额（元）	药费占比（%）	费用额（元）	药费占比（%）
2010	167.3	48.5	6 415.9	43.4
2011	180.2	51.5	6 909.9	42.2
2012	193.4	51.3	7 325.1	41.3
2013	207.9	50.2	7 860.2	39.7
2014	221.6	49.3	8 290.5	38.4
2015	235.2	48.3	8 833.0	36.9

表 5-2　　基层医疗机构服务费用情况

年份	社区卫生服务中心				乡镇卫生院			
	次均门诊费（元）	药费占比（%）	人均住院费（元）	药费占比（%）	次均门诊费（元）	药费占比（%）	人均住院费（元）	药费占比（%）
2010	82.8	70.9	2 357.6	49.3	47.5	60.4	1 004.6	52.9
2011	81.5	67.4	2 315.1	45.8	47.5	53.3	1 051.3	46.8
2012	84.6	69.1	2 417.9	46.5	49.2	54.8	1 140.7	48.2
2013	86.5	68.7	2 482.7	45.5	52.7	54.5	1 267.0	46.8
2014	92.3	68.7	2 635.2	44.1	56.9	54.3	1 382.9	45.8
2015	97.7	68.9	2 760.6	43.1	60.1	54.2	1 487.4	45.4

再单独回顾历年的药品费用情况。由图 5-7 和表 5-3 可知，从 2010 年到 2013 年，药品费用上涨迅速。尽管 2014 年这一上涨趋势有所减缓，但是降低药品费用的目标显然没有实现。此外，尽管 2014 年医疗机构的药品费用涨幅不大，但是零售药品费用的绝对值和比例都保持着快速上升的趋势，无论背后的原因是什么，其结果都是导致药品的总费用没有得到有效控制，从而在此基础上的一系列其他改革都难以实施。

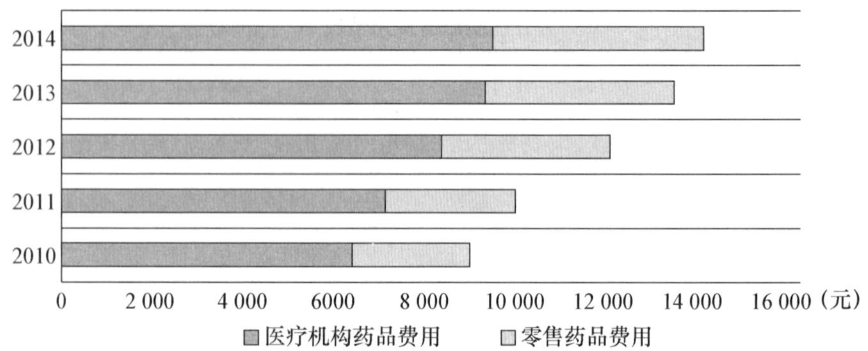

图5-7　历年药品费用构成

表5-3　　　　　　　　　　历年药品费用情况

	2010	2011	2012	2013	2014
药品总费用（亿元）	8 835.9	9 826.2	11 860.5	13 307.7	13 925.0
人均药品费用（元）	658.9	729.3	875.9	978.0	1 018.0
药品费用占卫生总费用（%）	41.6	38.4	40.4	39.8	37.8

从上述数据可知，单靠基本药物零差率销售、基本药物省级招标采购等行政化手段无法有效降低药品费用，这导致其后的公立医院服务价格和薪酬制度改革无法有效开展。而出现这一情况的根本原因在于，“基本药物制度”和近两年推行的“两票制”改革，违背了市场规律：在市场经济的大环境下，合理的交易价格能且只能通过充分的市场竞争形成，政府对医疗机构药品采购价的行政干预必然破坏正常的市场竞争，倒逼药品生产经营企业不得不开展“高定价、大回扣”的隐性交易竞争，导致价格信号的失真。十多年来，我国有关政府部门以“集中采购”的名义干预公立医疗机构药品采购价格，其结果是价格虚高与虚低并存，极其混乱，并反复证明了这一规律。

事实上，我国已经建立了覆盖所有地区和人口的医疗保障制度，且制度设计日趋完善、保障水平逐年提高。医疗保险除了保障参保人群的大病风险外，还是调控医药服务价格和医务人员行为的有效手段。根据国际通行的做法，医保部门作为患者的代理人向医疗机构购买医药服务，理应承担控制医药费用、监督医疗质量的职责。但是，多年以来，我国医保部门仅仅充当了一个“出纳”的角色——筹资和付款。对药价虚高、回扣泛滥、

药物滥用等侵犯患者健康权益、危及患者生命安全、浪费医保经费等现象没有进行有效管理。

(3) 医疗机构改革效果还不够明显，整个医疗卫生体系还不适应目前的社会经济环境。

首先，就基层医疗机构改革而言，过度行政化的倾向使得基层医疗机构的医务人员缺乏工作动力，而且有能力的医务人员流失严重，加重了基层医疗机构能力不足的问题。这进一步导致“首诊在基层”和服务模式从“疾病治疗向健康管理转变”无法实现，基层医疗机构无法承担“健康守门人”的角色。

其次，就公立医院改革而言，薪酬制度、治理结构等尚未理顺，公立医院仍处于过度行政化管理与外部市场环境的夹缝中，扭曲的诊疗行为尚未根本改变。公立医院受制于多部门管理的传统行政制度，虽面临外部市场化环境，但仍不是市场主体，缺乏管理的灵活性。例如，在人事薪酬方面，院长招聘一位医生要受到编制规定、招考制度规定等多方面的限制，甚至考什么也要由地方人事主管部门决定。在新医改以来，虽然多个重量级文件都在强调“管办分开”，实施公立医院的独立法人改革，以及取消编制、多点执业等，但是受到诸多因素的影响，比如对公立医院改革认识不到位、相关利益群体的干扰，以及行政主管部门放权的力度有限等，导致上述改革的推进非常有限。公立医院改革至今未取得实质性进展。

最后，就公立医院和基层医疗机构的关系而言，尽管政府强调“公益性”，禁止“逐利”，强调合作，禁止竞争。但是，在市场经济的大环境下，竞争和逐利不可避免，政府禁止市场化的所有举措并没有消灭或者取消市场化，而是倒逼出了一个“地下市场”。因此，公立医院没有动机与基层医疗机构开展合作；而基层医疗机构的行政化导向使得医务人员没有动力开展服务，其能力不足问题也使得服务不能满足广大人民群众的需要。这导致不同医疗机构在疾病预防、问诊和管理、转诊病人和医疗协调等方面(尤其是非传染疾病的预防和控制领域)无法实现协调配合，越来越多的患者从基层医疗机构流向公立医院。这一模式最直接的后果就是中国在健康管理方面效果不佳。

(4) 行业监管存在混乱现象，民办医疗机构尚未获得与公立医疗机构平等的市场地位，私立医疗机构生存空间有限。

一方面，目前的监管主要是行政主管部门的外部监管，监管体系不完善、手段落后、能力不足，明显滞后于医疗健康市场的发展情况。监管体系不完善体现在多个方面。在医疗机构的设立上，主要体现在针对公立医疗机构向民办医疗机构的改制缺少法律法规依据，导致各地在公立医院混合所有制等改革的过程中总是出现各种各样的问题。在医疗机构运行的过程中，缺乏一套对公立医疗机构科室外包和私立医疗机构诊疗质量、诊疗规范、收费等方面行之有效的监管体系。目前的监管方式仍然以行政审批、定期检查、突击抽查等方式进行，效率较低，对于各项数据的分析使用有限。

此外，民办医疗机构运行过程会因为行政干预存在较大的不确定性。研究者在陕西某市一家改制成功的民营医院调研期间，该院董事长表示，从一开始的收购到申报医疗保险定点机构等一系列环节，很大程度上都要依赖当地卫计局的支持，其最担心的问题就是当地政府换届，主管领导换人。从目前的情况来看，对民办医疗机构的监管主要是在公立医疗机构的监管思路上做减法，但这种做法缺乏针对性。

另一方面，公立医疗机构因为财政、政策等支持，相比民办医疗机构，在人才等资源调度、市场占有上都有绝对且难以逆转的优势。民办机构与公立机构处于非常不平等的竞争地位，大大挤压了民办机构的生存空间。但从供给上看，虽然政府连续增加投入，目前优质的医疗资源供给依然不足，尤其是在讲求就医感受的环境下，民办医疗机构能够并且理应发挥更大的作用。但鉴于强大的公立医疗系统，民办医疗机构的良性发展不仅需要时间，还需要政策的优惠扶持。目前许多民办医疗机构生存艰难，从而走向了“坑蒙拐骗”的发展歧途。研究者在河南、陕西等地调研发现，民办医疗机构在完成收购等前期投入后，在后续运营中常面临融资难题，由于缺乏有相当实力的接盘者，投资者进退两难，对当地政府的信任感也会骤降，实际上也不利于民间投资的持续。

（5）在现有的医疗资源配置中缺乏人口流动的视角，对农民工健康问题的关注非常不足。

农民工的健康问题具有很强的外部性，因此需要通过公共服务予以应对。我国的公共卫生项目分为“基本”和“重大”两类。其中：基本公共卫生项目的重点干预人群是老年人、慢性病患者、儿童以及孕产妇；而重大公共卫生项目主要针对结核病、艾滋病等对社会影响很大的传染病和地方病，以及出生缺陷等针对健康危险因素的干预。然而目前的公共卫生服

务和医疗保障相似，都缺乏人口流动的视角——基本公共卫生项目并未将流动人口作为重点干预对象，重大公共卫生项目也未将尘肺病、苯中毒相关疾病以及性传染病（除艾滋病以外）纳入其中。

在农民工职业病上，目前仍强调职业病的企业主责任，将其当作劳工问题，而非社会问题解决。但这种做法导致职业病患者维权困难，往往无法得到应有的赔偿，也就无从获得昂贵的医疗救治。以尘肺病为例，目前为患病农民工提供救治的主要是公益组织，但这种救治力量微弱，稳定性差，且均为事后救济。农民工作为主要劳动力，一旦罹患尘肺病，就终身丧失了劳动力，整个家庭都会陷入贫困。

事实上，农民工职业病早已超越单个企业，成为普遍存在的社会问题，但对这个群体的数量及治疗、生存状况的调查还十分有限。但可以肯定的是，目前显然无法依靠企业主解决问题。而在性传染病等其他流动人口健康问题上，目前还缺乏详尽全面的调查评估。

三、主要政策建议

针对目前国民健康服务领域存在的短板问题，在“十三五”期间，既要有放眼更长时期的规划，同时也应正视需要在短期内解决的重点问题。

1. 目前发展医疗卫生事业、改善国民健康服务的原则

目前我国的医疗卫生事业，从最宏观、最长远来看是要实现“健康中国”的目标，而从最迫切需要解决的现实问题出发，则是继续探索适合中国的医改路径。因此，目前发展医疗卫生事业、改善国民健康服务短板的原则即集中在这两个方面：

（1）继续推进“大健康”战略，落实《健康中国 2030 规划纲要》，着重强调针对性补缺的“精准健康”战略。

从目前人民群众关注的健康服务短板看，主要是因为医疗卫生及其相关领域的服务碎片化，更深层次的原因是目前的医疗卫生服务体系仍是以某项具体服务为核心，尤其是以疾病治疗为核心，而没有将“以人为本”落到实处。2016 年中共中央、国务院印发了《健康中国 2030 规划纲要》，要求从“大健康”的角度进行全面规划。因此建议在《纲要》的框架下，

从生命历程、健康服务过程、全人群三个宏观角度规划和审视健康服务，以发现短板，并进行针对性补缺。

首先，从全生命历程的角度规划健康服务。老年人口是所有年龄人口中差异性最大的一个群体，健康状况尤其如此，这是因为在生命的前序阶段的行为，都会对后续阶段产生影响，老年人的健康正是其生命历程中各个阶段相关行为累积的结果。因此，“积极老龄化”和“大健康”的概念要求将生命历程视角纳入健康服务的整合中，这既是提高全人群，尤其是老年人健康水平的要求，同时也是未来控制卫生总费用的必要条件。

其次，从全健康服务过程的角度规划健康服务。在预防保健、疾病治疗、康复和护理这三个环节中，健康服务资源的投入重点应该由中间环节向前后两个环节移动。这包括：健康服务的对象由“病人”扩展到所有人群，包括健康人群，尤其要通过“健康管理”提高全人群的健康素养；服务内容也不仅局限于“治病”，而是更多地给健康人群提供预防保健服务，包括健康教育、健康体检、健康咨询等；既然服务面向全部人群，那么服务的场所自然也不应局限在“医疗机构”，被动地提供服务，而应该走向人们生活的“家庭”和“社区”，提供主动服务。

最后，从全人群的角度规划健康服务。要充分认识到经济社会变迁对职业的影响，以及在此基础上不同人群面临的不同的健康风险，以精准定位需求、针对性补缺。比如，日益增多的老年人口最需要的是健康管理，尤其是慢性病管理服务；面对数量庞大的流动人口，应重点考虑其职业病和性传染病风险；跟人口流动相关的留守儿童和流动儿童，应关注他们的营养和心理健康；农村人口、城市服务人员主要面临的健康风险是身体劳损；城市中的中等收入群体，则要重视越来越严重的亚健康状况，甚至“过劳死”。

要实现既覆盖全人群，又精准定位需求的政策目标，其基础性条件是要以居住地（而非户籍地）为基础，建立全民健康档案，利用大数据手段实时记录不同群体的健康状况，在此基础上，对不同人群，有针对性地提供“健康管理”服务。

（2）正确理解和处理“政府”与“市场”的关系，既恢复医疗服务的公益性，又使医疗领域的各个主体能够适应外部的社会环境。

与其他大多数领域一样，中国的医改之路注定是一条绝无仅有的“中国特色”的道路。针对中国新医改争论的核心——“行政化”与“市场化”

问题，我们其实应该这样理解：之所以会出现“看病贵”“看病难”，进而启动全面的新医改，并不是因为医疗领域的市场化，而是市场经济环境与计划经济时期延续下来的行政管控的制度惯性扭曲了医疗机构和药品企业的行为，是一种“行政化＋商品化”的畸形发展。尽管目前评价医改的“行政化”与“市场化”方向孰优孰劣尚为时过早，但是无论选择哪条道路，都不可避免地既要认可医疗服务的公共产品和准公共产品属性，又要面对市场化的外部环境。也就是说，未来更有可能是以某个方向为主的“行政化”与“市场化”的“妥协”，或者说，在医疗体系的不同领域，需要视医疗服务的具体特征，采取不同的资源分配方式。然而悲观的是，目前并没有证据证明已经理顺了行政化与市场化的关系。

综上所述，从政策的角度看，当前三医联动还没有充分取得预期效果的原因在于政府有关部门在市场经济的体制环境下依然以计划经济的思维，通过行政化的手段全面管控公立医疗机构的药品价格，配置医疗服务资源，卫生部门的行政管理与医保购买服务存在严重冲突。但往深处看，诸多与市场经济体制不相符合的政策之所以能够出台并在导致一系列严重问题后依然能够存在甚至得以强化，根源在于我们在认识上陷入了一个误区，即强调医疗服务的公益性，就必须不能市场化、不能竞争，就必须禁止“逐利”。实际上，日本、英国以及我国台湾地区等地的实践早已证明，市场化的逐利机制不但与公益性不冲突、不矛盾，而且是实现公益性的最好途径和方式。更重要的是，任何国家的医药卫生体制都是由国家的经济社会体制所决定的，不可能独立存在。在已经建立市场经济的现实环境下，我国的医药卫生体制必定是市场化的，是逐利的，行政干预取消不了、消灭不了市场化，只会倒逼出地下的隐性市场化，让整个社会付出更大的代价。

因此，要想让三医联动取得更好的效果，必须基于社会主义市场经济体制这一客观现实，尊重客观规律，解放思想，正确处理好政府和市场的关系，既充分发挥市场机制的决定性作用又更好发挥政府作用。具体而言，在药品供应体系方面，必须避免行政定价导致的价格垄断和腐败，杜绝任何政府部门以任何理由干预医疗机构的药品采购价格，实施政府只管药品医保支付价（非医保药品只管零售价）并动态调整的政策，建立降低药品采购成本收益归医疗机构的机制，促进医疗机构主动降低药品采购价格，为药品生产经营企业开展公开、公正、公平的市场竞争创造良好的政策环境；在医疗方面，应建立竞争性的医疗服务体系和医生自由执业制度，鼓励社会办医，打破医疗的行政垄断，鼓励各医疗机构开展公平合理的竞争，让患者能有所选择，依靠竞争促进医院改进管理和服务，激励医护人员不断提高医疗质量和效率，实现医生队伍的优胜劣汰，让医生在市场竞争中获得与自身劳动相匹配的薪酬待遇；在医保方面，除筹资外，重点应承担患者代理人的职能，花大力气推动与市场经济体制相适应的“竞争性的药品供应体系”和“竞争性的医疗服务体系”的建立，为自身履行控制医药费用、监督医疗质量的职责创造必要的外部环境。

2. 现阶段完善健康服务短板的重点改革建议

第一，完善医疗保障制度，实现以医疗保险为基础的真正的“三医联动”。一方面改变原有的行政干预思路，充分发挥医保在控制医生行为和药品价格方面的基础性作用；另一方面，使医保更好发挥对弱势群体的风险保护作用，阻断贫病恶性循环。针对后者：一是继续深化医保报销制度改革，可以考虑建立全国性的医疗救助周转基金，垫付贫困人口大病支出。二是转变对医院的支付方式，放弃之前的按服务收费模式，而采用按人头费或按病种精确计算的总额预付配合按效果支付的混合支付模式。三是统筹资金做好健康扶贫工作。首先考虑将健康扶贫关口前移，避免在患病家庭陷入贫困后才能接受事后救济；其次要建立以社区为基础的社会支持网络，尤其在农村鼓励以政府扶持和互助合作的形式解决社区大病患者的医疗护理问题。

第二，建立竞争性的家庭医生制度，落实分级诊疗建设。一是继续为基层医疗机构提供资金支持和人才支持。长期以来，基层医疗机构服务能力弱是制约分级诊疗的重要因素之一。没有好的基层医务人员，基层医疗机构就无法承接下沉的患者，分级诊疗就无法实现。二是建立竞争性的家庭医生制度。在人口老化和慢性病高发的背景下，家庭医生应该承担“健康守门人”的角色。在其他国家的实践中，家庭医生团队的收入是由其签约家庭的数量决定的，这不仅使其有动力通过更好的服务吸引更多家庭签约，而且将决定权交予服务对象的手中，使其服务更加契合服务对象的需要。因此“竞争性”是家庭医生制度的必要前提，也是走出目前“看病难”和“健康管理缺乏”困境的突破口。

第三，加强行业监管，将行业内部监管、患者组织外部监管、政府主管部门行政监管三者相结合。除了完善政府部门的行政监管外，还要向医生团体放权，形成真正的职业自治性质的医生协会，以及鼓励患者自组织

的发展，形成一个全面综合的监管体系。此外，独立的医生行业协会和患者自组织在传播正确的健康知识方面可以发挥重要作用：一方面医生行业协会可以成为最权威的健康知识发布者；另一方面，在专业引导下建立的患者组织也是学习正确健康知识的载体，这方面很多地区已经有成熟经验。

第四，营造民营和公立医疗机构合理分工、公平竞争的市场环境。理顺“政府主导”与“市场调节”的关系，改革不利于医疗卫生事业发展的行政束缚，优化民间资本办医的环境，包括取消公立医疗机构的人员编制审核制、给医疗机构更大的经营自主权等。同时采取更为有力的措施支持民间资本办医，创造公平的竞争环境，以满足人民群众日益多样化的健康服务需求。

第五，将对待农民工健康风险的视角由劳工视角改为社会视角，以常住人口（而非户籍人口）为基础规划医疗卫生资源。通过医疗保障、公共卫生项目、劳工保护等，多管齐下，缓解农民工的健康问题。除了完善重大职业病的医疗保障之外，将尘肺病和苯中毒相关疾病这两项容易诊断且后果严重的职业病纳入重大公共卫生项目进行干预；同时将流动人口作为基本公共卫生服务的重点干预对象，进行生殖健康管理；此外还要加强对农民工工作环境的监督，改善农民工的居住环境，预防结核病等重大传染病的暴发。

第六章 健全养老服务体系

老龄工作是我们党历来高度重视的一项工作。党的十八大以来，党的一系列重要文件中均对应对人口老龄化、加快建设社会养老服务体系、发展养老服务产业等提出了明确要求。2017 年 10 月，党的十九大报告中进一步提出了“积极应对人口老龄化，构建养老、孝老、敬老政策体系和社会环境，推进医养结合，加快老龄事业和产业发展”的要求，为新时代中国养老服务事业发展指明了方向。

通过各地区各部门的不懈努力，我国在满足老年人需求、提高获得感、全面应对人口老龄化方面取得了长足的进步，初步形成了以居家养老为基础、社区养老为依托、机构养老为补充的社会养老服务体系。各地在探索医养结合、建立长期照护保险制度等方面积累了不少经验，逐渐形成一些具有中国特色的模式。但在取得成绩的同时，当前养老服务领域仍然存在着很多突出的问题。本章旨在围绕家庭、市场和政府三方主体面临的养老难、经营难和管理难问题，从人口因素、文化因素、经济因素和制度因素等多种角度分析问题原因，并尝试在此基础上提出对策建议。

一、我国养老服务领域发展现状

按照服务提供者分类，养老服务模式可分为“家庭养老”和“社会养老”；按照服务提供地点分类，养老服务模式可分为“居家养老”“社区养老”和“机构养老”。发展和选择何种养老模式是由文化传统、政策制度以及社会经济发展程度等多方面影响因素共同决定的。经过多年探索，我国的养老服务模式正经历着由一元走向多元的变迁，各地区出现了许多重要的养老服务模式创新。例如，北京、上海和苏州等东部发达城市，已基本建立了全方位、多层次的社区照料服务体系。其他地区也结合当地文化和养老资源，因地制宜探索出特色养老服务模式。如云南、江西等地对空巢老人开展的特护关怀，青岛、杭州、马鞍山等地发展的“医养结合”新模式，河北等地建立的养老服务信息网络平台，南京市推出公益养老模式，以及江苏、天津等地推出的“智能养老社区”等。尽管如此，我国养老服务领域仍然面临着三大难题：家庭“养老难”、市场“经营难”和政府“管理难”。下面将分别围绕这三大难题分析其中的具体问题。

（一）家庭面临的“养老难”现状

在中国的传统文化中，“养儿防老”体现了养孩子在抵御养老风险方面的价值①，子女在父母晚年生活中的作用十分显著②。从我国目前提出的“9073”或“9064”养老格局来看，90%的老年人都将采用居家养老，6%～7%的老年人将在社区养老，还有3%～4%的老年人将在机构养老，这表明绝大部分老年人将在自己熟悉的居家环境中度过老年期。然而，随着生育率的逐渐下降，我国的家庭规模正在不断缩小，家庭结构趋于核心化③。尤

① 李建民．中国农村计划生育夫妇养老问题及其社会养老保障机制研究．中国人口科学，2004（3）．

② 杨菊华，陈志光．老年绝对经济贫困的影响因素：一个定量和定性分析．人口研究，2010（5）．

③ 胡亮．由传统到现代：中国家庭结构变迁特点及原因分析．西北人口，2004（2）．

其是当独生子女一代陆续进入婚育年龄，越来越多的“4-2-1”家庭开始出现，1 对夫妻往往要承担 1 个孩子和 4 位长辈的抚养责任。这类家庭的普及，使得家庭的养老功能出现明显弱化，传统的家庭养老模式受到了极大的挑战。

面对这样的挑战，我国开始探索建立社会化养老服务体系。2011 年发布的《社会养老服务体系建设规划（2011—2015 年）》中明确提出要突出社会力量参与养老服务发展，建立以“居家为基础、社区为依托、机构为支撑的社会养老服务体系”。该服务体系从提出到现在已经经历了长达 6 年的发展时间，尽管政府和市场在政策和资金投入方面都不少，但老年人获得感不强①。根据中国人民大学中国调查与数据中心 2017 年在全国范围内进行的“发展获得感及民生问题满意度调查”，在接受调查的2 394名受访者中，约三分之一的受访者对自己未来的养老问题表示出不同程度的担心。其中，有 14.7%的受访者非常担心自己将来的养老问题，有 20.2%表示比较担心。此外，还有 12.1%表示说不清担不担心。这一结果显示出老百姓对于自己选择何种养老方式还具有较强的不确定性，而这种不确定正体现了现有养老服务发展的不足。

社区居家养老②发展滞后，无法满足老年人在家养老的需求。相比机构养老，社区居家养老发展起步晚，无论是从服务的专业性还是规范性来看，其发展明显落后于机构养老服务。尽管在出台的各种政策文件中，对社区居家养老服务的内容做出了较为全面的规划，但在实际开展中却存在着服务项目不齐全、服务层次偏低、服务信息不对称、服务质量和服务数量都远远滞后于老年人的需求等问题。现有服务主要以家政服务为主，如买菜、打扫卫生等，聚焦于老年人最基本的物质生活③。根据 2014 年中国老年社会追踪调查④数据（见图 6-1），在社区居住的老年人接受过的服务中，比

① 甄炳亮．养老服务供给侧改革方向和重点．中国社会报，2016-09-12.

② 居家养老服务是指以家庭为基础，以社区为依托开展的养老服务。往往依托于社区照料机构提供上门服务，因此和社区养老密不可分。为了避免重复，在本部分将居家养老和社区养老合并为社区居家养老进行分析。

③ 张岩松，等．社会养老服务体系建设研究．大连：东北财经大学出版社，2016.

④ 中国老年社会追踪调查（China Longitudinal Aging Social Survey，CLASS）是一个全国性、连续性的大型社会调查项目。分别于 2011 年和 2012 年进行了两次试调查，2014 年开展了第一次全国范围的基线调查，以后每两年追踪一次。基于多阶分层 PPS（概率比例规模抽样）随机抽样，2014 年调查共完成的居民问卷为 11 511 份。

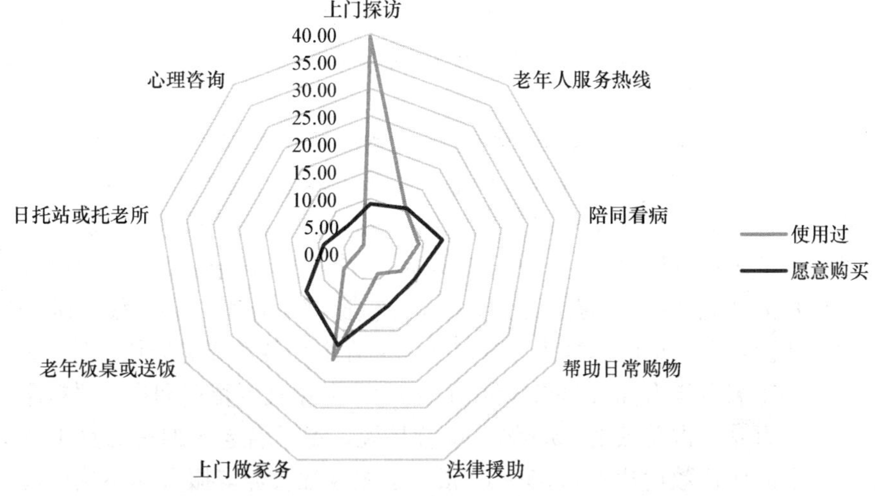

图 6-1　老年人社区居家养老服务利用情况

资料来源：根据中国老年社会追踪调查 2014 年数据计算得到。

例排在前三位的分别是上门探访（39.5%）、上门做家务（20.7%）和老年人服务热线（10.4%），而排名后三位的分别是法律援助（4.0%）、日托站或托老所（2.1%）和心理咨询（1.9%）。然而，在老年人愿意购买的服务中，排名前三位的分别为上门做家务（17.8%）、老年饭桌或送饭（13.9%）和陪同看病（13.6），而上门探访的比例仅为 9.0%，排在倒数第三。两者相比可知，老年人接受的社区居家养老服务主要是以探访、家政服务等简单服务为主，而使用比例很低的送餐服务、陪同看病服务等反而是老年人更愿意购买的服务。这种供需的不对等既反映出当前我国社区居家养老服务发展仍处于初级阶段，在专业服务方面相当缺乏，同时也反映出现有的服务提供者对老年人的需求认知还比较滞后，认为老年人的养老需求还只停留在“老有所养”的基础层面。事实上，随着老年人受教育程度和生活水平的提高，生理和安全需求得到满足之后，老年人的需求层次也会不断提高，开始追求“老有所乐、老有所为”等精神上和自我实现方面的满足。与此同时，人口预期寿命与健康预期寿命并不是以相同的速度在提高。科学技术、医疗水平的提高使寿命延长的同时也延长了带残年限，因此老年人“老有所医”的需求日益突出。慢性病管理、健康监测、上门护理、上门看病等健康护理类服务将成为越来越多失能或半失能老人、高龄老人等特殊群体的主要需求，而现有的社区居家养老服务无法满足老年人的这些需求，导致很多老年人身体功能出现问题时不得不离开自己的居住环境，向养老院寻求帮助。

在选择养老院时，家庭也面临着养老服务机构数量不足、机构服务与需求错位、缺乏信息获得渠道等问题。首先，养老服务机构供给的总体数量不足是老年人选择机构养老面临的第一大问题。根据民政部和发改委印发的《民政事业发展第十三个五年规划》，到 2020 年每千名老年人口拥有养老床位数需达到 35～40 张，其中护理型床位比例不低于 30%。截止到 2016 年底，我国注册登记的养老服务机构有 2.9 万个，各类养老床位合计 730.2 万张（每千名老年人拥有养老床位 31.6 张），其中社区留宿和日间照料床位为 332.9 万张，占总数的 45.6%。也就是说，每千名老人拥有的真正意义上的养老院床位数远达不到 35～40 张。按照《社会养老服务体系建设规划（2011—2015 年）》中对机构养老的定位，其服务对象主要为失能、半失能老年人。而根据第四次中国城乡老年人生活状况抽样调查结果，我国失能、半失能老年人大致为 4 063 万人。相比现有的养老床位数，养老床位的缺口仍然非常大。其次，有意思的是，尽管床位数远远少于失能老人数，但养老机构仍有床位空闲，农村养老机构入住率不足 82%，城镇养老机构的入住率不足 62%①。这就是老年人选择机构养老时面临的第二大问题，即养老服务机构供给与老年人的实际需求错位。目前我国养老服务市场上处于两端的高端养老机构和设施简陋的低端养老机构较多，而真正符合大多数老年人需求的中端养老机构所占比例小，呈现出两头大、中间小的“哑铃状”②，导致大量老年人在选择养老机构时面临高价格和低质量的两难选择，其真正的入住需求无法得到满足。而按照国外养老市场发展情况来看，养老机构市场应该呈橄榄形，即处于两头的高端和低端市场分别占比 10%，中间的中端市场占比 80%左右。除了价格定位不准的问题，我国养老机构还存在分类不够细致且服务类型偏重于提供日常生活照料和综合性服务，以护理康复、临终关怀服务为主的机构类型还非常稀缺的问题，而这些正是失能、半失能老年人最急需的服务类型。最后，由于市场发育不成熟，老百姓在有入住养老机构需求时，缺乏信息获取的有效途径，很难全面掌

① 张盈华，闫江．中国养老服务现状、问题与公共政策选择．当代经济管理，2015 (1).

② 吴玉韶，王莉莉，孔伟，等．中国养老机构发展研究．老龄科学研究，2015 (8).

握养老机构的信息，导致需求产生时不知道去哪里找合适的养老机构，更谈不上对不同养老机构进行综合比较以做出最优选择。

除了上述两大问题，不同家庭之间还存在着养老服务使用不平等问题。研究发现，社区居家养老服务利用情况呈现出亲知识分子、亲高收入群体和亲社会资本的倾向①。受教育程度高、经济状况好、人际交往丰富的老年人，信息获取渠道更广，使用和购买养老服务的能力、意识更强，机会更多②，因此他们对社区居家养老服务的利用情况明显高于在这些方面处于弱势地位的老年人。机构养老也存在着同样的问题，虽然公办养老机构建立的初衷是“保基本、保困难、兜底线”，但在实践中却偏离了这一定位，没有做到“雪中送炭”，而是为一些生活条件不错的老年人“锦上添花”③。好一点的民办养老院为了保证服务质量收费往往较高，只有高收入家庭的老年人才负担得起，无意之间就将中等收入，尤其是低收入老年人排除在外。可见，目前我国养老服务仍然属于一种高消费行为，与大多数老年人的低支付能力形成了矛盾④，导致服务使用的不平等。

另一大不平等就是城乡之间的养老服务使用不平等⑤。由于社会历史原因，我国城乡老年人的养老方式和养老资源存在诸多差异。农村社会养老服务建设相对城市而言更为滞后⑥。农村老年人面临着经济状况较差、公共服务设施短缺、社会力量进入意愿较低、市场化程度发展不足等多种问题。在农村社会保障体系还不完善的背景下，村集体和政府在老人生活照料方面的作用相当有限⑦。由国家财政投资建设的农村敬老院无论是硬件还是软件条件都很差，导致床位闲置率较高。农村养老机构存在数量少、人员缺

① 杜鹏，王永梅．中国老年人社会养老服务利用的影响因素．人口研究，2017（3）．

② 徐雷，余龙．社会经济地位与老年健康：基于（CGSS）2013数据的实证分析．统计与信息论坛，2016（3）；杜鹏，王永梅．中国老年人社会养老服务利用的影响因素．人口研究，2017（3）．

③ 辜胜阻，吴华君，曹冬梅．构建科学合理养老服务体系的战略思考与建议．人口研究，2017（1）．

④ 林宝．养老服务业“低水平均衡陷阱”与政策支持．新疆师范大学学报（哲学社会科学版），2017（1）．

⑤ 丁志宏，王莉莉．我国社区居家养老服务均等化研究．人口学刊，2011（5）．

⑥ 黄俊辉，李放．农村养老服务研究的现状与进展：基于2001—2011年的国内文献．西北人口，2012（6）．

⑦ 高胜恩．浅议转型社会中的农村养老问题：山西永济市孙李村养老情况调查．经济问题，2000（12）；李春艳，贺聪志．农村留守老人的政府支持研究．中国农业大学学报（社会科学版），2010（1）．

乏、资金紧张、管理水平落后的问题，需要在规模、体制、队伍等方面加强建设，更好地满足农村社会化养老的需求①。

（二）市场面临的“经营难”现状

从养老机构的整体运营情况来看，运营状况不容乐观，呈现出明显的投资收益期长、利润较低的特点。根据中国老龄科研中心2014年在全国十二个城市开展的养老机构专题问卷调查②（下称“十二城市调查”），32.5%被访养老机构的运营状况为亏损，48.1%的被访养老机构收入与成本基本持平，只有19.4%的被访机构有盈余。在有盈余的养老机构中，利润率在3%以下的养老机构占到一半以上（56.2%），而利润率高于10%的养老机构比例仅为1.5%。尤其对民办养老机构来说，从建立伊始就需要面对资金筹措、场地租赁、人员雇佣等多方面的巨额成本，实际运行过程中更是面临着多重的困难。

一方面，各地养老服务市场普遍面临供给与需求不匹配的结构性失衡，“一床难求”与床位闲置并存。由于公办养老机构硬件设施和服务质量好、收费较低，形成门庭若市、“一床难求”的局面。另一方面，大部分民办养老机构依靠收取入住老年人的服务费来维持日常运营，尽管一些中高档民办养老机构硬件软件都达到了较高的标准且床位富余，但价格偏高，超过了大多数老年人的经济承受范围而导致床位闲置。根据“十二城市调查”数据，被访民办养老机构的收费标准明显高于被访公办养老机构。如表6-1所示，被访养老机构的平均收费为2 134元/月，公办养老机构为1 919元/月，低于平均水平，而民办养老机构收费标准基本等于或大于平均水平。当年我国企业退休人员的基本养老金平均为2 061元/月，仅勉强可以承受公办养老院的价格。尽管目前国家对民办养老院有一定的政策优惠，但扶持优惠政策较为有限，并且针对性不强，作用效果不够明显，存在着重建设轻运营、重设施轻服务的现象，使得社会资本进入养老服务业

① 王洪娜. 山东农村老人入住社会养老机构的意愿与需求分析. 东岳论丛，2011（9）.

② 此次调查范围覆盖天津、哈尔滨、重庆、南宁、济南、太原、南昌、武汉、长沙、昆明、兰州、福州等12个城市。针对城市养老机构的主要发展现状进行了养老机构的专题问卷调查与座谈，共获得有效问卷样本257份。

的动力不足。很多民办养老院不得不通过压低员工工资、降低服务标准、减少服务数量的办法来缩减运营开支，而这样又进一步影响其服务质量，形成“成本高—降低服务质量和数量—制约发展—亏损—倒闭”的恶性链条。可见，民办养老院在发展过程中，一方面要面对与国家福利性养老机构的竞争，而在财税优惠补贴政策不平等的情况下，民营养老机构很难与公办养老机构进行公平竞争；另一方面，还需要面对老年人购买养老机构服务的整体能力不足的问题，在高成本和低入住率之间左右为难。

表 6-1　　被调查机构的服务收费情况　　单位：元/月

	总体情况	公办机构	民办非营利机构	民办营利机构
床位费	883	731	939	846
护理费	743	766	722	711
餐费	510	467	524	537
平均收费	2 134	1 919	2 201	2 133

资料来源：吴玉韶，王莉莉，孔伟，等. 中国养老机构发展研究. 老龄科学研究，2015（8）.

养老机构面临的另一大难题就是养老服务人才紧缺。我国的养老服务人才对应老年人口的比例非常低。根据日本 2013 年的《老龄社会白皮书》，2012 年日本全国社会福利士及护理福利士资格登记人数约为 109 万人，65 岁以上的老年人口数量为 3 079 万人。我国目前仅有 100 万养老服务人员，而 65 岁及以上的老年人口数量却高达15 831万人。可见，我国养老服务市场的发展对人才的需求巨大。按照民政部门人才“十三五”规划，2020 年我国养老服务人才要达到 600 万人，不仅需要大量基层专业服务人员，如护理人员、康复人员、社会工作者等，而且需要一定数量的有一定专业背景的中高层管理人员。然而，我国养老服务人才普遍面临“学历低”“专业水平低”“薪酬待遇低”和“社会地位低”的“四低”现状，护理人员总量与老龄社会需求量相差甚大，农村和基层护理人员短缺更为严重。根据民政部门统计，当前全国各类养老服务人员共约 100 万人，其中三分之二的人员是初中及以下文化程度，经过专业技能培训的仅有 30 万人左右，获得职业技能资格证书的仅约 10 万人，养老服务高端人才缺口非常显著。

适当的人员流动有利于增强组织效率与活力，但是过度的人员流动则会损害机构的效率。养老服务人员队伍的不稳定与频繁流动是民办养老机构在人员供给方面面临的另外一个重大问题①。一项针对北京民办养老机构的调查显示，在被访的35名护理人员中，有24名护理人员工作年限在1年以下，约占总人数的70%，而工作2年以上的只有4名，约占总人数的11%②。人员的频繁流动增加了用人成本，影响民办养老机构加强人员培训的积极性。

（三）政府面临的“管理难”现状

政府在养老服务领域的管理中存在着政策落实不到位、资金缺口大、服务质量监管不力等问题。从2011年提出《社会养老服务体系建设规划（2011—2015年）》以来，我国政府在养老服务及相关领域出台了大量的政策文件（见表6-2）。尤其是2016年，是我国养老服务业政策出台最多、最密集的一年，据不完全统计，仅中央政府层面的政策就多达19项。从政策的内容来看，涉及的范围由最初的以服务人为主发展到扶持行业发展，并逐渐将医养结合、长期照护、智慧养老等新的领域纳入养老服务发展。从管理的角度来看，政策发展的大方向是简政放权、放管结合、优化服务，着力全面放开养老服务市场、提高服务质量、提高管理水平。可惜的是，尽管出台了大量政策且内容涵盖相对全面，在实际落地的过程中却收效甚微。从上文分析的结果来看，无论是家庭还是市场，其获得感与政府的投入都不成正比。

表6-2　　2011—2017年养老服务领域相关政策汇总（部分）

级别	政策法规	颁布机构	颁布时间
国家法律法规	新修订的《老年人权益保障法》	全国人大常委会	2013
国家政策性文件	《社会养老服务体系建设规划（2011—2015年）》	国务院	2011

① 陈卓颐，陈伟然．我国养老护理员队伍建设现状与对策．长沙民政职业技术学院学报，2009（4）．

② 龙玉其．民办非营利性养老机构护理人员供给困境与反思．社会保障研究，2017（5）．

续前表

级别	政策法规	颁布机构	颁布时间
国家政策性文件	《国家基本公共服务体系“十二五”规划》	国务院	2012
	《关于加快发展养老服务业的若干意见》	国务院	2013
	《关于政府向社会力量购买服务的指导意见》	国务院	2013
	《关于推进医疗卫生与养老服务相结合的指导意见》	国务院	2015
	《关于全面放开养老服务市场提升养老服务质量的若干意见》	国务院	2016
	《关于制定和实施老年人照顾服务项目的意见》	国务院	2017
	《“十三五”国家老龄事业发展和养老体系建设规划》	国务院	2017
部委政策性文件	《关于鼓励和引导民间资本进入养老服务领域的实施意见》	民政部	2012
	《养老机构安全管理》	民政部	2012
	《关于开展公办养老机构改革试点工作的通知》	民政部	2013
	《关于推进养老服务评估工作的指导意见》	民政部	2013
	《关于推进医疗卫生与养老服务相结合的指导意见》	卫计委、民政部、发改委等 9 部门	2013
	《关于开展养老服务业综合改革试点工作的通知》	民政部、发改委	2014
	《关于加强养老服务标准化工作的指导意见》	民政部、国家标准委、商务部等 5 部门	2014
	《关于加快推进养老服务业人才培养的意见》	教育部、民政部等 9 部门	2014
	《关于推进城镇养老服务设施建设工作的通知》	民政部、国土资源部、财政部、住房和城乡建设部 4 部门	2014
	《关于做好政府购买养老服务工作的通知》	财政部、发改委、民政部、全国老龄办	2014

续前表

级别	政策法规	颁布机构	颁布时间
部委政策性文件	《关于民政部门利用福利彩票公益金向社会力量购买服务的指导意见》	民政部	2014
	《关于进一步做好养老服务业发展有关工作的通知》	发改委、民政部、全国老龄办	2015
	《关于鼓励民间资本参与养老服务业发展的实施意见》	民政部、发改委、教育部等 10 部门	2015
	《关于规范养老机构服务收费管理促进养老服务业健康发展的指导意见》	发改委、民政部	2015
	《民政事业发展第十三个五年规划》	民政部、发改委	2016
	《关于中央财政支持开展居家和社区养老服务改革试点工作的通知》	民政部、财政部	2016
	《关于支持整合改造闲置社会资源发展养老服务的通知》	民政部、发改委、教育部等 11 部门	2016
	《关于推进老年宜居环境建设的指导意见》	全国老龄办、发改委等 25 部门	2016
	《关于印发养老服务体系建设中中央补助激励支持实施办法的通知》	发改委、财政部、民政部	2016
	《人力资源社会保障部办公厅关于开展长期护理保险制度试点的指导意见》	人保部	2016
	《养老服务标准体系建设指南》	民政部、国家标准委	2017
	《关于加快推进养老服务业放管服改革的通知》	民政部、发改委、公安部等 13 部门	2017
	《关于印发“十三五”健康老龄化规划的通知》	发改委、教育部、卫计委等 13 部门	2017
	《“十三五”健康老龄化规划重点任务分工》	卫计委	2017

从政府投放的财政性资金总数来看，政府在养老服务业中的投入每年都在增加，从2013年的240亿元增加到2017年的490亿元，5年时间翻了一倍多。根据国家信息中心的测算，“十三五”时期，政府在养老服务领域的投入预计将达到2 908亿元，平均每年投入581.6亿元，年均增长18.2%，高于同期公共财政支出增速。但从资金来源来看，用于养老服务领域的财政性资金主要来自彩票公益金，而公共财政支出所占的比例呈现出逐渐减少的趋势（见表6-3）。以2013年为例，全国公共财政支出中仅不到112亿元用于养老服务业支出，占当年整体财政支出的比重不足1‰。又如，2013年江苏省财政预算用于社会养老服务体系建设的资金为4.3亿元，而当年其财政支出总预算为7 767亿元，用于养老服务领域的公共财政支出仅占到了0.55‰。可见，公共财政中用于养老服务业的规模是极其有限的，而政府承担的养老投资需求超出了财政性资金规模，政府在养老服务体系建设领域常年存在资金缺口，尽管该缺口随着公共财政支出力度的增加和彩票公益金收入的提高在逐年缩小，但根据数据模型测算，“十三五”期间资金缺口合计高达3 014亿元，平均每年缺口为603亿元。

表6-3　　养老服务业的财政性资金规模　　单位：亿元

年份	公共财政支出	彩票公益金			财政性资金总计
		小计	中央福利彩票公益金	地方彩票公益金	
2013	111.8	128.1	12.8	115.3	240
2014	122.4	161.4	16.0	145.4	284
2015	133.4	198.5	20.0	178.5	332
2016	181.3	238.5	24.8	213.7	420
2017	196.6	293.4	30.5	262.9	490
合计	745.5	1 019.9	104.1	915.8	1 766

资料来源：国家信息中心．我国养老服务业的财政性资金投入规模研究．(2015-07-24)［2018-06-20］．http://www.sic.gov.cn/News/459/5000.htm.

此外，政府在发展养老服务业中还存在着“重服务、轻监管，重审批、轻监管，重体制内监管、轻体制外监管”等现象①。尤其是针对社区居家养

① 李万钧．大力发展养老服务业务要正确处理好九大关系．(2017-07-07)［2018-06-20］．http://www.cntheory.com/zydx/2017-07/ccps170707QHLZ.html.

老服务的管理和监督，缺乏国家标准和规范，主要依靠各地零散自发的组织实施①，这就给政府对养老服务质量进行监管和横向评估造成了障碍。还有很多社区养老服务机构未能达到政府标准，没有登记在册②，政府管理起来更加困难。一旦入住的老年人发生意外，很容易产生法律纠纷。

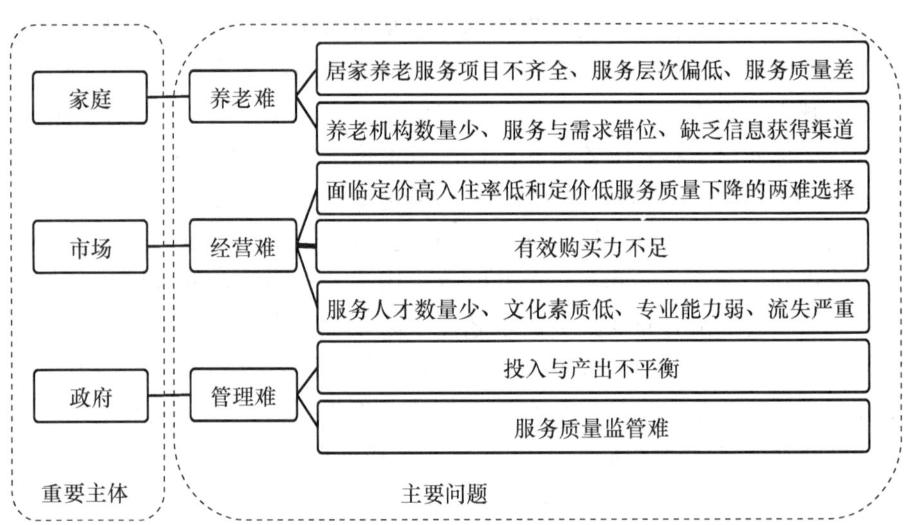

图 6-2　当前养老服务领域存在的主要问题

二、当前养老服务问题的原因分析

造成上述“三难”任意一难的原因都不是唯一的，而是多方面因素共同导致的。例如，民办养老院面临的有效需求不足问题，既与传统的养老观念有关，也与老百姓的购买力有关，还是供需不匹配带来的后果。因此，需要综合、全面地分析问题形成的原因。本部分将着重从人口因素、文化因素、经济因素和制度因素分析成因。

① 张岩松，等．社会养老服务体系建设研究．大连：东北财经大学出版社，2016.

② 金燕颖，刘英侠．中国社区养老服务发展建议．中国市场，2013（23）.

（一）人口因素

人口老龄化是21世纪中国重要的基本国情，也是我国目前大力发展养老服务业的基本背景。我国人口老龄化的基本特征包括老年人口绝对数量大、老龄化速度快、高龄化显著，这些特征也决定了我国养老服务业发展将面临巨大的挑战。

根据国家统计局发布的最新数据，2017年末，我国60周岁及以上人口24 090万人，占总人口的17.3%，其中65周岁及以上人口15 831万人，占总人口的11.4%，老年人口规模占到世界老年人口总量的五分之一，稳居全球第一。据预测，中国老年人口规模在2050年时将达到顶峰，届时中国将有4.8亿老年人①，每三个人中就有一位老年人。庞大的老年人口群体意味着巨大的养老服务需求，而我国养老服务业正式发展起步晚，只经历了不足十年的发展时间，导致服务数量和质量都无法满足如此庞大的老年群体。

不仅如此，我国人口老龄化的速度也非常快。从近四次全国人口普查数据来看（见表6-4），我国65周岁及以上老年人口比例从1982年的4.9%提高到2010年的8.9%只用了28年的时间。与许多发达国家相比，日本65周岁及以上人口比例从4%上升到7%用了50年，美国用了70年，而英国、法国和瑞士等国家经历了近百年②。可见，我国人口老龄化速度之快远远超过了其他国家，这也使得我国养老服务业发展面临的挑战升级，面对集中爆发的养老服务需求，必须在尽可能短的时间内完成从探索建立到完善健全的过程。

表6-4　1982—2010年中国65周岁及以上老年人口数量和比例状况

	1982年	1990年	2000年	2010年
数量（万人）	4 950.2	6 314.6	8 810.2	11 883.4
比例（%）	4.9	5.6	7.0	8.9

资料来源：1982年、1990年和2000年数据，邬沧萍，杜鹏．中国人口老龄化：变化与挑战．北京：中国人口出版社，2006；2010年数据根据第六次人口普查汇总数据计算，国家统计局．中国统计年鉴2011．北京：中国统计出版社，2011.

① United Nations，Department of Economic and Social Affairs，Population Division（2017）. World Population Prospects：The 2017 Revision，custom data acquired via website.

② 曾光霞．中国人口老龄化新特点及影响．重庆大学学报（社会科学版），2014（2）.

我国人口老龄化的第三个特征是高龄化趋势明显。与 2000 年相比，2010 年 60～69 岁老年人口的比例下降了 2.7 个百分点，70～79 岁组的比例变化较小，基本持平，80 岁及以上高龄老年人口的比例则从 2000 年的 9.2%上升到 2010 年的 11.8%，上升了 2.6 个百分点（见表 6－5）。随着生活水平提高、医疗和科学技术的发展，人口平均预期寿命还将不断延长，高龄老年人口占老年人口的比重还将继续增加。不仅如此，高龄老年人口的绝对规模也在不断膨胀，且膨胀的速度远高于全部老年人口规模增加的速度①。与老年人口高龄化相伴随的是高龄老年人患慢性病，并由此导致失能、半失能的概率增大。高龄老年人是生活不能自理的高风险群体②。第六次人口普查数据显示，在生活不能自理的老年人中，80 岁及以上的比例为 41.4%，超过五分之二不能自理的老年人都为高龄老人。因此，长期照护服务、医养结合的养老服务逐渐成为老年群体，尤其是高龄老年群体的迫切需求。而我国现有的养老服务机构主要是由传统的家政服务公司转型而来，所能提供的服务主要是基本的打扫卫生、做饭等简单的生活照料，无法提供高技术含量的护理类服务。

表 6－5　2000 年和 2010 年中国老年人口年龄构成状况　（%）

年份	60～69 岁	70～79 岁	80 岁及以上	合计
2010	56.2	32.0	11.8	100.0
2000	58.9	31.9	9.2	100.0

数据来源：2000 年数据，邬沧萍，杜鹏. 中国人口老龄化：变化与挑战. 北京：中国人口出版社，2006；2010 年数据根据第六次人口普查汇总数据计算，国家统计局. 中国统计年鉴 2011. 北京：中国统计出版社，2011.

随着人口的代际更替，新进入老年期的老年人呈现出许多新的特征，这也对我国的养老服务发展提出了新的挑战。一个显著的变化就是新一代老年人的受教育程度有了明显提高。通过比较最近四次全国人口普查中老年人口的受教育程度可以发现，未上过学的老年人口比例从 1982 年的 79.4%下降到 2010 年的 22.5%，下降了 56.9 个百分点；相应地，小学的比例则从 1982 年的 16.4%上升到 2010 年的 49.7%，上升了 33.3 个百分

① 翟振武，陈佳鞠，李龙. 中国人口老龄化的大趋势、新特点及相应养老政策. 山东大学学报（哲学社会科学版），2016（3）.

② 方黎明，王琬. 中国老年人生活自理能力的基本状况：基于第六次人口普查长表数据的分析. 社会福利（理论版），2013（7）.

点；初中的比例从 1982 年的 3.1%上升到 2010 年的 18.7%，提高了 15.6 个百分点；高中和大专及以上的比例也分别升高了 5.0 个和 3.0 个百分点。老年人口的受教育年限从 1982 年的 1.4 年提高到了 2010 年的 5.9 年。这都是得益于中华人民共和国成立后，大力推进的扫盲工作和积极发展的基础教育，使得 20 世纪五六十年代出生的人口队列较之于中华人民共和国成立前出生的人口队列在教育程度上大为改观①。而受教育程度的提高，极大地改变了这些老年人的生活质量和养老需求。一方面是需求层次的提高，不再仅限于满足温饱，而是有了情感慰藉和自我实现的需求；另一方面是对新技术、新事物的接受度提高，如电脑技术、互联网。根据中国互联网信息中心每年发布的《中国互联网络发展状况统计报告》，60 岁及以上的网民数量在 2007 年仅有 162 万人，到 2017 年时已经达到 3 605 万人，10 年时间数量翻了 22 倍有余，增长非常迅速。通过学习掌握这些新的技术，老年人获取信息的渠道得到了拓宽，对外界信息的了解更为广泛。这些变化对于养老服务机构来说既是挑战也是机遇。

另一个新的特征是伴随着人口流动和家庭规模缩小而日益凸显空巢独居老年家庭现象。根据第六次人口普查数据，我国单身老人户超过1 824万户，占老年人家庭户的 14.8%，这种家庭即为老年独居户，独居户中的老年人在生活照料、精神慰藉等方面往往有更突出的需求。此外，我国只有一对老年夫妇的家庭户超过 2 189 万户，占所有老年人家庭户的 17.8%，老年夫妇户与老年独居户合计占所有老年人家庭户的 32.6%，即人们常说的老年空巢家庭。也就是说 2010 年在我国有老年人的家庭中，老年空巢家庭几乎占了三分之一，说明空巢化、独居化在老年人家庭中日益显著。这些老年人由于缺乏家庭成员及时、便捷的帮助，更需要各种社会化的养老资源给予更有力的支持。

（二）文化因素

文化因素对养老服务业发展的影响主要体现在养老观念、养老服务行业的发展理念以及社会对老年人价值的认识。

---

① 翟振武，陈佳鞠，李龙. 中国人口老龄化的大趋势、新特点及相应养老政策. 山东大学学报（哲学社会科学版），2016（3）.

家庭养老的核心就是子女养老，即由子女主要承担老年人的经济或物质供养、生活照料和精神慰藉①。这种养老观念的形成既受传统儒家思想的影响，也是由中国“反馈模式”的代际关系特征所决定，即甲代抚育乙代，乙代赡养甲代，乙代抚育丙代，丙代又赡养乙代，以此类推②。尽管随着社会经济的发展与养老保障制度的建立，人们依靠子女养老的理念有所改变，但它依然影响着居家养老服务的发展。从老年人的角度来看，养老是子女应尽的义务，这种观念使得我国老年人在心理上仍十分依赖子女，这就导致居家养老服务的使用率偏低，甚至使得部分老年人会排斥使用居家养老服务③。大部分子女也认为赡养父母是自己的责任，认为把父母送到养老机构是不孝的表现。一项研究表明，农村18～44岁青年中有60.8%认为养老问题应该主要由子女负责，即持有“养儿防老”的观念④。这种观念对养老服务的提供者也产生了重要的影响。尽管在我国提出的社会养老服务体系中，居家养老一直是最主要的养老方式，但在实际发展中，无论是重视程度还是投入程度都远远落后于机构养老。此外，老年人崇尚节俭也是影响老年人养老服务需求的重要文化因素；还有部分老年人出于身体状况不佳、不愿给子女增添负担时才会选择机构养老⑤。这两个因素均可能降低养老服务的有效需求⑥。

服务提供者对养老服务的发展理念决定了养老服务的专业化和规范化发展程度。早期的养老服务主要是提供老年人衣、食、住、行所需的生活照料服务。随着物质生活水平的提高，老年人对生活质量的要求也日益提高。对养老服务的需求不再只停留在安全和生理层面，而是提高到情感慰藉和自我实现等更高层次。然而，养老服务机构持有的基本生存观念使得

① 穆光宗. 家庭空巢化过程中的养老问题. 南方人口，2002（1）.

② 费孝通. 家庭结构变动中的老年赡养问题：再论中国家庭结构的变动. 北京大学学报（哲学社会科学版），1983（3）.

③ 丁建定，李薇. 论中国居家养老服务体系建设中的核心问题. 探索，2014（5）.

④ 何兴邦，王学义，周葵. 养儿防老观念和农村青年生育意愿：基于CGSS（2013）的经验证据. 西北人口，2017（2）.

⑤ 褚湜婧，孙鹃娟. 影响城市老年人养老意愿诸因素分析. 南京人口管理干部学院学报，2010（2）.

⑥ 王琼. 城市社区居家养老服务需求及其影响因素：基于全国性的城市老年人口调查数据. 人口研究，2016（1）.

居家养老服务内容仍停留在较低层面的生活照料服务①。这种发展理念还使得居家养老服务提供者的专业性程度较低，服务人员从业门槛较低、素质参差不齐。可以说，基本生存观念降低了居家养老服务的准入门槛，不利于居家养老服务质量的提升和专业化的发展。很多民办养老服务机构为了获得政府的政策优惠，以民办非营利组织的身份进行注册运营，这样的身份使得很多养老机构的负责人错误地认为办养老机构是一种公益事业，对专业性、规范性的要求理所当然就比纯市场化的要求要降低。这样的发展理念严重阻碍了养老服务业的专业化、职业化和规范化发展。

传统的问题视角总是习惯将“老化”视为一种不可避免的生理与心理的衰减与退化，将老年人与依赖、残疾和疾病等各种负面形象联系起来②，认为他们只消耗不产出，相应的养老方式就是被动地接受服务。这些刻板印象不仅会影响老年人口自身的身份认同，同时也会影响社会对老年群体价值的认识③。基于这样消极的老年价值观，养老服务发展到现在仍然是以将老年人“养”起来为核心。但这些理解过于片面，否认了老年人的主动性和创造性。事实上，随着健康状况和受教育程度的不断提高，越来越多的老年人不仅仅满足于生理、安全需求的实现，他们发展出更高的自我实现需求，希望以各种不同的方式积极参与到养老中。因此，现代的养老服务不应该只是满足于“老有所养”“老有所医”等生理层面的“养老”，还应该注重发展“老有所为”“老有所学”和“老有所乐”等精神层面的“养老”。

（三）经济因素

宏观经济发展环境与个体经济状况会对养老服务业的供给和需求产生重要影响。回顾发达国家进入人口老龄化进程时的社会背景，大多是在完成了工业化之后，随着死亡率和生育率的逐步下降，缓慢进入老龄化社会的。因此，它们有足够的时间来发展经济，从而为建立养老服务体系提供

① 丁建定，李薇．论中国居家养老服务体系建设中的核心问题．探索，2014（5）．

② 孙鹃娟，梅陈玉婵，陈华娟．老年学与老有所为：国际视野．北京：中国人民大学出版社，2014．

③ 谢立黎，黄洁瑜．中国老年人身份认同变化及其影响因素研究．人口与经济，2014（1）．

必要的经济支持。而我国是在工业化和城市化的进程中，随着死亡率迅速下降、生育观念转变和计划生育政策的推行，生育率在短时间内下降到较低水平，而迅速进入老龄化社会的。基于这种特殊的国情，我国人口老龄化进程中一个显著的经济上的特征就是“未富先老”。2000 年末，我国 65 岁及以上人口比例达到 7%时，人均 GNP（国民生产总值）为 840 美元，而美国、日本等发达国家老年人口比例达到 7%时，人均 GNP 分别为 1 392 美元（1945 年数据）和 1 940 美元（1970 年数据），远远高于我国进入人口老龄化社会时的经济水平①。“未富先老”的情况使得我国在解决人口老龄化带来的诸多问题时，远远不如“先富后老”具有更多的时间和经济实力，因而导致了社会保障水平低、覆盖不全面、养老服务专业化程度低、养老服务人才稀缺等问题。这一基本国情也决定了中国在发展养老服务初期不可能像北欧福利国家一样由政府作为主要的责任主体提供全面、普遍的养老服务，必须引入社会力量来补充政府在养老服务方面的供给不足。

需求由购买能力和购买意愿两方面构成，没有购买能力的需要并不能构成真正的需求②。因此，老年人的经济状况是影响养老服务需求的重要因素，老年人经济条件相对较差被认为是老年人总体消费能力较低的重要原因。根据民政部 2017 年 3 季度发布的最新数据，我国城市地区领取低保的人口数量为 1 324.4 万人，其中 60 岁及以上老年人口有 236.6 万人，占城市低保人口总数的 17.9%；农村地区领取低保的人口数量为 4 078.2 万人，其中 60 岁及以上老年人口数量为 1 597.2 万人，占农村低保人口总数的比例高达 39.2%。可见，我国的老年贫困问题十分严峻，且农村地区尤为突出。如果进一步分析老年人的主要生活来源可以发现，尽管随着社会保障制度的不断完善，依靠养老金生活的老年人口比例有了明显提高，但老年人的主要生活来源仍然以家庭供养为主。但城市和农村的情况存在差别。50.1%的城市老年人主要生活来源是养老金，而 47.7%的农村老年人则主要依靠家庭供养，只有 4.6%主要依靠养老金生活。可见，农村老年人的经济独立性和自养能力相对城市老年人而言都是非常弱的，这就导致城乡老

---

① 姜向群，李建民，杜鹏，等．中国“未富先老”了吗?．人口研究，2006（6）．

② 王琼．城市社区居家养老服务需求及其影响因素：基于全国性的城市老年人口调查数据．人口研究，2016（1）．

年人对养老服务的购买力存在巨大差别，再加之农村老年人居住较为分散，原有的公共服务设施短缺，因此社会资本在选择投入时自然更愿意投放到城市，从而进一步加剧了农村养老服务发展的滞后和市场化程度不足。

（四）制度因素

如果说人口因素、文化因素和经济因素是导致我国养老服务发展“先天不足”的客观原因，那么制度因素则是导致“后天缺陷”的主要原因。首先是政府在养老服务中的职能定位不清晰。一是服务内容定位不准。到底哪些服务应该属于基本养老服务交由政府来兜底，哪些服务应该开放给市场来做，目前还缺乏清晰的界定。二是服务对象定位不准。政府的主要功能是保基本、兜底线，保障弱势群体老年人的基本养老服务需求。其服务对象自然应该是失能、失智、高龄等特殊困难老年人。然而，在很多公办的养老院中，享受服务的却是经济状况较好的自理老年人。如此一来，不仅造成公共资源的浪费，使真正需要得到服务的老年人的需求无法得到满足，还导致公办养老院与民办养老院之间的不公平竞争，挤占了民办养老机构的发展空间。

其次是涉及养老服务业发展的政府部门之间分工有余、合作不足。从表6－2列出的各项与养老服务有关的政策文件可以看到，参与养老服务建设的政府部门众多。例如，社会养老服务主要由民政部、发改委主管，涉及医养结合问题的主要由卫生部主管，涉及长期照护保险问题的主要由人社部主管，相关领域的指导意见和扶持政策见于各执行主管部门的规范性文件中。虽然在近三年的政策文件中，逐渐从单个部门发文到组合发文，最多的甚至涉及全国老龄办、发改委等25个部门，但在实际操作中各部门之间仍然缺乏协同合作，导致很多政策文件的可实施性和可操作性面临挑战。

最后是政策的操作性不强。从近几年出台的政策文件内容来看，涉及的范围已经较为全面，但是大多为指导性意见，没有形成具体的制度，原则性规定多，可操作性条款少。例如，养老服务评估是为科学确定老年人服务需求类型、照料护理等级，以及明确护理、养老服务等补贴领取资格，等等，对老年人进行的综合分析评价工作。这一制度的建立，可以确保养老服务资源得到合理配置，老年人得到精准服务。尽管民政部在2013年就提出了《关于推进养老服务评估工作的指导意见》，但由于之后没有跟进的文件出台，到目前为止，我国仍然没有建立统一的养老服务评估指标体系和评估流程。类似的问题还涉及养老服务人才培养制度、养老机构质量评估制度、养老服务监督管理制度等，这些制度的落实对于提高养老服务质量、规范养老服务市场、促进养老服务职业化发展将起到至关重要的作用。

三、主要政策建议

（一）进一步加强顶层设计，重视政策落地

发展养老服务必须重视顶层设计，将养老服务体系建设作为社会系统工程，进行科学的统筹规划、系统设计、战略安排，同时要组织实施养老服务计划，保证政策可以实际落地。

（1）明确政府与市场的定位。既要充分发挥政府对养老服务的引领作用，也要全面开放和培育养老服务市场，使得市场配置资源充分发挥作用。在政府的主导作用上，一是积极引导和扶持养老服务产业发展，制定和落实在投融资、土地供应、税费优惠、建设运营补贴、人才培养等方面的扶持政策，着力解决民办养老机构经营成本高的问题，改善经营难的现状。二是发挥政府兜底救急的功能。既要保证所有老年人能获得最基本的养老服务，也要保障好经济困难的孤寡、失能失智、高龄等特殊老年群体的养老服务需求，准确定位公办养老机构服务对象和服务内容，避免公共资源的浪费。三是承担起养老服务质量第一道“保护墙”的责任。明确养老服务市场监管部门责任，加大对养老服务机构进入市场、运营及退出市场的全流程监管力度，规范养老服务市场秩序，确保养老事业健康发展。政府在发挥主导作用的同时也不能“越位”，要积极发挥市场主体的作用，最大限度地开放养老服务市场，通过运用市场机制来提高服务效率、扩大供给、健全服务内容，实现服务投入产出最优化。政府也可以通过积极探索与民间资本的多种公私合作方式，引导与培育养老服务市场力量壮大。

（2）加强部门之间的协同合作。我国养老服务的业务主管部门是民政部门，但仅仅依靠民政部门是不可能做好养老服务工作的，因为养老服务

还涉及众多政府部门的职责。例如，制定发展计划需要发改委配合，建立长期照护保险需要人社部门的配合，推动医养结合需要与卫生部门合作，建设养老服务设施需要住建部门配合，机构登记注册需要工商部门配合，培养养老服务人才需要教育部门配合，等等。因此，发展养老服务事业，不仅需要在制定政策时统筹规划，更需要在政策执行过程中部门协作，通过打通部门之间的壁垒，为政策落地创造良好的环境。

(3) 完善社会养老服务体系。在初步建立的社会养老服务体系基础之上，进一步明确居家养老、社区养老和机构养老各部分的功能和定位，确保各类服务供给与老年人的需求相匹配。不仅如此，还要注重各层次养老服务之间的过渡和衔接，保障老年人可以根据身体和生活状况的变化实现在不同机构之间的自由转介。加快建立基本养老服务体系和老年照护服务体系，结合老年人能力评估和需求评估制度，将养老服务进一步精细化，如丰富养老服务机构的类型，建立小型多功能的社区照料中心、专门照顾阿尔茨海默病患者的养老机构等。在多层次的社会养老服务体系基础上，拓宽服务类型，建成多层次、多元化的社会养老服务体系。

(二) 加快制度化建设，推进养老服务业专业化、规范化和职业化发展

(1) 建立老年人评估制度，确保服务对象精准化。老年人评估制度应该包括老年人能力评估和需求评估，从类型上看包括基线评估（首次评估）和持续评估（过程评估）。基线评估的结果既是作为福利对象资格审查的依据，也是帮助一般老年人准确选择服务类型和服务内容的重要参考。持续评估能够确保服务提供者和家庭及时掌握老年人生理、心理、社会等各方面的动态变化情况，从而对服务内容进行相应调整或进行转介。基于评估建立的老年人基本情况数据库可以作为行业研究和开发的重要数据来源。

(2) 加快制定养老服务行业评价制度，提高养老服务质量。养老服务业评价制度包括对养老设施和养老服务的质量评价。养老设施评价标准包括各类养老服务机构设施建设的环境标准、建筑标准、设施标准、安全标准等；养老服务评价标准包括各类养老服务机构的职责范围、服务资质、服务规范、服务质量、工作流程等。通过制度化和标准化建设，对当前过于宽泛的标准进行细化和制度化，鼓励各地区结合当地经济社会发展水平，

因地制宜制定出操作性强的评价制度。

(3) 健全养老服务业监督管理制度，促进行业健康发展。建立以行政监管为主，社会监管为辅的养老服务业监督管理制度。在行政监管方面，明确监督管理的职能部门，确定养老服务业监督管理的目标，完善对服务提供机构和从业人员的管理制度（如机构的准入和退出机制、运营行为规范、从业者资质及继续教育制度等），制定奖惩条例，并积极与第三方评估机构合作，定期对各类养老服务机构进行检查，对养老设施和养老服务质量进行统一评分。在社会监管方面，鼓励构建包括企业、社会组织、新闻媒体、消费者在内的“社会共治主体”，建立公开的投诉、评价和传播渠道，让各类养老服务机构接受社会和舆论的监督。

(4) 加强养老服务人才培养体系建立，促进职业化发展。第一，要做好人才储备工作，加强老年医学、康复、护理、营养、心理和社会工作等方面专业人才的在校培养。在中高等院校开设养老院管理、养老护理等专业类课程，并将参加社会服务增加到相关专业的专业培养方案中，为学生毕业后就业积累实务经验。第二，加强养老服务人才的职业培训，通过职业培训补贴等形式，鼓励和引导各类人员参加养老服务培训和再培训。第三，对职业护理人员进行资质认证，设立职业资格认证考试，培养一批职业素养高的专业护理人员。第四，建立合理的养老护理员薪酬待遇制度，改善养老服务护理人员的待遇和工作环境，注重护理人员的心理健康，吸引更多的人从事养老护理行业。

（三）进一步发展医养结合，建立长期照护体系

(1) 加快发展医养结合，提高养老、康复与医疗服务之间的连续性和整体性发展。第一，建立和完善医养结合服务法律法规，明确医养结合服务机构的服务性质、服务对象、服务主体、服务范围、机构设置标准、从业人员上岗标准等。第二，统筹公共卫生服务与基本养老服务，例如将基本公共卫生服务中的为老年人建立健康档案与对老年人能力和养老需求的评估有机结合起来，鼓励和支持医疗卫生机构积极向养老机构提供医疗服务。第三，打通医疗机构与养老机构之间的壁垒，实现转介的无缝衔接和信息资源共享。例如，当养老机构的老年人突发疾病时可以连同老年人的健康档案信息转介到邻近的医院进行及时的专业救治，又或者当老年人病

愈出院时，可转介到适合的养老机构进行一段时间的专业护理，协助老年人完成康复回家前的过渡。第四，合理转化闲置的医疗资源，增加医养结合型的养老服务机构。鼓励养老机构内设医疗服务，根据服务需求和资源能力提供康复服务、护理服务、临终关怀服务等。

（2）尽快建立长期照护服务体系，提高老年人的晚年生活质量。长期照护服务可以说是医养结合的一种具体形式，但在服务对象、服务内容和服务性质上并不完全等同于医养结合，其目的是协助老年人尽可能保持独立生活和个人尊严。为解决失能、失智老年人的照护需求，应在总结试点工作经验的基础上，初步形成几种建立长期照护保险制度和开展长期照护服务的典型模式。在此基础上，尽快出台关于建立长期照护服务体系的指导意见，明确长期照护服务的定位、核心内容、筹资方式、专业人员、质量监管和运行机制等内容。

（四）大力推进宜居环境建设，构建养老、孝老、敬老社会环境

（1）重视和完善宜居环境建设。一是不断健全和规范老年人设施标准体系框架。建立涉老设施标准、社区和家庭无障碍环境改造标准等相关标准体系框架。同时，加快修订《城镇老年人设施规划规范》、《城市居住区规划设计规范》和《城市道路交通规划设计规范》，提高老年人设施标准，方便老年人日常活动。各地方也应该根据全国的标准和框架，因地制宜，制定符合地区情况的标准。二是有效整合社区服务资源，建立综合为老服务平台。尤其是对特殊困难老年人要定时上门拜访或电话探访，了解老年人的现状和需求变化，为老年人提供最新的社区信息。三是提高社区公共场所适老程度。对社区的公共场所、楼道和室外环境进行无障碍改造，并确保无障碍通道保持通畅。在社区内设立座椅供老年人休息。四是推进老年人家庭无障碍改造。加大政府财政投入力度，每年安排一定比例的财政经费用于支持老年人家庭无障碍改造，切实改善老年人的日常生活环境。五是重视老年住区建设，大力开发老年宜居住宅，政府出台优惠政策鼓励子女和老年人就近居住或共同居住，方便子女为老人提供生活照料和陪伴。

（2）构建养老、孝老、敬老社会环境。第一，要积极营造良好的敬老氛围，把弘扬孝亲敬老纳入社会主义核心价值观宣传教育，建设具有民族特色、时代特征的孝亲敬老文化。以创建“敬老文明号”和敬老系列活动

为抓手，动员更多的社会力量参与敬老活动，推动为老服务品牌创建，让敬老、爱老、助老的良好风尚在全社会进一步弘扬。第二，引导家庭养老观念转型，改变“养儿防老”“送老人去养老院就是不孝顺”等过于传统的观念，提高民众对社会养老服务的接受度，培养民众形成“专业服务值得付钱购买”的观念，为养老服务市场发展创造良好的社会氛围。第三，树立养老服务提供者正确的发展理念。养老服务不是做慈善，而是必须以专业化、职业化的态度，将之作为一项事业来努力发展。第四，全面开展人口老龄化国情教育，提高全社会对人口老龄化的正确认识。着力增强全社会积极应对人口老龄化的思想观念。积极看待老龄社会、老年人和老年生活，意识到老年期是生命的重要阶段，老年人仍然可以保持自主性并有一定的功能发挥。要客观准确评估老年人的需求，尊重其个人意愿，肯定他们的价值和主观能动性，让老年人也可以积极主动地参与到养老中，而不是一味“被养”。

（五）积极发展智慧养老，创新养老服务模式

（1）积极开发和推广智能养老设备。养老服务信息化和智能化是未来发展的必然趋势，应大力推进养老服务产业的科技创新，将老年服务体系建设与现代科技相结合，满足信息化时代老年人的新需求。借助智能化的仪器设备可以减少疾病和突发事件发生。例如，能够监测老年人睡眠的智能床垫、预防老年人因跌倒导致事故的地板预警系统等，为智能养老打造安全便捷的环境基础。鼓励社会资本注入开发智能穿戴设备，辅助生活有障碍老年人能够独立完成简单的日常活动。不仅可以增进老年人的功能发挥，防止老年人身体机能衰退，还可以减轻照护人员的工作强度。

（2）建立养老服务信息化平台。以“老年人信息数据库”为基础，以社区为老服务机构为依托，建立养老服务信息化平台，将养老档案建设和社区服务结合，为老年人提供及时、便捷、多样化的养老服务。该平台的建立将提升响应时效性和社区管理水平，将被动应对问题的管理模式转变为主动发现问题和解决问题模式。根据功能的不同，信息化平台还可以分为养老服务信息化平台、老年人社交信息化平台、老年产业信息化平台等不同类型的信息化平台，满足老年人多种多样的需求，推动老龄产业的发展。

（3）促进养老、医疗、康复、保健行业与“互联网＋”融合发展。整合分布在医院、体检中心、养老机构、社区养老服务信息平台、社区卫生服务中心的个人健康数据，建立老年人个人健康信息资源的共享机制，为开展医养结合服务提供信息和技术支撑。推动医疗机构嵌入“互联网＋养老”模式，建立线上服务平台、远程医疗等专业服务，以科学技术为载体推动医养结合发展。

第七章　完善住房保障体系

住房问题是关系到人民群众切身利益的大事，是引起全社会广泛关注的重大民生问题。党的十九大做出了“中国特色社会主义进入新时代，我国社会主要矛盾已经转化为人民日益增长的美好生活需要和不平衡不充分的发展之间的矛盾”这一重大历史判断。作为美好生活的必要条件，住房问题始终是党中央高度重视并且下决心花大力气解决的重点问题，住房保障是国家解决城镇中低收入家庭住房问题的重要手段。新时代住房市场的主要问题已经从供不应求转变为住房市场发展不平衡不充分，因此改革要有新思路。

十九大报告明确指出：“坚持房子是用来住的、不是用来炒的定位，加快建立多主体供给、多渠道保障、租购并举的住房制度，让全体人民住有所居。”这一全新提法，是党中央在总结我国住房市场商品化改革20年发展经验基础上做出的重要制度论断，精练准确地概括了新时代我国住房制度建设的基本定位（房住不炒）、重点任务（多主体供给、多渠道保障、租购并举）、发展方向和最终目标（让全体人民住有所居）。本章分析当前我国住房与住房保障领域存在的民生短板问题，分析其产生原因，并围绕坚持“房住不炒”，贯彻落实“加快建立多主体供给、多渠道保障、租购并举的住房制度”提出的相关政策建议。

一、住房和住房保障领域的突出短板

（一）民众对房地产调控信心还有不足，住房问题引发社会不公和阶层分化

房价过高、上涨过快给城市居民生活带来较大的经济压力，并逐渐成为影响社会分层的重要因素。尽管近年来中央和地方政府都非常重视房地产调控工作，也取得了阶段性成果，但一线城市和部分热点二线城市房价“越调越涨”的现象依然存在，民众对房地产市场调控满意度不高、信心不足。

（1）房地产调控升级但公众对未来房价继续上涨的预期依旧强烈。

近年来，面对部分城市房价快速上涨及市场日益分化的局面，2016年年初以来，中央政府升级了房地产调控政策，一方面强调因城因地施策，控房价和去库存并举，另一方面供给侧和需求侧双管齐下，在“限购、限贷”基础上继续从严执行“限价、限售”政策。房地产调控升级虽取得一定成效，但社会公众对政府房地产市场调控信心不足，担心调控措施难以持续，调控放松后房价进一步反弹。同时，持续上升的房价导致公众形成未来房价继续上涨的强烈预期。中国人民大学中国调查与数据中心执行的2016年度全国公共服务满意度调查显示，50.3%的受访民众认为新的一年房价会继续走高，仅9%的受访民众认为房价会下跌，这表明公众对未来房价继续上涨的预期依旧强烈。

（2）住房财富效应所引发的分配不公和阶层分化使公众感到不满。

随着房价的不断上涨，住房在城镇居民家庭财富中占比越来越大，住房财富效应的放大使部分城市居民财富积累主要依靠房产增值和房屋租金收入，特别是在大城市，有房和无房、有一套房和有多套房，甚至购房早和购房晚的居民之间，家庭财富的数量和累积速度均存在很大差异，而一、二线城市居民和三线及以下城市居民的财富差距更为巨大。在此过程中，房产逐渐向高收入家庭集中，财富日趋向几个长期保持人口净流入的大城市集中，大城市房价靠全国的财富支持。大城市的高房价问题已不仅仅影响当地居民的生活水平，还影响着众多城市新增就业人口背后整个家庭的生活水平，可以说，大城市的高房价已经形成了对中小城市居民财富的掠夺。从微观层面来看，富者越富、穷者越穷，发达城市越发达，落后城市越落后；从宏观层面来看，城市有房者和无房者、有多套房者和仅有一套房者及不同城市相应群体之间家庭财富产生巨大差异，从而形成新的社会财富分配不公，甚至引发社会阶层的撕裂和固化。公众对于这种由住房问题引发的新的社会不公平现象深感不满。

（3）阶层分化导致的利益分歧进一步削弱了公众对房地产调控的信心。

由住房问题引发的社会阶层分化导致在不同城市拥有住房的居民之间、在同一城市拥有不同数量住房的居民之间在房地产调控方面存在利益分歧，加上部分地区在房地产开发领域存在因政府官员权力寻租而产生的腐败问题，使住房和住房保障工作日益复杂化，在人民群众中逐渐形成了一种“政府被房地产绑架，并不希望也不敢让房价下跌”的负面认识，现实中房地产调控政策连贯性和持续性较差，调控过后房价报复性上涨的客观事实在一定程度上又印证了群众的认识。由此产生的负面情绪进一步削弱了公众对房地产调控的信心，加剧了群众对房地产调控工作的不满意程度。

（二）不完善、不规范的住房租赁市场难以满足居民租房需求

我国住房租赁市场发展不完善、不规范，存在总体规模小、租赁双方权利义务不对等、市场秩序失范、配套政策不足等问题，导致其对于产权市场的补充作用较弱，难以满足大城市高房价下居民的住房需求。

（1）住房租赁市场总体规模较小，难以满足居民租房需求。

我国住房租赁市场的总体需求较大。根据全国第六次人口普查数据，我国约有 25.8%的城市居民以租赁方式解决住房问题，尤其是在大量人口涌入的大城市中，相当一部分城镇居民主要依靠租赁满足住房需求。但长期以来，我国住房租赁市场供给不足，其总体规模远远小于销售市场，成为房地产市场的一个“短板”。2015 年我国四个一线城市（北京、上海、广州、深圳）的租金交易额占房屋交易总额的 7%，远低于美国（50%）和日本（40%）。除此之外，我国住房租赁市场供需结构还存在不均衡。2015 年住建部在 16 个大城市的专项调查数据显示，市场上能够租赁的中小户型住

房非常少，合租比例达到50%，这一比例在大城市更高，房源数量与租客数量相差悬殊。住房租赁市场规模小、结构不均衡，难以满足城镇居民特别是大城市居民的租房需求。

（2）住房租赁双方权利义务不对等，租房人利益难保障。

出租人和租房人往往存在较大经济实力差距，在租金水平、租赁双方权利义务、租赁合同执行等方面租房人处于相对被动和不利的地位。特别是在租赁房源相对稀缺的大城市，房东随意涨价，以非正当理由扣留押金、延迟返还押金，压缩租房人生活空间，向租房人转嫁房屋维修成本等现象普遍存在，而租房人往往只能被迫承担，否则将面对频繁更换住处、生活变动所带来的一系列困难和麻烦。这种租赁双方的不平等使得租房人的居住权利得不到稳定的保障，也加重了其经济负担，进而影响其在城市的工作和发展。

（3）租赁市场监管不到位，市场秩序不规范。

我国私人住房租赁主体以个人为主，通常出租人和租房人不直接见面，由中介机构全程代理，但由于租赁市场监管不到位，未经房屋管理部门允许或登记注册的房屋租赁中介机构大量存在，“二房东”甚至“三房东”等私自转租的行为也屡见不鲜。部分具有经营资质的中介机构也借机自行提高租金赚取差价，或者擅自采取“打隔断”、私改水电等方式增加租赁面积，且对租客不加甄别，使得群租房居住环境恶劣，房屋维修问题无人负责，存在严重的安全隐患，甚至成为违法犯罪分子的藏身之所。租赁市场秩序失范，大大降低了租房人的生活品质和幸福感。

（4）住房租赁市场政策支持体系不完善。

我国住房租赁市场的配套政策支持体系尚处于建设阶段。“租购同权”刚刚开始试点，12个试点城市尚未公布具体细则，租赁群体是否能够或者在多大程度上能够与拥有商品住房的城镇居民平等地享受城市公共服务仍不得而知。租房补贴政策虽已在深圳、南京、北京等人口净流入的大城市试点，但未全面推广，且补贴范围较窄，补贴标准较低，补贴形式、退出机制不够灵活。例如，上海针对应届毕业生及工作三年以上的青年提供每月400～600元的租金补贴，仅相当于上海人均住房租金的五分之一。此外，我国目前尚未实行类似于英、美、德等发达国家执行的针对中低收入家庭的税收优惠政策。这些配套政策的不完善使得租赁群体在城市生活中处于相对弱势地位的现状在短期内难以根本扭转。

（三）大城市青年人、新市民和“夹心层”难以获得足够住房政策支持

大城市中三类群体的住房问题比较突出：一是新就业的城市青年人群，二是以农村进城务工人员为主的新市民，三是城市“夹心层”。他们面临的共同问题是难以获得足够的住房政策支持。

（1）青年人置业压力大，租房负担重，“居有定所”难以实现。

青年人发展潜力大，是城市发展和建设的中坚力量，但往往面临迫切的住房需求和有限的经济条件之间的冲突，又难以获得足够的政策支持。大城市的高房价使很多青年背负沉重的置业压力，甚至有些因此而被迫丧失在大城市发展的机会。2014 年共青团北京市委发布的《北京青年人才住房状况调研报告》显示，仅有 23.5%的青年人才拥有自有住房，其中外来非京籍青年居住自有住房的比例更是只有 13.2%。在京已购住房的青年中，高达 90.2%的人选择从父辈家庭寻求支持以购置房产。青年人在大城市购房，不仅要集全家之力支付首付，消耗大量家庭财富，同时其本人及家庭还需承担巨大的还贷压力，生活质量受到严重影响。该报告还显示，租房居住的青年人平均月租金额为 1 993.4 元，占家庭人均月收入的 37.1%，除经济负担较重、“居无定所”之外，还要面对房价迅速上涨所带来“购房无望”的精神压力。因此，根据该报告，北京青年人才对住房现状感到满意的仅 22.0%。

（2）新市民住房需求难以满足，居住环境恶劣。

新市民的主要群体是农村进城务工人员。在我国新型城镇化建设的进程中，农民工群体发挥了重要的作用，但是其自身的住房需求却难以得到满足。尤其是在北京、深圳、上海等大城市，新市民的住房需求亟待解决。与青年人相比，这部分人的住房需求层次更为丰富。他们大多已组建家庭，对住房的需求除了居住之外还有更多关于子女入学等公共服务方面的考虑。这部分群体流动性大，收入水平相对较低，现有居住条件较差，大多居住在“城中村”或者城乡交界地带，其居住环境较为恶劣，因此容易滋生一些影响社会稳定的因素。这部分群体的住房问题主要靠租赁住房解决，但是现行住房保障政策特别是公租房供给难以满足他们的住房需求。

（3）城市“夹心层”因住房压力而固化甚至扩大，面临致贫风险。

城市“夹心层”是指游离在保障与市场之外的无能力购房群体，具体来说表现为三种形式：一是不在廉租住房保障范围内且无力购买经济适用房的人群，二是不满足经济适用房购买条件且无力购买限价房的人群，三是不满足限价房购买条件且无力购买普通商品房的人群。大城市人口的不断聚集和房价的快速上涨使城市“夹心层”呈现扩大趋势，能否拥有长期稳定的住房成为决定他们是否继续留在大城市的重要因素之一，但是他们的收入水平既无足够能力购买大城市住房，又不符合申请保障性住房的条件，而专门针对这一群体的住房支持政策缺位，致使城市“夹心层”只能依靠自己解决住房问题，从而不得不降低居住品质以保证其在大城市生存下去。这种状况导致城市“夹心层”难以进行有效的财富积累，甚至继续向下滑落，形成新的城市贫困人口。

（四）保障性住房类型单一难以满足市民多样化需求

当前我国住房保障工作以政府提供保障性住房为主，但保障性住房供给总量不足、类型单一、覆盖面不足，难以满足城镇居民的多样化需求。

（1）长期以产权类保障性住房为主的供给结构使中低收入群体难获保障。

从当前国内城市保障性住房的类型来看，主要有公共租赁住房（以下简称“公租房”）、经济适用房（以下简称“经适房”）、自住型商品房（以下简称“自住房”）、棚户区改造安置房（以下简称“安置房”）等类型，每类保障性住房均有特定的针对性人群。虽然看似保障性住房种类较多，但保障性住房实际供应类型仍相对单一，供给结构不够合理。“十二五”期间，全国范围内保障性住房供给以经适房和自住房为主，公租房的供给量较少。这种以产权类保障性住房为主的供给结构对最需要获得住房保障的城市中低收入群体并没有太大作用，反而在经适房建设和分配过程中存在一些单位打着经适房的名义为个人牟利、为职工建房等行为，使已有住房的一些家庭获得了更多的住房；部分自住房也由于地理位置、建筑质量等原因市场接受度不高。“十三五”以来，中央提出大力发展公租房，共有产权住房作为自住房的替代产品，已在北京、上海等城市开始试点，效果仍有待市场检验。

（2）保障性住房申请条件僵化导致其覆盖面依然偏低。

现阶段我国保障性住房的申请大多与户籍挂钩，且对于申请人年龄、婚姻状况、家庭收入等方面有着明确要求，过于僵化的申请条件使得保障性住房覆盖面依然偏低。大城市中深受住房问题困扰的居民中有很大比例是非当地户籍人口，这部分人长期被排除在住房保障体系之外，只能依靠自身力量解决住房问题，居住条件较为恶劣；还有一部分则是由于收入状况略高于申请条件而无法获得保障性住房，但又不具备商品住房的支付能力，由此形成了数量庞大的城市“夹心层”。根据中国人民大学“2017 年度发展获得感及民生满意度调查报告”，“住房保障”是九大类基本公共服务中满意度得分最低的选项（71.5 分）。

这些现象反映出我国当前保障性住房申请条件存在不合理之处。一方面，保障性住房申请与户籍挂钩无可厚非，但当前的问题是过于厚此薄彼，对非户籍人口的保障严重不足，户籍甚至成为划分公民阶层的一个因素。这种通过户籍对居民群体进行划分的情况大大损害了大量非户籍城镇居民的生活质量，降低了他们的幸福感。另一方面，保障性住房申请标准中关于收入的规定与城市商品房价格变动相比过于僵化，特别在北上广深等一线城市，保障性住房申请条件与具备商品房可支付能力所应有的收入水平差距过大，这导致“夹心层”数量庞大并仍在增加，这部分居民对生活质量有一定要求，但购房压力却大大降低了其生活品质。

（3）保障性住房供给和居民需求存在错配。

保障性住房供给和需求存在的错配现象主要表现在以下两个方面：一方面是保障性住房建设忽视大、中、小城市的内在差异性，缺少对不同地域与规模的城市居民住房需求分析，从而导致保障性住房在大、中、小城市的不匹配，部分大城市、超大城市的保障房供给仍然十分短缺，而大部分中小城市的保障房大量空置。另一方面是从各地保障性住房建设情况来看，地方政府出于对中央的保障房建设任务指标的考核压力，保障性住房建设更多依据上级政府的建设指标，追求建设速度和数量规模，往往忽视保障性住房入住人群的实际需求。无论是在公租房的建设选址还是在公租房的建设质量水平方面都存在一定的问题，难以满足入住条件，入住群众反映强烈，多地出现保障房入住率不高、入住后不满意而退出、资源闲置浪费的现象。这突出说明保障性住房存在较大的供给和需求脱节也是当前住房保障领域的重要短板。

（五）保障性住房职住分离，管理水平落后

保障性住房难以满足租赁群体对居住品质的要求。这主要表现为以下三个方面：

（1）保障性住房“职住分离、空间失配”。

当前保障性住房建设中存在的一个较大问题是保障性住房在建设时没有围绕保障房居住者的实际工作、生活需求而开展。保障房选址往往处于城市边远地区，距离工作地、生活地或区域公共服务中心较远，工作通勤不便，带来较为严重的“职住分离、空间失配”①。这一前期规划设计缺陷增加了保障性住房入住群体的生活、工作成本，影响了部分中低收入群体申请保障性住房的积极性，削弱了政府住房保障工作的效能，给住房保障人群的工作生活带来诸多不利影响。

（2）保障性住房配套设施较差，公共服务水平低。

当前保障性住房配套设施差，公共服务水平低是影响保障房社区居民幸福感的重要因素，也是当前住房保障工作的重要短板。从实际运行情况来看，保障性住房与商品房社区相比在配套设施和公共服务水平方面存在较大的差距。许多地方保障性住房社区交通、医疗、卫生、教育、公共服务机构设施较为短缺，难以达到入住条件，这严重影响了入住群众的生活和工作质量。尤其是随着保障性住房进入实际运行阶段以后，其房屋建筑和公共设施设备破损较大、维修滞后、社区服务响应较慢、社区入住群众诉求难以得到及时回应，这些都影响了保障性住房的实际入住效果，给保障性住房入住群体的入住质量和居住幸福感带来不利的影响。

（3）保障性住房社区管理水平落后。

保障性住房社区入住群体收入水平普遍较低，人员流动性也较大，因此社区管理工作往往被忽略，成为住房保障中较为薄弱的环节。独立的保障性住房小区物业管理水平较低、卫生服务体系不健全、社区管理经费不足、社区文化建设缺乏，使入住群体缺乏归属感和社区认同感；许多城市采用“限房价、竞配建”的方式之后，保障性住房和商品住房建在同一个

① 何炤华，杨菊华．安居还是寄居?：不同户籍身份流动人口居住状况研究．人口研究，2013，37（6）．

小区，但在物业管理和社区服务方面，保障性住房却难以获得和商品住房同等的待遇，保障性住房成为小区里“脏乱差”等问题集中区，这种对比也给保障性住房居民心理造成负面影响，虽然生活在同一片土地上，但仍难以避免被忽略和歧视。

二、住房和住房保障问题的原因分析

我们认为，形成上述问题的根本原因，是没有正确认识和处理房地产行业发展与国民经济发展的关系，中央利益和地方利益的关系，住房保障供给中政府、市场和社会组织的关系，以及住房市场商品化和住房保障之间的关系。

（一）房地产调控受制于保增长约束和中央、地方利益博弈

房地产调控投鼠忌器，部分地方政府出于地方利益考虑对中央政策存在“执行偏差”，对过度金融创新监管不力甚至默许放大房地产市场杠杆，助长了投资投机性需求，弱化了调控效果。

（1）房地产行业的支柱地位制约了政府调控力度。

从房地产业发展与地方经济增长关系来看，房地产业作为国民经济发展的重要支柱产业，对地方经济的拉动作用仍然占有重要地位。房地产投资以及房地产业链上下游相关产业对经济发展的作用不容小觑。尤其是在当前国内经济下行压力加大的情况下，地方政府保增长压力较大，在处理房地产业发展与地方经济增长中很难在短期内摆脱对房地产业的依赖。因此，尽管中央对房地产调控提出了严格的要求，但是在地方层面的落实过程中，很多地方政府处于观望状态或者对调控有所顾虑，即使实施阶段性从紧，一旦中央政策有所松动，地方政府又重新回到依靠房地产业拉动经济短期内增长的老路。因此，在处理房地产调控的政策问题上，面临经济发展的长远利益和短期利益、整体利益和局部利益、经济利益和社会利益等一系列利益冲突，中央与地方政府往往存在一定的博弈。

（2）土地财政的普遍存在限制了地方政府调控决心。

从房地产业发展与地方政府财政收入的关系来看，当前国内地方政府土地财政现象较为普遍，部分城市政府财政收入一半以上来自土地财政收入。地方政府作为理性经济人，其对土地财政的依赖加大了对出让土地获取高额土地出让金的盲目追求。在我国特殊的土地管理制度下，地方政府将土地视为变现能力最快的工具，通过对一级土地市场的垄断，推高土地出让价格，获取高额土地出让金，这就导致地方政府与房地产企业形成利益共同体，从而形成国内房地产业的野蛮式发展。因此，地方政府土地财政依赖制约着地方政府对房地产行业发展的态度以及对中央调控政策的执行力度，进而关系到社会普遍关注的住房问题的解决。这也成为当前国内房价居高不下、房地产市场调控难度大、社会各界反映强烈、住房保障工作面临较大压力的一个重要原因。

（3）房地产业与金融业的密切关系放大了市场风险。

从房地产业发展与金融发展来看，房地产业自身特点决定了无论是房地产投资还是住房消费，都对发达完善的金融体系要求比较高。在国内金融市场发展不健全的情况下，房地产市场野蛮生长带来的资金需求往往带来金融杠杆的过度使用和监管漏洞。在这一过程中，过度的金融创新缺乏有效监管，部分地方政府出于自身经济利益考虑采取默许态度，导致银行信贷、金融工具大量盲目地应用在房地产投资、投机，带来房价的大幅度、非理性上涨。大量金融资本进入房地产市场，导致房地产市场与金融市场关系过于密切，房地产行业的波动将引起金融市场的波动，特别是地方政府，在考虑房地产调控时不得不考虑可能产生的金融风险，这种顾虑制约了房地产调控工作的有效开展。

（二）住房租赁市场无法可依，市场监管弱化

我国住房租赁市场规模较小，目前尚未有专门的法律法规予以规范，因此也并未建立起健全的市场监管体系，这是我国住房租赁市场存在诸多问题的基础性原因。

（1）住房租赁市场法律制度缺位，租赁市场乱象丛生。

现行的《城市房地产管理法》《城市房地产开发经营管理条例》《城市商品房预售管理办法》等法律法规着重于规范房地产交易市场的秩序，但专门针对住房租赁市场的法律法规长期缺位。上述法律法规中虽有部分涉

及住房租赁市场的内容，但缺乏强制性，执行上也缺乏必要保障。具体来说，《城市房地产管理法》规定了城市房屋租赁实行登记备案制度，但是并非强制性规定，因此在租赁市场依然有未经房屋管理部门允许或登记注册的房屋租赁黑市现象，中介机构无序竞争，租房人的合法权益得不到保护；《合同法》中并无专门针对住房租赁合同的条款，住房租赁合同缺乏明确统一的范本，不规范的租赁合同使得法律纠纷产生时，租赁双方权利义务严重不对等；法院解决住房租赁纠纷依靠最高人民法院关于房屋租赁合同的司法解释，对出租人约束较少，致使住房租赁市场上“黑中介”“二房东”甚至“三房东”的现象层出不穷。

（2）住房租赁市场监管体系不健全，租房人权利保障弱。

我国目前还没有专门的住房租赁管理部门，监管方式单一且效率较低。监管的主要内容是社区工作人员及派出所民警上门走访，对出租房屋情况、租客信息进行登记备案，费时费力。监管的范围较窄，针对出租人的监管缺位，不仅对于群租现象、违规建筑出租等问题无人管理，而且对于出租人随意涨租、扣留押金、随意终止租期等严重侵犯租房人利益的行为更是缺乏监管。当发生住房纠纷时，缺乏专门的部门进行协调。现有的各地房屋租赁管理条例中，住房租赁纠纷可以经由人民调解委员会、房地产中介行业协会、建设（房屋）行政管理部门等多个部门调解，但是在实际租房市场中，各个部门相互推诿，租房人的合法权益难以得到保障。

（3）中介机构质量参差不齐，部分中介扰乱租赁市场秩序。

目前我国住房租赁中介主要分为两种：一种是线下小型租赁中介公司，其业务主要依靠熟人推荐，业务范围局限于附近有限的居民区；一种是互联网租赁平台，连锁经营，由出租人在互联网上发布房源信息。目前市场监管中，针对小型租赁中介公司的监管往往不到位，登记备案主要依靠公司自觉，容易出现“黑市”现象，例如中介公司与出租者勾结侵害出租人权益等。而针对后者，一方面，监管部门对于互联网上发布的虚假房源信息缺乏核实，房屋的真实情况不得而知，使得很多租房人上当受骗；另一方面，“二房东”的现象不断出现，监管部门没有专门的整治行动，使得黑中介更加猖狂。

（三）租购不同权，租户公共服务需求难以得到满足

大城市房价水平高，很大程度上是由于教育、医疗等优质公共服务资

本化产生的。现阶段我国租购不同权，租房者难以享受和产权人同等的城市公共服务，是住房租赁市场发展缓慢的一个制度性原因。

（1）租赁群体的子女入学问题难以解决。

现阶段我国城市教育资源往往与户籍和住房产权挂钩，因而“学区房”成为稀缺资源，特别是在大城市，购买学区房几乎成为城镇居民子女接受优质教育的唯一途径。由于租赁群体不能取得租赁住房区域学校的入学资格，对大量新市民而言，学区房昂贵的价格又难以承受，因此子女就学问题困扰着大城市居民，甚至成为许多优秀人才被迫离开大城市的原因。

（2）租赁群体难以平等享受医疗资源。

医疗资源也是公共服务资源的重要组成部分。大城市医疗资源优质，往往具有更加先进的技术、经验更加丰富的医护人员及更高的医疗水平。目前我国医疗服务大多与房子挂钩，大城市中购房者所享有的社区医院、就近就医等权利，租房者并未享有。由于现行医保规定，租房者的子女、父母就医往往需要缴纳高额的医护费用，在大城市中奋斗的“新市民”往往承担着巨大的经济压力。租房者、租房者子女和父母的医疗问题亟待解决，医疗层面的“租购同权”有待实现。

（3）租赁群体和产权人在住房公积金取用方面不平等。

目前租房的相关社会配套政策不完善，买房者和购房者在多种社会保障领域存在差异。在住房公积金取用方面，租房和购房在取用公积金政策上有差异，租房的限制较多。一方面，公积金缴存职工在使用租房提取时需要缴纳5%的税费，在提取公积金前可能会造成成本支出；另一方面公积金缴存者使用租房提取时，通常情况下需要房东的配合，才能去税务局开具发票，也就意味着这套房产是需要房东去相关部门备案，其程序复杂烦琐。

（4）租赁群体由于难以平等享受市民待遇而受到歧视。

北京、上海、广州等城市出现了“住房鄙视链”一系列说法，将城市居民划分为拥有住房的原住民、已经买房的“房奴”和尚未买房的“蜗居”一族甚至更多的层次，随着房价的上涨，“住房鄙视链”被空前加强，甚至出现了“租房在这条鄙视链的最底层，连说话的权利都没有”的说法，舆论将有房者和无房者之间的差距拉得更大，人为地制造社会分层。这种所谓的“住房鄙视链”进一步影响了城市居民的婚恋、工作等问题，诸如“北京没房，再优秀都只能排在相亲鄙视链最底层”等说法大行其道。上述现象本质上是对租赁群体的一种歧视，使租赁群体有低人一等的感觉，这种负面的心理感受加剧了城镇居民对长期租赁行为的排斥，阻碍了住房租赁市场的正常发展。

（四）住房保障政策体系不完善

我国目前住房保障政策体系已经初步建立，但是还比较初级，在保障性住房建设和分配、保障性住房用地供给、住房公积金制度等方面仍存在一系列问题。成为阻碍我国住房保障发挥应有作用的障碍。

（1）住房保障准入、跟踪和退出机制不健全。

住房保障体系还未建立起合理的准入退出机制，现有的相关规定在具体执行中有很大的解释空间，包括申请者、房源、审批情况的信息不够公开透明，社会监督力度不够，骗购骗租的情况时有发生。住房保障动态跟踪机制缺位，具体表现在住房档案和收入征信系统不完备，很难确定共有多少中低收入的无房户、住房困难户，以致相关部门并不知道各种类型的住房保障模式都有多大的需求量，所确定的任务目标和政策规定也缺乏准确的数据依据。征信系统的缺失，也使政府很难核查申请者的真实情况，无法掌握收入的动态变化，保障性住房建设的总体规划面临挑战。

（2）保障性住房用地供应仍然难以满足市场需求。

从当前保障性住房市场供应来看，保障性住房在整个住房市场当中的比例仍然较低，其中保障性住房建设用地供应不足是重要原因之一。尤其是大城市，保障性住房建设用地短缺更为严重。这一方面是由于我国保障性住房用地主要由政府直接无偿划拨使用，地方政府保障性住房建设用地出让无利可图，在建设用地较为稀缺的大城市，政府缺乏保障性住房建设用地的供地积极性。另一方面，保障性住房用地供给方式单一，政府或者国有单位垄断，社会资本难以参与进来，也是保障性住房建设用地供应不足和保障性住房供给短缺的重要原因。总之，保障性住房用地供应不足也是制约我国大城市住房保障水平和民生短板的重要一环。

（3）现行住房公积金制度难以实现住房保障的政策目标。

我国公积金制度的政策出发点是建立国家、企业、个人互助资金池，

促进住房分配，加快实现居民住有所居的社会目标。然而当前住房公积金定位模糊、没有充分发挥住房保障和住房金融两大基本功能。长期以来，各地住房公积金属地管理造成城市住房公积金资金短缺和资金闲置并存，住房公积金的区域调配难以打通，导致资金的浪费和低效运行①；与此同时，住房公积金使用门槛设置导致其无法满足真正需要购房的群体，反而助长社会少数人用于房地产投机，导致公积金支持对象出现错位，引发住房公积金"劫贫济富"的民怨产生，社会反映强烈②。这些问题给国家住房保障政策的落实和确保人民群众安居乐业带来不利的影响，也给社会公平正义以及改革发展成果的全社会共享带来不利影响。因此，对住房公积金的顶层设计重建，应提出更高的要求。

（五）住房保障供给体系中社会组织长期缺位

现阶段我国住房保障工作以政府或其他公共部门及其下属的企事业单位为主，对于社会组织发展的支持不足，国家部门挤压了社会组织的福利供给空间。社会组织长期缺位导致了住房保障供给无效率和"政府失灵"，成为保障性住房建设资金来源单一、供给结构不合理、覆盖率偏低等问题产生的重要原因。

（1）社会组织参与住房保障缺乏相应政策支持。

长期以来，政府始终是住房保障供给主体，目前有部分地区实行房地产开发企业以"配建"方式参与保障性住房建设，但对社会组织参与住房保障始终没有放开。社会组织的突出特点是其公益性，这与住房保障的目标和初衷非常契合，但我国现阶段对社会组织参与住房保障工作并没有明确的法律法规、政策文件予以界定和规范。除了缺乏必要的政策支持，社会组织自身也有一定责任。部分社会组织的独立性难以有效保证，往往只有与政府取得一定的联系，才能得到充足的发展机会，这也使得社会组织的定位出现一些偏差，限制了其本身作用的发挥。

---

① 黄燕芬，李怡达. 关于我国住房公积金制度改革顶层设计的探讨. 国家行政学院学报，2017（2）.

② 汪润泉，刘一伟. 住房公积金能留住进城流动人口吗?：基于户籍差异视角的比较分析. 人口与经济，2017（1）.

（2）保障性住房的土地供应政策对社会组织、民营企业存在歧视。

现阶段我国保障性住房的土地供应方式主要有两种，一是政府划拨土地用于保障性住房建设，二是要求房地产开发企业在通过“招拍挂”获得的土地上配建一定比例的保障性住房。然而无论是何种方式，均未给予社会型企业、民办公共服务部门等社会力量获得保障性住房建设用地和参与保障性住房建设的机会，存在明显的制度歧视。同时，上述两种方式都存在一定问题。对政府而言，相对于用于商品住宅建设，将土地用于保障性住房建设收益低、机会成本高，土地供应内在动力不足；对于房地产开发企业而言，面临着手续多、成本高、利润低、风险大等多重困扰，更多是以获取商品住宅建设用地为目标，建设过程中为了实现利润最大化难以保证保障性住房建设质量。总的来说，土地供应政策对具有公益性质的社会组织的歧视严重阻碍了其在住房保障领域功能的发挥，也是导致保障性住房建设用地供应不足的重要原因。

（3）保障性住房在售后、租后运营管理方面排斥社会组织。

现阶段我国保障性住房售后、租后运营管理工作基本由政府或相关公共部门下属的企事业单位负责，对社会组织参与住房保障运营管理工作存在诸多限制，致使社会组织在社区、在参与住房保障管理中地位严重不对等①。这使得保障性住房运营管理市场化、专业化程度不足，竞争效率较低，公共性难以实现，最终导致随着保障性住房规模不断扩大，工程质量、维护成本、准入退出机制等方面都暴露出很多问题。社会组织在社会地位、社会功能及所承担的社会责任方面都依托于政府，得不到独立的法人地位。部分参与并提供社区服务的非营利组织，由于对政府的依赖性较强，自主性较弱，专业素质和管理经验仍存在不足，其整合福利资源筹集资金、调动志愿者开展公益性服务等优势作用未能有效发挥。

三、主要政策建议

党的十九大报告关于住房和住房保障的全新提法是在总结我国住房市

① 杨宜勇，邢伟. 公共服务体系的供给侧改革研究. 人民论坛·学术前沿，2016（5）.

场商品化改革 20 年发展经验的基础上做出的重要论断，精炼准确地概括了我国住房制度建设的基本定位、重点任务、发展方向和最终目标，政策意涵丰富。结合上述住房与住房保障领域的民生短板问题及原因，就坚持“房住不炒”定位，贯彻落实“加快建立多主体供给、多渠道保障、租购并举的住房制度”提出以下政策建议。

（一）优化产业结构，加快经济转型，降低地方政府土地财政依赖度

（1）优化产业结构，培育新的经济增长点。

转变经济发展方式，优化产业结构，使经济增长由投资驱动和土地等要素驱动转向由技术创新驱动，才能从根本上降低地方政府对土地财政和房地产的依赖。长期以来，房地产业作为国民经济支柱产业，在国民经济的快速发展中扮演了十分重要的角色和作用。但是随着经济发展进入新常态，以往过度依靠房地产业的发展路子已经行不通，必须加快经济转型步伐，优化产业结构，加快创新驱动发展，弱化房地产业在国民经济当中的主导地位，改变地方政府依赖房地产业和土地财政的发展模式。同时，减轻地方政府对房地产业的依赖，弱化住房的市场投资属性，不断强化住房的社会福利属性，对于地方政府住房保障问题的解决也有着十分重要的现实意义。因此，要通过经济转型升级寻找新的经济增长点，在经济转型中破解地方政府房地产经济依赖和土地财政依赖，以确保房地产市场回归理性，保障人民群众的住房需求得到满足，使住房回归居住属性。

（2）加快国家税制改革尤其是房地产税征收改革。

90 年代分税制改革以来，中央和地方政府财权和事权的不匹配导致地方政府财政收入缺口较大。地方政府只能通过获取土地出让金弥补财政不足，从而形成土地财政依赖。因此，财源不足是地方政府土地财政依赖和房地产经济依赖的一个重要原因。只有不断加快税制改革步伐，通过征收房地产税代替土地财政收入作为地方政府收入主要来源，才能从根本上解决地方政府财源问题和土地财政依赖，从而破除地方政府土地财政的魔咒和对房地产业的过度依赖，扭转地方政府对房地产业发展态度和对中央房地产市场调控态度，进而为房地产市场的健康发展以及关系民生的住房保障工作落到实处创造有利条件。

在房地产税征收方面，根据发达国家房地产征收经验，房地产税征收过程中，首先要做到房地产税目标明确，明确房地产税征收是为了解决政府财政收入问题还是为了调控房价，抑制房地产投机的政策。其次是房地产税征收要做到层次分明，要建立宽税基、少税种、低税率的房地产税收征收体系，重保有，轻流转。同时，在房地产税的征收过程中不同群体税收对象界定、基本住房标准界定、税收起征标准设置、税率确定方面要做到因地制宜和因人而异，做到房地产税税收政策的区域性和群体的差异化及灵活性①。房地产税征收既要保障基本住房需求，又要调节不同层次住房需求，通过房地产税税收实现政府在培育市场健康稳定发展和保障基本住房需求两端齐头并进。

（二）改善房地产调控，加快住房租赁市场立法

房地产调控工作应始终坚持住房的居住属性，坚决遏制投资投机性需求；同时加强房地产市场的预期管理，对消费型需求进行合理的引导，此外还应该加快住房租赁市场立法进程，加强市场监管，改善房地产调控手段。

（1）坚持住房居住属性，抑制投资投机性需求。

2016 年中央经济工作会议指出，“房子是用来住的，不是用来炒的”。要解决住房问题，首先应该坚持住房的居住属性，住房的投资功能必须建立在服从和有利于发挥住房的居住功能上。住房资源得到合理利用，其居住功能正常发挥，房地产市场才能健康发展。偏离住房居住属性的定位，投资投机性需求乘虚而入，群众的居住需求无法得到满足，房地产市场的风险增加。政府应坚决反对住房的投机炒作，抑制投机性需求，对于利用买卖住房牟取暴利的炒作行为应该坚决打击和遏制。政府应加强监管，严厉打击开发商捂盘惜售行为、购房者囤积房源等行为，杜绝违规的首付贷、场外配租等行为，遏制炒房团和炒房资金流入。

（2）强化房地产市场预期管理，合理疏导消费性需求。

由于住房市场的信息不对称，开发商、中介和房主利用自身的信息优势操纵价格的现象时有发生。政府应加强房地产市场的预期管理，尽量避

① 邹琳华. 学区房投机、租购房同权与房产税. 中国发展观察，2017（Z1）.

免住房市场上出现恐慌性和非理性购房的现象。一方面，政府应该加强房地产市场信息平台建设，让消费者及时了解市场的真实情况；另一方面，需要政府加强对房地产市场消费者情绪感知的敏感程度，在市场情绪出现异样的时候及时引导和稳定。政府可以与研究机构、房地产行业组织合作，构建住房情绪指标，实时监控房地产市场。政府可以通过舆论引导等方式稳定市场情绪，根据市场的情况对消费型需求进行引导，避免预期引起房价过高或过低的现象。

（3）加快住房租赁市场立法，加强租赁市场监管。

政府应该加快住房租赁市场立法进程，健全房地产市场的法律体系。美国、德国、日本等住房租赁市场发达的国家法律体系相对健全，政府应结合中国的国情，借鉴其部分经验，出台完善的针对租赁市场的法律填补目前的法律空白，例如租赁合同的法律规定、明确租赁合同纠纷的规定和处理方法等，政府还应出台专门规范租赁行业秩序的法律，规范出租人和中介的行为①。地方政府应结合本地区的实际情况出台相应的地方性法规，形成完善的租赁市场法律体系。在市场监管方面，一方面要加强对出租人的监管，另一方面应加强对中介机构的监管。政府可以通过建立房地产租赁信息平台，准确、及时地公布租赁信息，制定政策鼓励消费者举报不实房源、黑中介等行为；同时设立专门的租赁监管部门，严厉打击中介无序竞争、违法经营等行为；适当提高租赁中介的准入门槛，制定统一行业标准，促进住房租赁市场健康有序发展。

（4）建立租房人保护制度，提升租房人居住品质。

住房租赁市场中承租者处于相对不利地位，政府应该通过出台法律法规、加强监管等方式建立专门的租房人保护制度，提升租房者的居住品质。租房人保护制度应涵盖租赁双方权责划分、租期、租金、合同规范、居住环境等方面，通过法律法规等方式实现②。首先，对于出租人和租房人的权利义务应进行明确的规定，例如出租人应提供标准的居住环境，包括房屋的大小、采光、租期内房屋的修缮等。我国可以借鉴德国《住房租赁终止保护法》对于合同期限和租金的规定，禁止出租人以提高租金为目的的合

① 施继元，李涛，李婧骅．国外住房租赁管理经验及对我国的启示．软科学，2013（1）．

② 苏亚艺，朱道林，耿槟．北京市住宅租金空间结构及其影响因素．经济地理，2014（4）．

同终止权以保护承租者的利益，保障租期内承租者的居住权益[①]。其次，针对出租者随意涨价的行为，地方政府可以制定住房租金指导价，规定租金上涨幅度范围，如果出租者征收超出范围的租金将受到法律制裁，此外，租金变动应由双方根据租金指导价进行协议。针对租赁合同，政以设置专门的条款详细规定合同规范、在合同制定上给予承租者一定的保护措施。

（三）以“租购同权”促“租售并举”，培育住房租赁市场

政府应注重“租购同权”建设，一方面加快“租购同权的立法进程”，以法律形式确立这一原则，另一方面构建相应的社会政策体系，积极促进“租购同权”落地，此外还要逐步扩大政策范围，最终实现全国范围内多种市民待遇的“同权”，满足租户的公共服务需求。

（1）加快“租购同权”立法进程，为住房租赁市场提供法律保障。

以立法方式确立“租购同权”的原则，有利于促进住房租赁市场的发展。国家应加快“租购同权”立法进程，通过立法，明确租赁当事人的权利义务，赋予其与购房者同等的享受教育、医疗等基本公共服务的权利。广州在全国率先提出“租购同权”，但是仅为地方试点，“租购同权”需要得到国家层面的立法保护。国家应该加快“租购同权”的立法进程，将其写入法律。根据各地试点的完成情况、工作中的问题和经验制定相关的法律草案，并公开向各界征求意见，将租房者的权利法律化，使租房者和购房者处于相同的法律地位，享有同样的权利。此举使得租房者的权益得到保护，将为住房租赁市场的健康发展提供法律保障。

（2）构建“租购同权”政策体系，为住房租赁市场提供配套政策。

“租购同权”涉及的范围较为广泛，例如教育、医疗等多项公共服务权利的同权，其解决的既包括资源稀缺下分配的公平问题、原高价学区房的购房者权益等理论上的问题，也包括就近入学、就近就医等具体操作问题。其中所涉及公共资源分配的公平性、均等性等问题，单单依靠一个政策或是一部法律是无法解决的。这就需要社会政策来托底，国家通过构建全方位的政策体系来保障承租者享受市民待遇，从单向权利同权到多项权

① 郑宇劼，张欢欢. 发达国家居民住房租赁市场的经验及借鉴：以德国、日本、美国为例. 开放导报，2012（2）.

利同权，从市民权利同权到市民权力同权①。更多社会政策的配合与具体的落地细则配套，对于落实“租购同权”、发展住房租赁市场具有重要的意义。

(3) 保持“租购同权”政策定力，完善和培育住房租赁市场。

以“租购同权”推动“租售并举”的住房供给制度建设，建立房地产平稳健康发展的长效机制。政府应将“租购同权”作为长效机制来构建，保持政策的定力，并逐步扩大政策的范围，促进住房租赁市场发挥更重要的作用。长期来看，如果“租购同权”得到有效实施，对于提升和稳定租金回报率具有重大的意义，并将成为住房租赁市场发展的支撑力量。政府应该保持“租购同权”这一政策的定力，对于实施过程中遇到的困难和问题仔细研究解决，而不应轻易中断。同时，逐步扩大这一政策的实施范围，从一地试点到多地试点，各地应根据本地区特点，因地制宜，制定适合本地发展的政策，坚持“租购同权”，完善和培育住房租赁市场②。

（四）扩大保障性住房用地供给，满足中低收入者住房需求

政府扩大保障性住房用地供给可从三个方面下手：一是增加保障性住房用地供给总量，拓展土地供应渠道；二是创新保障性住房用地供给形式，发挥社会资金的力量；三是增加专门的租赁住房用地供应，从供给端向租赁市场倾斜，培育和发展住房租赁市场。

(1) 增加保障性住房用地供给总量，做到“应保尽保”。

政府应该扩大保障性住房用地供给的总量，做到“应保尽保”，通过建设更多的保障性住房，满足中低收入者的住房需求。特别是在人口净流入的大城市，应该适度增加保障性住房用地供给。政府在增加保障性住房用地供给时，除了新增建设用地外，对于收回的闲置建设用地和盘活的存量建设用地可以优先用于保障性住房建设，拓宽土地供给的来源渠道。例如，在商品房项目用地中配建一定比例的保障性住房，其较好的基础设施能够

---

① 黄燕芬，王淳熙，张超，等．建立我国住房租赁市场发展的长效机制：以“租购同权”促“租售并举”．价格理论与实践，2017 (10).

② 王丽艳，王澍蔚，王振坡．在全面深化改革背景下发展住房租赁市场．中国房地产，2014 (4).

更好地满足低收入者的住房需求；利用企事业单位自有土地建设保障性住房；利用产业结构置换出来的土地建设保障；等等。这些地块往往具有优越的地理位置和成熟的配套基础设施，是保障性住房用地较好的资源。

（2）创新保障性住房用地供给形式，发挥社会力量。

在扩大保障性住房的供给总量的同时，还应该探索和创新土地的供给形式。目前我国保障性住房的供给形式较为单一，大多通过行政划拨的形式进行供给，还有部分采用出让等形式的保障性住房用地。政府可以创新供给形式，调动企业等社会力量利用社会资金参与保障性住房建设，这样有利于减少地方政府在建设保障性住房上的财政支出，对于促进保障性住房政策落实具有重要的意义。例如，仍以拍卖形式出让土地，但借鉴BOT（build-operate-transfer）或PPP（public-private-partnership）模式运营，鼓励私营企业、民营资本与政府进行合作，共同参与保障性住房的建设①；在公共租赁住房领域尝试社区土地信托的形式，借鉴美国、加拿大等国家的经验，满足人们的住房需求。政府应着力探索采取更加灵活的土地供给形式，提供保障性住房。

（3）增加专门的租赁住房用地供应，从供给端向租赁市场倾斜。

政府应注重精细化土地供给，增加专门的租赁住房用地供应，促进租赁市场的发展。保障房中的廉租房与公租房是房屋租赁市场的重要参与主体，政府可以推出面向“夹心层”及稳定就业新市民等更广泛群体的公共租赁住房，着力为他们提供更为稳定的居所，构建立体式多渠道住房保障网。政府可以通过供给侧结构性改革推进购租并举，增加公共租赁住房供应，从供给端向租赁市场倾斜。例如，借鉴上海挂牌出让租赁住房用地的经验，采取“只租不售”的模式，在运营管理方面由受让人建立统一的管理及服务平台，同时禁止改变用途使用、转租及群租的行为。专门的租赁住房用地供应是培育和发展租赁市场的重要手段，有利于推进租购并举的住房体系建设。

（五）大力发展共有产权房，解决“夹心层”住房问题

我国共有产权房建设尚处于初步发展阶段，国家应该大力发展这一制

① 廖治宇．荷兰社会住房租赁体系及其对我国的启示．价格理论与实践，2015（6）．

度，以解决“夹心层”这一群体的住房需求问题。政府应该通过明确准入标准、完善退出机制以及界定共有产权人权利等方式发展共有产权房，并逐步扩大试点范围，解决各个城市中“夹心层”的住房问题。

（1）明确共有产权住房购买条件，根据需求调整比例。

各地政府应该明确共有产权住房购买条件，严格执行准入标准，同时根据需求调整向新市民提供共有产权住房的比例，推动政策精准落地、精准实施。共有产权住房购买条件设置标准不合理可能会导致申购者过多或过少，甚至出现“房等人”的现象，保障效率较低。政府应该结合本地区的真实情况，制定合理的共有产权房准入标准，并严格执行，争取有效利用现有共有产权房资源。标准制定可以参考以往学者、研究机构的研究结果，在模型的基础上设定具体的执行标准。政府应通过设定比例的方式，在兼顾本地居民住房需求的同时，扩大保障范围，照顾“新市民”的住房需求①。在有条件的试点城市，应大胆尝试人口管理制度改革与共有产权住房供给相联系，强化居住证制度和户籍制度的衔接，对居住、工作达到一定条件的居民，放开对其落户城镇的限制，并逐步建立城乡统一的户口登记制度，打破城乡户籍管理上的“二元”体制。

（2）严格执行共有产权房退出机制，实行转让监督。

除了明确共有产权住房购买条件外，政府还应该严格执行共有产权房的退出机制，实行转让监督。在实际执行过程中，对于弄虚作假的行为予以严厉打击，防止并杜绝钻政策空子的现象。在退出机制的设立上，政府可以借鉴新加坡组屋的经验，实行“内循环”的机制，让共有产权房在具有购买资格的家庭内循环，或者根据实际情况设定退出机制。例如北京市允许购房人买下政府“股份”使其转变为商品住房。但是对于退出的监督必不可少，价格主管部门应对转让价格实行监督管理，防止转让双方利用政策漏洞牟取非法利益。

（3）界定共有产权人权利，保障其合法权益。

我国在建设共有产权房制度时，应该注意界定共有产权人的各项权利，实现共有权人和购房者的“同权”。其中不仅包括享受教育、医疗等各项公共服务的权利，还有共有产权房所特有的优先向政府受让剩余产权份额等权利。此外，政府还应该制定法律法规界定产权边界。在产权问题上，共

---

① 严荣．推进以满足新市民为出发点的住房制度改革．上海房地，2016（4）．

有产权涉及购房者和政府共同分配产权的问题，而现行《物权法》规定“处分共有的不动产或者动产以及对共有的不动产或者动产作重大修缮的，应当经占份额三分之二以上的按份共有人或者全体共同共有人同意，但共有人之间另有约定的除外”。那么共有产权房购买家庭利用房产进行重大修缮时，可能会因为产权不足三分之二，与代持机构之间发生纠纷。后续需要政府完善相关的法律法规，对共有产权人的权利进行明确的界定，保障其合法权益。

（4）扩大试点范围，解决“夹心层”住房问题。

共有产权房在一定程度上降低了房屋出售的价格，使处于目前住房保障体系之外的“夹心层”的首次购房需求得到最大限度的支持，无房家庭住房“刚需”得到满足。在 2004 年，住建部就已确立了北京、上海、深圳、成都、黄石、淮安 6 个全国共有产权住房试点城市，目前已经在上海、淮安、北京 3 个城市开展了试点。共有产权住房当前还存在试点城市偏少，覆盖人群过窄的问题，政府应该在此基础上，进一步推广到更多大城市，重点解决城市“夹心层”的住房问题，实现“居者有其屋”。各地方政府应该结合本地区的具体情况，借鉴试点城市工作的经验和教训，因地制宜地制定本地区共有产权房供给制度。

（六）构建全方位、多元化、多层次的住房保障体系

针对当前国内住房与住房保障领域长期以来形成的旧问题与新挑战，必须加快构建全方位、多元化、多层次的住房保障体系。

（1）处理好市场、政府、社会在住房保障体系中的关系。

全方位主要包括建立全方位和多维度的市场、政府、社会联动互助的住房保障体系，确保市场能够解决的让市场解决，市场解决不好的让政府和社会共同参与解决。构建居民家庭“可进入、可选择、可支付、可持续”的住房渠道，实现“高端有市场、中端有支持、低端有保障”的住房发展目标。确保社会住房保障工作既符合市场规律，又落实政府保障民生目的基本政策需求，形成住房保障的良性发展局面。真正建立全方位的住房保障网络互助体系，确保关系国计民生的住房保障工作得到有效落实，保证全社会人民群众住有所居，破解政府长期以来在人民群众住房保障领域的

短板问题[①]。

（2）吸引和鼓励多元化主体参与住房保障工作，实现“多主体供给”。

多元化主要包括保障性住房的供给主体多元化、建设资金来源多元化，重点鼓励和支持社会组织积极参与住房保障。未来住房保障工作的着力点要从政府自身出发，改变以往保障性住房参与主体单一化的情况，降低准入门槛，增强全社会参与住房保障的能力，允许社会企业、私人部门参与保障性住房建设管理，畅通市场准入制度，同时在财政补贴、税收优惠、政策支持等方面同国有企事业单位享受同等待遇。在资金来源方面，创新保障性住房建设资金融资方式，搭建市场化、专业化的保障性住房融资平台，确保社会闲散资本能够参与进来，尤其是在鼓励支持引导社会资本的进入领域下功夫，改变当前政府在保障性住房建设当中资金不足、运营能力弱、效率低下的弊端。不断通过市场化的手段逐步提升住房保障对象的实际保障效果。

（3）不断丰富保障性住房类型，实现“多渠道保障”。

多层次主要包括根据不同住房消费水平群体需要，不断建立和丰富保障性住房类型；同时建立住房保障对象的财产收入监测体系，确保不同收入阶层与不同住房保障层次相匹配，确保不同收入水平城镇居民的住房保障需求得到精准保障。尤其是在大城市发展公共租赁住房，拓宽公租房房源，进一步探索保障性住房新形式，创新住房保障的形式和内容，打通商品房和保障性住房的转换通道，使住房保障由实物向货币手段转变。因地制宜地完善保障性住房准入门槛，建立动态跟踪机制和退出机制，确保保障性住房精准分配和动态有序退出。

（七）强化住房保障管理和服务工作供给，提高专业化程度和运营效率

改进保障性住房选址、建设和管理中存在的不足，提升住户的居住品质，提高保障性住房的社会认可度和群众满意度，努力实现从“住有所居”向“住有宜居”的跃升。

（1）促进保障性住房职住均衡、城乡融合。

---

① 金太军．国家治理视域下的社会组织发展：一个分析框架．学海，2016（1）．

住房保障建设对于保障人民群众安居乐业、补齐当前住房保障领域短板有着十分重要的意义。而保障性住房建设工作的根本落脚点是民生，要服务入住群众，以入住群众的实际需求为出发点，坚持以人为本，做到职住均衡，既保障住房群体的基本住房需求，又充分考虑其工作、生活距离，避免二者脱钩。从近年来保障性住房的实际运行情况来看，保障性住房选址偏僻的地区往往带来入住率不高、浪费严重的现象，其根本原因就是保障性住房没有将居住群众的实际工作生活需要有效结合，入住群体的职住分离，导致保障性住房难以有效发挥作用。同时保障性住房的建设要同城市发展尤其是城镇化发展结合起来，既要解决农村进城务工人员的住房问题，为城镇化做好服务工作；又要充分考虑城市发展的实际需求，恰当设置适合本地实际的保障房建设、入住、服务标准，统筹兼顾效率与公平，通过保障性住房建设促进城乡的良性互动融合。

（2）加强保障性住房配套设施建设。

保障性住房要真正发挥其保障民生的重要作用，必须围绕保障性住房的建设，加快配套服务设施建设步伐，使得保障性住房的建设能力与管理服务能力相匹配。近些年来，各地住房保障工作在中央的严格考核下取得了重要成果，但存在一个共性的问题就是各地地方政府只重视保障性住房的建设而管理服务能力滞后，这就影响了住房保障工作的实际效果。例如保障性住房没有考虑到入住群体的特殊性，医疗、卫生设施缺乏，交通设施条件差，物业服务质量不高，社区志愿者组织缺乏，等等。这些问题往往关系到人民群众切身利益，关系到住房保障效果和人民群众对政府的满意度。因此，未来住房保障的重要方向不仅仅是增量的建设，更重要的是存量的管理服务，使住房保障的重心由房屋的建设延伸至人的管理和服务，真正将党和国家的住房保障政策惠及住房困难群众。

（3）提升保障性住房社区管理水平。

保障性住房作为党和国家民生工程，其建设固然重要，但后期的管理和服务则更为重要。保障性住房社区管理决定着社会弱势群体的根本利益维护，关系着特殊群体对于政府治理能力的满意度，影响着社会的稳定大局。从各地实际管理经验以及国外社区治理经验来看，保障性住房社区管理必须在政府的规范和引导下加快组建专业化、市场化的管理机构和组织，培育社区管理服务的市场化水平，引入社区管理服务竞争机制。具体而言，要不断强化政府在保障性住房社区管理中的监督管理能力和构建保

障性住房社区多方参与机制的能力，不断培育多方力量参与进来；同时要引导和规范社区物业服务企业以及居民行为，确保社区利益相关主体的权利和义务的落实；再者要不断引导社会第三方组织以及社区志愿者组织参与到保障性住房社区治理中，实现政府、市场、社会多方参与、共治、共赢。

第八章　加强社会保障体系建设

党的十九大报告提出："加强社会保障体系建设。按照兜底线、织密网、建机制的要求，全面建成覆盖全民、城乡统筹、权责清晰、保障适度、可持续的多层次社会保障体系。"中国人民大学中国调查与数据中心"2017年度发展获得感及民生满意度调查报告"显示，在公共服务的各个领域上，受访者对"社会保障"满意度评分均值为75.3分，居于中上水平①。本章侧重分析当前社会保障体系的短板及其改进建议。

一、总体状况与制度成效

社会主义市场化改革以来，在经济制度变革和社会结构随之变迁的前提下，社会保障制度开始了从国家集体保障到市场化改革的过渡。经过30多年的改革发展，与市场经济体制配套的社会保障制度建设取得了巨大成就。

一是社会保险制度基本定型。在养老保险制度改革方面，明确了社会

① 王卫东. 2017年度发展获得感及民生满意度调查报告. 本书附录.

统筹与个人账户相结合的缴费模式。随后，社会统筹与个人账户相结合的城镇职工基本医疗保险制度开始建立。2007 年，国务院颁布《关于开展城镇居民基本医疗保险试点的指导意见》，启动非从业城镇居民医疗保险试点工作，以解决中小学生、老年人、残疾人等群体的医疗健康需求。2011 年实施的《中华人民共和国社会保险法》，在对养老保险、医疗保险、工伤保险、失业保险、生育保险进行整合的基础上，进一步明确了制度内容和责任划分，标志着我国社会保险制度基本定型。

二是社会救助制度创新发展。1999 年，《城市居民最低生活保障条例》颁布实施，救助对象除传统的“三无对象”（无生活来源，无劳动能力，无法定赡养人、扶养人或抚养人）外，还包括有收入但在持续减少、失业与下岗职工中的困难家庭、在职困难职工、部分退休人员等家庭人均收入低于当地最低生活保障线的贫困人口。2007 年，农村最低生活保障制度开始实施。2014 年，《社会救助暂行办法》颁布实施，规定了包括最低生活保障在内的八项救助制度，社会救助制度开始从补缺型走向制度型。

三是社会保障的受益对象越来越多。社会保险是社会保障制度中最为重要的制度设计，其中，城镇职工的社会保险是制度建设的核心。市场化改革以来，我国的就业总人数基本维持在 7.7 亿人左右①。如何解除企业和职工在养老、疾病、工伤、失业等方面的后顾之忧，就成了制度建设的龙头问题。截止到 2016 年，我国参加基本养老保险人数 88 776.8 万人，其中职工基本养老保险参保人数 37 929.7 万人、城乡居民基本养老保险参加人数 50 847.1 万人；城镇基本医疗保险参加人数 74 391.6 万人；失业保险 18 088.8 万人；工伤保险参加人数 21 889.3 万人；生育保险 18 451.0 万人②。历年数据显示，我国城镇职工各项社会保险制度的参加人数和参保率逐年增加。作为社会救助制度核心的居民最低生活保障制度，2016 年城市覆盖人数 1 480.2 万人、农村覆盖人数 4 586.5 万人③，二者合计 6 066.7 万人，占总人口的比重为 4.39%。

四是城乡统筹初见雏形。随着城市社会保障制度的快速推进，建立和

① 中华人民共和国国家统计局. 中国统计年鉴 2017. 北京：中国统计出版社，2017：98.

② 同①791.

③ 同①726.

完善农村社会保障制度，成为新时期农村扶贫政策转变的重要方向①。在农村社会保障制度建设中，新型农村养老保险制度、新型农村合作医疗保险制度、农村最低生活保障制度、农村五保供养制度等构成农村社会保障制度的基本框架，城乡一体化的社会保障制度已初见雏形。

虽然社会保障制度基本定型，并取得了巨大的制度成效。但是，一些问题也比较明显，突出表现在总体上不平衡不充分的问题仍较明显、养老保险全国统筹迫在眉睫、延迟退休年龄政策尚未落地、最低生活保障制度有待完善。

二、不平衡不充分的问题仍较明显

党的十九大报告提出，“新时代我国社会主要矛盾是人民日益增长的美好生活需要和不平衡不充分的发展之间的矛盾”。在社会保障制度中，养老保险和医疗保险是个人生命历程中最为重要的制度设计。此外，针对弱势群体的最低生活保障制度，也是至关重要的基础性制度。我们以养老保险、医疗保险、最低生活保障制度为例，对社会保障的不均衡不充分问题进行分析。

（一）制度设计起点不均衡

社会保障的不均衡不充分，首先表现在各项制度类别之间的不均衡。这些不同的制度类别，因制度设计起点不同，导致其待遇水平也有较大差异。

在目前的制度体系中，养老保险制度分为三个类别（见表8-1），分别是城镇职工基本养老保险制度、城乡居民基本养老保险制度和机关事业单位工作人员养老保险制度。其中，机关事业单位工作人员养老保险从2015年开始与企业职工基本养老保险并轨，覆盖对象为机关事业单位工作人员，分为个人缴费和单位缴费两个部分，分别对应于个人账户和社会统筹账户，

① 都阳，蔡昉. 中国农村贫困性质的变化与扶贫战略调整. 中国农村观察，2005（5）.

个人缴费率为缴费工资的8%，单位缴费率为工资总额的20%。达到法定退休年龄时，累计缴费满15年的，按月领取统筹养老金和个人账户养老金。城镇职工基本养老保险覆盖对象为企业职工、无雇工的个体工商户、未在用人单位参加基本养老保险的非全日制从业人员以及其他灵活就业人员。筹资方式分个人缴费和企业缴费两个部分，分别对应个人账户和社会统筹账户，个人缴费率为缴费工资的8%，企业缴费率不超过工资总额的20%，灵活就业人员缴费率为上年度当地职工平均工资的20%，其中8%计入个人账户。达到法定退休年龄时，累计缴费满15年的，按月领取统筹养老金和个人账户养老金。城乡居民基本养老保险由2009年开始试点的新型农村社会养老保险与2011年开始试点的城镇居民社会养老保险合并而成，覆盖对象为不包括学生在内的16周岁以上、不被以上两项制度覆盖的城乡居民，个人缴费标准目前设为每年100元、200元、300元、400元、500元、600元、700元、800元、900元、1 000元、1 500元、2 000元12个档次，缴费计入个人账户。符合国家规定条件的，按月领取基础养老金和个人账户养老金①。

表8-1　　现阶段我国养老保险的制度设计

制度类别	覆盖对象	准入条件
机关事业单位工作人员养老保险	机关事业单位工作人员	单位缴费率为工资总额的20%；个人缴费率为缴费工资的8%，计入个人账户
城镇职工基本养老保险	企业职工、个体工商户、灵活就业人员等	企业职工的单位缴费率不超过工资总额的20%，个人缴费率为缴费工资的8%，计入个人账户；灵活就业等人员的缴费率为当地上年度职工工资的20%，其中8%计入个人账户
城乡居民基本养老保险	16岁以上（不含学生）、不被以上两项制度覆盖的城乡居民	基础养老金由政府全额支付；个人缴费标准为每年100～1 000元（均为整百）、1 500元、2 000元共12个档次，计入个人账户

① 经国务院批准，从2014年7月1日起，全国城乡居民基本养老保险基础养老金最低标准提高至每人每月70元。见《人力资源社会保障部、财政部关于提高全国城乡居民基本养老保险基础养老金最低标准的通知》，人社部发〔2015〕5号文。

在现有的制度安排中，不管是城镇职工基本养老保险，还是机关事业单位工作人员养老保险，都要求企业或单位依法强制性缴费，保险基金维持自我平衡，政府给予财政补贴。相比较而言，城乡居民基本养老保险的缴费比例较低。同时，城乡居民基本养老保险带有一定的自愿性，缴费标准相对较低，不是按月缴费，而是按年缴费，地方政府对个人缴费给予补贴，也没有社会统筹账户，基础养老金则由政府全额支付，因而有了更多的福利色彩。

医疗保险制度也分三个类别，分别是公费医疗制度、城镇职工基本医疗保险制度和城乡居民基本医疗保险制度（见表8-2）。其中，公费医疗制度的覆盖对象为中央直属机关和部属高校等工作人员，个人不用缴费，由国家承担医疗费用。城镇职工基本医疗保险的覆盖对象为各类企业、机关事业单位及社会团体等非企业单位的职工。筹资方式分为个人缴费和企业（单位）缴费两部分。个人缴费率为本人工资的2%，企业（单位）缴费率为工资总额的6%左右，个人缴费全部计入个人账户，单位缴费的30%左右划入个人账户，其余划入社会统筹账户。城乡居民基本医疗保险由2003年开始试点的新型农村合作医疗与2007年开始试点的城镇居民基本医疗保险合并而成，它覆盖职工基本医疗保险应参保人员以外的其他所有城乡居民。实行以个人缴费与政府补助相结合为主的筹资方式，鼓励集体、单位或其他社会经济组织给予扶持或资助。

表8-2　　现阶段我国医疗保险的制度设计

制度类别	覆盖对象	准入条件
公费医疗	中央直属机关、部属高校等工作人员	国家财政负担
城镇职工基本医疗保险	各类企业、机关事业单位及社会团体等非企业单位的职工	单位缴费率为工资总额的6%左右，个人缴费率为本人工资的2%；个人缴费全部计入个人账户，单位缴费的30%左右划入个人账户
城乡居民基本医疗保险	除职工基本医疗保险应参保人员以外的其他所有城乡居民	个人按年度缴费，政府给予补助，鼓励集体、单位或其他社会经济组织给予扶持或资助

相比较而言，公费医疗制度的福利水平最高，个人无须缴费，政府承担医疗费用，并且医疗待遇高。城乡居民医疗保险制度以及与之相关联的城乡居民大病保险制度，采取个人缴费和政府补贴相结合的方式，个人缴费负担较低。城镇职工基本医疗保险制度由个人与用人单位共同缴费，基本上是一个自我平衡、封闭运行的制度体系。

（二）待遇水平差异较大

社会保障的不均衡不充分，还表现在待遇水平的差异性方面。从养老保险待遇的享受情况来看，《中国社会保险发展年度报告 2016》数据显示，城镇职工基本养老保险月人均养老金为 2 373.00 元，城乡居民基本养老保险月人均养老金水平为 117.20 元。计算结果显示，城镇职工基本养老保险的替代率为 41.27%，城乡居民基本养老保险的替代率为 6.12%（见表 8-3），城镇职工基本养老保险是城乡居民基本养老保险的 6.74 倍。

表 8-3　　不同制度类别的养老保险替代水平（2016）

制度类别	人均养老金（元/月）	人均收入水平（元/月）	替代率（%）
城镇职工基本养老保险	2 373.00	5 749.42	41.27
城乡居民基本养老保险	117.20	1 915.82	6.12

资料来源：人力资源和社会保障部社会保险事业管理中心. 中国社会保险发展年度报告 2016. 北京：中国劳动社会保障出版社，2016：17，24；中华人民共和国国家统计局. 中国统计年鉴 2017. 北京：中国统计出版社，2017：109，180，188.

注：城镇职工的人均收入水平是指城镇单位就业人员在岗职工平均工资；城乡居民人均收入是指城镇居民人均可支配收入与农村居民人均纯收入的平均值。

从医疗保险的待遇享受来看，《中国社会保险发展年度报告 2016》数据显示，城镇职工基本医疗保险的享受待遇为 17.1 亿人次，城镇（城乡）居民基本医疗保险享受待遇为 7.9 亿人次；城镇职工基本医疗保险的人均门诊就诊次数为 5.7 次，城乡居民基本医疗保险的人均门诊就诊次数为 1.64 次。城镇职工基本医疗保险政策范围内住院费用基金的支付比例为 81.7%，城乡居民基本医疗保险的支付比例为 71.1%。城镇职工基本医疗保险的次均住院费用为 10 825 元，城乡居民基本医疗保险的次均住院费用为 6 663 元。城镇职工基本医疗保险的异地就医总人次为 2 772 万，城乡居民基本医疗保险的异地就医总人次为 1 645 万①。两项制度带来的效果，也有比较明显的差距。

从医疗保险基金支出的情况看，2016 年城镇职工基本医疗保险的月人均基金支出为 233.84 元，城乡居民基本医疗保险的支出为 46.08 元，分别占城镇职工人均收入水平的 4.07%和城乡居民人均收入水平的 2.41%（见表 8-4）。

表 8-4　　不同医疗保险制度下的支出水平（2016）

制度类别	人均基金支出（元/月）	人均收入水平（元/月）	支出水平（%）
城镇职工基本医疗保险	233.84	5 749.42	4.07
城乡居民基本医疗保险	46.08	1 915.82	2.41

资料来源：人力资源和社会保障部社会保险事业管理中心. 中国社会保险发展年度报告 2016. 北京：中国劳动社会保障出版社，2016：17，24；中华人民共和国国家统计局. 中国统计年鉴 2017. 北京：中国统计出版社，2017：109，180，188.

相比较养老保险和医疗保险，最低生活保障制度的均衡性要好得多。从最低生活保障的待遇情况看，2015 年城市低保的人均支出为 316.60 元/月，农村低保为 147.20 元/月，分别占居民人均收入的 11.95%和 16.40%（见表 8-5）。需要说明的是，城乡低保一体化已经成为今后最低生活保障制度的重要发展方向。目前，有些省市已经统一了城乡低保标准，城市低保和农村低保的平均标准、支出水平差距也将日渐缩小，甚至有可能完全统一。

表 8-5　　城乡最低生活保障的支出水平（2015）*

制度类别	人均支出水平（元/月）	居民平均收入（元/月）	支出占比（%）
城市低保	316.60	2 649.19	11.95
农村低保	147.21	897.67	16.40

* 2016 年数据缺失。

资料来源：中华人民共和国国家统计局. 中国统计年鉴 2016. 北京：中国统计出版社，2016：177；中华人民共和国民政部. 中国民政统计年鉴 2016. 北京：中国统计出版社，2016：57，60.

① 人力资源和社会保障部社会保险事业管理中心. 中国社会保险发展年度报告 2016. 北京：中国劳动社会保障出版社，2016：33-47.

（三）原因分析

目前社会保障制度的项目设计，其不均衡不充分主要表现在城乡之间，机关事业单位和企业单位之间，国有企业与外资企业、民营企业、私营企业之间，体制内与体制外之间，不同社会群体之间，还存在着较大差异性。需要注意的是，社会保障既有满足福利需求、促进社会平等的一面，其本身也可能是一个推进不平等的机制。如果以既有的阶级结构或社会地位、职业地位为基础设计社会保障制度，就会在既有的社会结构下带来福利资源的阶层化，不仅造成国家财政资源的浪费和制度功能的失效，还会加大社会不平等。严重的话，还会诱发社会矛盾和冲突。上述造成社会保障不均衡不充分的原因是多方面的，但从制度设计的角度看，以下两个问题至关重要。

1. 普遍性还是选择性

在社会保障制度中，普遍性往往意味着以公民身份为基础的福利模式。高尔-安徒生（Goul-Andersen）认为，普遍性有五个不同的维度：第一，资格和授权是明确规定的权利，而不是自由裁量权。第二，包容性规则适用于所有可能成为相关受益人的公民或者居民。第三，普遍的福利和服务由一般税收而非社会缴费作为财政支撑。第四，所有公民的受益通常应该是一样的，至少，应该没有人通过家计调查（means-testing）被排除在外。第五，要有足够的受益水平以防止中产阶级转向私人市场[①]。反观我国当前的社会保障制度，尤其是在市场化初期的制度变革中，强调企业—个人责任和“社会福利社会化”的自由主义福利模式取向尤为突出。相应地，在制度建设层面，有工作的和无工作的、穷人和非穷人之间的制度碎片化现象非常明显，针对不同职业群体如农民工、失地农民之类的过渡性制度，也时常在政府文件中出现。

普遍主义（universalism）作为现代福利国家建立的重要原则，已经成为马歇尔（Marshall）和蒂特马斯（Titmuss）笔下社会政策文献中的突出主题[②]。第二次世界大战后英国福利国家的建立，被视为世界社会保障制度建设的楷模。当今世界，强调公民身份基础上的社会保障制度建设，成为

① Linda Moberg. Marketisation of Nordic Eldercare: Is the Model Still Universal?. Journal of Social Policy, 2017, 46 (3).

② 同①.

各个国家普遍遵循的重要原则。

毫无疑问，受经济发展水平、户籍制度和历史形成的社会结构的影响，我国社会保障制度带有明显的城乡二元化身份特征。养老保险通过三个不同层面的制度平台——机关事业单位养老保险制度、城镇职工基本养老保险制度和城乡居民养老保险制度，搭建起不同身份群体的制度体系。其中，机关事业单位养老保险制度和城镇职工基本养老保险制度，因强调雇员雇主的缴费责任和精算平衡原则，带有更多的选择性而非普遍性特征。城乡居民基本养老保险制度，因凸显了政府的财政责任，带有更多的普遍性而非选择性特征。

医疗保险则通过机关事业单位公费医疗制度、城镇职工基本医疗保险制度、城乡居民基本医疗保险制度，实际上搭建起不同身份群体的制度体系。其中，公费医疗制度基本符合普遍性原则，城镇职工基本医疗保险制度因强调雇员雇主的缴费责任和精算平衡原则，带有更多的选择性而非普遍性特征。城乡居民基本医疗保险制度，因凸显了政府的财政责任，带有更多的普遍性而非选择性特征。

2. 保险还是福利

社会保障的领取资格基本上基于缴费和公民身份。一个无法回避的问题是：基于公民身份和缴费的项目设计，是否能够带来公平的社会保障待遇？

事实上，社会保障制度的项目设置相对多样化，不可能带来绝对公平的社会保障待遇水平。例如，同样是养老保险制度，机关事业单位养老保险、城镇职工基本养老保险、城乡居民基本养老保险的受益水平明显不同。此外，还有一些贫困者没有参与到养老保险计划中。同样是医疗保险，机关事业单位公费医疗、城镇职工基本医疗保险、城乡居民基本医疗保险的受益水平也有显著差别，也有一些贫困者没有参与到医疗保险计划中。如果以“公民”和“保险”两个制度为子变量，以有无工作作为资格条件，可以对当前我国的主要社会保障制度做一个大致的类别划分（见图8-1）。

由此，保险收益与公民福利之间也呈现出一种复杂的情形。首先，对于有工作的人来说，其保险收益和公民福利均明显高于无工作的群体。其次，有工作者的公民福利（公费医疗）高于有工作者的保险收益。最后，无工作贫困者的公民福利（低保）高于无工作的城乡参保人的保险收益。

于是，在社会保障待遇领取方面，就形成了这样一个公平性逻辑：不论是有业者还是无业者，公民福利均高于保险收益。

	有工作	无工作
福利	机关事业单位公费医疗	最低生活保障
（公民）保险	机关事业单位养老保险 城镇职工基本养老保险 城镇职工基本医疗保险	城乡居民基本养老保险 城乡居民基本医疗保险

注："有工作"和"无工作"只是个笼统的说法。事实上，城乡居民基本养老和医疗保险的覆盖对象，除了无业群体外，还包含部分灵活就业人员。

图 8-1　当前我国主要社会保障制度的类别划分

三、养老保险全国统筹迫在眉睫

党的十九大报告明确提出，"完善城镇职工基本养老保险和城乡居民基本养老保险制度，尽快实现养老保险全国统筹"。一直以来，养老保险全国统筹不仅是学术界理论研讨的重要课题，同时也是政府尤其是政府主管部门屡屡提及的重要政策议题。

（一）制度沿革

市场化改革以来，国家进行养老保险社会化改革，开始在有些省份进行社会化统筹试点，逐步形成了地方统筹和行业统筹并存的状况，随着统账结合养老保险制度的定型，这一状况逐步被现行各级社会保险经办机构统筹管理的模式所取代。

我国基本养老保险实行的是统账结合制度，即社会统筹部分采用现收现付，而个人账户部分采用完全积累。养老保险从 1986 年开始改革，当时全国各地普遍开展了县（市）级养老保险费用的统筹制度。1998 年国务院进行政府机构改革，成立劳动和社会保障部，实现了社会保障的统一管理。随后，《国务院关于实行企业职工基本养老保险省级统筹和行业统筹移交地方管理有关问题的通知》（国发〔1998〕28 号）提出，1998 年年底前全国的基本养老保险基金都要实行省级统筹。2005年国务院《关于完善企业职工基本养老保险制度的决定》进一步提出，要尽快提高统筹层次，实现省级统筹，为构建全国统一的劳动力市场和促进人员合理流动创造条件。2007年劳动和社会保障部、财政部联合下发《关于推进企业职工基本养老保险省级统筹有关问题的通知》，对实现省级统筹的意义、标准、措施做出了更加明确的说明。截至2009年6月底，全国已有25个省份建立了省级统筹制度①。2010年《社会保险法》第64条规定，“基本养老保险基金逐步实行全国统筹”。2010年中共中央十七届五中全会关于“十二五”规划的建议第33条中，更明确要求在“十二五”期间“实现基础养老金全国统筹”，并且“进一步做实养老保险个人账户，实现跨省可接续”。可以看出，我国基本养老保险基金统筹层次的模式是：社会统筹制度对应的基础养老金实行全国统筹，完全积累的个人账户制度实行省级统筹，并实现跨省可接续。2017年9月14日，由人力资源和社会保障部财政部联合下发的《人力资源社会保障部财政部关于进一步完善企业职工基本养老保险省级统筹制度的通知》（人社部发〔2017〕72号）提出，由于各地经济社会发展及推进工作力度存在差异，目前省级统筹工作开展尚不平衡，为了进一步完善省级统筹制度，推动实现全国统筹，对有关问题进行了通知。党的十九大报告明确提出：“完善城镇职工基本养老保险和城乡居民基本养老保险制度，尽快实现养老保险全国统筹。”现在来看，养老保险全国统筹已经不是统不统的问题，而是怎么统、用什么方案来进行统的问题。

（二）主要表现

总体来看，我国基本养老保险基金收支均衡，运营情况良好。从2009年以来可查数据开始到2016年，全国养老保险基金累计结余逐年增加（见表8-6）。因此，从全国范围和制度内循环的角度看，实行全国统筹，并不存在基金平衡方面的问题。

① 胡晓义．走向和谐：中国社会保障发展60年．北京：中国劳动社会保障出版社，2009：103.

表 8－6　　全国基本养老保险基金收支情况

年份	基金收入（亿元）	基金支出（亿元）	累计结余（亿元）	财政补助（亿元）
2009	11 490.8	8 894.4	12 526.1	—
2010	13 872.9	10 755.3	15 787.8	2 031.5
2011	18 004.8	13 363.2	20 727.8	2 702.1
2012	21 830.2	16 711.5	26 243.5	3 534.7
2013	24 732.6	19 818.7	31 274.8	4 130.3
2014	27 619.9	23 325.8	35 644.5	4 808.2
2015	32 195.5	27 929.4	39 937.1	5 989.0
2016	37 990.8	34 004.3	43 965.2	6 695.0

资料来源：人力资源和社会保障部社会保险事业管理中心．中国社会保险发展年度报告 2014．北京：中国劳动社会保障出版社，2014：14；人力资源和社会保障部社会保险事业管理中心：中国社会保险发展年度报告 2015．北京：中国劳动社会保障出版社，2015：13；人力资源和社会保障部社会保险事业管理中心．中国社会保险发展年度报告 2016．北京：中国劳动社会保障出版社，2016：13；中华人民共和国国家统计局．中国统计年鉴 2017．北京：中国统计出版社，2017：790．其中，财政补助根据城镇职工基本养老保险财政补贴与城乡居民基本养老保险财政补贴加总计算得出。

那么，养老保险全国统筹的问题和障碍表现在什么地方呢？如果以全国各省份的情况分开来看，就出现了问题的核心和关键。如表 8－7 所示，从各省份基本养老保险的收入、支出和结余情况看，很明显存在较大差异性。

表 8－7　　各省份基本养老保险基金收支与结余情况（2016）

省份	城镇职工基本养老保险基金（亿元）			城乡居民基本养老保险基金（亿元）		
	收入	支出	结余	收入	支出	结余
北京	2 249.0	1 479.4	3 566.2	41.7	30.2	139.0
天津	751.4	750.1	397.7	72.5	30.7	202.0
河北	1 221.3	1 269.4	707.6	141.6	103.6	249.2
山西	788.0	746.9	1305.6	66.9	43.2	146.3
内蒙古	612.5	627.8	458.9	45.6	37.7	75.3
辽宁	1 676.1	1 930.3	916.6	59.0	53.5	62.8
吉林	636.0	676.3	342.8	29.7	26.4	43.4

续前表

省份	城镇职工基本养老保险基金（亿元）			城乡居民基本养老保险基金（亿元）		
	收入	支出	结余	收入	支出	结余
黑龙江	1 005.7	1 332.7	−196.1	24.4	26.2	52.5
上海	2 579.7	2 158.2	1 872.5	57.5	54.2	77.3
江苏	2 324.5	2 085.6	3 402.7	288.1	224.8	504.4
浙江	2 358.4	2 157.4	3 293.5	149.9	143.4	150.9
安徽	815.9	673.1	1 185.2	140.6	93.2	268.0
福建	689.7	586.0	701.1	79.0	57.9	123.9
江西	695.9	668.2	526.7	73.8	46.2	137.3
山东	2 242.5	2 090.3	2 385.7	324.4	204.8	683.6
河南	1 145.2	1 092.2	1 050.5	200.1	144.6	350.7
湖北	1 196.9	1 225.1	822.3	112.5	76.2	202.0
湖南	1 086.7	1 019.0	1 007.0	134.9	97.2	221.8
广东	2 818.7	1 678.7	7 652.6	184.8	157.1	385.2
广西	852.8	849.0	460.4	85.1	63.4	110.5
海南	198.0	177.8	134.3	29.0	13.0	51.0
重庆	819.9	740.5	834.8	57.0	50.0	101.1
四川	2 739.9	2 679.9	2 226.3	190.4	141.6	351.8
贵州	331.3	283.9	527.8	58.6	43.0	91.4
云南	664.3	501.1	813.7	83.6	49.2	191.6
西藏	79.5	51.8	77.5	7.7	4.7	14.5
陕西	691.1	678.3	474.5	87.7	65.1	171.1
甘肃	341.8	331.7	376.0	54.8	36.6	114.2
青海	174.5	187.8	63.0	13.7	8.5	26.8
宁夏	205.8	181.9	196.1	11.3	7.2	23 .4
新疆	1 052.4	934.4	979.5	27.3	17.1	62.4

资料来源：中华人民共和国国家统计局．中国统计年鉴 2017．北京：中国统计出版社，2017：792-793．

表 8-7 数据显示，我国绝大多数省份都能够维持养老保险基金平衡，有些经济发达省份基金结余充足，但也有个别省份开始出现收不抵支的情况。其中，城镇职工基本养老保险基金结余超过 1 000 亿元的有北京、山西、上海、江苏、浙江、安徽、山东、河南、湖南、广东、四川等 11 个省份，广东省更是高达 7 652.6 亿元；基金结余为 100 亿～1 000 亿元的有天津、河北、内蒙古、辽宁、吉林、福建、江西、湖北、广西、海南、重庆、贵州、云南、陕西、甘肃、宁夏、新疆等 17 个省份；基金结余低于 100 亿元的有黑龙江、西藏、青海 3 个省份，黑龙江更是出现负数，亏欠 196.1 亿元。总体来看，经济发达省份的基金结余充足，收不抵支或者出现养老金支付危机的只是极少数，其他大多数省份则能较好地维持基金自我平衡。

（三）原因分析

理论上，社会保险制度应遵循大数原则，维持制度的自我平衡、自我运转。但是，由于地区经济发展存在较大差异性，各个省份的人口结构也存在一定差异性，导致养老保险基金很难在省级统筹范围内实现调剂使用。这样，不仅违逆了社会保险的基本原则，使制度效能大打折扣，也严重影响了人才和劳动力的自由流动。究其原因，主要有三：一是制度惯性，二是地方保护，三是部门利益。

首先是制度惯性。一方面，目前养老保险统筹层次较低。在养老保险制度建立初期，国有企业职工养老保险全部实行了市县级以上统筹，集体企业职工的养老保险统筹遍及2 000多个市县，非公有制企业开始逐步纳入社会统筹范围①。统筹层次低，因此才要全国统筹，这是不言而喻的道理。另一方面，各地缴费基数和缴费率差异非常大。据笔者测算，2016 年全国养老保险总体缴费率是 18.26%。比较全国各个省份的缴费率，发现有三个明显的特点：其一，民族地区的缴费率普遍较高。例如西藏缴费率竟然高达 47.7%，新疆缴费率高达 38%，青海（28.46%）、宁夏（23.00%）缴费率也相对较高。由于上述省份均属民族地区，有些原因超越了养老保险制度探讨的范畴，这里不予赘述。其二，越是经济欠发达地区，缴费率反而越高。例如，四川（30.19%）、甘肃（28.50%）、山西（26.37%）、辽宁

① 胡晓义. 走向和谐：中国社会保障发展 60 年. 北京：中国劳动社会保障出版社，2009：85.

(26.18%)、云南(25.26%)。其三，越是经济发达的地区，缴费率反而越低。例如，广东只有7.95%的缴费率，福建(13.50%)、北京(14.40%)、江苏(14.96%)的缴费率也相对较低，如表8-8所示。

表8-8　全国各省份城镇职工基本养老保险缴费率(2016年)

省份	基金收入(亿元)	基金支出(亿元)	累计结余(亿元)	缴费人数(万人)	社会平均工资(元)	缴费率(%)
全国	35 057.5	31 853.8	38 580.0	27 826.3	68 993	18.26
北京	2 249.0	1 479.4	3 566.2	1 271.2	122 749	14.40
天津	751.4	750.1	397.7	430.4	87 806	19.80
河北	1 221.3	1 269.4	707.6	1 011.8	56 987	21.10
山西	788.0	746.9	1 305.6	543.6	54 975	26.37
内蒙古	612.5	627.8	458.9	418.6	61 994	23.60
辽宁	1 676.1	1 930.3	916.6	1 120.5	57 148	26.18
吉林	636.0	676.3	342.8	420.1	57 486	26.30
黑龙江	1 005.7	1 332.7	−196.1	655.6	55 299	27.74
上海	2 579.7	2 158.2	1 872.5	1 050.9	120 503	20.30
江苏	2 324.5	2 085.6	3 402.7	2 137.3	72 684	14.96
浙江	2 358.4	2 157.4	3 293.5	1 843.0	74 644	17.10
安徽	815.9	673.1	1 185.2	634.3	61 289	20.99
福建	689.7	586.0	701.1	805.7	63 138	13.50
江西	695.9	668.2	526.7	672.7	57 470	18.00
山东	2 242.5	2 090.3	2 385.7	1 969.0	63 562	17.90
河南	1 145.2	1 092.2	1 050.5	1 398.1	50 028	16.37
湖北	1 196.9	1 225.1	822.3	897.1	61 113	21.80
湖南	1 086.7	1 019.0	1 007.0	823.8	60 160	21.93
广东	2 818.7	1 678.7	7 652.6	4 867.9	72 848	7.95
广西	852.8	849.0	460.4	511.2	60 239	27.60
海南	198.0	177.8	134.3	158.5	62 565	19.97
重庆	819.9	740.5	834.8	605.9	67 386	20.00

续前表

省份	基金收入（亿元）	基金支出（亿元）	累计结余（亿元）	缴费人数（万人）	社会平均工资（元）	缴费率（%）
四川	2 739.9	2 679.9	2 226.3	1 379.8	65 781	30.19
贵州	331.3	283.9	527.8	323.9	69 678	14.60
云南	664.3	501.1	813.7	413.8	63 562	25.26
西藏	79.5	51.8	77.5	15.1	110 330	47.70
陕西	691.1	678.3	474.5	577.3	61 626	19.43
甘肃	341.8	331.7	376.0	200.9	59 549	28.50
青海	174.5	187.8	63.0	90.9	67 451	28.46
宁夏	205.8	181.9	196.1	131.5	67 830	23.00
新疆	1 052.4	934.4	979.5	428.5	64 630	38.00

资料来源：中华人民共和国国家统计局．中国统计年鉴 2017．北京：中国统计出版社，2017：109，792.

其次是地方保护。不言而喻的是，各个地方都不愿意把“自己”这个钱拿出来，都在防止养老保险基金外流。比如，深圳经过多年的积累，已经形成非常大的资金池。同时，深圳又是一个非常年轻的城市，养老金支付压力较小。但是，深圳的养老保险基金仍是独立运营，参与省级统筹都有困难，更不用说从深圳直接抽取到全国统筹这个层面。另外，很多地方把养老保险基金当成了地区经济发展的金融工具，也有的把养老保险基金当成化解社会矛盾的资金工具，比如说用于退伍军人安置或者其他突发性事件的处理等。

最后是部门利益。部门利益主要涉及不同政府部门之间，对与养老保险制度有关的人、财、物、事的控制。其中，基金征收是一个最为突出的问题。目前，基金征收主体千差万别，既有社会保险经办机构，也有税务部门代收或全征。即便同样是社会保险经办机构征收，由于内部职能划分的不同，譬如养老保险和医疗保险，在不同的地市县，缴费费基、费率都不尽相同。除了征收主体和费基、费率的差异外，还有人社部门和税务部门对人、财、物、事的争夺，也有对政策制定、政策方案影响力的考量。当然，作为政府职能部门，肯定还有政绩观或其他方面的考虑，甚至还有普通民众看不见、想不到的其他利益资源。

四、延迟退休年龄政策尚未完全落地

（一）延迟退休年龄是个什么问题

我国现行的基本养老保险制度，是在 1997 年国务院《关于建立统一的企业职工基本养老保险制度的决定》（国发〔1997〕26 号）基础上，后经 2005 年国务院《关于完善企业职工基本养老保险制度的决定》（国发〔2005〕38 号）修改完善，最终经 2010 年《中华人民共和国社会保险法》（主席令第 35 号）颁布，并于 2011 年 7 月 1 日正式实施的。《中华人民共和国社会保险法》第十一条规定，“基本养老保险实行社会统筹与个人账户相结合”；“基本养老保险基金由用人单位和个人缴费以及政府补贴等组成”。第十五条规定，“基本养老金由统筹养老金和个人账户养老金组成”。第十六条规定，“参加基本养老保险的个人，达到法定退休年龄时累计缴费满十五年的，按月领取基本养老金”。

虽然《中华人民共和国社会保险法》对法定退休年龄没有具体规定。但是，在前述国务院法规执行过程中，男 60 周岁、女干部 55 周岁、女工人 50 周岁，是国家规定的法定退休年龄。达到上述法定退休年龄，就可以按月领取养老金。

学术界提及延迟退休议题，更多从应对人口老龄化和维持基金平衡的角度出发。2013 年 8 月，清华大学养老改革方案提出，逐步延迟退休至男女均 65 岁。具体计划和实施步骤如下：第一，从 2015 年开始，1965 年出生的女性职工和居民应当推迟 1 年领取养老金，1966 年出生的推迟 2 年，以此类推，到 2030 年实现女性 65 岁领取养老金。第二，从 2020 年开始，1960 年出生的男性职工和居民推迟 6 个月领取养老金，以此类推，到 2030 年实现男性职工和居民 65 岁领取养老金。艰苦岗位的男女职工可以提前 10 年领取养老金。总之，从 2015 年开始，到 2030 年之前完成这项工作。

此方案和相关报道，不仅引起网友热议和全社会的广泛关注，而且将一项重大养老保险制度改革的讨论推到舆论的风口浪尖。中国共产党十八届三中全会《中共中央关于全面深化改革若干重大问题的决定》提出，研

究制定渐进式延迟退休年龄政策。2013 年 12 月，人社部领导在接受媒体采访时表示，为保证平稳过渡，不对当前的就业状况造成太大影响，我国将采取渐进式延迟退休年龄的方式。所谓“渐进式延迟退休年龄”，第一，要有一个预告期，提前几年告知社会；第二，要分步骤，可能会首先考虑从现在规定退休年龄最低的群体开始起步；第三，延迟退休年龄一定要“迈小步”，以“一年提高几个月”的方式，一步一步来，用较长的一段时间逐步完成平滑过渡。在延迟退休年龄的同时，国家还将严格控制提前退休，强化养老保险激励机制，调整产业结构，开发更多适合中老年人、又不与青年人争夺工作机会的岗位，加强中老年人技能培训等，最大限度降低延迟退休的不利影响①。此后，人社部领导多次表示，国家正在研究制定渐进式延迟退休方案，计划 2017 年出台具体办法，从 2022 年开始正式实施。

（二）为什么很多人反对延迟退休

延迟退休年龄的政策提案，在现实中却遭到很多人的激烈反对。事实上，当我们在热议延迟退休的话题时，似乎普遍忽略了一个重要方面，即基本养老保险的受益对象问题。任何制度设计都有特定的覆盖对象，现行基本养老保险制度的覆盖人群主要是企业职工，尤其是经历了市场经济改革的产业工人阶层。这个群体中的大多数人，出生于 20 世纪 50、60 年代，有些人在计划经济时代参加工作，更多人则亲身体验了我国改革开放以后的市场化进程。在其职业生涯中，经历了从“铁饭碗”到“合同制”再到“减员增效”的劳动用工制度变革。其中，有的人更是在企业改制的过程中下岗失业，成为城市贫困者中的一员。毫无疑问，改革是使我国经济发展和一部分人富裕起来的过程，但同时也是社会保护缺失和社会保障制度重构的过程。当一个重构中的、适应社会主义市场经济体制的新型社会保障制度初具雏形时，我们就迫不及待地以种种理由来延长退休年龄，对于这个群体来讲是不怎么公平的。

不仅如此，延迟退休至少应在以下三个方面有所考虑：

其一，政府公信力。如前所述，现行基本养老保险制度开始于 90 年代

---

① 鲍丹. 延迟退休要分步走：访人力资源和社会保障部副部长胡晓义. 人民日报，2013-12-11.

的试点，而以法律形式颁布实施不过两年时间。即便从试点开始算起，也不过 20 年左右。制度规定的各项条款，具有无可争辩的法律效力，也是政府履行承诺的法律合同。令人费解的是，一项探索试点了若干年，刚刚以法律形式颁布实施的基本制度，为何这么快就要对养老金领取年龄进行调整呢？而且，调整的意愿还很强烈。从政府诚信的方面看，完全没有理由朝令夕改。否则，就是对本已欠账的改革利益受损群体再次欠账，是对广大产业工人阶层基本权益的剥夺，更是政府公信力丧失和执政能力缺乏的重要表现。

其二，政策延续性。不管是经济政策，还是社会政策，一般都沿袭"问题导向"路径，亦即当出现经济或社会问题时，为了解决问题，政策才会制定实施。那么，延迟退休所面对的真正问题是什么？真的是因为养老金不够发了吗？如果是，为何在短短几年就面临着养老金收不抵支的窘况呢？进一步追问的话，难道当初建立制度的时候，就没有对养老保险基金进行精算和预估吗？我们有充分理由相信，当初进行制度设计的时候，国家采取了审慎的态度，对养老保险基金进行过精算和预估，否则，就不会进行多年试点后再出台法律。同时，我们也有充分理由相信，当初进行制度设计和试点的时候，人口因素一定是制度设计者重点考虑的因素之一。

其三，制度公平性。当延迟退休年龄呼声高涨时，其时养老保险制度实际上由四个基本制度构成：企业职工基本养老保险制度、城镇居民基本养老保险制度、新型农村社会养老保险制度、机关事业单位养老保险制度。上述四种制度中，机关事业单位养老保险制度当时正在改革完善的过程中，这种制度沿袭了计划经济体制下的制度模式，个人不用缴费，养老金由国家财政支付且受益水平较高。相反，企业职工基本养老保险制度、城镇居民基本养老保险制度、新型农村社会养老保险制度，因为都有个人缴费规定，而受益水平（养老金替代率）相对较低。这种现象也就是被人诟病的"退休双轨制"。"退休双轨制"明显是一种有损公平的制度设计。以"退休双轨制"为存在前提讨论延迟退休，就会理所当然地因为缴费方式和受益水平的不同而影响受益对象的不同行为选择。一个可能的结果是，不用缴费而养老金高者会赞成延迟退休，需要缴费而养老金低者会不赞成延迟退休[①]。尽管此后机关事业单位养老保险制度与企业职工基本养老保险制度实

① 韩克庆. 延迟退休政策应给工人多些关照. 社会观察，2013（12）.

现并轨，城乡居民养老保险制度也进行了整合，但“退休双轨制”造成的待遇差异却一时难以抹平。

五、最低生活保障制度有待完善

在市场化改革进程中，居民最低生活保障制度无疑是我国社会保障制度中一项最为根本性的制度设计。1999 年，《城市居民最低生活保障条例》颁布实施，标志着城市低保制度正式建立。2007 年，农村居民最低生活保障制度开始在全国范围内建立实施。此后，最低生活保障制度从残补型向制度型的方向转变，到目前已经相对成熟稳定，主要表现为制度框架越来越丰富、各项规章制度建设越来越完备、制度效果越来越明显、制度的社会影响力和公众认可度越来越高。

当前，中国特色社会主义进入新时代，低保制度也面临着发展方向的新选择。如何适应不同于 20 世纪 90 年代以来的改革开放和社会主义市场经济发展要求的新变化，在制度运行良好和基本定型的同时，着眼于未来经济社会发展的新形势，对最低生活保障的总体制度走向进行把握，就成为一个重要研究议题。

然而，经过多年的发展，低保制度正在演变成一个综合性的社会救助体系，承载了过多的救助责任。需要注意的是，低保制度不是“万能良药”，不能期待它解决所有的问题。解决的出路就是在这一制度之外建立相关制度，包括住房救助、教育救助、医疗救助、失业救助等。通过对不同人群及不同需要的特定救助，形成一个网状结构的救助体系。同时，要将完善低保制度与社会保险制度、社会福利服务等制度设计有效衔接。否则，这种替代思路会妨碍其他社会救助和福利制度设计，例如不利于老年人福利、儿童福利、残疾人福利等其他专项制度的全面建设①。尤为突出的是，居民最低生活保障制度成为获取其他救助的一个筛选制度，成为与其他救助制度捆绑在一起的“福利包”。为此，有必要对现行低保制度进行完善。

---

① 韩克庆，郭瑜．“福利依赖”是否存在?：中国城市低保制度的一个实证研究．社会学研究，2012 (2).

(一) 低保对象多少为宜

城市低保制度运行初期，在“应保尽保”等政策口号的指引下，覆盖对象逐年增加。统计数据显示，我国城市最低生活保障的覆盖人数，从 1999 年制度建立之初的 256.90 万人，到 2009 年达到最大值 2 345.60 万人，再到 2015 年的 1 701.10 万人；农村最低生活保障的覆盖人数，从 2007 年的 3 566.30 万人，到 2013 年达到最大值 5 388.00 万人，再到 2015 年的 4 903.60 万人。大体来看，目前最低生活保障制度覆盖人数为 6 000 万～8 000 万人，占全国总人口的 5%左右（见表 8 - 9）。

表 8 - 9　　最低生活保障的覆盖人数和覆盖率（1999—2016）

年份	低保人数（万人）		全国总人口（万人）	覆盖率（%）
	城市	农村		
1999	256.90	—	125 786	0.20
2000	402.60	—	126 743	0.32
2001	1 170.70	304.60	127 627	1.16
2002	2 064.70	407.80	128 453	1.92
2003	2 246.80	367.10	129 227	2.02
2004	2 205.00	488.00	129 988	2.07
2005	2 234.20	825.00	130 756	2.34
2006	2 240.10	1 593.10	131 448	2.92
2007	2 272.10	3 566.30	132 129	4.42
2008	2 334.80	4 305.50	132 802	5.00
2009	2 345.60	4 760.00	133 450	5.32
2010	2 310.50	5 214.00	134 091	5.61
2011	2 276.80	5 305.70	134 735	5.63
2012	2 143.50	5 344.50	135 404	5.53
2013	2 064.20	5 388.00	136 072	5.48
2014	1 877.00	5 207.20	136 782	5.18
2015	1 701.10	4 903.60	137 462	4.80
2016	1 480.20	4 586.50	138 271	4.39

资料来源：中华人民共和国国家统计局．中国统计年鉴 2017．北京：中国统计出版社，2017：33；中华人民共和国民政部．中国民政统计年鉴 2017．北京：中国统计出版社，2017：154，155.

近年来，城市低保对象有了较大幅度的减少。城市低保对象减少的主要原因，除了城市贫困群体中的下岗失业人员开始领取养老金而退出外，还有制度越来越规范、进出机制越来越健全。城市低保对象减少并趋于稳定，标志着低保制度应对新型城市贫困的阶段性目标初步达成。

从国际经验看，在2000年后期观察期结束时，所有经合组织（Organization for Economic Cooperation and Development，OECD）和欧盟国家，除德国外，社会救助金领取率是4%～6%。德国社会救助金领取率的上升可能是因为从基于福利的失业津贴进入社会救助的社会救助金领取者的缓慢变动。在2006年“哈兹改革”后，高峰期领取率在11%左右，接下来一年伴随着失业率下降降到了8%①。作为将社会福利政策落到实处的一环，德国地方政府的社会公共支出从1992年到2012年增长了超过一倍。地方财政在支付这些救助者和被救助者后已经所剩无几，因此也无力再去维持学校、街道、公共游泳池或图书馆的运作。社会救助支出已经威胁到了德国基础设施的建设②。与之相对应，社会救助产业是德国国民经济中最庞大的产业，其规模远远大于其他产业③。

借鉴国际经验，我们认为，应当将低保制度的救助对象控制在一定规模的覆盖人口和覆盖范围内，而不能一味地“应保尽保”。同时，在考虑低保制度救助功能的同时，应当充分考虑其对整体社会公平的影响，避免出现德国社会人为制造救助对象、扩张救助产业，进而影响基础设施与其他福利项目建设的情形。

（二）低保标准多少合适

在低保制度建立之初，全国各地最低生活保障标准水平较低。随着国家对民生保障工作的日益重视，低保标准逐年提高。《国务院关于进一步加强和改进最低生活保障工作的意见》（国发〔2012〕45号）规定，各地可以综合运用基本生活费用支出法、恩格尔系数法、消费支出比例法等制定城

① Herwig Immervoll，Stephen P. Jenkins，Sebastian Königs，2015，Are Recipients of Social Assistance “Benefit Dependent”? Concepts，Measurement and Results for Selected Countries，IZA Discussion Papers，No. 8786.

② 瓦尔特·伍伦韦伯．反社会的人．李欣，译．北京：光明日报出版社，2014：135-136.

③ 同②47.

乡低保标准，最低生活保障标准应低于最低工资标准。事实上，如果以三口之家的城市低保标准计算，目前绝大多数省市低保标准已经超过了最低工资标准（见表 8－10）。不仅如此，以三口之家计算，有些经济发达地区的农村低保标准也远远超过了最低工资标准。从制度效能看，虽然保障标准过低达不到救助效果，但是过高的话，则容易产生“养懒汉”和“福利依赖”等负面效应。

表 8－10　城市家庭低保标准占最低工资标准的比重（2016）

省份	城市低保标准（元/人·月）	家庭（以三人计）低保标准（元/月）	最低工资标准（元/月）	比重（%）
北京	800.00	2 400.00	1 890.00	126.98
天津	780.00	2 340.00	1 950.00	120.00
河北	501.20	1 503.60	1 525.00	98.60
山西	441.10	1 323.30	1 470.00	90.02
内蒙古	540.20	1 620.60	1 490.00	108.77
辽宁	522.80	1 568.40	1 267.50	123.74
吉林	446.90	1 340.70	1 380.00	97.15
黑龙江	535.90	1 607.70	1 270.00	126.59
上海	880.0	2 640.00	2 190.00	120.55
江苏	610.80	1 832.40	1 590.00	115.25
浙江	673.70	2 021.10	1 607.50	125.73
安徽	497.10	1 491.30	1 317.50	113.19
福建	514.80	1 544.40	1 302.50	118.57
江西	480.80	1 442.40	1 370.00	105.28
山东	494.90	1 484.70	1 550.00	95.79
河南	425.10	1 275.30	1 450.00	87.95
湖北	487.90	1 463.70	1 298.75	112.70
湖南	431.30	1 293.90	1 200.00	107.83
广东	576.20	1 728.60	1 491.25	115.92
广西	457.60	1 372.80	1 173.75	116.96
海南	467.00	1 401.00	1 346.67	104.03

续前表

省份	城市低保标准（元/人·月）	家庭（以三人计）低保标准（元/月）	最低工资标准（元/月）	比重（%）
重庆	459.60	1 378.80	1 450.00	95.09
四川	419.50	1 258.50	1 380.00	91.20
贵州	507.30	1 521.90	1 500.00	101.46
云南	442.20	1 326.60	1 383.33	95.90
西藏	693.50	2 080.50	1 400.00	148.61
陕西	479.50	1 438.50	1 325.00	108.57
甘肃	410.90	1 232.70	1 395.00	88.37
青海	400.80	1 202.40	1 260.00	95.43
宁夏	416.40	1 249.20	1 396.67	89.44
新疆	383.90	1 151.70	1 460.00	78.88

数据来源：中华人民共和国民政部. 中国民政统计年鉴2017. 北京：中国统计出版社，2017：54；中华人民共和国人力资源和社会保障部官网.（2016－12－13）[2018－02－28]. http://www.mohrss.gov.cn/ldgxs/LDGXqiyegongzi/LDGXzuidigongzibiaozhun/201612/t20161213_261789.html.

如果以低保标准与居民平均收入水平做比较，就会发现，农村低保标准占农村居民平均收入的比重远远高于城市低保标准占城市居民平均收入的比重（见表8－11）。尤其是在“精准扶贫”作为国家战略这一大的政策背景推动下，调高农村低保标准的呼声较高。2016年9月民政部等部门《关于做好农村最低生活保障制度与扶贫开发政策有效衔接的指导意见》甚至明确提出，确保所有地方农村低保标准逐步达到国家扶贫标准。在此政策动员下，如何把握农村低保标准与扶贫开发标准的关系，就成为影响农村反贫困政策的重要问题。

表8－11　　各省市低保标准占居民平均收入的比重（2016）

	低保标准（元/人·月）		居民人均可支配收入（元/月）		比重（%）	
	城市	农村	城镇	农村	城市	农村
全国	494.60	312.00	2 801.35	1 030.28	17.66	30.28

续前表

	低保标准（元/人·月）		居民人均可支配收入（元/月）		比重（%）	
	城市	农村	城镇	农村	城市	农村
北京	800.00	800.00	4 772.94	1 859.13	16.76	43.03
天津	780.00	755.00	3 092.47	1 672.97	25.22	45.13
河北	501.20	279.92	2 354.12	993.28	21.29	28.18
山西	441.10	270.55	2 279.36	840.21	19.35	32.20
内蒙古	540.20	351.00	2 747.91	967.42	19.66	36.28
辽宁	522.80	326.24	2 739.68	1 073.39	19.08	30.39
吉林	446.90	287.08	2 210.87	1 010.24	20.21	28.42
黑龙江	535.90	315.59	2 144.70	985.99	24.99	32.01
上海	880.0	870.00	4 807.64	2 126.70	18.30	40.91
江苏	610.80	540.08	3 345.97	1 467.13	18.25	36.81
浙江	673.70	607.70	3 936.43	1 905.51	17.11	31.89
安徽	497.10	320.03	2 429.67	976.71	20.46	32.77
福建	514.80	320.12	3 001.19	1 249.93	17.15	25.61
江西	480.80	276.24	2 389.44	1 011.48	20.12	27.31
山东	494.90	314.82	2 834.34	1 162.84	17.46	27.07
河南	425.10	257.03	2 269.41	974.73	18.73	26.37
湖北	487.90	319.07	2 448.82	1 060.42	19.92	30.09
湖南	431.30	256.83	2 606.99	994.20	16.54	25.83
广东	576.20	445.23	3 140.36	1 209.35	18.35	36.82
广西	457.60	248.78	2 360.37	863.29	19.39	28.82
海南	467.00	346.96	2 371.13	986.91	19.70	35.16
重庆	459.60	307.91	2 467.50	962.40	18.63	31.99
四川	419.50	262.88	2 361.28	933.59	17.77	28.16
贵州	507.30	266.82	2 228.55	674.19	22.76	39.58
云南	442.20	225.89	2 384.22	751.65	18.55	30.05
西藏	693.50	218.46	2 316.87	757.82	29.93	28.83
陕西	479.50	266.94	2 370.01	783.03	20.23	34.09

续前表

	低保标准（元/人·月）		居民人均可支配收入（元/月）		比重（%）	
	城市	农村	城镇	农村	城市	农村
甘肃	410.90	244.41	2 141.13	621.40	19.19	39.33
青海	400.80	247.50	2 229.78	722.03	17.97	34.28
宁夏	416.40	282.41	2 262.75	820.97	18.40	34.40
新疆	383.90	249.52	2 371.95	848.60	16.18	29.40

数据来源：中华人民共和国民政部. 中国民政统计年鉴 2017. 北京：中国统计出版社，2017：54，57；中华人民共和国国家统计局. 中国统计年鉴 2017. 北京：中国统计出版社，2017：6，23，29.

（三）“福利叠加”效应如何消除

低保制度实施以来，围绕制度出台的挂钩政策和配套措施越来越多。例如，低保对象可以享受住房、医疗、教育、残疾人生活补贴和重度残疾人护理补贴等，这在一定程度上造成了低保制度“福利叠加”。对于其他低收入人群来说，则出现所谓的“悬崖效应”。

所谓“福利叠加”，是指叠加在低保制度上的其他救助性福利安排。一旦成为低保对象，就被标示为社会中的贫困者，由此可能引起更广泛的社会关注，获得更多的社会支持。实际上，低保证成为很多绿色通道的凭证①。例如，低保家庭的子女可以享受教育救助，低保家庭可以享受更高数额或者更大比例的医疗救助，低保家庭可以申请廉租房或者享受租金补贴，低保家庭成员可以优先获得公益性就业岗位，等等。

与低保对象相比较，更多贫困“边缘”群体面对的则是福利“悬崖效应”。所谓“悬崖效应”，顾名思义，就是指由于受到低保标准或贫困线的限制，更多贫困群体无法享受低保制度或者其他叠加在低保制度上的救助性福利安排，使低保制度成为贫困“边缘”群体无法跨越的福利悬崖。

事实上，在低保制度实施的过程中，由于制度的快速发展，低保制度

① 洪大用. 当道义变成制度之后：试论城市低保制度实践的延伸效果及其演进方向. 经济社会体制比较，2005（3）.

的“福利叠加”和“悬崖效应”像滚雪球一样，越滚越大，直至发展成低保制度“一家独大”，其他救助制度则成了低保制度的附属性制度。

（四）配套制度如何衔接

在我国社会救助制度的整体框架中，各项社会救助制度发展并不均衡。有些救助项目要么沿袭着计划经济体制下的制度模式，与改革发展的路径不相适应；要么只是停留在方案设计层面，缺乏精细化的制度设计，在实际操作中漏洞百出，捉襟见肘。总体来看，社会救助制度的综合效能发挥不充分，社会救助安全网的兜底功能并不均衡。究其原因，一个不容忽视的问题是，制度之间、部门之间封闭运行，各自为政。

目前低保制度与其他各项救助制度发展极不均衡。总体来看，八项救助制度内容略显庞杂且零乱，似乎很难从中找出一条逻辑主线：如果单就需要满足而言，应从衣食住行等基本需要方面入手，但缺少精神慰藉和心灵关怀的内容；如果从救助对象的角度考虑，则应该按照贫困者、失依老人、失依儿童、残疾人、风险受害者的逻辑顺序展开；如果就社会保障的研究领域来划分，住房救助和教育救助又明显带有社会福利或者公共福利的色彩。尤其是教育救助，在九年制义务教育等制度不断完善的前提下，更多是一种福利制度，而不是救助制度①。同时，目前除低保外的各项救助制度需要政府各个部门之间的协调配合，如医疗救助、教育救助、住房救助、就业救助、临时救助等。但是，实际上政府部门间的配合受到诸多因素的制约，有些救助项目有名无实，甚至连基本的统计数据都很难获得（见表 8－12）。

表 8－12　　除低保外其他各项社会救助制度情况（2015）*

特困人员供养（万人）		受灾人员救助（万人次）	医疗救助（万人次）	教育救助（万人次）	住房救助	就业救助	临时救助（万户次）
城市	农村						
6.8	516.7	6 000.0	2 889.1	8 433.3	—	—	655.4

*2016 年数据缺失。

资料来源：中华人民共和国民政部．中国民政统计年鉴 2016．北京：中国统计出版社，2016：8.

① 韩克庆．中国社会救助制度的改革与发展．教学与研究，2015（2）.

六、综合性政策建议

社会保障是社会建设的重要内容，也是我国经济社会发展中的重要制度安排，直接关乎民生福祉。从未来发展看，社会保障制度既面临自身发展惯性和制度选择的问题，又面临经济发展新形态、户籍制度改革、城市化进程加快以及其他经济社会环境的变化。以民意为基础、以共识为依据，顺应社会经济变化，持续深化改革，加强社会保障法制建设，是不断完善社会保障体系的基本逻辑。

（一）建立更加公平可持续的社会保障制度

党的十九大报告已经为加强社会保障体系建设的具体措施做出了明确规定：全面实施全民参保计划。完善城镇职工基本养老保险和城乡居民基本养老保险制度，尽快实现养老保险全国统筹。完善统一的城乡居民基本医疗保险制度和大病保险制度。完善失业、工伤保险制度。建立全国统一的社会保险公共服务平台。统筹城乡社会救助体系，完善最低生活保障制度。坚持男女平等基本国策，保障妇女儿童合法权益。完善社会救助、社会福利、慈善事业、优抚安置等制度，健全农村留守儿童和妇女、老年人关爱服务体系。发展残疾人事业，加强残疾康复服务。“坚持房子是用来住的、不是用来炒的定位，加快建立多主体供给、多渠道保障、租购并举的住房制度，让全体人民住有所居。”

着眼于社会结构的塑造和未来社会发展，社会保障发展的主要目标是消除社会不平等，而非自然不平等；制度设计的覆盖对象要充分考虑其阶层特征，形成网状福利结构；制度设计要有弹性，不能成为阶层间流动的障碍；制度设计还要充分考虑经济政策和社会政策的协调统一①。建立更加公平的社会保障制度，就要明确社会保障发展的基本逻辑。尤其在公民和保险、有工作者和无工作者几个子变量之间，构建明晰的制度发展路径，

① 韩克庆．社会安全网：中国的社会分层与社会福利建设．社会科学研究，2008（5）．

从社会保障的价值理念、制度设计起点、制度待遇水平、国家财政责任几个方面，建立适合我国国情的社会保障制度新模式。

建立更加公平的社会保障制度，还应重视其他三个方面：第一，经济发展是基础。经济发展到现在，甚至以后多少年，都是民族国家发展的主体动力因素，不能因片面强调福利而滞缓了经济增长。第二，公平的分配机制。公平的分配机制是多方面的，既包括劳动者收入报酬获取的公平，也包括个人和家庭财富、财产分配的公平，还包括在社会资源和机会获取方面的公平、公正。第三，主体多元性。要区分国家—市场—社会对福利获取和需求满足的作用，构建多元化的福利供给主体，建设中国特色的福利国家。可以预见，未来社会保障制度建设将更公平更可持续，社会保障制度也必定成为推动国家富强、民族进步、社会和谐及民生福祉的国之重器。

（二）慎重推行延迟退休年龄政策

经过多年的酝酿，延迟退休年龄已经为社会所共知。目前，以公民身份为基础的制度整合路径已然明确，机关事业单位养老保险制度快速推进，延迟退休年龄的“退休双轨制”障碍不复存在。根据有关部门提出的政策时间表，仍然需要对延迟退休可能带来的影响从理论和实践上进行详细分析，对延迟退休的积极效果和负面效应有充分准备并完善应对策略。在理论研究的基础上，再进一步确定政策目标，并在政策目标的基础上进行试点，以期出台具有可行性和持续性的操作办法。在时间进度上，应有较长的政策缓冲期。至于缓冲期的长度，则应充分考虑“4050”人员的过渡周期，也可以通过自愿选择弹性退休的方式进行政策缓冲。

（三）实现养老保险全国统筹

实现养老保险全国统筹有三种可供选择的政策路径：一是采取渐进方案，逐步做实地市级统筹，实现中央提出的省级统筹目标，最后过渡到中央级或者全国统筹的目标。二是过渡型方案，亦即根据一定比例从全国各省市提取社会统筹基金，形成一定规模的中央调剂金（比如10%或者20%），用于维持全国的基金平衡。三是激进方案，直接过渡到全国统收统

支，真正实现全国统筹的“四个统一”，即统一制度、统一费率、统一机构、统一发放办法。

但是，全国统筹究竟如何实现，还面临着很多重点难点问题。第一个问题是存量动不动？存量不动，就没法实现统筹。关键是怎么动、动多少的问题。第二个问题是缺口补不补？答案很简单：肯定要补。因为制度形成的缺口，或者基于历史原因造成的缺口，国家有责任担负起来，关键是怎么补。第三个问题是个人账户走向名义账户还是做实？我们倾向于做实个人账户。走向名义账户制，是养老保险制度改革的倒退。第四个问题是基金征收采用缴费还是缴税？我们倾向于缴税，不倾向于缴费。逻辑非常明显：最初的养老保险制度设计，基本上是通过缴费方式来进行保险基金的运营管理。但运行了20年的制度，到目前为止漏洞百出，有些地方基金缺口开始出现。因此需要改变征收方式。但是，费改税怎么变？这里既有部门衔接问题，又有对于整个制度顶层设计的问题，极有可能带来一些颠覆性影响。

（四）完善最低生活保障制度

完善低保制度，需要从以下几个方面加以考虑：一是目标定位。低保制度的目标人群定位依然是制度运行的首要问题，应当防止在制度运行过程中，出现政策目标偏移甚至背离。首先，低保制度的目标群体是贫困人口，因此，应当逐步聚焦于生活无依的贫困老人和丧失劳动能力的贫困者。其次，低保制度的目标群体不是单一的个体，而应兼顾家庭规模，使单一的个体救助向家庭政策过渡。最后，适当考虑生活救助与工作福利的结合，考虑低保与就业救助、临时救助的结合，提高制度弹性。二是救助标准。低保救助标准应充分考虑与最低工资标准、居民收入的关系，最终确定一个低保标准调整的参数值。同时，应当尽量简化低保标准的制定和调整方法，用简单有效的计算方法，确定和调整低保标准，比如按照居民收入的一定比例区间（20％～30％）来确定低保标准。三是救助方式。目前的救助方式是现金救助。未来可以考虑根据救助对象特征，通过政府购买社会救助服务，逐步探索从单一的现金救助向多元化的救助方式转变的可能路径。四是财政投入。低保资金的财政投入至关重要。财政投入既包含总量的多少，也包含中央级、省级和地市级财政投入在低保资金中的占比。与国际社会比较，低保财政投入的比重还应提高。同时，应当增加各级政府间财政投入的透明度，使低保制度更加公开透明运行。五是工作人员。低保制度的工作人员，尤其是基层工作人员，对于制度执行至关重要。民政部门、街道居委会和乡镇、城市社区和农村村民委员会干部，是低保制度“临门一脚”能否“应声入网”、实现制度目标的重要保证。在保证低保工作人员合理配比的同时，应当提升其工作素质，增进他们的业务能力，以便更好地发挥出制度效能。

第九章　保障食品药品安全

民以食为天，食以安为先。食品药品安全问题事关人民群众的身体健康与生活质量，是老百姓高度关注的重大民生问题。2016 年 7 月 1 日，由《小康》杂志社联合清华大学媒介调查实验室，并会同有关专家及机构进行的“2016 中国平安小康指数”调查结果发布，结果表明，食品安全再次位居我国最让人担忧的十大安全问题之首。这是食品安全连续第五年位居我国最让人担忧的十大安全问题之首[①]其中 2014 年将食品安全问题列为最为担心的安全问题之首的民众比例达到了 53.3%[②]。2016 年 3 月，广州市消委会等 40 省市消协（消委会、消保委）与中国消费者报社、中国消费网共同发布的《全国食品安全调查报告》显示：在对我国食品安全形势的总体看法方面，51.25%的消费者持悲观态度，认为问题很多，并表示担忧[③]，这表明大多数社会公众对目前的食品安全形势并不满意。2017 年 7 月，国家食品药品监督管理总局新闻宣传中心发布了《全国食品药品科普状况调

① 王晓易，盘点 2016 年中国食品安全十大新闻事件.（2017－01－03）[2018－06－20]. http://news.163.com/17/0103/17/C9SF816M00018AOP.html.

② 鄂蟠. 2015 年最受关注十大焦点问题：食品安全仍热.（2015－12－15）[2018－06－20]. http://finance.qq.com/a/20151215/028601.htm.

③《全国食品安全调查报告》重磅出炉.（2016－03－21）[2018－06－20]. http://www.cqn.com.cn/news/xcj/zhsx/1133526.html.

查（2017）》显示，“公众安全意识方面，我国公众的食品药品安全意识较强，但安全知识较为薄弱。公众最关注食品与药品安全知识，关注比例在90%左右”①。此外，根据中国人民大学中国调查与数据中心所发布的“2017年度发展获得感及民生满意度调查报告”，56.5%的受访者认为我国食品安全问题严重，在各民生领域，食品安全、环境污染是受访者获得感指数最低的两个方面。由此可见，食品药品安全问题连续多年都成为受访群众最为关心的社会民生问题之一，关心的比例超过90%，值得各级党委和政府高度重视。

一、目前取得的成就和突出问题

党的十八大以来，以习近平同志为核心的党中央高度重视食品药品安全工作，将食品药品安全工作的重要性提高到新的战略高度。2013年12月，习近平同志在中央农村工作会议上提出“能不能在食品安全上给老百姓一个满意的交代，是对我们执政能力的重大考验。我们党在中国执政，要是连个食品安全都做不好，还长期做不好的话，有人就会提出够不够格的问题。所以，食品安全问题必须引起高度关注，下最大气力抓好”②。2015年5月，习近平同志在中共中央政治局第二十三次集体学习时提出“要切实提高农产品质量安全水平，以更大力度抓好农产品质量安全，完善农产品质量安全监管体系，把确保质量安全作为农业转方式、调结构的关键环节，让人民群众吃得安全放心”，“要切实加强食品药品安全监管，用最严谨的标准、最严格的监管、最严厉的处罚、最严肃的问责，加快建立科学完善的食品药品安全治理体系，坚持产管并重，严把从农田到餐桌、从实验室到医院的每一道防线”③。这不仅表明党中央、国务院将食品安全

① 王晓易，最新食药科普状况调查：公众高度关注关注食药安全　相关知识薄弱.（2017-07-21）[2018-06-20]. http://money.163.com/17/0721/15/CPSK17VT002580S6.html.

② 文静. 中央农村工作会议：食品安全是对执政能力重大考验.（2013-12-25）[2018-06-20]. http://shipin.people.com.cn/n/2013/1225/c85914-23938562.html.

③ 习近平主持中共中央政治局第二十三次集体学习.（2015-05-30）[2018-06-20]. http://news.xinhuanet.com/politics/2015-05/30/c_1115459659.htm.

问题列入了国家安全的重要范畴，也首次明确了“四个最严”的监管原则。

2017 年春节前夕，习近平同志对食品安全工作再次做出指示，即“各级党委和政府及有关部门要全面做好食品安全工作，坚持最严谨的标准、最严格的监管、最严厉的处罚、最严肃的问责，增强食品安全监管统一性和专业性，切实提高食品安全监管水平和能力。要加强食品安全依法治理，加强基层基础工作，建设职业化检查员队伍，提高餐饮业质量安全水平，加强从‘农田到餐桌’全过程食品安全工作，严防、严管、严控食品安全风险，保证广大人民群众吃得放心、安心”①。与此同时，国家“十三五”规划也明确提出要实施国家食品安全战略②，食品药品安全工作的重要性被提及了前所未有的新高度。

由此可见，以习近平同志为核心的党中央对食品药品安全工作高度重视，并将其提升到了国家战略的政治高度，同时提出用“四个最严”来指导新时期的食品药品安全工作，取得了显著的成果，食品药品安全事故发生率进一步稳中有降，食品药品产业结构趋于优化，监管体制不断完善，监管力度不断增强，标准体系建设进一步健全，人们对于食品药品安全工作的满意度稳步提升，食品药品安全形势总体稳定向好，人民饮食用药安全得到了切实保障。

然而，由于我国仍处于食品安全风险隐患凸显和食品安全事件集中爆发期，食品安全形势依然严峻，例如源头污染问题突出，食品产业基础薄弱，食品安全标准与发达国家和国际标准尚有差距，监管能力仍然难以适应监管需求，法规制度仍需进一步健全。在药品安全方面，影响我国药品质量安全的一些深层次问题依然存在，药品质量安全形势依然严峻。药品质量总体水平有待提高，部分产品质量疗效与国际先进水平存在差距，一些临床急需产品难以满足公众治病的实际需求，等等。这些问题都导致跟人民群众对食品药品安全工作日趋增长的需求相比，现阶段的食品药品安全工作仍然具有较大的差距，具体体现为以下几个突出问题：

（1）群众对一些关系到日常生活的重点食品的安全状况不满意。清华

① 习近平：严防严管严控食品安全风险保证人民群众吃得安心和放心.（2017-01-03）［2018-06-20］. http://news.xinhuanet.com/politics/2017-01/03/c_1120239001.htm.

② 食品安全列入“十三五”规划建议.（2015-11-16）［2018-06-20］. http://news.xinhuanet.com/food/2015-11/16/c_1117147260.htm.

大学所公布的 2017 年国人食品安全关注度大数据报告显示，奶粉、肉类、水果、零食等产品仍然是老百姓最担心的食品。而在与食品安全相关关注度最高的成分中，亚硝酸盐问题位居榜首，转基因食品安全性饱受争议；从公众关注度来看，大豆、棉花、水稻、圣女果、玉米等作物的转基因安全问题受关注程度较高，其他还包括病死畜禽肉、地沟油等依然是老百姓所重点关注的食品安全问题①。通过对全国 30 个城市开展大规模的电话调查，《2013 年中国食品安全调查报告》显示：受访者对所在城市食品安全情况整体放心；认为乳制品，蔬菜水果，肉及其制品，水产及其制品，饮料、酒，食用油的安全问题比较严重；假冒伪劣、违规使用添加剂、农药等残留物超标是受访者最担心的三类食品安全问题；受访者认为食品安全最大的隐患存在于生产加工环节；近三分之一的受访者遇到过食品安全问题，其中以过期、假冒伪劣、卫生不达标食品情况为甚；受访者对政府食品安全工作的整体满意度较低，政府执法不严被认为是食品安全问题突出的最主要原因②。

（2）食用农产品农兽药残留或重金属超标、超范围超量使用食品添加剂、过期和变质食品等问题依然严重。根据各级监管部门执法及社会调查的结果，目前人们经常食用的水果、蔬菜、茶叶等农产品农药残留超标比较严重，而鱼虾类等水产品兽药残留超标也不容乐观。据不完全统计，我国由于农药污染食品而造成的中毒者人数年均近 20 万，约占食物中毒人数的三分之一。我国蔬菜、水果中滥用农药的现象相当严重。即使国家明文规定禁止使用农药如甲胺磷、甲基对硫磷，农民仍然在使用。由于农产品中高毒农药残留量超标造成的中毒事件屡屡发生。据了解，近 15 年来，我国平均每年仅因蔬菜农药残留超标、食用工业盐等发生的群体性食物中毒事故就有 150 次左右③。2015 年，千名儿童被检查出体内抗生素含量超标，最后发现都跟儿童食用的食物中含有兽用抗生素有关。在 2016 年 1 月的例行抽检中，国家食药监总局在其官网发布 7 批次牛羊肉不合格通报，其中多为牛羊肉中兽药残留问题，包括土霉素、地塞米松、恩诺沙星等抗生素

① 国人食品安全关注度大数据：外卖安全连三月上榜.（2017-07-04）[2018-06-20]. http://xw.xinhuanet.com/news/detail/592147/.

② 谢耕耘. 中国食品安全调查报告. 北京：社会科学文献出版社，2014：231-252.

③ 我国农药污染现状及原因.（2014-10-27）[2018-06-20]. http://www.lccdc.cn/list_content.asp?articleid=6273.

超标①。

同时，南方部分省份由于土壤污染引发的水稻重金属超标问题也亟待解决。当前我国农业投入品的过度使用已成泛滥趋势，不少化肥和农药其本身就含有重金属成分，它们会让土壤内有机质含量降低，破坏土壤的自我调节功能。一些磷肥钾肥和复合肥被施入土壤后，能够使土壤和作物吸收到不易被移除的重金属，即便是有机肥料也难逃重金属污染，这就导致我国部分南方省区在种植水稻过程中直接或间接遭到重金属污染。例如，广东媒体曾经多次曝光来自湖南、广西、江西以及其他省份产区的大米含重金属镉超标，长期食用对人体肾脏会造成危害，甚至引发“骨痛病”。另外，部分北方省区因类似的原因，也存在被超标重金属污染的小麦作物，其对人体健康的危害性也不可小觑。

此外，一些不法商贩超范围超量使用食品添加剂，甚至违规添加非食用物质现象依然突出，部分食品经营单位售卖过期和变质食品现象屡有发生。例如，2016 年 6 月，山东省食药监局举行的食品安全抽检结果显示，超范围、超限量使用食品添加剂，不合格样品批次数占不合格样品总数的 37.4%②；还有些是违法恶意添加罂粟壳、工业明胶等非食用物质，“三鹿奶粉事件”中添加三聚氰胺就是非法添加非食用物质的典型。2014 年，新闻媒体披露，麦当劳、必胜客等国际知名快餐连锁店的肉类供应商上海福喜食品有限公司被爆存在大量采用过期变质肉类原料的行为，最后引发了人们对整个食品安全链条安全性的担忧。

40 个省市消协组织与中国消费者报社、中国消费网联合开展的调查结果显示，79.46%的消费者表示对食品安全问题“遇到过，但较少”，另有 14.96%的消费者则表示经常遇到，仅有 5.56%的消费者表示还未遇到过此类问题。在消费者遇到的食品安全问题中，“食品的生产日期、保质期等事项没有显著标注，不易辨识”占比超过 60%；“宣传虚假或夸大”“餐饮企业生产环境脏、乱、差，卫生不达标”和“标注虚假生产日期、保质期或者过了保质期还在销售”三种情况的占比均超五成；另有四成消费者遇到

① 食药总局曝光 7 批次不合格牛羊肉　多为兽药残留超标.（2016-01-13）[2018-06-20]. http://www.sohu.com/a/54203249_119732.

② 超量使用添加剂成主要问题.（2016-07-13）[2018-06-20]. http://paper.dzwww.com/dzrb/content/20160713/Article01011MT.htm.

过食品掺假掺杂、腐败变质、霉变生虫、污秽不洁、混有异物或者感官性状异常的情况；还有两成多的消费者表示遇到过“超范围、超限量使用食品添加剂”“农药残留、兽药残留、重金属等污染物含量或致病性微生物超标”“转基因食品没有按照规定显著标示”，以及保健食品的标签、说明书涉及疾病预防和治疗功能，没有声明“本品不能代替药物”等违法情况。

（3）保健食品乱象丛生，难以分辨。社会群众普遍反映，目前市场上流通的保健食品种类多样，鱼龙混杂，难以分辨真伪，部分保健食品的安全性和有效性都无法得到保障，而消费者又缺乏识别正规保健食品的知识和能力，以中老年人为代表的社会群体不仅经常受到欺骗和经济损失，而且会影响到病情的治疗和身体健康。国家食药监总局南方所 2013 年药品安全公众满意度调研结果表明，只有约六成的公众主要通过标识来区分药品和保健食品的差异，剩下近四成的公众都没有比较科学的区别方式，甚至有近 20%的公众表示不知道或不清楚如何区分药品和保健食品。此外，2016 年中国消费者协会发布的调查报告显示，约七成消费者对国内保健食品市场总体评价“不太满意”，满意度只有三成。超四成消费者更偏爱国外保健食品，只有 9.49%消费者认为“国内的更好”。27.59%的消费者对国内外保健食品质量都缺乏足够信心。同时，超过六成消费者不相信保健食品的广告宣传，还有约 40.97%的消费者表示经常遇到保健食品冒充药品现象①。

（4）中药注射剂、疫苗、血液制品等高风险药品安全仍令人担忧。目前所收集的药品不良反应报告显示，中药注射剂因为工艺水平参差不齐而导致品质不稳定、不良反应率较高，且容易带来较为严重的不良反应。《国家药品不良反应监测年度报告》显示，2014 年不良反应报告数量排名前十的药品基本上都是中药注射剂，鱼腥草、刺五加等注射剂事件暴露出的安全隐患十分突出。同时，随着“山西疫苗案”和“山东问题疫苗案”的爆发，群众对国产疫苗的安全质量仍然存在一定疑虑。腾讯网 2016 年发布的《中国人疫苗态度调查报告》显示，有 72.4%的受访者表示对一类二类疫苗质量安全都表示担忧，对国产疫苗质量非常不信任和比较不信任的人数总和比例达到了 39%。有孩子的家长，对疫苗质量非常不信任和比较不信任

① 调查显示约七成消费者对国内保健食品市场不太满意.（2016-06-19）[2018-06-20]. http://news.xinhuanet.com/fortune/2016-06/19/c_1119071200.htm.

的比例达到 50.7%；没有孩子的成年人中，对疫苗质量非常不信任和比较不信任的比例也达到 38.7%。57.6%的受访者认为进口疫苗比国产疫苗质量更好。此外，乙肝免疫球蛋白等血液制品的安全性也引发了一些病患者的担忧，2008 年爆发的“南昌博雅人免疫球蛋白事件”也让患者对于高风险的血液制品安全更加关注。注射剂、疫苗和血液制品等都属于高风险药品，一旦出现质量安全问题，很容易造成大规模的人员伤亡，必须引起高度重视。

（5）互联网餐饮及药品销售安全、质量难以令人放心。传统的食品药品产业，与“互联网+”业态发展相结合，虽然便利性大大提高，也繁荣了互联网经济，但质量安全风险却越发突出。在 2016—2017 国人食品安全关注度大数据的“与食品安全相关的每月热词”中，与外卖相关的平台连续三个月上榜，与此同时，在与食品安全相关关注度最高的 50 个热词中，“外卖”也位居榜首。2016 年 3 月 15 日，央视在“3·15”晚会中曝光了第三方订餐平台“饿了么”在经营中存在的诸多食品安全问题。8 月，北京市食药监局对朝阳区上百家餐厅进行集中查处时，发现朝阳区北京像素小区内甚至能出现 102 家开在走廊里的小餐馆，专营网络外卖业务，90%以上都是无照经营①。仅 2016 年 8 月一个月，北京市食药投诉举报中心共收到有关外卖订餐平台的投诉就多达 159 件，而其中消费者最为关心的问题仍以食品安全卫生为首。还有调查发现，52.5%的用户担心外卖食品存在卫生问题②。

此外，网络售药也存在较为突出的问题。包括：个别网上药品经营者未取得互联网药品交易资质，非法从事药品销售；个别药品经营者通过网上非法发布药品信息，夸大宣传、夸大疗效；一些合法网站违规售药，销售不该销售的药品，如处方药等。虽然网上销售处方药具有一定前景，但执业药师缺乏、医生和药企之间不正当交易能否规避、线上销售处方药 O2O（线上到线下）模式能否运转，这些都是网上销售处方药必须面对的问题，需要保险等相关配套措施跟上。2016 年 6 月，各地开始陆续叫停药品

---

① 网络订餐“黑店”继续横行，如何才能杜绝卷土重来?.（2016-08-09）[2018-06-20]. http://health.people.com.cn/n1/2016/0809/c398004-28621873.html.

② 起底网上订餐“饿了么”后厨部分来自小作坊卫生堪忧. 法制晚报.（2015-11-10）[2018-06-20]. http://www.58food.com/news/show-87585.html.

在线交易功能，这被视为对网络售药的一种重新规范和反思，未来的监管措施仍然有待进一步细化。

(6) 农村食品药品安全问题更为突出。相对于城市地区而言，农村地区监管力量相对薄弱，农村消费者购买力较低，对于食品药品安全的知识了解有限，这些都导致农村食品药品安全问题比城市更为突出。有研究报告评估，现阶段80%以上的食品药品安全事件发生在农村区域而非城市地区。根据中国人民大学2017年千人百村调研项目的调查结果，73.9%的农村居民在不同程度上都表现出对食品药品安全问题的担心。其具体表现在：农村学校食堂饮食安全隐患突出，无证从事餐饮和药品经营服务现象严重，小餐饮卫生环境令人担忧，农村红白喜事聚餐食物中毒事故时有发生，一些村卫生室和非法医疗机构用药不够规范和安全，农村群众尤其是"留守老人"受教育程度普遍较低、识别骗术能力较差、接受宣传教育较慢、对食源性疾病进行有效防护等健康知识较缺乏，以致他们在日常生活中极易将非药品当作药品误买误用。有些人不能合理、科学、安全地安排日常饮食；有些人对市场上的假冒伪劣食品药品缺乏认知；有些人不按医师的要求吃药，对药性认识、应对药物不良反应等常识匮乏，导致他们盲目用药，长期、大量使用药物尤其是抗生素类药物而引起对药物的敏感度降低产生耐药性；还有人在家中备有一些药品，因缺乏常识，备用药放置太久超过有效期，服用后对身体有害无益、延误病情等。

(7) 食品药品安全谣言盛行，消费者信心不足。由于广大群众对食品药品质量安全存在疑虑，客观上为各类不实的食品药品安全谣言提供了传播土壤。一段时间以来，散布视频谣言的事件频频发生，"躺着中枪"的食品也是林林总总：从"纸馅肉包子"到"塑料紫菜"，从"低钠盐是夺命盐"到"棉花肉松"，从"苹果打蜡有毒"再到"防腐剂蜜桃"，食品安全谣言一次又一次地撞击着社会的神经，以致达到泛滥成灾的程度。谣言还会触动公众一直担心食品安全的敏感神经，对谣言涉及的食品产生怀疑、担忧和不信任感，进而扰乱百姓的消费判断，影响日常生活和饮食规律。

据不完全统计，现在自媒体上的各类社会谣言中，80%以上都与食品药品安全问题有关。尤其是在媒体上，食品药品安全谣言已经多年来位居第一，加上不断扩散和转发，更加剧了消费者对食品药品安全问题的疑虑和担忧。研究者通过对食品安全问题的报道舆论分析发现，其中将近一半是谣言、传言，有些属于消费认知问题，有些属于企业为不正当竞争而制

造话题等。

(8) 转基因食品安全性存在巨大争议，监管过程存在漏洞。2013 年，我国转基因作物种植面积超过 420 万公顷，占全球转基因作物种植面积的 3.4%左右，位居世界第六位。品种主要有转基因棉花、木瓜、白杨、番茄、甜椒等。目前，我国从事转基因作物种植的农民人数达到 750 万。目前，在我国市场上真正的国产转基因食品并不多见，最主要的是河北农民食用的国产转基因棉花籽油，而国产转基因番茄只在湖北、广东少量种植，面积不超过 1 万亩，转基因甜菜仅限于辽宁范围。然而，我国食品市场已经迅速成为一个庞大的转基因食品消费市场。主要原因是我国每年进口大量的转基因食品，其中转基因大豆比例超过 90%。因此进入我国市场的转基因食品主要是使用转基因大豆加工的食用油和豆制品。市场调查显示，在我国市场上 70%含大豆成分的食物中都有转基因成分，像豆油、磷脂、酱油、膨化食品等。尽管目前被批准的进入市场的转基因食品种类不多，但有关调查表明，我国消费者所青睐的许多进口食品中也含有转基因成分。

在我国转基因食品监管领域中存在诸多利益集团，监管部门、研发者、生产者、消费者、专家学者、非政府组织都有着各自不同的利益诉求，并通过各种途径对政策施加影响。农业部门通过抢先制定有关法规，占据了政策制定的主导权，同时，转基因食品研发者、生物技术领域专家、研究机构各方，通过各种途径对农业部门的政策制定产生强大的影响。因此，农业部门在一片争论声中仍然在不断加快商业化和产业化步伐，从而导致监管政策的受益方处于相对弱势的利益表达和政策博弈地位，其利益诉求很容易被忽视。

目前转基因食品的安全性虽然在科学研究界尚无定论，但却在我国民间社会掀起了巨大的争议。挺转派认为转基因技术的安全性并不比传统技术低，而且能够提高粮食作物产量，改善人类社会粮食供应的状况；反转派则认为转基因技术的安全性存在漏洞，从长远来看对人体健康和生态环境都会造成不利影响。两方目前各执一词，都希望利用科学证据来说服对方，有些人士甚至把这一问题政治化及污名化，出现了欠缺理性的相互攻击和谩骂。对于转基因食品，我国虽然已经建立了安全评价制度、生产经营许可制度、强制标示制度等一系列监管制度，但由于这些监管制度往往过于宏大，缺乏可操作性和实施空间，例如农业部门缺乏对强制标示的执法能力、强制标示的尺度和方式有待进一步深化、细化和明确改革。

二、当前突出问题的原因分析

（1）食品药品产业结构不尽合理，监管难度大。食品药品产业作为重要的民生支柱产业，多小散乱的产业结构多年来并未得到改变，产业集中度相对较低，农户种养和经营规模化程度低，到“十二五”末，全国获得许可证的食品生产企业13.5万家、流通企业819万家、餐饮服务企业348万家，但这1 180.5万家获得许可证的食品生产经营企业中，绝大部分为10人以下小企业。同时，目前全国有2亿左右农户，人均耕地面积仅1.35亩左右，生产相对分散，农业种植与经营组织化规模化程度低。养殖业中以养猪业为例，2014年整个中国养猪场（包括大型养猪场和零散养猪农户）的数量约为5 000万家，其中年出栏50头以下的占96%，约为4 800万家，而年出栏规模在500头以上的，仅有26万家，占整个产业的0.5%①。我国的肉鸡养殖行业集中度也非常低，前十大肉鸡厂商的市场占有率只有12.07%。实际上，全国目前有40多万家食品生产加工企业，但规模以上企业只有3.77万家，比例不到10%。而对于传统的餐饮产业而言，行业集中度不升反降，2016年全国餐饮百强企业营业收入仅占全国餐饮收入的6.1%，比重较上年下跌0.7个百分点，且滑落幅度有所加大②。

从医药产业来看，截至2015年11月底，全国共有原料药和制剂生产企业5 065家，其中产值前8名占这个医药业制造产值的不到10%。有药品经营许可证的持证企业466 546家：其中法人批发企业11 959家、非法人批发企业1 549家；零售连锁企业4 981家，零售连锁企业门店204 895家；零售单体药店243 162家③。目前，我国登记在册的各类医疗器械生产企业超过1.4万家，但销售额超过亿元的屈指可数。从整体形势上看，小餐饮、小摊

① 饶德孟．养猪业万亿产值即将爆发　跨界资本或将蜂拥而至．（2016-11-25）［2018-06-20］．http://www.feedtrade.com.cn/livestock/pigs/2016-11-25/2209474.html.

② 千帆餐饮业集中度持续降低．（2017-05-16）［2018-06-20］．http://news.youth.cn/jsxw/201705/t20170516_9773486.htm.

③ 2016年度食品药品统计年报．［2018-06-20］．http://www.ocn.com.cn/chanjing/201602/enywt17142312.shtml.

贩、小作坊、小药店等数量较多，难以形成统一规范的生产经营模式，而这些产业主体又往往涉及地方经济发展、财税收入和民生就业，同时还进一步牵涉地方政府的社会稳定，导致监管难度大、成本高。

（2）对重点高风险食品药品品种的常态化监管力度不够。多年来，监管部门虽然每年都针对食品药品安全工作开展了多次专项整治运动，但由于这些专项整治运动往往只有一定的时间周期，运动监管往往一阵风，最多只能治标而难以形成治本的长效制度化机制。运动式监管投入资源过多，而监管工具有限，导致对常规监管资源的侵占。治理资源是有限的，对当前的中国来说，治理资源甚至是短缺的。一味地将资源全部集中到专项整治中，必然会造成常规式治理的资源短缺。从监管对象的角度分析，运动式监管助长了部分监管对象的投机心理。“运动式”治理重在强调其“运动性”，即在短期内将所有的注意力、资源都集中到“运动”上，展开“狂风暴雨”般的行动。在监管效果方面，存在治标不治本的顽疾，导致运动式监管结果的反弹性。所谓整治结果的反弹性，是指治理结束后，专项整治的对象又重复出现，甚至出现程度更加剧烈的症状，从而形成一种恶性循环。专项整治的短期性和高目标，决定了其不可能从根本上解决问题。同时，在运动式监管中，监管部门往往被媒体和社会舆论牵着鼻子走，不得不忙于表面功夫而忽视更为重要的基础性问题，而对于重点高风险的食品药品品种的常态化、基础性监管制度建设仍然着力不够。例如，很多地方监管部门缺乏对本区域内食品药品安全风险的科学评估与分级，导致监管过程缺乏规律，没有重点。在市场监管领域最为典型的案例就是 2007 年产品质量和食品安全专项整治运动，虽然取得了很大的成绩，但依然没有阻止 2008 年“三鹿奶粉事件”的爆发①。

（3）食品药品安全与经济发展存在一定矛盾，导致地方保护卷土重来。自 1998 年以来，中国政府开始在工商、质量技术监督、国土、药品监督管理等部门陆续推行省以下垂直管理改革，这被视为中央政府加强省级政府监管集权、破除地方保护主义、提高监管权威和效率的重要举措，然而市场监管领域中的省以下垂直改革，似乎并没有完全像决策者所设想的那样成为破除地方保护主义的利器，反而在监管实践中出现了省级政府与省以

① 刘鹏．运动式监管与监管型国家建设：基于对食品安全专项整治行动的案例研究．中国行政管理，2015（12）：118-124.

下政府监管权责不对称、省级部门对地方监管能力明显不足、地方政府责任意识更加淡薄等新问题，特别是 2006 年“齐二药药害事件”、2008 年河北“三鹿奶粉事件”等一系列食品药品监管事件之后，省以下垂直管理在我国的不适应症越发表现得突出，本地质监、工商部门的日常运作与监督管理基本独立于本地政府，一旦出现食品安全事件，在问责的主体上存在一定争议。

从 2008 年开始，全国食品药品监督管理部门就开始陆续取消原有的省以下垂直管理体系，改为由地方各级政府部门分级平衡管理，同时在 2011 年国务院办公厅发布了《关于调整省级以下工商质监行政管理体制加强食品安全监管有关问题的通知》（国办发〔2011〕48 号），也明确表示“将工商、质监省级以下垂直管理改为地方政府分级管理体制，业务接受上级工商、质监部门的指导和监督，领导干部实行双重管理、以地方管理为主”。但由于体制改革过程中涉及的利益关系较多，各个省在推进改革过程中也希望稳妥、渐进、有序推进，所以除了食药监系统之外，工商和质监系统的取消省以下垂直管理体制改革在后来的若干年内进展不大。

2013 年，国务院层面组建了国家食品药品监督管理总局，并宣布将工商、质监部分食品安全职能转交给食药部门负责，同时再次强调地方政府负总责的原则。在这一机构改革的大背景下，从下半年开始，各个省开始陆续正式启动对工商和质监部门的取消省以下垂直管理工作，到 2014 年年底，全国所有省、区、直辖市（除了北京、天津、重庆之外）都取消了工商和质监部门的省以下垂直管理，改为由地方政府分级管理，明确和强化了地方政府的监管责任。至此，市场监管体系的去垂直管理体系改革基本完成，市场监管的主要责任归属到了地方政府的范围。

自 2008 年以来，随着省以下食品药品监管体系垂直管理模式的取消，食品药品安全监管事权已经基本回归各级地方政府。虽然中央提出食品药品安全地方政府负总责，但由于食品药品产业是许多地方的重要支柱产业，关系到地方政府的财税收入、民生就业甚至社会稳定，所以地方政府在监管食品药品安全的时候存在一定程度的激励不相容问题，在某些地区甚至地方保护主义卷土重来。例如，2012 年“毒胶囊事件”的爆发，就跟地方政府对当地药用胶囊生产的保护与监管执法不力有很大关系，导致该现象长期在监管部门的熟视无睹下继续蔓延。为此，在地方政府负总责的大框架下，如何进一步明确和细化地方政府在食品药品安全监管工作中的具体

责任，并通过行之有效的机制形式加以追究，是新形势下急需解决的问题，否则很容易招致地方保护主义卷土重来。

（4）基层监管体系难以权威统一，监管能力弱化。市场监管综合执法改革在2014年10月中共十八届四中全会所发布的《关于全面推进依法治国若干重大问题的决定》继续得到了肯定，“推进综合执法，大幅减少市县两级政府执法队伍种类，重点在食品药品安全、工商质检、公共卫生、安全生产、文化旅游、资源环境、农林水利、交通运输、城乡建设、海洋渔业等领域内推行综合执法，有条件的领域可以推行跨部门综合执法”，这就将市场监管综合执法改革的具体实施范围以及层级政府都有所调整，扩大了其范围（从城管、文化扩大到更多方面），调高了其层次（从县到市）。

2015年4月上旬，中央编办印发《中央编办关于开展综合行政执法体制改革试点工作的意见》，确定在全国22个省（自治区、直辖市）的138个试点城市开展综合行政执法体制改革试点，试点目的是按照十八届三中、四中全会关于推进综合执法、建立权责统一权威高效的行政执法体制的要求，探索整合政府部门间相同相近的执法职能，归并执法机构，统一执法力量，减少执法部门，探索建立适应我国国情和经济社会发展要求的行政执法体制。

受这些因素的影响，到2016年5月，全国独立设置食品药品监管的县市已经减少到40%，而截止到2017年2月，全国三分之一以上的副省级城市、四分之一的地级市、三分之二以上的县都实行了市场监管综合执法。从地方的探索来看，采取工商、质监、食药监“三合一”模式的较为普遍，占一半以上，还有“四合一”“五合一”等模式，甚至许多原本已经将食药监单列出去的地区，后来也纷纷将食药监又重新纳入综合市场监管体制中。由于采纳模式的差异，各地的基层食药监机构的名称也各有差异，其中天津、江西叫“市场和质量监督管理局”，河北叫“食品和市场监督管理局”，安徽叫“工商行政和质量技术监督局”，湖南则叫“食品药品工商质量监督管理局”，更多地方叫“市场监督管理局”。

综上所述，从2013年至今，县级食品药品监管体制改革在横向关系上经历了一个由多部门分段监管模式；转变为相对集中统一的少部门分段监管模式，或合并统一的综合监管模式；在纵向关系上经历了由省以下垂直管理改为地方分级管理设置，而县级以下则由只有工商所变成工商所与食药所并存，或统一的市场监管所机构设置。而食品药品安全工作在合并后的监管部门工作体系中普遍出现了下降的势头，其监管工作的专业性和监管队伍的稳定性都受到了不同程度的影响，从而导致基层监管能力弱化，不利于建设中央所多次提出的统一、权威的食品药品基层监管体系。

（5）对“互联网+”新型业态的监管经验不足，创新不够。“互联网+”与共享经济是中国经济产业升级的必然趋势，也是对中国政府监管体系的巨大考验，如何在繁荣共享经济和监管社会风险之间取得平衡，成为政府监管部门面对的重大战略问题。对网络销售农产品、外卖、网络售药等新兴业态的监管，不能简单套用旧式的监管思路和方式。但是，目前监管部门的监管思路往往仍然拘泥于传统业态的监管模式中，导致一管就死、一死就放、一放就乱、一乱就管的恶性循环。

例如，2013 年以来，随着网络的发展，依托“互联网+”模式，一种新兴的餐饮行业——网络订餐逐步在我国萌生并不断发展壮大。随着饿了么、美团和百度外卖等企业融资规模的激增，互联网外卖的资本投资呈现出整体爆发式增长，2015 年行业市场规模已经达到 458.7 亿元人民币，其中 2015 年第二季度与 2014 年同期相比，环比增长更是高达 89.7%①。

与传统的实体餐饮行业、电话外卖行业相比，“互联网+”模式下的网络订餐行业具有适应现代化快节奏生活、促销手段实惠多样、消费方式更加个性化等优势。然而随着资本市场的野蛮扩展，也衍生出一系列食品安全监管问题，形同虚设的资质审查机制，完全不透明的食品制作环节，缺乏技术保障的配送流程，都使得网络订餐的食品安全问题频发，成为网络订餐行业规范发展的重要掣肘。

新《食品安全法》实施以来，我国各级、各地政府在网络订餐领域积极行动，对食品安全监管开展了诸多有益的探索，在规范行业发展、提升食品质量安全、保障消费者权益等方面取得了一定的效果。但仔细剖析地方的具体监管举措可以发现，目前的网络订餐监管中，政府一元主导、企业被动服从的监管模式痕迹仍然十分突出，缺乏针对企业的具体有效的激励措施，也没有将企业很成功地纳入监管主体的范围中来，第三方平台更多地承担了政府政策执行者的角色，而并非出于自我意愿的监管者。

此外，对“互联网+”业态监管的手段，本身却与“互联网+”时代发展的特点不匹配。大数据时代是信息爆炸的时代，信息无孔不入、更新

---

① 2015H2 中国互联网餐饮外卖市场专题研究报告. 易观智库.

迅速。政府在进行监管时应当充分把握时代特征与数据处理技巧，掌握大数据时代技术手段，培养大数据时代监管思维，懂得利用网络信息平台实现监管目的。目前我国网络订餐行业缺乏有效的食品安全信息公开机制，导致既不能对食品安全风险进行有效评估，也无法对问题食品成功追溯。政府未能构建出数据化、信息化、网格化的食品安全动态监测和预警工具，只能拘泥于发现问题—查处追责的被动式监管。而依赖常规查处、举报等手段的监管，效率低、覆盖面窄、人力成本高，明显已经与大数据时代脱节。

（6）食品药品安全风险交流工作效果有待提高。风险交流（risk communication）是食品药品安全风险治理的重要组成部分，也称为“风险沟通”。WHO（世界卫生组织）/FAO（联合国粮农组织）出版的《食品安全风险分析——国家食品安全管理机构应用指南》指出“风险交流是在风险分析全过程中，风险评估人员、风险管理人员、消费者、企业、学术界和其他利益相关方就某项风险、风险所涉及的因素和风险认知相互交换信息和意见的过程，内容包括风险评估结果的解释和风险管理决策的依据”。“风险交流工作者”（risk communication stakeholder）包括政府管理者、风险评估专家、消费者、食品企业、媒体、非政府组织等。

良好的风险沟通可以起到食品安全风险教育的作用，使公众了解食品安全知识和食品安全问题的真相，调和政府、企业界、科学界和公众之间关于食品安全风险问题的矛盾。然而，食品安全风险沟通是食品安全风险分析框架中较为薄弱的环节，国内外都存在不少失败的教训。特别是在食品安全贸易国际化、食品安全问题高度敏感化、媒体易炒作的背景下，食品安全风险沟通工作的不及时、不到位、不准确，都会对食品安全事件处置造成不利影响，甚至造成消费者认识的混乱或者误解、产业界蒙受巨大经济损失、政府公信力下降等负面影响。

根据食品安全监管工作需求，我国也开展了食品安全风险交流工作。根据2009年出台的《食品安全法》的要求，2011年10月，国家食品安全评估中心正式挂牌成立，该中心作为负责食品安全风险评估的国家级技术机构，承担国家食品安全风险评估、监测、预警、沟通和食品安全标准等技术支持工作，至此我国食品安全风险交流工作开始有了统一的主体。然而，由于机制和能力、精力制约，我国的食品安全风险交流工作也存在很多问题，风险交流工作在我国长期遭到忽视。监管部门对于食品药品安全风险信息公开和披露的力度不够，不会积极主动地与媒体和消费者展开沟通，难以用通俗易懂、喜闻乐见的交流方式开展食品药品安全知识的普及和教育，对于食品药品安全的谣言也缺乏第一时间回复、应对和辟谣，对食品药品安全谣言的整治力度有所欠缺。因此，加强对我国食品安全风险交流的深入研究，对于优化我国食品安全管理体制、提高食品安全管理的社会满意度具有十分重要的意义和价值。

三、主要政策建议

（1）全面开展风险评估，加强对重点高风险品种的集中整治力度，守住安全底线。当前一个时期内，食品药品安全监管工作的核心任务应该是对各个地方的食品药品风险源与等级进行全面的风险评估，对于影响范围广、程度严重、频次高的食品药品安全风险进行优先监管，加强对高风险和涉及老百姓日常生活质量的重点食品药品品种的监管力度，守住不发生系统性、全局性食品药品安全事故的安全底线。

例如，对于目前民众感知最为突出和反映最为激烈的奶粉、肉类、水果、零食等产品，监管部门应当集中有效的优势监管资源，对这些产品安全的监管开展具有针对性的监管执法和检验检测，食品药品监管部门应当与农业、卫生计生、工信、质检等部门共同努力，从狠抓婴幼儿配方乳粉入手，不断强化乳制品全产业链质量安全监管措施，持续对大型乳制品企业实施飞行检查，对市场销售产品抽样检验，及时公布不合格企业、不合格产品信息等，帮助优质企业做大做强，使消费者能够对国产婴幼儿配方乳粉的信心逐步恢复。对于肉类制品监管，重点监管私屠滥宰、违规使用瘦肉精、注水肉、病死禽畜肉、抗生素药物残留超标等突出问题，提高肉制品饲养源头和生产加工的安全质量。对于水果类产品监管，重点应对农药残留超标、人为添加非食用物质、滥用生长激素、加工运输储存过程中的污染问题等，降低水果产品的质量安全风险。针对其他零食类产品质量问题，重点监管超范围过量使用食品添加剂、人为添加非食用物质等突出问题。

对于食用农产品环节，要加强农业与食品药品监管部门的协作，加强

源头管理，重点建立本地区的食用农产品风险品种和风险项目清单，以问题为导向，重点抽检畜禽水产品中违规使用抗生素以及非法使用“瘦肉精”、孔雀石绿等禁用物质和超范围超剂量使用兽药等项目，逐步实现本地区销售的食用农产品品种、禁限用农兽药项目全覆盖检验。对于食品生产加工环节，以食品生产中生产原料带入性风险和生产过程风险管控为重要切入点，全面实施良好生产质量管理规范（GMP）和危害分析与关键控制点体系（HACCP），努力实现风险隐患的早发现、早控制、早处置，确保不发生区域性、行业性食品安全事件。对于食品流通环节，重点监管前店后厂、现制现售食品小作坊和食品摊贩等经营主体，重点开展儿童食品及校园周边食品、冷冻肉类、水产品以及仓储食品等高风险食品及领域的专项整治监管运动。对于餐饮环节，重点对餐饮场所的人员管理、原料控制、加工操作、清洗消毒等环节进行监管，特别是各类学校食堂、工地食堂、大中型餐饮企业等就餐人群较多的场所进行重点排查。

而对于药品安全，监管部门则需要引起更大程度的关注，特别是注射剂、疫苗、血液制品等高风险药品，需要在监管过程中予以高度重视。监管部门应当集中最专业、最强有力的监管资源重点监管药品生产企业，不能将药品生产企业监管职责下放给基层监管单位，特别是高风险药品生产企业，要按照 GMP 的全面要求列出重点风险监管清单，重点在于无菌保证、细菌内毒素和微粒污染以及交叉污染的控制。在药品流通环节中，重点监管从业人员、药品购销、药品储存、药品运输四个环节的风险，按照《药品经营质量管理规范》（GSP）的全面要求列出重点风险监管清单。在药品使用环节中，重点监管医疗机构自制制剂、滥用处方药和抗生素、临床用药不合理等问题，对临床使用的药品进行全方位风险管理，保证患者用药安全。

从公共管理角度分析，药品风险的控制带有非常强烈的公共物品色彩，既需要政府的主导，又需要市场与其他社会组织的参与和协作，最终目的是实现药品安全风险的善治局面。为此，建议及时建立一个政府部门、制药企业和行业协会、医疗机构、公众共同合作的风险控制模式：政府部门应该承担分析不良反应信号并向临床及时发布的责任，并在公众的监督下完善药品风险的管理体系，同时应承担起对其他主体的教育职责，通过各种渠道强化生产流通主体的安全责任意识，强化医疗机构合理用药的意识，强化公众对药品风险的认识；制药企业和行业协会应该承担起收集药品不良反应报告、跟踪调查不良反应原因以及协助政府部门采取必要措施的责任；医疗机构应该承担起合理用药、识别药品不良反应和及时报告的责任；而公众应当自觉地、正确地认识药品的使用风险，理性地面对已经发生的药品风险，唯有如此，药品安全才能从风险管理走向风险治理，从风险治理走向风险善治。

（2）制定中央与地方各级政府在食品药品安全监管的事权责任清单，强化基层监管体系建设。从建设全国统一食品药品市场体系角度分析，食品药品监管应当属于中央政府事权范畴，而从对市场主体的信息对称的角度来看，食品药品监管划归到地方事权又具有一定的优势，因此食品药品监管应当属于中央和地方政府共享事权，单纯的垂直管理或者地方分级管理都不一定是最佳的权责配置模式。结合现阶段我国的市场经济体系特征，如何科学有效进行市场监管事权和责任在中央和各级地方政府的分配，既是市场监管合理分工的必然要求，也是监管问责的基本前提。因此，我们建议尽快制定中央和各级地方政府的监管事权和责任清单，根据不同市场类型特征、中央与地方各自的相对优势以及权责一致的管理原则，来科学划分食品药品安全监管事权和责任，以推进形成各级政府科学分工、有机合作的监管合作主义局面。

因此，一方面，应当根据各级政府的长处与不足、食药安全风险的高低以及食药安全跨地区溢出性的强弱，系统划分中央和各级地方政府的食药监事权和责任清单，区分食药安全监管中的中央事权、地方事权和共享事权，对中央、省、市、县（区）、乡镇五级食品药品监管机构在行政审批、审评与认证、日常监督检查、风险监测、应急处置、抽样检验、行政处罚、专项整治、投诉举报处理等方面的事权进行明确划分，同时做到权责相对一致，制定各级部门的责任清单，从而为各级政府承担相应的责任提供依据。遇到存在分歧和模糊的地方，应当明确剩余监管权分配和仲裁的部门与流程。同时，必须明确事权划分工作坚持属地管辖、权责法定、提高效能的基本原则，着重解决当前食品药品监管工作中存在的上下职责不清、权责不匹配、信息不畅、重复执法、工作衔接不紧等问题。通过事权划分，进一步理顺各级食品药品监督管理部门的事权关系，明确各自职责，落实监管责任，强化层级监督，规范依法行政。有利于建立权威统一、职责清晰、运作高效、上下联动的食品药品监管工作机制，确保法律法规和食品药品安全标准在全省统一有效实施，全面提升食品药品监管水平。

另一方面，加强对地方党委政府在食品药品安全监管方面的问责体系研究和落实。建议由中纪委、监察部等部门牵头，尽快研究制定地方党委政府在食品安全监管方面的问责体系与渠道，建立起包括政治责任、行政责任、社会责任、司法责任、伦理责任等一系列责任内容在内的问责体系，从而确保地方各级党政在食品安全问题上的责任落实，做到依法问责、精准问责和规范问责，防止地方保护主义卷土重来。

监管问责必须依法，就是指对于基层食药监管工作者的问责，一方面必须严格按照《刑法》《行政诉讼法》《食品安全法》《药品管理法》等与食品药品安全相关的法律界定和程序来进行，另一方面必须依照《中国共产党问责条例》《党政干部问责暂行规定》等党纪政纪规定来确定和开展。

监管问责必须精准，就是指对于基层食药监管工作者在食品药品事件中的责任定性必须基于客观事实，是主观故意的受贿渎职，还是过错性质的监管失职，抑或是因能力不足导致的问题失察，都必须加以清楚界定。问责的对象是整个部门，还是内设机构，或是监管工作人员个人，都必须加以精准定位。相关部门在制定追责办法时也必须将不同的问责情形加以列举，并根据其危害性大小、主观程度等赋予相应的问责等级。

监管问责必须规范，就是指对于基层食药监管工作者的问责，必须基于党纪政纪国法所规定的问责程序，对于问责事实、问责依据、问责方式、批准机关、生效时间、当事人的申诉期限及受理机关等必须规范透明，并保证被问责对象具有正当的申诉权利。

（3）鼓励对“互联网＋”和共享经济等新型食品药品业态的监管创新与经验交流，推进智慧监管。建议国家发改委、卫计委、食药总局等部门能够围绕着“互联网＋”和共享经济等新业态下的食品药品安全监管工作展开专题研究，并通过树立典型、政策扶持、资金支持、加强交流等方式鼓励地方政府开展新型业态下食品药品安全监管工作的经验交流，树立智慧监管（smart regulation）的新型理念和监管方式。

总的来说，智慧监管的核心目标是建立政府与非政府之间的合作型监管模式。在这一过程中政府的自身定位发生了很大的转变，由原来的直接监管者转变为共治体制的“重塑者”，通过搭建制度平台，保障其他监管参与者的主体地位，同时利用正向激励来激发其自我规范、参与监管的意愿和能力。在具体操作层面，政府首先尽可能让非政府组织发挥作用，将监管权在政府与非政府组织间进行合理分配。而政府的角色主要是提供战略威慑并对自我监管行为进行监督。

与传统的命令—控制型监管相比，智慧监管的创新之处可以概括为四大层面。即监管理念层面——强调避免其他政策的不当影响；监管主体层面——偏好多元的、广泛的机构参与；监管手段层面——偏好混合型的政策工具和激励型的政策手段；监管效果层面——最大化双赢结果的机会，并以此来指导和推进我国网络食品药品监管政策的重构，从而实现“互联网+”餐饮产业与食药品安全、经济发展与民生健康，相互促进、互惠共赢的监管新局面。这种新型的智慧监管理念和政策，不仅仅适用于网络订餐行业监管，对于其他“互联网+”新兴产业形态的监管（如共享单车、P2P信贷）等也具有一定的启发意义和价值。

（4）大力提高和改进信息披露和监管透明度，开展食品药品安全社会共治。相对于严厉的行政处罚，监管信息披露和透明度提升，往往对于监管效果具有事半功倍的效果。然而，在现实监管中，食药监部门每月定期公开食品药品质量公告，发布大量信息，而普通公众由于时间和精力有限，无暇关注所有披露的信息并将其充分加以应用。因此，可以考虑使用条形码和二维码的形式，将官方的食药安全监管执法数据库与公众对接，使得消费者直接扫描条形码和二维码就能看到与其质量安全相关的信息，从而提升信息披露的效果，使消费者获取信息更加便捷有效，最后大大提升监管信息披露的效果和利用程度。同时，必须提高监管部门对违法违规企业和产品的信息披露力度，严格执行食品药品安全黑名单制度，通过有奖举报、加大媒体监督力度等方式，让全社会公众都参与到食品药品安全社会共治的事业中来。

食品药品安全社会共治，口号提得比较多，但如何具体落实到机制创新，需要进一步探索和创新，现阶段可以重点考虑从以下三个方面开展推进社会共治工作：第一，要逐步完善食品药品安全关键信息的共享机制。应当打破各个环节、各个主体间的信息壁垒，消除“信息孤岛”，促进食品药品安全关键信息的加速流转和深度共享，提升信息应用水平，提高政府食品安全信息发布的科学性、权威性和准确性。要积极促进食品安全信用分类“红黑名单”信息的跨地区共享和应用，要实现食品质量可追溯信息从生产、流通到餐饮服务环节的全程可查可用，要进一步规范食品质量检验监测信息的公示发布，要畅通消费者投诉举报的渠道，要鼓励新闻媒体积极开展食品安全有关报道，引导新闻媒体妥善处理食品药品安全事件的

负面影响，要善于运用微博、微信等网络新媒体促进食品药品安全信息全面、准确、及时传播。

第二，构建食品药品安全重大事件协同决策机制。具备协同管理机构是实现准确判断局势、快速响应应对的有力保障。实现食品药品安全社会共治要求构建参与群体更为广泛、参与程度更加深入的协同工作和集体决策机制，要建立各相关主体间的定期信息交流和沟通制度；要完善重大事件应急响应机制，建立区域应急网络节点体系，落实重大食品药品安全事故报告制度和应急处理保障机制；要强化对食品药品安全状况的动态管理，依托更为全面的协同决策机制，及时预警可能发生的食品药品安全风险。

第三，建立权威、高效的食品药品安全技术保障机制。要借助科技手段的准确性树立食品药品安全治理工作的权威性，重点要推进食品质量检验检测能力和信息化保障支撑能力建设，夯实食品药品安全治理的基础。要加快整合区域性食品药品质量检验检测机构，坚持覆盖全面、布局合理、重点突出的原则，结合各地食品产业特点，构建适应省、市、县不同层面和山区、沿海不同地域开展食品药品质量监测需求的食品质量检验检测体系。要逐步加大信息化建设投入，以政府主导、企业参与的方式构建跨区域、跨行业的食品药品安全信用监管系统，鼓励、扶持规模化食品药品生产经营企业构建食品质量可追溯管理系统。要积极开展食品药品安全强制责任保险试点工作，在部分企业或行业进行重点推广。

（5）推进食品药品供给侧改革，优化食品药品产业结构。食品药品安全问题的产业根源在于现阶段我国食品药品产业发展的落后与不规范，因此作为传统产业的食品药品产业也面临着开展供给侧改革，优化产业结构的问题。建议国家发改委、财政部、卫计委、食药总局等机构联合出台鼓励地方政府淘汰食药产业落后产能，鼓励食药产业更新换代、兼并重组的政策，从而以供给侧改革之力，强化食品药品安全监管。

在我国大部分地区，食品药品产业是产能严重过剩行业之一，低层次重复建设、产品同质化问题严重，进行供给侧结构性改革势在必行。生物医药、高端医疗器械和安全优质食品产业正处在新一轮改革的风口，上接智能制造和健康中国概念，下承大众所需，顺应经济发展潮流。积极推进食药产业供给侧结构性改革，可较好实现产业转型升级。食品药品产业供给侧结构性改革，要以提高产品质量为前提和基础，在保障食品药品安全的同时，积极适应市场需求变化，不断改进生产工艺，加强精细化管理，加大产品研发，抢得发展先机。食品药品监管部门将紧扣保障食品药品安全，继续保持打假治劣的高压态势，并寓服务于监管全过程，积极推进食药产业转型，从而实现产业转型和安全监管的双赢。

（6）全面推开并延伸食品药品安全示范城市建设活动。自2014年以来国务院食安办、食药总局在全国开展多批次全国食品安全示范城市创建活动以来，各地开展食品安全治理工作的积极性得到了瞬间激活，食品安全治理工作的社会效益十分明显，各级官员和老百姓对于食品安全工作的认识也大大加深。因此，建议在全国全面推开食品安全示范城市创建活动，并将药品安全工作纳入其中。

想要成为“国家食品安全城市”，必须做到食品安全状况良好、食品安全源头有效治理、监督执法检查全面覆盖、社会共治局面基本形成等六大方面。其中包括近三年未发生重大食品安全事故或影响恶劣的食品安全事件；重点食品安全监测抽检合格率以及本市生产的食用农产品、果品、蜂产品质量安全监测抽检合格率达到98%以上；辖区居民食品安全总体满意度达70%以上；消费者投诉举报办结满意度达到80%以上；设立专项资金，实施有奖举报等，这些标准都成为近年来许多城市开展示范城市建设的重要目标。希望下一阶段能够随着创城工作的铺开和深入，将以上一些指标进一步提升，同时将药品安全监管工作效果纳入其中。

（7）改善食品药品安全风险交流工作效果，大力整治食品药品谣言。食品药品安全风险交流工作，不同于传统意义上的新闻宣传工作，而是要更多地采用通俗易懂的方式与消费者开展双向沟通。建议各地在食药安全新闻发言人制度的基础上，建立食药安全风险交流制度，食药安全风险交流工作要做到专人专岗，互动性强。同时，要联合公安、网信等相关部门加大对食品药品安全谣言的产生和传播规律的研究，特别是转基因食品等重点品种的风险交流和谣言的综合整治的力度，重点做好以下三个方面的工作，从而为食品药品安全工作创造一个健康、友好的舆论环境①。

第一，明确食品药品安全风险的定义及交流原则。根据食品药品安全监管工作实际，将在食品生产、流通、消费过程中存在的可能影响食品药品安全或者可能引发公共安全事件的各种有害因素定义为风险。就具体风险交流而言，各风险交流方必须始终坚持问题导向，把发现问题、消除隐

---

① 曹本锋．关于加强食品安全风险交流的几点思考．中国食品安全报，2015-05-23（A2）．

患作为风险治理的重中之重。生产经营者要建立健全内控自查制度，主动查找生产经营中存在的问题，定期开展风险评估，及时采取有效措施，切实把风险消除在萌芽状态。通过全程、全方位的风险交流，在监管系统上下、行业内外达到四个统一。

第二，建立食品药品安全风险交流机制。建立以政府监管部门为主导的风险交流机制，主要包括现场交流、分类交流、综合交流、系统交流、不定期交流、紧急交流等6个方面。由于篇幅有限，本章重点介绍现场交流和分类交流。现场交流，即监管人员在现场检查中发现风险隐患，由检查人员与企业进行交流沟通，共同研究提出整改措施。分类交流，即按照食品药品生产加工、流通、消费等环节划分，根据所获悉的风险特征，分别由相应职能部门组织，相关综合部门、检验检测机构参与，每季度进行一次分析交流，交流成果分别送同级风险治理办公室和下级监管部门。对所获悉的食品安全风险信息组织一次风险综合分析交流，综合交流由风险治理办公室组织，各职能部门、相关综合部门、检验检测机构参加，交流前各参加部门（单位）对所获悉的风险信息要进行认真的分析梳理，明确交流的重点，综合交流成果向本机关和下级监管部门通报，必要时向其他相关部门和有关方面通报。

第三，成立食品药品安全信息辟谣联盟。相关监管部门应当主动联合权威媒体成立食品药品安全辟谣联盟，旨在整合各界力量，聚合资源，主动、集中打击食品药品谣言。联盟由相关食品药品行业协会、研究机构、媒体及行业工作者自愿组成。其职责是关注食品药品安全、传播科学知识、维护食品药品行业形象，并以净化网络环境、肃清网络药品食品谣言、促进我国食品药品行业健康有序发展为己任。治理食品药品网络谣言首先要在第一时间击碎谣言，更重要的是，需填补信息真空，畅通科学权威的传播渠道，从根本上消除谣言滋生的土壤，让谣言止于真相。

第十章　完善文化体育服务体系

近年来，在国家整体经济发展和文化体制改革的双重推动下，我国文化体育领域取得了长足发展，获得了广大群众认可。同时，我们也要清醒地认识到，我国公共文化体育领域长期以来形成的底子薄、欠账多的局面并没有发生根本性改变，文化体育服务体系仍需继续完善。本章就此进行分析并提出若干政策建议。

一、文化体育领域的发展现状及短板

（一）发展现状

一方面，公共文化体育设施总量大幅增加，城乡差距进一步缩小，基本实现了“县县有图书馆、文化馆、公共体育场，乡乡有综合文化站”的建设目标。截至 2017 年 10 月，全国共有县级文化馆3 153个，博物馆、纪念馆4 109个，文化馆3 322个，乡镇（街道）文化站41 175个。一个覆盖城乡的六级（国家、省、市、县、乡/街道、村/社区）公共文化服务体系框

架基本建成①。此外，截至 2017 年 8 月，全国体育场地总数已经超过 170 万个，人均体育场地面积达 1.6 平方米以上，全国经常参加体育锻炼的总人数已经接近 4 亿②。全民健身已深入人心，全民健身活动丰富多彩，全民健身组织网络基本形成。另一方面，党的十八大以来，特别是习近平总书记发表在文艺工作座谈会上的讲话以来，我国文化领域创作活力迸发，精品力作不断涌现，文化消费日益旺盛。电视剧方面，我国电视剧的制作量、播出量和收视人群已多年稳居世界第一。最近若干年我国每年制作的电视剧稳定在 500 部、15 000 集左右，全国电视人口综合覆盖率达到 98.42%，全国观众人均日收看电视剧时间保持在 1 小时以上③。电影方面，我国的电影银幕数量、观影人次两项指标已跃居世界第一，年度票房总收入紧随美国位居世界第二。根据国家新闻出版广电总局电影局公布的最新数据，截至 2017 年底，全国银幕总数达 50 776 块，2017 年全国观影人次超过 16 亿，年度总票房达 559 亿元，同比增长 13.45%④。比较而言，2017 年北美票房为 110 亿美元，同比还有所下滑。可以说，中国电影市场超越北美成为全球第一大电影市场只是时间问题。此外，我国演出、图书等市场整体发展态势也一致向好，行业经济规模稳步提升。中国演出行业协会公布的《2016 中国演出市场年度报告》显示，2016 年全国演出市场总体经济规模为 469.22 亿元，相较于 2015 年增加 5.07%⑤。另据权威数据统计，2017 年全国图书零售市场总规模约 803.2 亿元，比 2016 年增长 102 亿元，同比增长 14.55%⑥。

这一系列成就在群众对于公共文化体育领域的幸福感和获得感方面也得到了印证。中国人民大学中国调查与数据中心组织发布的“2017 年度发展获得感及民生满意度调查报告”结果显示，对于“我国这些年来的发展

① 辛闻．文化部：覆盖城乡的六级公共文化服务网络基本建成．(2017-10-20) [2018-06-20]. http://www.china.com.cn/19da/2017-10/20/content_41764034.htm.

② 杨磊．砥砺奋进　破风前行：十八大以来中国体育改革成就综述．(2017-10-09) [2018-06-20]. http://sports.people.com.cn/n1/2017/1009/c22155-29576029.html.

③ 万梦．田进：电视剧创作生产播出要严把品质关．中国广播影视，2015 (4 月下).

④ 王彦．2017 年全国电影票房超 559 亿元．文汇报，2018-01-01 (3).

⑤ 中国经济网．报告显示：2016 年演出市场总体经济规模 469.22 亿元．(2017-06-05) [2018-06-20]. http://news.hexun.com/2017-06-05/189488255.html.

⑥ 繁星．2017 中国图书零售市场总规模超 800 亿元，少儿图书占三成．新华书目报，2018-02-01 (8).

丰富了人民群众的文化体育生活”的说法，表示“完全同意”的受访者比例为 42.8%，表示“比较同意”的比例为 40.1%，表示“说不清”的比例为 11.2%，表示“比较不同意”或“完全不同意”的比例分别仅为 4.6%和 1.3%。可见，超过八成的受访者认为我国这些年来的发展大大丰富了人民群众的文化体育生活。与民生其他各领域相比较，文化体育是受访者“幸福感—获得感指数”最高的领域，且在不同职业、不同受教育程度的受访者之间意见趋向一致，均给予极高评价。此外，在“目前政府对于基本公共服务的哪一个方面最应加强”方面，受访者选择“公共文化与体育”的比例也是最低的，仅有 3.0%。

但在取得巨大的发展成就并获得群众认可的同时也要清醒地认识到，我国公共文化体育领域长期以来形成的底子薄、欠账多的局面并没有发生根本性改变。上述调查结果同时显示，有 31.9%的受访者对我国公共服务资源的均衡程度不满意；在受访者对于基本公共服务的满意度评价上，“公共文化与体育”的满意度评分较低，仅为 74.1 分，在全部公共服务领域中位于倒数第三。不能忽视，现阶段我国文化体育领域，特别是公共文化体育领域仍存在不少短板。

（二）存在的短板

当前我国人均 GDP 已接近 9 000 美元。国际经验表明，当人均 GDP 超过 5 000 美元时，民众对文化、体育等方面的需求会进入“倍数增长期”。毫无疑问，我国整体上已步入这一阶段。但不论是我国公共文化服务体系，还是文化市场和文化产品的供给，都与此形成巨大反差。有观点将我国公共文化体育服务体系不完善的状况概括为“三个不适应”：一是与全面建成小康社会的目标要求还不相适应；二是与我国当前的经济社会发展水平还不相适应；三是与基层群众日益增长的精神文化需求还不相适应①。“三个不适应”反映了国内公共文化体育服务在供给上仍存在巨大“缺口”。此外，我国文化市场的发育和文化产品的创作生产也难令人满意。简言之，群众日益增长的文化体育需求与文化体育领域不平衡、不充分的发展之间的矛盾是

① 霍文琦. 我国公共文化服务体系建设还存在“三个不适应”.（2014-10-29）［2018-06-20］. http://www.cssn.cn/zx/zx_gjzh/zhnew/201410/t20141029_1379949.shtml.

当前我国文化体育领域的基本矛盾。具体表现在以下三大方面：

1. 公共文化体育设施供给不足

近年来，各级政府纷纷加大了图书馆、文化馆（站）、体育馆（场）等公共文体设施的建设力度，但与群众的需求仍存在较大差距。其中，既有总供给的不足，也有区域和人群之间供给不均衡的结构性问题。

（1）总供给不足。

在文化设施方面。国际图书馆协会联合会颁布的《公共图书馆标准》规定，每5万人应拥有一座图书馆，有效服务半径标准为4公里，而我国平均46万人才拥有一座图书馆，平均辐射半径为57公里①。早在2008年，日本平均7 700人就拥有一所公民馆（日本特有的一种集图书馆、博物馆、学习班等功能于一体的公民文化教育机构）②。

在体育设施方面。虽然目前我国人均体育场地面积已超过1.6平方米，但这一数字只相当于美国的1/10、日本的1/12③，与发达国家仍有很大差距。2017年6、7月的“广场舞与篮球队冲突”“暴走团违规占用机动车道”等事件，归根到底，都与我国公共体育资源严重不足有密切关系。

（2）地区、城乡和人群之间供给不均衡。

除总供给不足之外，我国公共文体设施还存在地区、城乡和人群之间供给不均衡的问题，使得公共文体设施短缺的问题在局部被进一步放大。

一是地区不均衡。虽然我国公共文化体育设施总体上实现了地区的“全覆盖”，但地区之间差异很大，中西部地区在公共文体设施的供给上远远落后于东部地区。以2013年为例，东部地区文化体育（包括传媒）总支出约占全国支出总量的44.15%，中部约占22.57%，西部约占33.25%。2013年全国人均文化事业费为38.99元，其中东部地区为48.23元，远超全国平均值；中部地区为23.58元，只相当于全国平均水平的60%；西部则更低。截至2013年底，全国仍有619个县级公共图书馆和791个县级文化馆建筑面积小于800平方米，分别占县级公共图书馆和文化馆的22.8%和27.0%。全国有4 876个乡镇综合文化站建筑面积小于300平方米，占文

---

① 白国庆. 提升“文化消费”要“对症下药”. 光明日报，2014-02-20（14）.

② 于群，等. 中国公共文化服务发展报告2012. 北京：社会科学文献出版社，2012：7.

③ 周子琦，吴晓琪. 中国人均体育场地远低日美　全民健身任重道远.（2013-10-15）[2018-06-20]. http://data.163.com/13/1015/23/9B8VSH9C00014MTN.html.

化站总数的 14.2%①。

二是城乡不均衡。我国公共文化体育设施基本实现了按行政层级的“全设置”，但现有公共文体设施存在向大城市集中、向中心城区集中的态势，越往基层设施越稀缺，特别是城乡之间差距巨大。截至 2013 年底，我国地市级公共图书馆、文化馆面积达标率仅为 55.1%和 33.0%；36.7%的县级公共图书馆和 43.1%的县级文化馆建于 1990 年之前；在全国 2 712 个县级公共图书馆中，无购书经费支出的有 580 个，占到县级公共图书馆的 21.4%；53%的行政村还没有文化室②。总体上，只有大约 10%～15%的公共文体资源分布在农村。在广大农村地区、城乡接合部，公共文体设施不全、设施落后、服务半径过大，造成群众使用不便等现象普遍存在。

三是人群不均衡。我国当前公共文体设施，特别是城市公共文体设施主要以常住居民或户籍人口为服务对象，流动人口、非户籍人口，特别是广大农民工群体往往被排斥在外，其文化体育需求得不到应有的满足。此外，针对老年人、少年儿童、残疾人等群体的专门公共文化体育资源普遍偏少，致使他们的文化体育权益得不到应有的保障。

2. 公共文化体育服务效能不足

实践中，与公共文体设施供给不足同时存在的，是现有的公共文体设施不能被充分有效利用的问题，影响了公共文体服务效能的发挥。其中，资源错配、管理不当、资源开放共享力度不够是主要表现。

(1) 资源错配。

我国公共文体资源的配置总体上不尽合理。表现之一是高层次竞技性体育场地（馆）多，而服务于群众健身需求的普通体育场地（馆）少。事实上，目前我国已成为举办国际性体育赛事数量最多的国家。据统计，符合国际比赛标准的大型场馆达 6 000 个③。然而，其中绝大多数场馆在非赛事期间或大量闲置，或因收费过高、距离太远等因素而使普通群众“望而却步”。国家体育总局开展的《2013 年 20—69 岁人群体育健身活动和体质状况抽测工作调查结果》显示，我国居民健身需求日益旺盛、健身意识不

① 雒树刚. 国务院关于公共文化服务体系建设工作情况的报告. (2015-04-23) [2018-06-20]. http://pad.npc.gov.cn/npc/sjb/2015-04/23/content_1934467.htm.

② 白雪华. 关于我国公共文化服务体系建设的几点思考. 人文天下, 2014 (29).

③ 舒晶晶. 2015 年我国人均体育场地面积将达 1.5 平方米以上. (2012-12-11) [2018-06-20]. http://www.dzwww.com/xinwen/guoneixinwen/201212/t20121211_7782145.htm.

断增强，但现有的公共体育场地却难以满足民众健身需求，居民健身现状与期望之间存在明显差距。从健身项目来看，健步走、跑步、乒羽球等小球类项目以及足篮球等大球类项目排在前四位。但是，在经常锻炼的人群中，近半数（47.3%）的人表示，自己正在参加的健身项目与所期望的项目不一致。而该群体所期望的体育项目中，前三位分别为游泳、乒羽球等小球类项目和健身走①。这些项目大多对场地设施要求高，联系到前述我国高层次竞技性体育场地（馆）多的情况，更凸显了我国体育场地设施供给与居民健身需求之间的“错位”。

表现之二是一些地方在提供公共文体服务时针对性和实效性不强，与群众需求脱节。与西方发达国家相比，我国民众对一些公共文化设施的使用意愿偏弱、使用率明显偏低。以公共图书馆、文化馆为例，美国公共图书馆年人均借书量为 7.7 册，日本为 5.9 册，我国仅为 0.2 册；2011 年日本公民馆人均到馆 1.8 次，我国文化馆人均到馆仅为 0.18 次②。这一现象在农村地区表现得更加突出。2007 年以来，为切实解决广大农民群众“买书难、借书难、看书难”的问题，国家有关部门牵头在全国范围内实施“农家书屋”工程。这项惠民工程在实施过程中却出现一些不尽如人意之处。很多村庄的“农家书屋”提供的书籍远远不合群众的口味。广泛充斥的科技类、法律类书籍过于陈旧，与农民息息相关的农业或养殖类书籍则相对较少。在一些以渔业养殖为主要产业的村庄，书屋里却主要摆放着果树种植的书籍，供需南辕北辙。此外，图书覆盖面窄、文化品位不高、没有充分考虑农民的实际接受能力和现实心理需求，都使得书屋在服务于农的效用上大打折扣。因此许多村庄建好的“农家书屋”经常是“铁将军把门”。文化服务与群众需求脱节，造成“这边的广场舞、麻将室热热闹闹，那边的图书室、文化馆冷冷清清”的尴尬场景。

（2）管理不当。

长期以来，我国公共文体设施存在“重建设、轻管理”的倾向，致使很多文化体育设施的效能无法得到充分发挥，一些设施甚至处于“空壳”状态，难以正常运行。具体表现为以下几个方面：

---

① 国家体育总局. 2013 年 20—69 岁人群体育健身活动和体质状况抽测工作调查结果.（2013-08-06）［2018-06-20］. http://www.sport.gov.cn/n16/n1107/n1788/4428310.html.

② 王红军. 公共文化，资源不足与浪费并存. 大众日报，2014-02-28（13）.

一是信息不透明、不公开。2013 年，在国家公共文化服务体系示范区创建中，有关部门曾委托专业机构对公共文化服务群众满意度进行调查，从调查结果来看，场馆的知晓度和使用率不高，是重点问题。在被调查者中，有四分之一的居民不知道社区周边公共文化服务场所在哪里①。知情权与信息获取权是其他权利的基础，居民对文化设施基础情况的知晓程度若此，使用状况可想而知。

二是设备陈旧。很多地方的公共文体设施，尤其是健身设施使用多年，已经极为陈旧，严重影响了功能的发挥，但却长期得不到更新和修缮，可谓“名存实亡”。

三是设施管理无章可循或有章不循。在上述公共文化服务群众满意度调查中，公共文化服务设施运营不规范也是突出问题。据统计，在被调查的场馆中有近 30％未公示开放时间和服务项目，随意推迟开放或提前闭馆的情况时有发生，各类设施不按规定运营的情况也很普遍，严重影响了群众对设施的充分使用和用户体验②。

四是设施被随意停用或挪用。在一些地方，影剧院、体育场（馆）等公共文体设施被蚕食、侵占的情况严重，这些设施或关门停业，或挪作他用，使得本已存在的文体设施供给不足问题愈加严重。

（3）资源开放共享力度不够。

在我国，学校和一些机关、企事业单位拥有大量文化体育设施，是我国公共文体设施总体格局中的重要组成部分。这些设施大多位于居民生活区周围，本应成为群众活动的重要场所。全国人民代表大会通过的《公共文化服务保障法》、国务院发布的《全民健身条例》，以及共中央办公厅、国务院办公厅印发的《关于加快构建现代公共文化服务体系的意见》等法律法规、规范性文件对这些单位文体设施的开放都做了明确的规定。但长期以来，机关、学校、企事业单位文体设施面向全社会的开放共享度较低。以中小学为例，虽然很多地方早已出台中小学文体设施面向社会开放的相关政策实施细则，但在实践中却遭遇了学校的普遍抵制——非上学期间宁可闲置，也不让校外人员使用，甚至存在连本校学生在节假日期间也被拒

---

① 陈原. 公共文化服务设施不够吸引老百姓：如何提高效能. 人民日报，2013-12-19(17).

② 同①.

之门外的现象①。

3. 群众喜闻乐见的文化产品匮乏

近年来我国文化产业领域一系列亮丽的数据不能掩盖行业整体上存在的短板与不足。正如习近平总书记在文艺工作座谈会上的讲话中所指出的，当前在文艺创作方面，存在着有数量缺质量、有“高原”缺“高峰”的现象。这反映在文化产品的创作和生产上，集中表现为“产量多、精品少”的窘境。像电视剧《潜伏》《人民的名义》，电视栏目《中国诗词大会》《国宝档案》，电影《战狼2》《红海行动》等群众喜闻乐见、既有社会效益又有经济效益的优秀文化产品凤毛麟角，远远不能满足新时代人民群众日益高涨的精神文化需要。文化产品供给侧存在的短板主要表现为以下几个方面：

（1）粗制滥造，精细化欠缺。

正如习近平总书记所言，凡是传世之作、千古名篇，必然是笃定恒心、倾注心血的作品。大凡伟大的作家艺术家，都有一个渐进、渐悟、渐成的过程。但当下很多文化领域的创作者忽视了作品的创作规律，盲目追求所谓的高效率，采取工业化、机械化生产的模式，粗制滥造，牵强附会，甚至胡编乱写，这样生产出来的文化作品不但不会给观众带来真、善、美的享受，反而制造了很多文化“垃圾”。

（2）千篇一律，原创性不足。

数据表明，在全世界原创性文化产品的出口和交易之中，美国、英国等发达国家占据70%～80%，而中国仅占2.5%②。造成这一局面的原因是长期以来我国文化产品创作和生产领域存在思想匮乏、创意缺乏，以及由此形成的盲目跟风、竞相模仿、相互抄袭等顽疾。一段时间内清宫剧、穿越剧轮番霸占荧屏，过一段时间相亲类节目又扎堆成风，紧接着就是“真人秀”节目的轮番轰炸，造成观众一轮又一轮的“审美疲劳”。

（3）“泛娱乐化”严重，一味追求感官刺激。

娱乐无疑是文化产品的重要功能，但这绝不意味着“泛娱乐化”，即模糊了作品的严肃性与娱乐性之间的界限，更不能“娱乐至上”，甚至“娱乐

① 任俊峰．调查：青岛公共体育设施严重不足学校不愿开放．(2013-05-30)[2018-06-20]．http://news.qingdaonews.com/qingdao/2013-05/30/content_9777797_all.htm.

② 金元浦．中国原创文化产品出口和交易非常稀少．(2013-09-06)[2018-06-20]．http://news.hexun.com/2013-09-06/157774062.html.

至死”。近年来，很多文化作品、影视剧目打着“以受众为中心”“一切为了观众”的幌子，一味搜奇猎艳、追求感官刺激、片面迎合观众，甚至是极其低级趣味，作品的低俗化、庸俗化、媚俗化严重，这不仅是对文艺的伤害，也是对全社会精神生活的伤害。

(4) 曲高和寡，脱离群众。

有一些文化作品一味追求所谓的“纯艺术”“为了艺术而艺术”，作品曲高和寡，严重脱离实际、脱离群众，拒观众于“千里之外”，本应为群众提供精神文化享受的行为最终却沦为孤芳自赏、自我陶醉。此外，有些文化产品，特别是演出剧目虽然质量上乘，但产品定价过高，远远超出了普通观众的实际经济承受能力，人为在作品和观众之间树立起一道藩篱，让广大群众“望洋兴叹”。

二、文化体育领域突出短板的原因分析

造成当前我国文化体育领域存在上述一系列突出问题的原因是多方面的。归结起来，主要有以下几点：

(一) 经费来源单一，政府投入不足

一方面，当前我国公共文体设施和服务的提供几乎全部依赖于政府投入，经费来源单一。这些经费既要用于文体设施的开放、文体活动的组织和设备的购置，又要用于支付相关管理人员的工资，往往捉襟见肘。特别是对于经济发展程度较低、政府投入相对较少的地区而言，这一问题更为突出，这也是我国在公共文体设施和服务供给上存在地区严重不均衡的根本原因。

另一方面，在政府投入方面，虽然近年来各级财政对文化建设的投入不断增加，但由于长期以来文化建设经费基数低，财政投入的增长与文化发展的需求之间仍有不小差距。全国文化体育（包括传媒）支出占全国财政总支出的比重长期保持在 1.8%左右，比重偏低。以 2014 年为例，全国文化体育（包括传媒）支出为 2 683 亿元，仅占全国财政总支出

(15.17万亿元)的1.77%。人均全国文化体育(包括传媒)支出仅为206元[①]。可以说,政府投入不足,是造成我国当前公共文体服务供给不足的主要原因。

(二)相关政策执行不到位

制度的关键在于落实。但在实践中,若干政策执行不到位,使得我国公共文化体育设施和服务供给不足的问题进一步加剧。具体包括公共文体设施应免费而未免费、居民区文体设施应配套而未配套,以及机关、学校、企事业单位文体设施应开放而未开放等。

(1)公共文体设施应免费而未免费。

在《全面健身条例》中,有“各地方政府体育主管部门根据实际情况免费提供健身器材”“学校应当积极创造条件向公众开放体育设施”等内容,在新近颁布的《公共文化服务保障法》中,也有“公共文化设施应当根据其功能、特点,按照国家有关规定,向公众免费或者优惠开放”,以及“收取费用的公共文化设施,应当每月定期向中小学生免费开放”等条款。但在实践中,这些政策的执行却大打折扣。大量按照规定应该向公众免费或低价开放的文体设施以“运营、维护费用过高等理由”实行收费或高收费,从而将大量本该使用设施或享受服务的群众拒之门外。

(2)居民区文体设施应配套而未配套。

居民区配套公建是我国公共文化体育服务体系的重要组成部分。国务院2014年10月印发的《关于加快发展体育产业促进体育消费的若干意见》首次将全民健身上升为国家战略。《意见》明确要求在城市社区建设15分钟健身圈,新建社区的体育设施覆盖率达到100%。作为一项具体措施,《意见》要求,在新建的住宅小区中,人均室内体育设施建设面积不低于0.1平方米,室外体育设施建设面积不低于0.3平方米。此外,《意见》还对设施的种类做出了具体要求,以满足群众多元化需求。比如,室外设施应涵盖羽毛球场、篮球场、游泳池、儿童游戏场、多功能文体广场、健身路径,室内设施应建有健身房、乒乓室、综合活动室等。《意见》特别要求,配套

① 雒树刚. 国务院关于公共文化服务体系建设工作情况的报告.(2015-04-23)[2018-06-20]. http://pad.npc.gov.cn/npc/sjb/2015-04/23/content_1934467.htm.

设施与住宅区主体工程同步设计、同步施工、同步投入使用。

《意见》出台后，各地纷纷制定了关于居民区公建配套设施建设和管理的地方性规定。但在实践中，包括文体设施在内的居民区配套公建不足的问题却大量存在。主要表现：一是建设标准不统一，大量规划内的文体设施大幅“缩水”；二是建设周期长，大量配套公建建成时间一拖再拖，乃至遥遥无期；三是设施无偿移交难，很多规定没有明确移交设施的价格认定依据、资产评估方式等，导致配套文体设施的政府回购难、群众使用难。

(3) 机关、学校、企事业单位文体设施应开放而未开放。

长期以来备受关注的包括机关、学校、企业事业单位文体设施开放问题迟迟没有“破题”。2016 年 6 月，国务院印发的《全民健身计划（2016—2020 年）》再次指出，“确保公共体育场地设施和符合开放条件的企事业单位、学校体育场地设施向社会开放”。2017 年 3 月 1 日起实施的《公共文化服务保障法》也明确规定，“国家鼓励和支持机关、学校、企业事业单位的文化体育设施向公众开放”。然而当前各单位对面向全社会开放本单位的文体设施普遍缺乏动力和积极性。以中小学为例，总体上原因主要有两方面：一是安全考虑。为了保障学生安全，学校对于安全的要求较一般单位更高。文体设施的开放势必造成校外人员的大量涌入，增加管理难度和安全隐患。二是经济考量。中小学文体设施面向社会开放，一方面必然会造成设施的大量损耗，与之相比，政府的补贴可谓“杯水车薪”，这将给学校带来额外的经济负担；另一方面在相关立法不够明确的情况下，校外人员一旦在校内发生意外事故所带来的责任风险也是校方的一大顾虑。

（三）管理体制机制落后

我国公共文体设施供给不足与服务效能无法得到充分发挥，归根结底在于管理体制机制落后，无法适应快速发展变化的群众需求。

(1) 管理理念落后，服务意识不足。

当前一些地方党委、政府依然存在“重经济发展、轻文体建设”的倾向，导致公共文体服务体系建设、公共文体设施和服务的供给在实际工作中不受重视。具体表现为没有建立起以效能为导向的公共文体服务绩效评价机制，部分地方仍没有将公共文体服务纳入政府效能考核，缺少刚性约

束。这根本上凸显了相关地方政府或文化体育行政管理部门服务意识薄弱、没有形成以群众需求为导向的公共文化服务模式的问题，深层次上则是形式主义、官僚主义作风的反映。比如图书采购环节，很多政府相关部门负责人单纯注重数量，应付检查考核，没有真正就群众的需要进行调查研究，利民、惠民工程被硬生生办成了形象工程、面子工程。更有甚者，在一些缺乏有效监管的地方，有的从二手市场上淘来的旧书，价格翻番后又被摆进“农家书屋”里。这些问题的存在严重制约了公共文体服务体系的建设和完善。

（2）管理体制僵化。

在公共文化体育设施的管理运营上，我国各地仍普遍以政府直接管理，或政府委托相关事业单位管理为主，较少采用市场化模式。按照 2012 年 4 月新华社授权发布的《关于分类推进事业单位改革的指导意见》的原则精神，博物馆、公共图书馆、文化馆（站）等文化设施被认定为公益一类事业单位，即全额拨款的事业单位，其所需的事业经费全部由国家预算拨款；党报党刊、公益出版社、电台、电视台等被认定为公益二类事业单位，即差额拨款事业单位，其人员费用由国家财政拨款，其他费用自筹。这一体制在使得相关文化体育单位的运营经费得到很大程度的保障的同时，也使其运营在相当程度上受到了既有体制的束缚。

这一状况在管理者视域局限的情况下表现得更加突出。例如某地一位农民自费购买电影放映机和电影拷贝，为深山中的村民免费放映电影。但是主管部门马上将其叫停，依据是没有办理电影放映许可证①。这一看似“合理合法”的行为背后是管理者对传统管制思维的固守，未能吸收多元共治的现代治理理念，热衷于垄断权力而不是分享权力，最终又回归单一治理主体的老路，从而在根本上影响了文化服务效能的发挥。

（3）管理机制不畅。

当前我国“大公共文体服务”的框架尚未建立。公共文化体育资源广泛分散在文化、新闻出版、广播影视、工会、共青团、妇联、科技、体育等多个部门，难以统筹和集中管理，多头管理、条块分割、部门职能交叉、资金投入分散等问题突出，影响了综合效益的发挥。

以区县文化体育设施管理为例。在管理主体上，区县文体设施建设管

---

①　王多. 补好基层公共文化服务治理的短板，“文化小康”才有希望.（2017-02-04）[2018-06-20]. http://www.shobserver.com/news/detail? id=43738.

理机构就分为“区（县）政府—职能部门（局、委、办）—乡镇（街道办）—村（社区）”四级管理体制，在同一层级又有多个职能部门参与管理，各部门在实施管理过程中既要遵从上一级部门的要求，又要与同级部门协调，制约了各部门管理作用的发挥。而管理主体多样、管理权限复杂也容易导致公共文体设施审批建设管理权限界定不清、责权不分，造成管理“缺位”或管理“越位”的情况。

（4）人员专业化程度不足。

实践证明，公共文化体育服务领域从业人员数量少、流动性大、专业化程度低，是造成服务水平参差不齐、制约服务效能发挥的重要因素。这一问题越往基层、越往落后地区越发突出。

一是专业程度低。例如，成都市青羊区文化馆、图书馆在编 33 人中，仅有 1 人拥有高级专业技术职务，4 人拥有中级专业技术职务。镇、村一级的情况则更差。街道文体专干“专而不专”现象普遍，社区文体干事往往身兼教育、计生、统计等职责①。

二是兼职现象普遍。例如，江苏省海门市 2016 年发布的《关于加快推进现代公共文化服务体系建设的实施意见》明确规定，每个镇街综合文化站编制不少于 3 人，每个村社区综合文化服务中心设立政府购买的文化公益岗位不少于 1 个。但从实际情况来看，12 个镇街综合文化站共有正式编制人员 11 人，其中 8 人兼职。村级还没有文化公益岗位上的工作人员②。

三是流动性大、缺编情况突出。例如，成都市青羊区 2014 年招聘了 15 名文体专干，由于待遇偏低，目前只剩下 5 人在岗③。四川省凉山彝族自治州全州有 17 个县的 501 个文化站未解决专职干部编制，缺编率达到 81％④。

众所周知，文体活动带有一定的专业性，管理人员配备不足、专业知识缺乏使得对群众参与文体活动缺乏技术指导，因此降低了群众的参与度，造成已经配置的文体设施使用效率不高的问题。

---

① 联合课题组．文化体育设施滞后建设管理亟待提速：对成都市公共文体设施规划建设使用管理情况的调查研究．服务经济，2015（5）．

② 海门市人大常委会教科委．关于全市现代公共文化和体育服务体系建设情况的调查报告．（2017-07-05）[2018-06-20]．http://www.hmrd.gov.cn/plus/view.php? aid=4330.

③ 联合课题组．文化体育设施滞后建设管理亟待提速：对成都市公共文体设施规划建设使用管理情况的调查研究．服务经济，2015（5）．

④ 韩冰．推进农村文化“网底攻坚”．瞭望，2013（19）．

（四）对文化产品的经济效益和社会效益之间的关系认识还有不足

造成我国文化产品领域“产量多、精品少”的原因是多方面的。根本上是行业整体上未能正确认识文化产品的经济效益和社会效益之间的关系，在文化产业大发展大繁荣的背景下，片面追求经济效益，而忽略了作为文化产品更为重要的社会效益。具体表现为以下几个方面：

（1）创作者迷失方向。

一些创作者在市场经济大潮的冲击下迷失了方向，心浮气躁、汲汲于功利，丧失了对品质和格调的追求，丧失了孜孜以求、精益求精的精神。价值缺失、是非不分、善恶不分、以丑为美的状况普遍存在。一些创作者则在“为什么人”的问题上发生了偏差。忘记了人民，脱离了大众，脱离了现实，闭门造车，或无病呻吟，或一味媚俗。这是造成目前文化作品变成无根的浮萍、无病的呻吟、无魂的躯壳的根本原因。

（2）市场的负面作用的影响。

文化体制改革以来，为了更好推动文化产业繁荣发展，我国专门出台政策放宽了对社会资本进入文化领域的限制。应该说，资本的涌入对于创造良好的产业环境、推动产业加快发展起到了积极的作用。但也要看到，资本有着天然的盈利诉求，特别是快速盈利的诉求，追求创作周期的“短、平、快”，这在某种程度上不利于文化行业的长远健康发展。

近年来，市场的负面作用日益显现。在经济利益的驱动下，有些作品过分强调收视率、上座率、点击量、发行量，淡化了应有的价值导向和精神追求。有些文化行业的从业人员，热衷于资本运作、快速套现，而不再专注于内容的创作，有的甚至在经济利益的驱动下肆意歪曲事实、过度渲染，以“新”“奇”“特”去吸引更多的眼球和社会关注度，给行业发展带来巨大隐患。

（3）监管机制不成熟。

近年来有一种颇为流行的观点认为，文化的创造需要自由的氛围，因此应该尽可能放松监管的力度，甚至取消监管。这种观点是极其错误的，危害也是巨大的。事实上，与其他一般产业相比，文化产业的最大特点就是能够对人的精神思想、价值观产生影响。好的文化产品能够有效传播正能量、疏导社会情绪、消解社会心理压力。也正是在这一意义上，习近平总书记指出，文化是经济发展的“助推器”、政治文明的“导航灯”、社会和谐的“黏合剂”，但坏的文化产品同样能够混淆视听，使观众玩物丧志、精神萎靡，乃至堕落。因此，任何国家都不会对文化产业的发展、文化产品的生产采取完全自由放任的态度，而是采取各种措施对其加以监管和引导。党的十八届三中全会通过的《中共中央关于全面深化改革若干重大问题的决定》中关于处理政府和市场关系的表述，强调“使市场在资源配置中起决定性作用和更好发挥政府作用”。在文化领域，政府这只“有形之手”的作用更是只能加强、不能削弱。

当前我国在监管方面仍欠成熟，一方面，导致大量平庸之作、粗陋之作、跟风之作流入市场，混淆视听；另一方面，也未能有效发挥政策杠杆的作用，即让好的作品得到扶持，有机会脱颖而出。

三、主要政策建议

习近平总书记强调，构建现代公共文化服务体系是保障人民群众基本文化权益、建设社会主义文化强国的重要制度设计。《中华人民共和国公共文化服务保障法》已于 2017 年 3 月 1 日起正式实施，这是我国公共文化服务法律保障取得的历史性突破，标志着人民群众基本文化权益和基本文化需求实现了从行政性“维护”到法律“保障”的跨越，公共文化服务实现了从可多可少、可急可缓的随机状态到标准化、均等化、专业化发展的跨越。党的十九大报告中提出了“坚定文化自信”的历史命题，并明确了新时代文化建设的基本方略，标志着新时代文化发展的中国路径正在徐徐展开。接下来，各级政府应以党的十九大精神、习近平总书记系列重要讲话精神为指针，认真贯彻落实中央《关于加快构建现代公共文化服务体系的意见》和《公共文化服务保障法》等重要法律法规，从提高公共文化体育设施和服务质量出发，深入推进公共文化体育领域供给侧结构性改革，加大资金投入、提升服务能力，促进基本公共文化服务的标准化、均等化，从根本上增强人民群众的文化获得感。

基于此，本研究建议，从“做足增量”和“盘活存量”两方面入手，

解决文化体育领域影响人民群众幸福感的主要民生问题。“做足增量”，包括落实政府责任、增加政府投入、引入社会力量、严格落实公建配套规划等；“盘活存量”，包括完善管理体制机制、促进机关企事业单位文体设施的开放共享、推进公共文体设施与服务的均等化和标准化、建立健全科学的文化产品评价标准和评价机制、推动“互联网＋公共文体服务”等。

（一）进一步落实政府责任，促进设施与服务的均等化、标准化

（1）明确政府责任，增加政府投入。

一是强化政府的主导性作用。提供公共文体服务是现代政府的基本职能。在我国公共文体服务体系建设中，政府的主导性作用只能加强、不能削弱。地方政府需要全面认识到公共文体服务在和谐社会的构建、经济发展保障以及提升公民素质等方面的积极作用，从新发展理念和全面协调可持续发展的视角，将公共文体服务体系纳入经济社会发展的总体布局来看待，明确政府在公共文体服务中的主导性责任。这是解决当前我国公共文体服务供给不足和效能不足问题的关键。

二是加大财政投入力度。各级政府要将公共文化体育设施的建设、维修、管理资金列入本级政府基本建设投资计划和财政预算，保障对文化体育设施建设资金的财政投入较上一年有一定幅度的增长。同时扩宽融资渠道，积极争取银行等金融机构对文化体育设施建设的资金支持。

三是制定统一规划，强化用地保障。各级政府要注重规划引领，按照“广覆盖、保基本、可持续”的思路，将文化体育设施建设项目用地纳入本级土地利用总体规划和土地利用年度计划，优先保障项目用地计划指标。要出台具体措施，确保任何单位和个人不能侵占公共文化体育设施建设预留地或擅自改变用途。同时，对已建成的文化体育设施不得随意拆除或改变用途。城市建设期间调整迁建公共文化体育设施，应坚持先建后拆，不得减少设施面积总量。

（2）促进设施与服务的均等化。

均等化原则强调政府在推进公共文体服务体系建设的过程中，需要统筹不同地区、不同群体的需要，科学配置公共文体资源，对不同阶层与群体都要平等对待，保障全面公民基本的公共文体权益，使之共享文化体育

发展成果。推进公共文体服务均等化应重点从三个方面着手：

一是城乡均等。实现文化小康，主要任务在基层、在农村，要着力增加农村公共文体产品供给。首先，要建立覆盖农村的公共财政管理体制。县乡财政要统筹规划，扩大公共财政覆盖农村的范围和领域。其次，要设立农村公共文体建设的专项补助资金。除大力推进县、乡、村三级公共文体基础设施外，政府应把有限的资金投入到培养基层文体人才上来，鼓励各级文体培训资源向农村倾斜。最后，要提高乡村公共文体服务供给的综合性。以村一级为重点，推进基层综合性文化体育服务中心建设，着力夯实基层农村公共文化体育阵地。

二是区域均等。要把公共文化体育健身与中央精准扶贫决策部署联系起来，集中实施一批文化扶贫项目。通过转移支付等方式，加大对革命老区、民族地区、边疆地区、贫困地区的政策、项目和资金倾斜力度，重点扶助该地区群众的基本文体权益，推动公共文体服务重心下移、资源下移、服务下移，加大产品和服务供给力度，面向老少边贫地区实施重大文化体育工程，促进公共文体服务均衡协调发展。

三是群体均衡。要将老年人、未成年人、残疾人、农民工、农村留守妇女儿童、生活困难群众作为公共文体服务的重点对象，丰富室外健身器材种类和功能，增加符合上述人群特点和需求的器材，重点保障这些特殊群体的基本文化权益。

（3）促进设施与服务的标准化。

在标准化方面，2015 年 1 月，中办、国办印发了《关于加快构建现代公共文化服务体系的意见》。与该《意见》一并印发的还有《国家基本公共文化服务指导标准》，同时提出了“建立国家指导标准与地方实施标准相衔接的标准体系”等要求。新颁布实施的《公共文化服务保障法》也规定，国务院根据公民基本文化需求和经济社会发展水平，制定并调整国家基本公共文化服务指导标准；省、自治区、直辖市人民政府根据国家基本公共文化服务指导标准，结合当地实际需求、财政能力和文化特色，制定并调整本行政区域的基本公共文化服务实施标准。

接下来，各地应在借鉴吸收中央有关部门与地方公共文化体育服务体系建设经验做法的基础上，研制关于全民公共文化体育服务体系建设的指导文件，研究建立公共文化体育服务绩效评估指标体系，明确公共文化体育服务体系的范围标准、资源配置、管理运行、供给方式、评估办法等有

关内容；同时，各地应组织研制公共图书馆、博物馆、全民健身中心、社区多功能公共运动场、室外健身器材等文化体育场地设施的地方标准，进一步规范这些场地设施的建设与管理，包括设施的规划建设、分类配置、安全运行、管理服务等，最终实现运营标准化、维护常态化、开放制度化、活动经常化的公共文体设施服务目标。

（二）进一步完善管理体制机制

（1）进一步更新理念。

要从根本上解决当前公共文体服务供需错位、不够“接地气”的问题，关键是更新理念、树立以群众为中心的工作导向，从群众需要出发，走好群众路线。具体说来，就是要探索建立群众公共文体需求表达和决策参与机制，让群众在公共文体服务决策中有充分发言权。文化体育行政主管部门要通过定期制度化调查研究，了解群众需要什么、欢迎什么，使公共文体服务真正落实到民之所需上。要尊重文化差异性、地域性、多样性，避免标准“一刀切”、内容设施供给“一锅煮”。以此改变公共文体产品和服务供给与人民群众多样化文化诉求目标错位、需求结构不对称现象，促进公共文体服务决策的科学化、民主化。

（2）进一步深化体制改革。

各地方要进一步深化公益性文化事业单位的改革，探索管办分离的有效形式，全面推进人事、收入分配、社会保障和经费保障制度改革。当前，一些地方探索建立文化事业单位的法人治理结构，在公共图书馆、博物馆、文化馆等组建理事会，吸纳各界代表、专业人士参与管理，把公共文化服务的选择权和评价权交给群众，公益性文化体育事业单位的活力明显增强，是各方面公认的有效方式。

（3）不断完善运行机制。

如前所述，由于体制原因，我国公共文体设施建设和服务供给实行的是部门主导、自上而下的“条条”建设模式，资金、项目、设施等分散于文化、新闻出版、广电、工会、共青团、妇联、体育等各个部门，影响了综合效益的发挥。各地应按照中央精神，推动建立协调机制，成立由文化部门牵头、其他相关部门参加的国家公共文化服务体系建设协调组，建立健全领导、组织、执行、督查、考评、奖惩等一系列制度。

（4）持续加强队伍建设。

各地应大力加强公共文化体育队伍建设，特别是基层公共文体设施管理队伍建设。要广泛调动各方面积极性，进一步充实基层工作力量，重视发现和培养基层文化活动骨干和带头人，建设一支沉得下、留得住的基层文化队伍。首先，各地要认真研究制定公共文化体育机构人员的编制标准，严格定岗到位。例如，每个社区文化体育中心至少应配备一名有一定文化水平和文艺特长的社区文化员。其次，完善文化体育人才引进机制，重点引进一批文化体育领域的拔尖创新人才、掌握现代传媒技术的专门人才、懂经营善管理的复合型人才。再次，健全教育培训制度，对街道（乡镇）社区（村）公共文化体育从业人员实行从业资格认证和聘用制度，提高其公共文化体育的服务能力。最后，探索发展文化志愿服务队伍，借鉴国外经验，通过社区与大学合作，构建参与广泛、内容丰富、形式多样、机制健全的文化志愿服务体系。

（三）多渠道引入社会力量

党的十八届三中全会通过的《中共中央关于全面深化改革若干重大问题的决定》明确指出，“鼓励社会力量、社会资本参与公共文化服务体系建设”。在人民群众文体需求不断增长且日益多元化的背景下，如何更好地调动社会力量参与公共文体设施建设，显得尤为重要。

社会力量的引入，一方面可以解决资金问题，另一方面也有利于完善设施运营机制，提升供给效率。各地方可重点考虑从以下四个方面推进公共文化服务社会化：

一是建立健全政府向社会力量购买公共文化服务机制。在文化部、财政部、新闻出版广电总局、国家体育总局四部委《关于做好政府向社会力量购买公共文化服务工作的意见》的基础上，制定各地方购买公共文化服务指导性意见和目录，将政府购买公共文化服务资金纳入财政预算。

二是推广运用政府和社会资本合作（Public Private Partnership，PPP）等模式，允许和鼓励社会资本参与图书馆、文化馆、博物馆、体育场（馆）等公共文体设施的建设和运营，促进公共文化服务提供主体和提供方式多元化。

三是鼓励和支持社会力量通过投资或捐助设施设备、兴办实体、资助

项目、赞助活动、提供产品和服务等方式参与公共文化服务体系建设，并推动建立公开透明的社会捐赠管理制度。

四是有条件的地方探索开展公共文化设施社会化运营试点，创新公共文化设施管理模式，通过委托或招投标等方式吸引有实力的社会组织和企业参与公共文化设施的运营。

（四）强化政策“落地”

新颁布实施的《公共文化服务保障法》对公共文化设施的免费开放、居民住宅区的公共文化设施配套，以及机关、学校、企事业单位的文化体育设施向公众开放等都做了具体的规定。具体为：第十六条第三款规定：新建、改建、扩建居民住宅区，应当按照有关规定、标准，规划和建设配套的公共文化设施。第二十九条第二款规定：国家鼓励经营性文化单位提供免费或者优惠的公共文化产品和文化活动。第三十一条规定：公共文化设施应当根据其功能、特点，按照国家有关规定，向公众免费或者优惠开放。第三十二条规定：国家鼓励和支持机关、学校、企业事业单位的文化体育设施向公众开放。

法律法规的生命在于执行。接下来各地应在《公共文化服务保障法》基础上制定地方实施细则，确保相关政策“落地”。对于公共文体设施，各地应制定信息公开公示制度，严格按照国家有关规定按时免费开放或低收费开放。此外，有关部门应加强对新建居住区文体设施用地和规划的设计方案审核、竣工验收，敦促房地产开发商按时保质移交相关设施；同时，加强对建成小区落实管理使用职责，避免室内外文体场地被挪作他用或对外出租。与此同时，也要树立系统思维，破解相关制度实施过程中的“瓶颈”。例如，促进中小学文体设施的开放共享，关键在于从根本上解决校方不愿开放、不敢开放的问题。一方面，针对安全担忧，建议在中小学推广“动静分离”模式，即通过重新规划或调整校园设计等方式将学校教学区与体育场隔离开，既保障群众健身又维护正常教学秩序和学生的安全；另一方面，加大对学校财政补贴力度，解决学校文体设施的更新难题。此外，国家应尽快出台相关立法或司法解释，明确校外人员在校内发生意外的责任归属，消除校方顾虑。

（五）建立健全科学的文化产品评价标准和评价机制

要保证既接地气又有人气的优秀文化产品的不断涌现，建立健全科学的文化产品评价标准和评价机制是关键。在这一过程中，要处理好专家意见和群众意见、经济效益和社会效益、主观指标和客观指标之间的关系。对于票房、收视率、收听率、上座率、发行量、点击量等市场指标，不能不重视，但不能绝对化，要将群众意见、群众视角纳入评价体系中来，着力支持和打造思想性、知识性、艺术性和观赏性俱佳的文化产品。

第一，文化行政主管部门要为文化精品创造生产营造良好的环境，将推动文艺繁荣列入国家优先发展大计，并给予适度经济辅助，让文艺工作者更有底气，创作道路更通畅。此外，要引导文化界树立以人民为中心的创作理念，在“依靠谁”“为了谁”的问题上要立场明确，着力为人民提供更好更多精神食粮。要深化拓展“走转改”，把实践和基层当作最好的课堂、把群众当作最好的老师，多推出一些沾泥土带露珠冒热气、有筋骨有道德有温度的优秀作品。

第二，要发挥好政府和市场“两只手”的作用，坚持社会效益放首位、经济效益和社会效益相统一。文化行政主管部门要着力发挥政府的引导作用，加强指导服务，加强检查考核，把出精品作为资源配置、资金扶持、评奖评优的重要指标，特别是要加强选题策划、剧本创作和制作生产的引导管理，加大政策的支持扶持力度，推出更多的思想精深、艺术精湛、制作精良的优秀影视作品。

第三，完善相关奖励评价机制，推动资源要素向创作源头倾斜、向优质原创项目倾斜、向优质团队倾斜。要改进和完善现有文艺评奖机制，解决文艺评奖过多过滥问题，建立健全对文艺作品的科学评价体系。同时，发挥国家艺术基金等行业引导性基金的导向作用，扩大资助范围，丰富资助门类，突出资助重点，促进推出一批叫得响、传得开、留得住的精品力作。

第四，始终把创作生产优秀作品作为中心环节，努力推出更多体现中华文化精神、传播当代中国价值观念，思想性、艺术性、观赏性有机统一的优秀作品。要倡导发扬精益求精的“工匠精神”，在提高题材、内容、形式、手法等方面的原创性上下功夫，推动理念和手段、内容和形式、各种

艺术要素和技术要素相融合，真正做到思想深刻、艺术精湛、制作精良。

（六）大力推动“互联网＋公共文体服务”

“互联网＋行动”已成国家战略。实践证明，作为一种新兴的技术手段，互联网以其独有的传播特性，在促进信息共享、提升服务效率方面有着独特的优势。实践证明，互联网在推动公共文体服务的标准化、均等化方面有着独特的优势，如国家图书馆的“掌上国图”移动数字图书馆服务体系，涵盖了手机门户、短信、彩信、移动应用程序、移动阅读平台等业务。任何用户只需要在手机上安装，就能获得一个随身的图书馆，享受数以万计的电子图书，以及讲座、期刊和其他丰富的馆藏文化资源[①]。而在内蒙古，“数字文化走进蒙古包”工程通过利用无线 Wi-Fi 技术以及智能手机、平板电脑、笔记本电脑等移动终端，通过建立一级数字加油站（乡镇、苏木）、二级数字加油站（村、嘎查）、移动便携式加油站（分散的游牧点），为边疆偏远地区无网络覆盖的农牧民提供 24 小时不间断的数字文化信息资源服务，长期以来困扰偏远牧区的公共文化服务供给上的障碍就此被打通[②]。接下来国家有关部门应进一步深入贯彻“互联网思维”，推动各地加快“互联网＋公共文体服务”建设，通过打造“城市文体云”，有效整合场馆资源、活动资源和内容资源，打通公共文体服务的“最后一公里”——有效利用主动推送服务信息和即时接收需求反馈的方式，实现供需精准对接，从根本上解决“知晓率低、参与率低、设施利用率低”等公共文体服务顽疾。

---

① 谢颖．陈力委员：“互联网＋”为公共文化服务插上翅膀．（2016－03－10）［2018－06－20］．http://www.dzwww.com/xinwen/guoneixinwen/201603/t20160310_13971705.htm.

② 张桂梅．内蒙古：“数字文化走进蒙古包”实现农牧民文化共享．（2015－01－23）［2018－06－20］．http://culture.people.com.cn/n/2015/0123/c87423－26437186.html.

第十一章　积极应对人口发展新挑战

人口发展是社会发展的重要组成部分，人口发展与经济发展的关系更是自人类社会产生以来无法回避的根本问题。人口作为社会生活的主体性要素的性质从未发生过改变，人口问题始终是人类社会共同面对的基础性、全局性和战略性问题。庞大的人口基数既是我国屹立于世界民族之林的独特风采，也是贫困、就业、教育、住房、养老等众多民生问题产生和难以解决的一个重要原因。党的十九大报告指出，要“促进生育政策和相关经济社会政策配套衔接，加强人口发展战略研究”。人口发展包括规模增长、素质提升、结构合理、分布均衡、政策协调等诸多方面。本章概述我国人口发展基本现状，揭示人口发展面临的主要挑战，提出迎接挑战的对策性思路和建议。

一、人口发展自 20 世纪 90 年代进入新常态

20 世纪 90 年代以来，中国人口发展进入以惯性增长和人口普遍流动为主要特征的新常态。迄今为止，中国仍是世界第一人口大国；人口维持惯性正增长，数量还在缓慢增加，增速放缓。居民健康素质大幅改善，粗死

亡率水平有所提升，但平均预期寿命不断延长。城镇化水平继续稳步增长；人口流动普遍化、家庭化、长期化趋势明显，成为影响区域人口分布的主导性力量。

（一）人口总量维持惯性正增长、增速放缓

（1）总量继续增长。

中国人口在公元 12 世纪（宋徽宗时期）首次突破 1 亿大关，之后虽随着朝代更迭略有起伏，但基础规模已然奠定，至 19 世纪中叶已超过 4 亿人①，一直稳居世界人口首位。中华人民共和国成立以来，20 世纪 50 年代推行的行之有效的基层医疗卫生制度和 70 年代开始施行的计划生育政策，使中国在数十年间迅速完成了发达国家历经百年才能完成的人口转变。死亡率转变和生育转变之间的时滞效应激发人口规模迅速膨胀，并持续增长至今。1949 年中国人口 5.42 亿人，到 1981 年突破 10 亿人，1988 年突破 11 亿人，1995 年突破 12 亿人，2005 年超过 13 亿人②。根据美国人口咨询局每年发布的世界人口数据表，2017 年中国人口为 13.87 亿人，比第二位印度人口多3 400万人，更远超第三位美国的 3.25 亿人口③。

（2）增长速度趋于放缓。

虽然中国人口总量仍在维持不断增长的态势，但增长速度趋于放缓。严格控制人口增长曾是中国实施计划生育的主要原因和以生育政策为核心的人口政策的重要任务。1973 年之前，中国人口自然增长率（除个别年份外）一直保持在 20‰以上的高水平；1975 年 4 月，邓小平提出“力求在 1980 年前能把人口增长率控制到 15‰，1985 年控制到 10‰以下”；1978 年 2 月，国务院批转《关于全国计划生育工作汇报会的报告》指出“力争在 3 年内把人口自然增长率降到 10‰以下”；1979 年 6 月，全国人大五届二次会议通过的《政府工作报告》指出“1979 年要力争使全国人口增长率降到 10‰左右，1985 年要降到 5‰左右”。虽然如果不考虑三年困难时期的人口

---

① 国家卫生计生委计划生育基层指导司，中国人口与发展研究中心．人口与计划生育常用数据手册 2016．北京：中国人口出版社，2017：113．

② 同①114.

③ Population ReferenceBureau. 2017 World Population Data Sheet. www. prb. org.

异常变动，直到 1998 年中国人口自然增长率才首次降到了 10‰以下，但 20 世纪 80 年代后特别是 90 年代以来人口增长趋于放缓。每增加一亿人口的时间从 5 年（7 亿人到 8 亿人，8 亿人到 9 亿人）延长至 7 年（9 亿人到 10 亿人、10 亿人到 11 亿人、11 亿人到 12 亿人），再延长至 10 年（12 亿人到 13 亿人）乃至超过 13 年（迄今中国人口未达到 14 亿人）。年均增长率则从 1970—1979 年的 1.62%，渐次降低为 1980—1989 年的 1.33%，1990—1999 年的 0.95%和 2000—2009 年的 0.52%，2010—2015 年期间进一步降低为 0.50%。

（二）居民健康素质大幅改善、平均预期寿命进一步延长

生存是人口发展第一要务，人类历史某种意义上就是人类战胜死亡和疾病，千方百计生存下来的斗争史。粗死亡率和平均预期寿命常常用来作为衡量人口死亡水平和健康素质的重要指标，其中基于时期数据和假定队列分析方法、利用生命表技术计算得到的综合度量指标平均预期寿命，因其易于理解，且排除了人口年龄结构的影响，成为国际上普遍使用的国家之间进行死亡水平和健康状况比较的主要指标。此外，婴儿死亡率和孕产妇死亡率分别用来衡量不满周岁的婴儿以及因怀孕生产而死亡的妇女的死亡率水平，以反映国家或地区的医疗卫生条件和妇女儿童的健康状况。

（1）粗死亡率 2004 年开始回升。

中华人民共和国成立伊始，衡量总人口死亡强度的粗死亡率指标高达 20‰。20 世纪 50 年代在“赤脚医生”制度等行之有效的农村基层医疗卫生制度的作用下，中国人口粗死亡率以每年降低一个千分点的速度迅速下降，到 60 年代中期就已稳定在 10‰以下的低死亡率水平。1980 年、1990 年和 2000 年中国人口粗死亡率分别为 6.34‰、6.67‰和 6.45‰，与世界发达国家的死亡率水平比肩。2004 年之后，受总人口年龄结构的影响，中国粗死亡率水平开始缓慢提升，2010 年达到 7.11‰，目前仍处于低死亡水平。

（2）平均预期寿命进一步延长。

中国总人口平均预期寿命从 1981 年的 67.77 岁不断上升至 1990 年的 68.55 岁、2000 年的 71.40 岁和 2010 年的 74.83 岁，2015 年进一步增加到 76.34 岁，比同年世界人口平均预期寿命 71.11 岁高 5.23 岁。中国女性的平均预期寿命在 1990 年时就已超过 70 岁（70.47 岁），2015 年时达到

79.43 岁；男性平均预期寿命在 2005 年也突破 70 岁（70.83 岁），2015 年达到 73.64 岁①。

（3）妇女儿童健康水平不断提高。

中华人民共和国成立前我国婴儿死亡率高达 200‰，意味着每 5 个新生婴儿中就有 1 个不幸夭亡。新中国成立后，婴儿死亡率急速下降。1949—1979 年，婴儿死亡率下降了 161 个千分点，年均下降率为 5.29%；20 世纪 80 年代，婴儿死亡率在 40‰左右波动，年均下降速度在 2.64%左右，有所减缓②。根据国家卫生计生委（原卫生部）全国妇幼卫生监测网监测点数据，1991—2017 年间，中国婴儿死亡率进一步下降，年均下降 1.76 个千分点，2017 年降到 6.8‰的水平。

虽然女性因其生理优势在各个年龄上的死亡率通常都低于男性，但孕产期间的死亡却是育龄期女性最大的死亡风险。中华人民共和国成立以来，我国孕产妇保健水平得到了极大提升，孕产妇死亡率逐步下降。1990 年孕产妇死亡率为 88.8/10 万，2000 年为 53/10 万③，2017 年已经下降到 19.6/10 万。婴儿死亡率和孕产妇死亡率均提前实现了联合国千年发展目标。

（三）人口城镇化水平稳步提升、流动迁移重塑区域人口分布格局

（1）城镇化水平稳步提升。

城市由于其劳动力、资本和资源的聚集具有优于乡村的规模效应和更大的发展潜力。长达数千年的“乡土中国”随着城镇化水平的不断提升悄然发生着改变。中华人民共和国成立之后的六次全国人口普查数据显示，中国人口城镇化水平在 1953 年仅为 13.26%，意味着当时超过八成的中国人生活在乡村；1964 年城镇化率缓慢上升为 18.3%；1982 年达到 20.91%；1990 年提升至 26.44%；2000 年进一步增至 36.22%；2010 年达到 49.68%。2011 年我国城镇化水平首次突破 50%关口，攀升至 51.27%，

① 国家统计局. 中国统计年鉴 2016. [2018-06-20]. http://www.stats.gov.cn/tjsj/ndsj/2016/indexch.htm.

② 明艳. 我国婴儿死亡率的变动趋势及区域差异研究. 人口研究，2009（5）.

③ 陈锰，刘兴会，梁娟. 中国孕产妇死亡率及死亡原因地区差异及对策. 中国实用妇科与产科杂志，2015（12）.

“乡土中国”已然转变为“城市中国”。

在国家新型城镇化战略引导下，中国城镇化水平继续稳中有升，2015年达到 56.10%。2016 年国务院要求“坚持走以人为本、四化同步、优化布局、生态文明、文化传承的中国特色新型城镇化道路”，“着力解决好‘三个 1 亿人’城镇化问题”①，全面提高城镇化质量，这标志着未来中国城镇化水平不仅会进一步提升，城镇化质量也将在根本上有所改善，越来越多的中国人将出生并成长于城市。城镇化水平的提升将有助于解决农村人口的贫困问题，有助于建立覆盖全民的社会保障体系。

（2）乡城人口流动是中国城镇化的主导力量。

城镇化水平受城乡人口自然增长率差异、乡城人口流动迁移、国际城市人口迁移和行政区划变更等多重因素的影响，其中乡城人口流动迁移是影响中国城镇化水平、重塑中国人口区域分布格局的不可忽视的力量。由于 1958 年建立的户籍制度的严格规范，在中华人民共和国成立之后长达 20 多年的时间里，中国不仅是“乡土的”，也是相对“静止的”。这一格局在 20 世纪 80 年代随着改革开放的进程和社会主义市场化体制机制的建立被打破。预计 2016—2030 年，农村向城镇累计转移人口约 2 亿人，人口城镇化水平还将进一步提高。

中华人民共和国成立后的六次人口普查见证了流动人口从无到有、从少到多、从单一到多元的变迁。1982 年之前的三次人口普查根本就没有询问人口流动的任何相关信息，恰恰反映了当时民众“生于斯、长于斯、老于斯”的基本国情；1990 年第四次人口普查才开始关注流动人口，询问了两个信息：5 年前（1985 年 7 月 1 日）常住地状况和迁来本地的原因；之后的普查中流动迁移信息不断丰富，在 2010 年普查中相关信息多达 8 项，凸显了流迁已成为人群的普遍性特征和社会的普遍性现象。自 2010 年开始，国家卫生计生委还在全国范围内开展了流动人口动态监测调查，每年发布《中国流动人口发展报告》，成为我国流动人口信息获取的重要数据来源。

中国流动人口规模 1982 年仅有 1 200 万人，占总人口比重为 1.14%；2000 年达到 1.21 亿人，占总人口比重为 8.07%；2014 年达到峰值 2.53 亿人，占总人口比重高达 18.50%。近两年流动人口规模开始回落，2015 年和

① 国务院. 国务院关于深入推进新型城镇化建设的若干意见(国发〔2016〕8 号). (2016-02-06)[2018-06-20]. http://www.gov.cn/zhengce/content/2016-02/06/content_5039947.htm.

2016 年分别为 2.47 亿人和 2.45 亿人，占总人口比重分别为 17.97%和 17.72%①，分别比上年减少 568 万人和 171 万人。

（3）流动人口结构与特点不断发生变化，重塑区域人口分布格局。

随着时间的推移，流动人口的内在结构和特点不断发生变化。从早期以年轻男性（打工仔）和未婚女性（外来妹）为主，逐渐转变为夫妻同时外出或携儿带女的家庭化流迁；从挣点钱就回乡盖房、成家、创业的“流动性”特征，转变为“流而不动”、以长期居留为主要特征。流动人口的普遍化、流动原因的经济化、流动时间的长期化、流入地分布的沿海集中化、年龄结构的成年化、性别构成的均衡化、女性人口流动的自主化、流动方式的家庭化和学业构成的“知识化”被归纳为中国流动人口变动的九大趋势②。不仅如此，流动人口的社会身份和自我认同也随时代发生了质的变化，从“盲流”到“农民工”，再到“新市民”，过去 30 多年来一批又一批的男女老少离开乡村，投入城市，融入城市，这一变化映射了时代的进步，也改变着区域人口分布格局。

人口流动与区域经济之间存在着互为因果的强烈互动关系。虽然胡焕庸在 20 世纪 30 年代所描绘的以黑河（原瑷珲）—腾冲线为标志的全国人口分布基本格局多年来基本保持不变，东南和西北人口密度依旧相差悬殊，但以省级特别是县级为单位的人口分布格局随着人口流动而重塑，由此所引发的如农村的“空心化”问题以及东北地区的人口和经济双下降问题等也引发普遍关注。长期以来人口向东南沿海发达地区集聚的特征不仅持续，还在不断加剧，未来人口将持续向沿江、沿海、铁路沿线地区聚集，城市群人口集聚度加大③。研究表明，大规模的人口流动对流出地和流入地的城镇化水平提高均有显著贡献，同时在很大程度上重构了中国城镇体系的等级规模结构和空间布局模式④。近些年，流动人口总量有所下降，流动人口

---

① 国家卫生计生委计划生育基层指导司，中国人口与发展研究中心．人口与计划生育常用数据手册 2016．北京：中国人口出版社，2017：173.

② 段成荣，杨舸，张斐，等．改革开放以来我国流动人口变动的九大趋势．人口研究，2008（6）.

③ 国务院．国家人口发展规划（2016—2030 年）（国发〔2016〕87 号）．(2017－01－25)［2018－06－20］．http://www.gov.cn/zhengce/content/2017-01/25/content_5163309.htm.

④ 刘涛，齐元静，曹广忠．中国流动人口空间格局演变机制及城镇化效应：基于 2000 和 2010 年人口普查分县数据的分析．地理学报，2015（4）.

内部结构也在发生变化，在城市中国的背景下，人口"乡—城流动"将逐渐被"城—城流动"所取代，将对中国地区人口分布格局产生新的影响。

二、低生育率和结构失衡是人口发展面临的最主要挑战

进入 21 世纪后，中国人口发展的内在动力和外部条件发生了显著改变，出现重要转折性变化①。低生育率和结构失衡是当前中国人口发展面临的最主要挑战。人口增长的正惯性势能将在 21 世纪中叶释放完毕，届时人口总量达到峰值，而自 20 世纪 90 年代以来累积的负增长惯性势能将发挥作用，如果生育水平不能有效提升，人口将进入下行通道，总量迅速衰减，后果尚无法预料。人口老龄化程度加深，高龄化进展迅速，深刻影响社会形态和社会经济发展，对养老保障和养老服务造成巨大压力；出生性别比虽连续下降，但仍未回归正常值域，性别失衡的后果在部分地区和人群中已然显现，社会性别平等的实现仍任重而道远。与上述挑战密切相关的，是中国年轻人婚姻家庭观念和行为的改变。

（一）低生育率背景下人口总量将达到峰值并随后衰减

（1）低生育率挑战欧洲国家已经遭遇且尚未解决。

低生育率是人口转变的必然结果，掌握控制生育的技术本是人类迈向自由的一大进步，使孩子数量和家庭规模从自发走向自觉。目前全世界大多数国家都已经完成或正在经历人口转变，因而低生育率将是全球不可避免的人口现实。问题在于低生育率会有多低？将持续多长时间？何时有可能回升？最早完成人口转变的欧洲各国也最早遭遇低生育率的困扰。让全世界始料未及的是，当人口转变完成后，生育水平并未如人们之前预期的那样停留在更替水平（总和生育率 2.1%左右）附近波动，而是不断继续下降，甚至落入所谓"低生育率陷阱"（即持续处于总和生育率不足 1.5%的

① 国务院. 国家人口发展规划（2016—2030 年）（国发〔2016〕87 号）.（2017-01-25）[2018-06-20]. http://www.gov.cn/zhengce/content/2017-01/25/content_5163309.htm.

低生育水平，甚至不足1.3‰的“极低生育水平”），这无疑是人类从未遭遇过的严峻挑战，这一挑战对人口规模较小的国家而言无异于将面临“国将不国”的威胁。21世纪以来欧洲生育率虽略有回升，但回升原因仍存在分歧（是移民生育率的贡献？还是高龄妇女生育所致?），能否形成上升趋势并恢复至更替水平更是万众瞩目，还有待进一步的观察。

（2）我国于20世纪90年代进入低生育水平。

我国有崇尚生育和多育的文化传统，《诗经·国风·周南》记载的民歌《螽斯》通过“螽斯羽，诜诜兮。宜尔子孙，振振兮”，一唱三叹地表达了先秦时代国人对多子的祈求和赞颂；《孟子·离娄上》中更是通过“不孝有三，无后为大”，对没有子女的行为进行了谴责。这样的文化传统几乎一直延续到中华人民共和国成立之后的60年代。1949年中国人口总和生育率高达6.14‰，意味着如果一个出生妇女队列按照当年的年龄别生育率度过育龄期，每个妇女平均终身生育6.14个孩子。1950—1959年间，总和生育率年均值为5.88‰；不考虑1960年和1961年因严重困难导致的人口非正常发展，1962—1969年期间，总和生育率年均值为6.19‰；即使进入70年代，1970年和1971年的总和生育率仍分别高达5.81‰和5.43‰。正是在这样的高生育率背景下，加之当时落后的生产力水平导致的“人口压迫生产力”困境，计划生育政策始而在城市，继而在全国普遍推行，特别是自1980年以中共中央《关于控制我国人口增长问题致全体共产党员共青团员的公开信》为代表的独生子女政策的施行，促使中国人口总和生育率迅速下降，在1975年跌到4‰以下，1977年降到3‰以下，1992年只有2.05‰，低于更替水平。自此中国的总和生育率再未回归至更替水平以上，2000年以来徘徊在1.5‰～1.7‰①。

（3）人口总量达到峰值后将迅速衰减。

虽然目前中国人口总量仍在持续增长，但其动力主要是源于高生育率时期的惯性增长，受育龄妇女出生队列人口规模减小和人口老龄化带来的死亡率上升的影响，人口增长势能正逐渐减弱，据预测我国人口总量将在2030年前后达到峰值，随后进入下降通道。中国也将失去世界第一人口大国的位置，被印度所取代。预计到2050年印度人口高达16.76亿，中

① 陈卫．2000年以来中国生育水平评估．学海，2014（1）．

国人口届时将降为 13.43 亿①。事实上，我国 15～59 岁劳动年龄人口自 2011 年达到峰值后已呈现持续下降态势，并对流动人口总量、产业结构和劳动力布局等已经产生了和正在产生着影响。人口总量减少将是中国人口不断增长 300 多年来的重大转折性变化，会给民众心理和社会经济发展带来巨大冲击。尽管考虑到中国庞大的人口基数，在人口衰减前期其影响还相对有限，但如果生育率一直低迷不振，难以回升至更替水平，在巨大的负增长惯性势能下，未来中国人口将会迅速衰减，所带来的后果还无法预计。

（二）人口老龄化程度加深、高龄化不断推进，对社会经济发展造成负面影响

（1）人口老龄化和高龄化水平高且发展速度快。

人口老龄化也是人口转变的必然结果之一。因为生育率下降所导致的“底部老龄化”和死亡率在低水平上进一步下降所导致的“顶部老龄化”均对人口年龄结构造成显著影响。由于我国在 20 世纪 60 年代中期就已达到低死亡率水平，之后的死亡率水平继续下降和计划生育政策诱导下的生育率迅速下降，中国的人口老龄化形势比世界其他国家更为严峻，人口老龄化速度居世界前列，老年人口规模更是举世无双。六次全国人口普查数据显示，我国 65 岁及以上人口比例 1953 年为 4.41%，1964 年为 5.76%，1982 年为 4.91%，1990 年为 5.57%，2000 年和 2010 年分别为 6.96% 和 8.87%，2015 年进一步上升为 10.47%。老龄化进程将贯穿我国 21 世纪始终，预计经历快速发展阶段（2010—2022 年，规模 2.68 亿人，水平 18.5%）、急速发展阶段（2023—2035 年，规模 4.18 亿人，水平 29%）、缓速发展阶段（2036—2053 年，规模 4.87 亿人，水平 35%）和高峰平台阶段（2054—2100 年，规模 3.83 亿人，水平 34%）② 四个时期。

在老龄化水平不断提升的同时，高龄化水平也在不断推进。高龄化是指 80 岁及以上老年人在 60 岁及以上人口中的比重，反映了老年人口内部的

① Population ReferenceBureau. 2017 World Population Data Sheet. www. prb. org.

② 陆杰华，郭冉．从新国情到新国策：积极应对人口老龄化的战略思考．国家行政学院学报，2016（5）.

年龄结构变化。2000 年之前，我国人口高龄化水平还低于世界平均水平，2003 年才达到 10%以上，而发达国家的高龄化水平在 1960 年就已超过 10%，世界平均高龄化水平在 1985 年也达到了 10.1%。但随着平均预期寿命的进一步延长，我国人口高龄化水平将不断提升，预计到 2050 年将达到 20%以上①，届时每 5 个老年人中就有一个是耄耋老人。

(2) 老龄化和高龄化对社会经济发展造成负面影响。

老龄化和高龄化对社会经济发展的负面影响主要体现在两个方面：一是生产性人口的老龄化可能会降低劳动生产率，育龄人群的老龄化不利于生育率的提升；二是随着年龄增长带来的生理性衰老甚至失能对社会保障和养老服务造成压力。

与总人口老龄化趋势相对应的是，劳动年龄人口的老龄化和育龄人群的老龄化现象日益凸显。中国 20 世纪 50、60 年代高生育率时期出生的队列逐渐移向人口金字塔上部，2030 年前后这些人群将全部进入 60 岁及以上老年，并对国家的退休制度和养老保障制度造成冲击；20 世纪 70 年代特别是 80、90 年代普遍一孩政策时期出生人口成为劳动力和育龄人群的主力。后续较小出生队列人群陆续进入劳动力，在比例上形成上宽下窄的结构失衡现象。到 2030 年，45～59 岁（1970—1985 年期间出生人口）大龄劳动力占比将达到 36%左右。育龄人群也将遭遇同样的问题，育龄妇女中 20～34 岁生育旺盛年龄人群的数量在 2000 年已达到峰值 1.66 亿人，2010 年降为 1.61 亿人，此后还将不断减少。

人口老龄化和高龄化水平仅仅显示了人口年龄结构中老年人口和高龄老人的比例，对社会经济发展特别是社会保障和养老服务造成巨大压力的是高比例背后庞大规模的老年人群，特别是大规模失能人群的出现。由于中国人口规模庞大，老年人口数量也极为可观，2015 年 65 岁及以上人口规模超过 1.4 亿人，相当于同年世界第九人口大国俄罗斯全国的人口总量（1.44 亿人）。老年人口的存量与死亡水平有关，死亡水平越低，人口平均预期寿命越长，老年人口活到更高龄的概率和留存量就会越大；而每年新进入老年的人口数量则与出生队列人口数量有关，如新进入 65 岁的老年人口数量很大程度上取决于 65 年前的人口出生总量。未来 30 年间，随着新中国成立后出生高峰队列人口陆续进入老年，我国将迎来人口老龄化压力最

① 王琳．中国老年人口高龄化趋势及原因的国际比较分析．人口与经济，2004（1）.

为沉重、老年人口规模更为庞大的时期。尽管人群的健康素质在不断提升，但年事渐长所带来的生理性衰弱和残疾甚至完全失能等现象是现代医学正竭力攻克但尚未能解决的世界性难题。失能老年人的规模和发展趋势是把握老年人口的照料服务需求、规划未来社会养老服务发展的重要依据。研究发现，中国城乡老年人的失能率为 10.48%～13.31%①；93%的失能老人都属于 80 岁及以上高龄老人②。加之我国老年人的养老需求、养老服务提供和养老质量还存在非常显著的城乡和区域差异，不断加深的人口老龄化和高龄化对 21 世纪的中国家庭、政府和社会所形成的巨大压力和挑战正迫在眉睫。

（三）出生性别比仍处于异常高位且后果开始显现

（1）出生性别比失衡现象有所缓解但未根本改善。

有良好数据记录的世界各国数百年的经验表明，出生活产婴儿的性别比一般稳定在 102～107 值域区间。然而，中国的出生性别比自 20 世纪 80 年代以来呈现失衡态势。1980 年出生性别比为 107.4，1981 年为 108.47，刚突破正常值域边缘；1990 年、2000 年和 2010 年三次全国人口普查的出生性别比数值则分别为 111.92、116.86 和 121.21③，已严重偏离正常值域。出生性别比的峰值出现在 2007 年，高达 125.48。虽然从 2009 年起出生性别比指标不断下降，2015 年达到 113.51，但仍远高于正常范围区间。世界经济论坛自 2006 年起每年发布《全球性别差距报告》，评价全世界男女平等状况。最新发布的《2017 年全球性别差距报告》④ 显示，中国在全世界 144 个国家中，总体性别平等指数以 0.674 分仅位列第 100 名，较 2016 年排名还有所下滑，而长期处于严重失衡状态的出生性别比指标是影响中国排名的最大负面因素。

研究显示，强烈的男孩偏好是出生性别比失衡的根本原因，严格的计

① 张文娟，魏蒙．中国老年人的失能水平到底有多高?：多个数据来源的比较．人口研究，2015 (3).

② 庄绪荣，张丽萍．失能老人养老状况分析．人口学刊，2016 (3).

③ 来源自《全国第六次人口普查汇总数据》。普查公报中出生性别比数据为 118.08。

④ World Economic Forum. The Global Gender Gap Report 2017. (2017-11-02) [2018-06-20]. https://www.weforum.org/reports/the-global-gender-gap-report-2017.

划生育政策所造成的生育空间挤压是诱导性原因，而易于获得的性别鉴定和人工流产技术是出生性别比失衡的直接原因。中国政府在“打击两非”（非医学需要的胎儿性别鉴定和非医学需要的胎儿性别选择）以及“关爱女孩”方面做出了巨大努力，但性别失衡的局面仍未根本扭转。全面两孩政策实施以来，家庭的生育空间变得较为宽松，出生性别比失衡形势是否会因此有所好转还有待观察。但调查发现，“两非”行为以更加隐秘的手段（如不再通过国家严厉监管的B超技术，而是通过更为先进和便捷的胎儿绒毛鉴定技术和验血技术等）仍在部分地区和人群中非法实行，男孩偏好在农村地区依然强烈，在城市地区也有相当的市场。

（2）性别失衡的后果已然显现。

性别结构是人口最基本的自然结构之一，在强烈的男孩偏好下对出生婴儿性别的人为干预，不仅使出生性别比偏离正常范围，更埋下了整个社会性别结构失衡的隐患，对伦理道德、家庭规范、社会秩序等造成强烈冲击。出生性别比失衡长达30多年的后果已经在婚姻市场等领域悄然出现。性别失衡最直接和最重要的社会后果就是婚姻挤压，虽然看起来所谓“剩男”“剩女”现象同时存在，但从婚姻分析结果发现，我国女性终身不婚比例仍处于非常低的水平，而男性特别是区域（如农村）和经济弱势男性的大龄未婚和终身不婚比例却在不断提高，这是迁移流动和梯度婚配的结果。贫困地区大龄男性的婚配困难固然影响其身心健康、个人福祉和家庭关系，由于性别失衡所导致的女性安全、彩礼飞涨、买卖新娘、跨境婚姻、商业性行为、非传统婚姻等现象也日益凸显，对中国的人口安全和社会稳定形成了长期和严峻的挑战。性别失衡已成为当代和未来中国的基本社会特征，对家庭经济行为、后代性别价值重估和选择、居民储蓄率等宏观经济指标，以及经济发展稳定性等也都带来了不容忽视的影响①。

（四）婚姻家庭观念与行为改变，削弱传统婚姻家庭制度和功能

低生育率和结构失衡问题与中国家庭嬗变紧密相关。受现代化和全球化的影响，年青一代的婚姻生育观念和行为呈现多元化态势，不利于生育水平提升，家庭小型化和成员离散化也不利于家庭养老功能的维系。

---

① 李树茁，胡莹．性别失衡的宏观经济后果：评述与展望．人口与经济，2012（2）．

(1) 年青一代的婚姻家庭观念与行为正在发生改变。

婚姻是家庭组建的前提，传统上也是生育的基础。“男大当婚、女大当嫁”是中国传统的婚姻习俗，但这一习俗随着教育的普及和年轻人经济独立性的增强，已变得摇摇欲坠，维系在父母逼婚逼嫁的唠叨和压迫中。越来越多的年轻人推迟结婚，甚至不结婚。婚姻的对象也有了不一样的选择，男女两性缔结婚姻的家庭基础遭到挑战，同性婚姻的数量不断增加。2012 年世界知名社交网络服务网站增加了针对同性婚姻的婚姻状态新图标；截至 2017 年全球已有 21 个国家实现了同性婚姻合法化，承认同性婚姻的国家和地区还在不断增加。尽管中国整体上还未在法律上承认同性婚姻，但公众对这一类婚姻总体上持宽容态度。“不孝有三，无后为大”和“多子多福”的传统生育观念也已失去市场，“生不生孩子”和“生几个孩子”在大多数情况下取决于夫妻商议的结果。虽然仍存在生育政策的制约，长辈在生育时间、数量和性别上的话语权也还部分存在，但自愿不要孩子的“丁克”家庭，只生育一个的“独生子女”家庭，希望儿女双全凑成一个“好”字的对数量和性别均有要求的双子女家庭，以及生育至少两个孩子的多子女家庭并行不悖。婚姻生育观念和行为向着多元化的方向发展。

(2) 传统婚姻家庭制度和功能遭到削弱。

在晚婚趋势下，妇女有限育龄期内所能生育的孩子数量明显减少，生育观念和行为的改变并不利于有效提升生育率。在很多低生育率国家，政府即使采取鼓励生育的政策，但生育率的提升仍收效甚微。我国全面两孩政策实施以来，一孩出生数量的下降固然与妇女队列人数下降有关，与育龄妇女的晚婚趋势和生育意愿减弱也有着紧密的联系。伴随着工业化、现代化和城镇化进程，中国家庭户规模不断趋于小型化，从 20 世纪 50 年代的平均 4～5 人逐渐减少为 2010 年的 3.10 人，2014 年国家卫计委组织的全国计划生育家庭发展追踪调查数据结果为 3.02 人。迁移流动成为常态现象的当今社会，“多代同堂、兄弟同爨”的居住安排早已不复存在，部分地区“空心化”、多数家庭“空巢化”现象明显，家庭结构呈现多样化，单人户比例大幅度上升。家庭功能特别是养老功能不断弱化，家庭发展能力缺乏后劲，对社会养老服务提出更高要求。

三、协调相关政策，加强战略研究

实现人口长期均衡可持续发展是中国人口发展的长期目标，为了顺利达成这一目标，必须深入贯彻党的十九大报告所提出的“促进生育政策和相关经济社会政策配套衔接，加强人口发展战略研究”的要求。2013 年“单独”两孩政策和 2016 年全面两孩政策相继顺利施行，这是在人口内在动力和外部条件发生重要转折性变化的背景下，国家实施的重大改革举措。面对人口形势，迎接人口挑战，需要在政策制定和制度建设方面有所建树。

（一）促进生育政策和相关经济社会政策配套衔接，有效提升生育水平

中国的人口发展形势和面临的挑战既受到社会经济发展的影响，也受到举世瞩目的以计划生育政策为代表的强有力的行政干预的影响。这既是中国国情，也是中国特色，更是中国优势。与中国并驾齐驱的另一个 10 亿人口大国印度早于中国在 20 世纪 50 年代就施行了计划生育政策，但错综复杂的宗教、种姓、党派、文化等因素，使其并未取得像中国这样成功的人口控制效果。“我国全面推行计划生育 40 多年来，人口过快增长得到有效控制，人口再生产类型实现历史性转变，对资源环境的压力有效缓解，有力促进了经济发展、社会进步和民生改善，为现代化建设提供了重要保障和基础性支撑，为全面建成小康社会奠定了坚实基础。”①

面对人口发展的重大趋势性变化，中国政府审时度势，在施行了 40 年的严格的人口控制政策之后，做出了生育政策宽松化改革的重大决策部署。根据卫生住院分娩统计数据，2016 年新出生人口 1 846 万人，相当于 20 世纪 90 年代的年出生规模，比 21 世纪以来任何一年的出生规模都要大；新出

① 国务院. 国家人口发展规划（2016—2030 年）（国发〔2016〕87 号）.（2017－01－25）[2018－06－20]. http://www.gov.cn/zhengce/content/2017-01/25/content_5163309.htm.

生人口中，二孩及以上比例超过45%[①]。国家统计局公布2017年全年出生人口1 723万人，较2016年有所回落，但仍明显高于“十二五”时期年均出生1 644万人的水平，是2000年以来历史第二高值；二孩出生人数比2016年增加了162万人，二孩占全部出生人口的比重达到51.2%，比2016年提高了11个百分点[②]。二孩出生人数和比例的增加说明全面两孩政策的效果正在得到体现。

出生人口数代表的是年度人口的自然增长量，受总人口性别年龄结构、育龄妇女年龄结构和婚姻结构，以及孩次结构等多重因素的影响。如前所述，一方面随着人口年龄结构的变化，育龄妇女人数呈现逐年减少的趋势，2017年15～49岁育龄妇女人数比2016年减少400万人，其中20～29岁生育旺盛期育龄妇女人数减少近600万人；另一方面，随着社会经济发展，我国妇女的初婚初育年龄不断推迟，妇女生育意愿有所下降。因此虽然出生人口总量还较为可观，但全面两孩政策拉动的二孩出生人数占比更高，2017年一孩出生人数仅为724万人，比2016年减少249万人[③]。

以总和生育率为主要衡量指标的生育水平，特别是衡量人口再生产水平的净再生产率和人口内在自然增长率，才是决定未来人口发展的内在动力。自20世纪90年代以来低于更替水平的生育率，以及虽受到全面两孩政策提升但仍未恢复至更替水平的生育率，其未来的走向是真正引人关注的问题。调查显示，妇女的工作家庭平衡困境是影响育龄妇女生育意愿的主要障碍，而育儿经济负担（包括儿童的教育成本和养育成本）和婴幼儿照料则是家庭决定是否生育孩子的瓶颈性因素。这些问题非生育政策自身所能解决，需要协调相关社会经济政策，在妇女生育保险、就业保障、托幼服务提供等各方面共同着力。同时要在社会政策制定和改革中纳入性别平等视角，改革民风民俗，推进社会性别主流化，使夫妻共同参与生育活动和承担育儿责任。要加强生殖健康服务，利用必要的生育辅助技术解决家庭生育上的困难；修正以往的晚婚晚育政策号召和措施，代之以提倡适龄结婚生育，鼓励夫妇按政策生育。要充分重视延迟退休政策和年迈体衰等

① 2016年中国出生人口达1 786万，二孩及以上占比超45%.（2017-01-23）[2018-06-20]. http://www.xinhuanet.com/politics/2017-01/23/c_1120364891.htm.

② 2017年出生人口略降，国家统计局：二孩占比超5成.（2018-01-21）[2018-06-20]. http://news.cctv.com/2018/01/21/ARTIvtumzO38oJe3o6mbDDeC180121.shtml.

③ 同②.

因素可能导致的老年人育儿支持减少，以及妇女广泛参与社会生产导致的生育与就业冲突问题，大力加强幼儿抚育的社会建设工作，制定有助于夫妻共同承担生育和养育责任的社会政策与措施，鼓励多种力量兴办托幼机构。根据我国人口形势的变化、遵循人口规律平稳推进各项政策的衔接和协调，适度提升生育率并最终使其恢复到更替水平。

（二）密切关注人口发展动态，制定实施人口发展战略

（1）人口发展的独特规律性对基础数据和政策远见提出要求。

与社会经济发展不同，人口发展具有很强的规律性、长周期性和隐蔽性。作为人口状态呈现的人口规模和人口结构由生育、死亡、迁移等人口事件所决定，而人口事件的发生水平与强度则受制于人口规模和结构。每个人一旦出生，除非死亡，否则将参与到同队列和同时期的人口事件和社会生产生活中，死亡率越低，个人寿命越长，其所发挥的作用或造成的影响就越深远。每一代人都由上一代生育而来，即所谓的人口再生产，代际更替不仅缓慢而且隐蔽。更易被观察到和为大众所理解的是混杂了时期、年龄和队列效应的年度人口规模、出生和死亡博弈后的自然增长，以及改变着人口分布格局的迁移流动等外在表象，真正决定人口发展趋势的净再生产率和内在自然增长率则被隐藏其中，直到人口膨胀或衰减到过于明显才会引起关注，但往往问题凸显时再采取措施为时已晚。

人口发展中很多问题往往并无先例可循，不仅是发展中国家如中国难以完全照搬发达国家的经验，就是全世界也面临很多前所未有的挑战。人口老龄化和低生育率就是这样史无前例的现象和挑战。以欧洲为代表的世界发达国家的经验表明，生育水平的提升不是一件易事。降低生育水平可以通过晚婚晚育倡导、计划生育政策实施、避孕药具提供，甚至人工流产、绝育等多种措施实现，而提升生育水平即使采取了政策激励、经济补偿、技术辅助等措施，似乎也收效甚微，关键在于民众改变了的生育观念难以扭转，特别是作为人类社会发展趋势的社会经济条件改善本身是有助于抑制而非提升生育率的。正因如此，人口发展现状与趋势历来被各国视为关系国计民生，甚至国家兴衰的重要基础，需要严密的数据监测和高瞻远瞩的政治智慧。

（2）应严密监测人口发展动态，加强国家人口基础信息库建设。

自现代人口普查和抽样调查技术发展以来，人口领域从来不缺乏数据，但准确、连续、全面的数据获取也从来不是一件易事。目前除了10年一次的全国人口普查数据和年度专项人口抽样调查数据之外，中国人口相关信息分散在教育、民政、卫生计生、人力资源社会保障、公安、统计等多个部门，数出多门，口径不一，难以比较，甚至彼此矛盾。以近两年备受瞩目的全国出生人口数为例，2016年国家统计局和国家卫生计生委发布的数据分别是1 786万和1 864万，2017年两部门数据则分别是1 723万和1 758万。虽然数据差异的原因在于数据来源的不一致：国家统计局数据来自年度人口抽样调查的推断，国家卫计委数据则是来自住院分娩登记，但同一个指标两个国家权威部门发布结果存在差异，难免会造成公众认识上的混乱和对形势判断的误导。因此，必须尽快加强数据资源的整合和动态更新，推进基础信息的共建共享。应针对目前的人口发展形势和挑战，加强出生人口信息监测、加强性别偏好及性别选择行为的监测；关注家庭的生育意愿动态变化、关注老年人口的需求；建立人口预测预报系统，建立人口政策和规划评估机制，以及时准确掌握人口发展动态。

（3）面向新时代尽快制定新的人口发展战略。

人口发展战略是社会发展战略的基本内容，对经济发展战略起着重要的辅助作用。2007年，以当时的人口计生委牵头联合多部门撰写了《国家人口发展战略研究报告》，现在看来，无论是对人口总量峰值的估计还是对低生育水平反弹势能的判断①，都已经与当前的人口发展形势不尽符合，需要面向新时代制定新的人口发展战略。新的人口发展战略应以新时代中国特色社会主义思想为指引，与新时代坚持和发展中国特色社会主义的总目标、总任务、总体布局、战略布局、发展方向和基本方略相契合，坚持以人民为中心，以适度提升生育水平，继续提高人口素质，多维度改善人口结构，进一步引导人口合理分布，保障人口安全；实现人口大国向人力资本强国的转变，应以实现人口与经济社会资源环境的协调和可持续发展为重要内容，凝聚多方智慧，为2020—2035年以及2035年到21世纪中叶的社会发展和社会主义现代化建设服务。

---

① 国家人口发展战略研究课题组．国家人口发展战略研究报告．(2017-01-11)[2018-06-20]．http://www.gov.cn/gzdt/2007-01/11/content_493677.htm.

（三）重塑家庭功能、提升家庭发展能力，积极应对人口老龄化

家庭的生存和发展是最重要的国计民生议题之一。2015 年 2 月，习近平总书记在春节团拜会上指出："不论时代发生多大变化，不论生活格局发生多大变化，我们都要重视家庭建设，……使千千万万个家庭成为国家发展、民族进步、社会和谐的重要基点。"2016 年 12 月，习近平总书记在会见第一届全国文明家庭代表时，再一次强调："家庭和睦则社会安定，家庭幸福则社会祥和，家庭文明则社会文明。"家庭发展是社会建设的重要领域，应针对家庭嬗变形势，建立完善有助于提升家庭发展能力的政策体系。以家庭为视角，改革完善税收、住房、医疗、社会保障等相关政策，促使代际同住或近距离居住，以缓解幼儿抚育和养老等难题，增加代际亲密感和互助互动；结合户籍制度改革、新型城镇化建设等，减少制度分离型家庭（如流动儿童、留守儿童、夫妻分离等家庭）的数量，加强家庭的凝聚力，重塑家庭功能，赋予和提升家庭自我发展的能力。

人口老龄化是 21 世纪全世界面临的共同挑战，将成为人类社会的常态；我国因老龄化速度快、老年人口规模庞大、未富先老等特点面临更大挑战。人口老龄化带来的挑战更多源于老化的人口年龄结构与现有社会经济体制之间的不协调，使调节公共政策成为必要之举①。应对人口老龄化需要进行全局性、综合性、持久性和前瞻性的战略考虑②，应加快构建多支柱的养老体系，以应对老年人口迅速增长和高龄失能老人不断增加的趋势。逐步实施尊重个人意愿的弹性退休年龄政策，使老年人得以继续参与社会的同时，减轻养老金支付的压力。各地继续探索实施"家庭＋社区＋机构"的多层次多阶段养老模式，倡导积极老龄化和健康老龄化，鼓励多种力量兴办养老机构，为有需要的高龄失能老人提供有质量的生活和医疗场所。

① 彭希哲，胡湛．公共政策视角下的中国人口老龄化．中国社会科学，2011（3）．

② 王琳．中国老年人口高龄化趋势及原因的国际比较分析．人口与经济，2004（1）．

第十二章　生态环境的优先议题及对策

党的十九大报告指出，我们要建设的现代化是人与自然和谐共生的现代化，既要创造更多物质财富和精神财富以满足人民日益增长的美好生活需要，也要提供更多优质生态产品以满足人民日益增长的优美生态环境需要。必须坚持节约优先、保护优先、自然恢复为主的方针，形成节约资源和保护环境的空间格局、产业结构、生产方式、生活方式，加快生态文明体制改革，推进绿色发展，着力解决突出环境问题，加大生态系统保护力度，改革生态环境监管体制，大力建设美丽中国。本章就生态环境的优先议题及对策进行讨论。

一、雾霾问题

（一）影响

近年来，雾霾天气频繁在我国部分城市出现，影响范围逐渐扩大，且

持续性特征日益明显①。由于雾霾造成的大气能见度下降②可以直观识别，对人体健康损害巨大，已经是公众最关心的环境问题。已有研究表明，我国雾霾的健康损失巨大。空气污染每年造成的中国经济损失，基于疾病估算至少为 6 231.6 亿元，基于支付意愿估算损失还要增加 3 倍以上③。雾霾的持续损害和雾霾事件引发的危机损失，将直接造成我国受影响区域居民的潜在总健康损失值甚至有可能高达 2 000 亿元/年。

Chen Yuyu 等对北方供暖地区人群预期寿命的研究结果显示，冬季供暖带来的颗粒物浓度上升已使中国北方居民的预期寿命减少 5.5 年，还提升了肺癌、心脏病和中风的发病率④。中国人民大学刘帅、宋国君根据美国 EPA（美国环境保护署）公布的方法，利用本地化的参数进行估算，2015 年，北京 PM2.5 健康损失可以达到当年 GDP 的 3.5%～14.7%；天津为 1.8%～9%；石家庄为 3.8%～15%。北京市 PM2.5 浓度超标所致居民心脑血管疾病死亡人数 38 423 人、呼吸系统疾病死亡人数 3 416 人、肺癌死亡人数为 6 930 人⑤。此外，北京大学和耶鲁大学的联合研究发现，霾污染不仅会影响身体健康，还会使人产生负面情绪，甚至导致心理抑郁。他们的研究显示，空气污染降低了人们的愉悦程度，增加了抑郁倾向的发生概率。空气质量的恶化或许可以解释中国 2007—2014 年居民幸福感下降的 22.5%。

总之，雾霾污染已经成为我国城市公众最关注的公共问题，其健康损失巨大，亟须尽快改善。

（二）主要污染控制不力的原因

固定源排污许可证制度经中央深改办（现为深改委）的建议和国务院

① 许军涛，吴慧之．城市雾霾危机治理的现实困境与路径探索．理论视野，2015（5）：82-84.

② 马志强，赵秀娟，等．雾和霾对北京地区大气能见度影响对比分析．环境科学研究，2012（11）：1208-1214.

③ 张庆丰，克鲁克斯．迈向可持续的未来：中华人民共和国国家环境分析．北京：中国财政经济出版社，2012.

④ Chen Y，Ebenstein A，Greenstone M，Li H. Evidence on the impact of sustained exposure to air pollution on life expectancy from China's Huai River Policy. Proceedings of the National Academy of Science，2013，110（32）：12936-12941.

⑤ 刘帅，宋国君．城市 PM2.5 健康损害评估研究．环境科学学报，2016（4）：1468-1476.

的实施方案后，生态环境部正在全国全力推广，根据生态环境部的计划，2020年末，全部固定源都要发放排污许可证。固定源排污许可证制度作为企业层面的“一证式”管理模式，其对现有政策的整合也将是必然和逐步的，本报告对此不再赘述。以下是在固定源执行排污许可证制度的背景下，需要尽快改进的问题，这些问题不解决，排污许可证制度的作用也会打折扣。

（1）排放标准落后，既不能支撑排放管理要求，也没有起到促进控制技术的作用，排放标准的更新和执行没有区别新源和已有源，造成巨大浪费。

我国排放标准管理制度地位较低（仅是部门规章水平的法规），排放标准也是采用技术标准，采用GB、HJ等编号的技术标准公布，而不是发达国家常见的以法规形式颁布。这也导致排放标准的制修订工作规范程度不够，程序存在缺失，排放标准的规范性、科学性、一致性难以得到保证，主要存在以下7个方面的问题：

第一，排放标准的定义狭隘，不科学。排放标准是固定源排放控制的全部技术要求，包括标准的适用范围、排放限值和定性要求、对应的监测方案、记录和报告要求，这些要求是具体明确和系统一致的。我国的排放标准主要规定了有限的排放限值，没有对应的监测方案的要求，有的只是监测技术规范等一般化的规定，也没有记录和报告的要求。

第二，排放标准管理制度政策目标模糊，实施效果差。排放标准的目标是规定固定源排放控制的边界和促进环境保护技术进步。及时和科学地依据企业的排放控制技术进步修订排放标准，既是可持续发展的要求，也是通过排放标准的不断严格，自然淘汰最落后的工艺和设备的要求。排放标准的制定，未充分考虑社会的承受能力。排放标准的目标直接表达了实现空气质量的目标，存在跳跃和难以实施的问题。

第三，排放标准管理制度的法律法规框架不完善，排放标准定位为技术标准而非技术法规，地位低，已有的管理办法只是部门规章，法规位阶低。在《大气污染防治法》中，对排放标准的性质和地位，制定标准的原则和程序等并未明确。强制性标准属于强制性技术法规，不属于正式的法律法规，不符合依法行政的要求。法律中针对排放标准的规定不区分固定源和面源，也未区分常规空气污染物和危险空气污染物排放标准。面源难以制定排放标准，因此，用最佳管理实践（即排放控制的要求）获取的数

据，而非追求具体的需要监测的排放数据。对于国家行业排放标准、地方排放标准的区别和关系，仅体现在地方标准“不低于”国家标准。有关制修订过程的各项法规，不完全符合《立法法》的规定，未能体现出“标准规划—制修订—标准实施—评估”过程中的职责划分、制修订程序、标准实施与评估等方面的系统性设计思路。

第四，标准具体内容设置不科学，限值形式单一，宽严程度不一，依据不足。排放标准文本中排放限值与监测、记录、报告要求是割裂的，未在排放标准制定阶段，就排放限值与合规监测、记录和报告等进行优化设计。排放标准文本中，重点概念的界定、平均周期、特定状况的排除或替代性规定等，都没有得到充分的体现。绝大多数排放标准中仅使用了浓度限值形式，无法提供给固定源足够的自由度，效率较低。多数标准中未明确浓度限值的平均周期考核指标，且未明确达标判定标准。

第五，排放标准制修订法律保障性不足，制修订主要技术部门能力不足，缺乏一致性的程序。生态环境部不直接参与草案的编制工作，标准编制的技术工作主要由各项目单位编制组承担。各编制组之间能力存在差异，与行业存在利益关系，没有按照一致的程序制修订排放标准，水平差异较大。资金支持不足，与排放标准的重要程度不匹配。信息公开程度低，政策利益相关者参与度不足，参与形式单一，未对不同的参与对象分类，缺少各相关者长效参与的制度保障。标准中最核心的排放限值确定依靠少量调查数据和文献资料，数据质量差。各行业标准中排放限值的制定依据不统一，以国外限值、编制组判断、少数案例数据为主要依据。限值的宽严程度受产业政策影响大，主观性强，不同标准限值宽严程度不一。

第六，更新程序和更新标准没有细化，难以起到推动环境保护技术进步的作用。缺少法律法规制度保障，制修订程序和方法不统一，信息披露程度低，企业缺少长远的预期，不利于激励企业主动技术升级。缺少排污许可证管理，难以落实单一源排放标准，技术进步激励性差。在以往的模式下，技术进步源于我国的后发优势，参考国外先进标准，引进先进技术，排放标准发挥了阶段性的促进技术进步的作用。多个行业排放标准已成为世界最严，无法沿袭过去的技术引进和标准引进模式，难以进一步激励环保技术的进步。

第七，排放标准关于新源和已有源没有确切定义，新颁布的标准，要求已有源也要执行，严重破坏了工业发展秩序，造成巨大浪费。新源应当是指新标准颁布之后建设的固定源，自然需要执行新颁布的标准。已有源执行其建设时执行的排放标准。当已有源执行技术改造，在换发排污许可证时才需要执行当期的新标准。要求已有污染源执行新颁布的排放标准不合乎基本的逻辑，需要马上改正。

（2）“散乱污”污染源控制不力一直是环境政策的大漏洞。

环保部门对这些企业一直没有管理，只关注统计部门的规模以上工业企业（2 000 万元产值/年），是典型的不作为，所有法人机构的固定源都需要纳入管理。已有的管理也就是粗放的“关停拆”等措施，政策效率很低。

相对于规模以上企业来说，单个中小企业产生的污染物不多，但是中小企业数量多、占比大，就整体而言，这一危害却是不可估量的。这主要是由于我国中小制造企业普遍技术力量薄弱、设备陈旧、资金投入不足，致使其原材料利用率低，能源浪费，环境污染严重。特别是一些量大面广的重点污染行业，如纺织印染、制浆造纸、食品加工、铸造、制革和电镀等行业已产生很多我国环境保护的突出问题。此外，中小企业环境管理水平低下也是造成污染严重的主要原因之一。我国中小企业在环境管理方面普遍存在环境管理意识低、缺乏人力资源、缺乏支持和培训、缺乏信息、缺乏实用的环境管理工具等问题①。

环保部门对于中小排污企业要么放任不管要么粗暴管理，对规模以下小乱散企业的管控一般以行政命令的方式对其进行政策性关停或环保性关停。在此过程中没有进行成本效益和专家论证，对地区经济和就业造成极大影响。需要制定中小企业最佳管理实践法规，做出规模以下中小污染源简易排污许可证管理规定，解决所谓的“散乱污”问题。

（三）主要政策和管理建议

第一，改革和建立基于技术的固定源排放标准制度。

建立固定源排放标准管理制度，或者在《大气污染防治法》中设立专章或者执行专门的行政法规。排放标准一律用行政法规或部门规章的形式颁布，摈弃以技术标准的形式颁布排放标准的不正确做法。建立基于技术的固定源污染物排放标准制度体系，包括国家常规空气污染物和危险污染

---

① 林华宝．浅析中小企业的环境管理．中小企业管理与科技（上旬刊），2010（7）：11-12..

物行业标准，区分已有源和新源执行排放标准的规定，规定新源执行当期排放标准，已有源执行其建设时期的排放标准，规定排放标准的更新程序和标准。排放标准应覆盖所有“对公众的健康或福利产生或具有潜在显著危害的固定源”，包括建筑、工程、设备、设施等产生和排放污染物的受控设施；结合管理目标和行业技术发展水平，对与固定源排放有关的单元活动要求做出包括但不限于排放限值的规定，包括对烟囱、排气筒等有组织单元的烟气排放要求，对堆场、储罐等无组织单元的无组织颗粒物和 VOCs（挥发性有机物）等排放要求，以及与污染排放相关的设施安装和运行状况的要求等。

国家行业排放标准是基于行业控制技术和成本信息调查结果制定的，制定程序、方法最严密，也是全国范围内需要执行的最低限度的标准，是其他各层次排放标准的制定导则①。常规空气污染物排放标准基于“现有的和有成功案例应用的连续、稳定削减技术”制定，以求在成本—效益合理的前提下达到连续稳定的排放水平；危险空气污染物排放标准基于“现有的和已研发成功的最大连续、稳定削减技术”所能达到的水平制定，要求达到最大程度的污染物削减，以确保其污染在充分安全的边界以内。

排放标准区分空气质量未达标区与达标区。未达标区的固定源准入时需达到市场已有的最严格的控制技术所能达到的水平，并要符合区域空气质量达标规划的要求；位于达标区的固定源准入时所使用的控制技术水平，不能低于国家行业排放标准的要求，也必须符合该地区空气质量管理目标的要求。

作为针对固定源污染的微观管理的政策工具，排放标准的实施主要依靠排污许可证制度，同样，落实排污许可证管理制度也离不开排放标准管理制度，两项制度紧密联系。排污许可证制度包括两个阶段，一是新建许可阶段（建设项目环评），二是运行排污许可阶段。在新建许可阶段，地方管理部门将对固定源提出的污染控制方案进行审查，包括为了达到空气质量达标规划所采用的排放控制技术水平，最终体现为运行期间需要达到的数值型排放限值，或者操作要求和设备使用要求等限制性规定，作为对该源新建的准入门槛。在新源准入过程中所确定的排放标准属于单一源排放

① 宋国君，赵英煚，耿建斌，等．中美燃煤火电厂空气污染物排放标准比较研究．中国环境管理，2017，9（1）：21-28.

标准，在每个新建许可过程中单独批复。该准入水平的要求仍然表达为“标准”而不是“技术”，因为只有不同的源、不同的技术之间，采用同类的“标准化形式”，才能够方便不同固定源之间的比对，从而降低信息壁垒，进而提高效率。也只有通过“标准”这一尺度表达对不同源的准入要求，才能为固定源提供更多的灵活选择性，有利于激励技术创新。在运行阶段，对固定源实施排污许可证管理，将该源需要执行的所有排放标准，包括国家行业排放标准、地方排放标准、单一源排放标准等，包括涵盖了固定源各个产排污单元需要遵守的全部排放限值和限制性规定，以及相对应的监测、记录报告的规定，全部纳入运行阶段的排污许可证中，作为固定源的执法文件，在运行阶段得以执行。只有实施排污许可证管理，才能将层次多样、具有精准化管理价值的各类排放标准真正贯彻落实下去。

第二，针对规模以下的所有法人固定源，必须尽快实施简易排污许可证制度。

据不完全统计，我国每年散烧煤消费量 7 亿～8 亿吨，约占国内煤炭消费量的 20%，主要用于居民炊事、取暖，小锅炉采暖，蔬菜种植，工业小锅炉（窑炉）等领域①。相比规模以上企业的集约用煤，数量大、分布广泛、低空排放、无治理设施的生活和工业燃煤锅炉等散烧煤对空气质量的影响更加显著②，对其长期放任自流、必要时直接进行政策性关停或环保性关停的做法，既不利于持续的排放控制，也不利于该类企业自身稳定发展。管理者不应将此类问题当作环境与经济二选一的问题进行处理，更理想的状态是在保证企业存续的基础上，实现对其排放情况的持续监管。但是，考虑到管理的边际收益，重点固定源的许可证管理模式对该类污染源不具有经济合理性，而更适宜对其采用简易许可证管理模式。

我国《排污许可证管理暂行规定》（2016）中提到了简易许可证，要求对“排放量较小、环境危害程度较低的排污单位实行排污许可简化管理，简化管理的内容包括申请材料、信息公开、自行监测、台账记录、执行报告的具体要求”；《固定污染源排污许可分类管理名录》（2017）已对实施简

① 李增林．我国散煤治理现状及措施．煤炭加工与综合利用．2017（1）：4-6，14.

② 陈潇君，孙亚梅，杨金田，等．构建区域煤炭消费总量控制框架．环境保护，2013（8）：19；薛亦峰，闫静，魏小强．燃煤控制对北京市空气质量的改善分析．环境科学研究，2014（3）：253-258；吕连宏，罗宏，王晓．大气污染态势与全国煤炭消费总量控制．中国煤炭，2015（4）：9-15.

化管理的行业进行了列示。但迄今为止，未见简易许可证的正本及其管理规定发布，也就是说，众多规模以下小企业仍旧处于基本无人监管的状态。

对此，建议国家尽快完善排污许可证管理法规中简易排污许可证的相关内容，指导并敦促规模以下企业简易排污许可证的核发工作。简易排污许可证由省级环保部门制定和批准；各市县环保主管机关负责编制本行政区域的规模以下固定源简易许可管理名录，并承担简易许可证的发放与管理工作。由于规模以下企业不具有连续监测的能力，简易排污许可证应适当调整排污许可证中以排放限值或限制性规定为核心的管理内容，更多地与建筑节能、煤质管理、煤改电和煤改气等清洁能源替代、节能环保型燃煤采暖炉具的推广、集中供热等①综合治理手段相结合。

第三，开展第三方的区域空气质量管理绩效评估，包括空气质量、固定源排放管理、移动源管理等内容，促进信息公开和环境管理的专业化。

绩效评估对于任何管理系统来说都是重要组成元素②。科学的环境管理制度是预防和解决环境问题的关键，政策实施的绩效评估对于政策设计具有负反馈的作用。无论是排放标准管理还是排污许可证管理，最终都是通过持续稳定的排放削减来达到空气质量改善的目的，而理想的环境政策要求的是达到既定目标的成本有效，因而需要对政策方案的潜在成本和收益进行分析和评价。因此，在完善空气质量管理制度体系的同时，还应构建恰当的绩效评估模型，委托具有评估资质的第三方对管理方法、成本及效果进行客观评估，以确保环境管理的有效性。

从评估政策效果的角度，政策最终目标的实现是判断政策有效性的唯一和最终判据③。因此，空气质量改善效果评估是空气质量管理绩效评估的核心内容。空气质量评估应依据《环境空气质量标准》展开，对年、日、小时等不同尺度的污染物达标状况，包括监测数据的有效性、浓度均值统计描述、浓度标准差、超标率等指标做出客观统计，并剔除气象因素干扰，对空气质量的真实变化情况做出分析。

如果空气质量的改善效果不理想，问题可能存在于政策本身或者是与

---

① 雷宇．散煤治理与大气污染防治．化工管理，2016，10（31）：50-51.

② 李瑛．标杆管理在公共部门绩效评估中的适用性研究．生产力研究，2009（22）：240-241.

③ 宋国君，金书秦，冯时．论环境政策评估的一般模式．环境污染与防治，2011，33（5）：100-106.

政策配套的管理体制机制。因此，需要建立一套科学的评估标准，对政策的“制定—执行—效果”进行全过程评估，具体地，包括固定源、移动源管理政策及其管理机制。对于政策制定环节的评估应该从政策的目标入手，首先识别政策的目标是否清晰、合理、可测量。在科学设计政策目标的基础上，即可对实现目标的政策手段进行评估，评估标准包括确定性标准、经济效率标准、持续改进性标准和公平性标准等。针对管理体制机制设计而言，随着管理部门、管理层级的增加，协调成本和信息沟通成本也会成倍上升。因此，应尽量简化管理机构，以管理能力和管理任务相匹配为宜。在管理的层级上，可以根据污染源外部性大小进行区分。对规模以下固定源，校车、公交车等区内移动源，由地方环保部门负责管理；规模以上企业，包括高架污染源则由省级环保部门甚至跨省空气质量管理机构统一管理。管理任务的分配应以清单的形式进行列举，避免职权交叉和遗漏。在执法过程中，要求详细保留执法记录，以备上级管理部门督查。

第四，在既定的政策目标下，成本效益分析是衡量政策效率、选择政策方案的重要依据。因此，对空气质量管理绩效的评估，最终应该落实到成本有效性的角度。一方面，在资源有限的前提下，政策的成本收益比可以作为决定政策优先次序的判据；另一方面，不具有成本有效性的措施应该被排除在政策设计之外。虽然按照帕累托最优理论，政府决策者应当考虑所有的环境条件、所有的经济状况、所有可能的污染控制策略制定规制，但这在实际上很难做到。在一个次优世界，关键问题不是哪个方法更接近理想中的效率，而是哪种方法最有可能在实践中有效。在空气质量管理政策的绩效评估过程中，虽然也要考虑实际的不确定性和互相冲突的私人与公共利益①，但重点关注的还是可以量化的成本，包括两种，一种是安装、运营、维护污染控制设备等直接费用提高的产品成本；另一种是设计与执行管理政策及监督实施的管理成本②。而政策的收益则是空气质量的改善带来的健康收益，主要通过与雾霾直接相关的呼吸与心血管疾病发病率的降低来体现，可以结合生命价值的估算方法（如条件价值评估法（CVM）、选

① Commission on Natural Resources. Perspectives on Technical Information for Environmental Protection：A Report to the U. S. Environmental Protection Agency from the Commission on Natur… for the U. S. Environmental Protection Agency ［R］. National Research Council，1977.

② 汤姆·泰坦伯格. 环境经济学与政策：第3版. 上海：上海财经大学出版社，2003：25.

择实验法以及工资—风险法等）进行粗略的货币化计量。

二、危险空气污染物污染问题

（一）危险空气污染物的健康影响

危险空气污染物（Hazardous air pollutants，HAPs）指的是已知或存在造成癌症或生殖系统障碍等严重身体疾病的潜在影响，或可能对环境或生态造成不利影响的空气污染物。我国危险空气污染物的排放与制造业大国的地位是对称的，危险空气污染物危害大，控制的紧迫性甚于常规空气污染物。美国将危险空气污染物列为优先控制和需要采取更严格排放控制措施的污染物。美国共列出了187种危险空气污染物，分为四类，其中，第一类为对人类致癌污染物，有充分的证据证明对人体有致癌作用的污染物有17种。

危险空气污染物的来源比较广泛，包括固定源、移动源和面源。主要行业包括垃圾焚烧行业、燃煤发电行业和石油化工行业。

危险空气污染物的排放对健康和生态影响巨大，尤其是对后代的影响巨大。垃圾焚烧（包括生活垃圾、工业垃圾和医疗废物）排放的危险空气污染物除二噁英外，还包括汞及其化合物等。二噁英具有不可逆的致畸、致癌、致突变的特性，对人体有着长期的影响，另外，由于其半衰期长，具有生物富集作用，潜在危害更大。生活垃圾不分类，全部焚烧处置，将使我国人口稠密地区和全国二噁英污染风险急速上升。生活垃圾焚烧厂布设在城市周边，对附近人口影响更大，影响范围遍及全市，并随着水流和空气影响到植物、粮食、肉类、鱼类等，甚至影响至全国。中国人民大学宋国君根据美国EPA公布的方法，并经过参数的本地化，推测2015年北京市三家生活垃圾焚烧厂二噁英排放可能致癌的人数为241人/年，每年由此产生的健康成本为1 089元/吨，假设2018年另外八座焚烧厂如期建成，可能致癌的人数为3 779人/年，健康成本将达到6 250元/吨，健康损失巨大。

燃煤电厂汞排放量大，风险高。大气中汞含量的75%来自人为因素，其中煤炭的燃烧是最主要的人为汞排放源，约占大气汞总量的45%。大气汞污染的特点是浓度低、范围广、持续时间长。气态的单质汞经呼吸道和皮肤等暴露途径侵入人体，对人群健康的影响主要表现为由于低剂量、长期暴露引发的多系统慢性损害。汞也有生物富集的作用，影响深远。我国汞污染也是国际社会非常关心的污染问题。

石油化工行业也是危险空气污染物的主要来源之一，其排放的危险空气污染物种类多、排放量大。影响范围不仅包括工厂附近地区，也包括全国。

（二）问题的原因

第一，认识不足，仍然没有正式的危险空气污染物清单名录和专门的管理制度。

虽然在《大气污染物综合排放标准》（GB 16297－1996）和《环境空气质量标准》（GB 3095－2012）以及部分行业的排放标准中涉及了危险空气污染物的管理，但仍混同常规空气污染物（PM10、PM2.5、SO_2、NOx、CO、O_3）进行管理。

美国的危险空气污染物有专门的排放标准，无论是实施排污许可证管理的规模（是常规空气污染物规模的四分之一）还是排放限值（前 12%分位的控制水平是排放限值的确定原则，常规空气污染物的排放限值为 95%分位），管理都严于空气污染物。

我国垃圾焚烧排放标准中（《生活垃圾焚烧污染控制标准》（GB 18485—2014）、《医疗废物焚烧环境卫生标准》（GB/T 18773－2008）和《危险废物焚烧污染控制标准》（GB 18484－2001））没有针对工业垃圾焚烧的排放标准。美国详细给出了生活垃圾、工业垃圾以及医疗废物等各类废物焚烧的标准，并制定了相应监测、记录保存、风险评估要求。就排放限值而言，美国现行的生活垃圾焚烧排放限值是 0.26 TEQng/m^3，统计平均排放限值为 0.05 TEQng/m^3，远低于我国的生活垃圾二噁英排放限值 0.1 TEQng/m^3。

燃煤火电厂汞排放标准松、管理落后。我国仅在颁布的《火电厂大气污染物排放标准》（GB 13223－2011）中规定我国火电厂汞的排放限值为 0.03mg/m^3，在《排污单位自行监测技术指南　火力发电及锅炉》（HJ 820－2017）中规定对汞进行季度监测，但没有制定相应的监测记录和保存的方案。美国是世界上第一个对汞的排放立法的国家，2011 年，美国 EPA 颁布

了对于汞及其他空气中有毒物质的减排标准（Mercury and Air Toxics Standards，MATS)，并根据不同的煤种制定了相应的排放限值，以及监测、记录保存和风险评估的要求。其中，现有机组低阶煤排放汞的限值约为0.013Ib/（GW·h)，非低阶煤的汞排放限值为0.12Ib/（GW·h)；新建源的低阶煤汞的排放限值为0.04Ib/（GW·h)，非低阶煤的汞排放限值为0.000 2Ib/（GW·h)。调整为可比水平，比我国严格2～20倍。

我国石油化工行业危险空气污染物排放标准缺位，健康风险高。已有标准中（《石油化学工业污染物排放标准》(GB 31571-2015）和《石油炼制工业污染物排放标准》(GB 31570-2015)）对部分危险空气污染物做出了规定。美国EPA所指定的排放标准较为规范，涉及精炼加工单元及其相关排放点的检测、监测、报告、记录保存以及控制要求，包括工艺排放口，贮存器装载以及设备泄漏等各个方面，管理更加系统规范。

第二，危险空气污染物的管理没有同人群健康保护的最终目标结合起来。

我国危险空气污染物的排放标准仅考虑了技术性的控制要求，没有考虑对于健康风险的维护。在建设项目环评中，仅对危险空气污染物的泄漏事故可能造成的环境风险进行了评估，没有参照美国“足够安全”原则的剩余风险评估方法，已有的环评既没有给出科学的依据，也达不到足够安全的水平。

第三，危险空气污染物管理严重滞后。

现在的管理是将优先控制的污染物等同于常规空气污染物，甚至松于常规空气污染物，是本末倒置。例如，国内燃煤电厂的二氧化硫等常规空气污染物要求超低排放，对汞的排放却基本没有管理。对生活垃圾焚烧厂的管理重点是常规空气污染物，实际上，二噁英、汞才是应该优先控制的污染物，才是管理的重点。

第四，对于危险空气污染物缺乏必要的信息公开机制。

公众并不知道危险空气污染物的排放情况，不清楚自身的暴露风险，甚至对危险空气污染物缺乏最基本的认识。

（三）政策建议

(1) 制定危险空气污染物名录，形成危险空气污染物行业清单。

根据已有的监测结果着手对企业进行调查和排放数据的收集，对可识别重点控制因子和重点控制源，公布危险空气污染物名录和污染行业名单。

（2）制定更加严格和分行业的排放标准。

针对不同行业，提出我国污染物应当采用的危险空气污染物排放控制制度。按照污染控制技术的相似性，制定危险空气污染物排放标准，包括排放限值、设备运行维护、排放监测、记录保存和报告的要求。污染控制技术应当能够代表我国现有危险空气污染物治理技术的较高水平。

（3）建立危险空气污染物的排污许可证管理制度。

对危险空气污染物实施更严格排污许可证制度。将污染源需要执行的排放标准、风险评估、排放监测等内容纳入排污许可证中，由地方环境保护部门监督执行，作为危险空气污染物排放标准和风险评估制度有效执行的制度保障。

（4）建立危险空气污染物风险评估管理制度。

制定危险空气污染物风险评估的模型、参数和导则等技术法规，对固定源实施剩余风险评估制度。形成危险空气污染物风险评估的方法、模型、参数、导则和软件，并识别出重点地区、重点行业和重点污染物。对于风险评估结果超过“充分安全边界”的污染源，地方环保部门可结合当地人口密度等实际情况，确定是否需要执行风险减量计划。

（5）加强危险空气污染物的信息公开。

危险空气污染物的信息公开包括污染源排污许可证申请过程的信息公开、危险空气污染源排放信息公开、危险空气污染源风险评估结果公开，以及危险空气污染源风险减量计划执行情况的信息公开。

三、水污染问题

中央环保督查组最后一批已进驻8省，即将完成“两年督遍全国”的计划，据督查组反馈，已督查的省份均存在水污染问题，其中辽宁、天津、广东、湖南等地的水污染问题更为突出。我国城市化发展迅速，城市污水处理厂和垃圾填埋场是点源；工业园区作为工业化的模式之一，使得工业排放以大点源的形式为主。点源已经在执行排污许可证制度，本报告不再

重复提出排污许可证制度正在解决的问题，只对排污许可证制度还难以覆盖的两个紧迫问题提出报告。一是城市生活污水处理厂的污泥处置问题，二是城镇和农村生活、工业污水与生活垃圾的处理问题。

（一）城市生活污水处理厂污泥处置严重滞后，环境风险巨大

1. 影响

首先，污水中含有的病原体（病原微生物及寄生虫）处理过后进入污泥，人类或动物通过直接与污泥接触、通过食物链与污泥直接接触、通过水源被病原体污染、通过病原体先污染土壤后污染水体等途径被污泥污染。其次，在污水处理过程中，70%～90%的重金属元素会通过吸附或沉淀而转移到污泥中，进而直接或间接进入动植物及人体内，造成严重危害。最后，若污泥处置不当，其所含的丰富的氮、磷等进入周边水体和土壤中，易造成地表水体富营养化。污泥中有机污染物（氯代酚类、多环芳烃类、硝基苯类、胺类、氯代苯类、多氯联苯类、卤代烷烃类等）在环境中稳定、持久、毒性大，部分有致癌、致畸、致突变作用，这些物质进入水体与土壤中将造成环境污染。此外，污泥中盐分较高，可以明显提高土壤电导率，破坏植物养分平衡，抑制植物对养分的吸收，对植物根系造成直接的伤害，影响深远且巨大。

2. 主要污染控制不力的原因

第一，对污泥污染的认识严重不足，单纯地强调严格的排放标准不能保障污泥的安全处置或利用。

以污泥农用为例，与美国相比，除重金属铅外，我国污泥 A 级和 B 级标准中重金属限值均比美国的标准严格。但是，从重金属指标类型来看，我国重金属限值类型只有一种，即最高浓度限值。尽管新颁布的土地改良泥质、农用泥质和园林绿化泥质标准提到了对污泥使用量、污泥累计使用量、连续使用年限和施用频率的要求，但是规定不够细致，难以实施和监管。此外，我国标准卫生学指标中对于大肠杆菌的规定要严于美国的 B 级污泥标准。但是我国欠缺传播媒介吸引的控制指标，并未根据污泥的分级来确定指标限值，未能体现污泥分级管理的意义。

第二，我国现行的法律制度、标准规范普遍是原则性规定，具体实施方案较少，可操作性差。

标准规范中，污染物指标设定和限值、环保和安全措施、污泥处理处置技术及设备等方面均尚待完善。我国标准中监测记录报告要求部分除了在《城镇污水处理厂污泥处置　土地改良用泥质》中对监测频率提出了要求，大部分与污泥有关的标准仅规定了取样和监测分析方法，并没有具体监测实施细则的规定。另外，对监测信息何时以何种形式上交给管理部门也未提出要求，未实现对污泥领域的全面覆盖，严格的市场准入制度和全过程监管制度尚未建立。

第三，城市污水处理厂的建设和运营是城市政府的责任，但由市环保局监管城市污水处理厂的排放管理模式是失灵的。

我国污水处理厂的排放监管是由城市政府环保局管理的，上游地区建设了污水处理厂，获利的是下游地区，“谁投资谁受益”原则很难落实。此外，城市污水处理厂污泥管理更具有代际外部性。城市污水处理厂排放存在明显的跨区域外部性，由市环保局监管城市污水处理厂排放的管理模式是部分失灵的。

3. 主要政策建议

第一，尽快完善污泥管理的污染物、限值、监测、记录和报告的技术法规。

在法律制度方面，应加快市场准入制度的完善，提高行业整体的技术水平；建立完备的全过程监管制度，记录、存档和报告制度，定期对污泥运输、设施运行、污染物排放、污泥最终去向等情况进行监督、评估和记录，并向环保部门报告；保证污泥工程的工艺路线、环保措施、污染物排放等信息的公开透明，为社会监督和公众参与提供途径。在标准规范方面，加快污泥焚烧、地表处置、填埋等处理处置标准的制定，全面合理地确定重金属控制指标，加入对重金属施用负荷的限制，最大限度地保证污泥的安全使用。此外，标准中应增加对监测项目和监测频率的规定，增加标准可操作性，加强对污泥处置利用的有效监管。

第二，加快执行城市生活污水处理厂排污许可证制度和预处理排污许可证制度。

尽早为城市生活污水处理厂颁发排污许可证，明确许可证作为排放标准的实施手段，以许可证为载体对污水处理包括污泥的全过程进行管理。此外，要加快执行预处理排污许可证制度，明确要求纳管的工业和商业排放者在污水排放到城市污水处理厂前尽可能预先处理污水，避免重金属等

污染物进入污水处理厂干扰其运行或干扰污泥的利用和处置、穿过污水处理厂以及加大污水处理难度。城市污泥也是城市生活污水处理厂排污许可证的重要内容之一。

第三，由省级环保局管理城市污水处理厂的排污许可证。

省级环保局管理城市污水处理厂排污许可证，城市政府或市长是排污许可证的持有者或责任者。

（二）城镇和农村的生活、工业污水与生活垃圾管理严重滞后

城镇、农村生活污水集中处理设施覆盖率低，对中小工业企业的监督管理不足，生活垃圾缺乏管理，严重影响了我国广大地区的河流水质和环境。

1. 影响

污染源分散于每个村庄、小河流、耕地等城镇和农村居民身边，加之农村取水、制水设施缺乏，对城镇和农村居民的身心健康影响极大，用污水灌溉，也会影响作物品质和食品安全等。城镇和农村水污染对居民的影响大于城市的水污染对城市居民的影响。一些生活垃圾简单填埋处也是长期的水污染源，影响耕地、地下水和地表水，影响将是长期的，滋生的蚊蝇等对传染疾病的影响也是很大的。

据相关资料显示，我国农村地区每年至少要产生 30 多亿吨畜禽粪便、2.8 亿多吨生活垃圾，露天堆放率超过了 53.2%，大多数垃圾未能得到合理处置和有效利用①。垃圾中含有大量的有毒有害物质，在雨水的冲刷下，垃圾渗滤液、畜禽粪便等进入河流、湖泊，渗入到地下，污染地下水，杀死水中生物，污染饮用水源，进而危害人体健康。

由于许多中小企业生产工艺落后、技术水平低，无法处理自身产生的废水，加之目前的排污监管措施政策缺位，中小企业存在超标排放、违法排放的现象，对监管不足的局部地区地表水、地下水、耕地等造成污染，严重影响局部地区的居民健康和生态环境。同时，我国农村地区的经济条件与公共资源相对匮乏，没有充足的资金和技术对农业地区生产生活所形成的污水进行适当有效的处理，使得大量的生产和生活污水未经处理直接

① 刘明越，李云艳．农村垃圾污染的危害与治理．生态经济（中文版），2015，31（1）．

就近排放，导致我国大部分集镇周边的河流均存在被污染的现象①。支流污染重于干流，也是同样的原因。

2. 主要污染控制不力的原因

第一，“散乱污”等规模以下点源和非点源长期被忽略。

一直执行国民经济统计中规模以上工业企业的错误概念，没有建立点源、非点源的概念，一直没有对这些中小企业实施环境管理。

中小企业是我国经济发展的重要组成部分，无论是数量还是产值都占据重要位置，随着中小企业的快速发展，其造成的环境污染也越来越严重，已经成为环境污染的主要源头之一，构成整个工业污染的70%②。当前环境监管重点是国民经济统计中规模以上工业企业，忽视了中小企业的整体规模及污染现状。环境监管对于重点企业的划分应根据点源的污染物排放类型、排放量以及排放强度进行划分，而不应以产值作为划分标准。点源污染是指任何可辨别、有限制且连续的输送，包含但不限于管道、沟渠、河道、隧道、泉、井、不连续裂缝、容器、车辆、集中供暖动物饲养场所，以及可能存在污染物泄漏的轮船和其他航行船只，但不包含农业区暴雨形成的径流和农业灌溉水的回流，主要是指工业点源、城市生活污水处理厂点源和生活垃圾处理场点源③。所有点源均须被纳入排污许可证制度。中小企业的废水排放为工业点源排放，分为排向天然水体和排放到城镇污水处理厂，属于点源排放许可证的管理对象，理应通过排放物许可证制度进行管理。非点源就是点源之外的其他所有污染源。包括农业、养殖业非点源，城市无序地表径流，以及未集中处理的垃圾填埋场废水。非点源污染主要由降水、土壤径流、渗透、排水、泄漏、水文条件的变化或大气沉降等因素引起。降雨或冰雪融水形成地表径流，携带了由自然和人类活动产生的污染物，在一段时间后最终将它们沉积到河流、湖泊、湿地、沿海水域和地下水中。显然，大部分非点源污染物都经由降水并最终进入水体，而点源污染物则基本上不受降水等条件的影响。一般认为，非点源污染具有以下特征。分散性：非点源分散于较广的区域内，排放的污染物最终以分散

① 詹金星，支崇远，夏品华．农村生活污水新型处理技术的研究现状与对策．安徽农业科学，2010，38（22）：11941-11942.

② 何月云．中小企业环境污染现状及防治对策研究．资源与人居环境，2015（1）：43-46.

③ 韩冬梅，宋国君．水点源，排污许可证制度如何设计?．环境经济，2015（30）：10-12.

的方式进入地表水或地下水。时空差异较大：非点源污染程度与不可控的气候变化及地理、地质条件有关，并且在不同地点、不同年份有很大的不同。与点源污染相比，对非点源污染进行监测的难度往往更大，费用更高。

第二，投入不足导致城镇污水处理厂和管网覆盖率低。

污水处理厂和污水搜集管网等基础设施建设投资大，地方政府普遍财力不足。中央政府至今没有建立专门基金予以长期支持。

第三，未建立城镇、农村生活垃圾分类和处置制度，政府基础设施建设、管理指导等支持力度不够。

有关农村垃圾分类和处置的法律规定不足，《固体废物污染环境防治法》（2016）中关于农村生活垃圾的规定仅有“第四十九条　农村生活垃圾污染环境防治的具体办法，由地方性法规规定”这一条规定，《城市生活垃圾管理办法》也未做要求，使得城镇、农村生活垃圾的分类与处置的依据不足，也不利于监督管理。

同时，对城镇、农村生活垃圾管理的支持力度不足。在城镇和农村地区，并没有设置垃圾分类设施，在村民区一般建有专门的垃圾堆放处，采用混合收集的办法，各种垃圾不加分类地集中扔在垃圾堆放处。部分地区虽然配备了垃圾桶，但是个别偏远山区由于经济水平较低或居住分散等还未将配套的硬件设施及垃圾清理人员配备到位。另有村民因为受到一直以来生活习惯的影响，将垃圾倒在路边、田间地头，影响村容整洁[①]。地方人民政府也没有进行及时、有效的监管指导，致使农村生活垃圾管理的效果不明显。

3. 政策建议

第一，建立中央政府城市污水处理专项资金，补贴城镇污水处理基础设施，制订和发布明确的实施计划，督促地方政府实施城镇和农村污水、生活垃圾管理。

专项资金应当以法规的形式颁布，明确资金总量、执行期间、补贴对象（城镇污水处理、生活垃圾管理）、补贴标准、验收标准等，使各地方政府能够制订一个长期、稳定的实施方案，例如 10 年以上的计划。

要求地方政府制订城镇和农村生活污水管理规划，明确所有城镇和农村的管理目标，作为河长制的重要内容。

---

① 王君．我国农村垃圾分类问题现状与改进对策．环境卫生工程，2017，25（1）：24-26.

第二，明确城镇和农村生活垃圾分类及安全处置制度，制定城镇、农村生活垃圾源头分类和信息公开的地方性法规，制订明确的实施计划。

修订《固体废物污染环境防治法》，将垃圾源头强制分类纳入法律，并在法规中明确分类对象、分类与投放方法、奖励与惩罚措施等内容，用法律的权威性和确定性保障垃圾分类的有效实施。

明确信息公开内容、公开方及其责任、公开频率、公开范围、公开方式和渠道等。主要包括：无害化信息，即垃圾填埋场、焚烧厂、转运站污染物排放达标信息；减量化信息，垃圾源头产生量、清运量、终端处理量以及垃圾分类等信息；资源化信息，即回收的资源物种类、数量、来源等以及各城市生活垃圾成分信息；成本信息，即收集、运输、转运站、填埋场和焚烧厂的相关投入信息。同时，应完善生活垃圾管理的信息统计体系，细化统计指标，增加统计内容并扩大统计范围，明确统计口径及其含义，尤其是资源化信息和无害化信息。

要求地方人民政府积极制定地方性农村生活垃圾管理条例，明确和规范生活垃圾的分类、投放、清扫、收集、转运等行为，建立城镇和农村生活垃圾分类和处置制度，并制订实施计划，明确地区城镇和农村垃圾管理目标，目标应细化到具体指标，要求每个城市制订生活垃圾管理规划，每年公布城市生活垃圾管理绩效评估报告。

第三，对中小企业点源实施简易排污许可证，彻底消除管理死角。

我国《水污染防治法》中明确规定："直接或者间接向水体排放工业废水和医疗污水以及其他按照规定应当取得排污许可证方可排放的废水、污水的企业事业单位和其他生产经营者，应当取得排污许可证"，所以中小企业的点源排放应通过点源排污许可证制度进行管理。点源排污许可证制度是整合现有点源排放控制政策的综合性排放控制制度，通过排污许可证的形式，将点源排放控制的全部内容，如排放限值、排放监测方案、达标判别方法、报告规定、核查与处罚等方面的规定，明确、清楚地告诉点源排污单位，并监督其执行。排向天然水体的点源需要保证满足地表水质标准；排向城市污水处理厂的点源执行预处理制度的排污许可证，满足城市污水处理厂的入水要求。对于中小企业可以以现有政策手段为主，实施简易的排污许可证，如可以从明晰责任人，基本信息的获取，生产工艺、设备等方面做出规定和审查，而不是马上都要实施严格规范的排污许可证制度，从而循序渐进，逐步控制，消除管理死角。

四、环境管理体制

环境管理体制是规定中央、地方、部门、企业在环境保护方面的管理范围、权限职责、利益及其相互关系的准则，其核心是管理机构的设置、各管理机构的职权分配以及各机构间的相互协调。环境管理体制直接影响到管理的效率和效能，在整个环境管理中起着决定性作用①。在市场经济体制下，外部性是市场无法克服的痼疾。同样，在环境保护领域中，如果解决环境污染造成外部性的交易成本大于消除它之后的收益，就不可能靠市场自发解决，需要政府来发挥主导作用；而科学合理的管理体制则是避免“政府失灵”的必要条件②。根据外部性理论，当前“地方各级人民政府应当对本行政区域的环境质量负责”的环境法律规定存在局限，尤其是对跨行政区域的外部性环境问题的解决低效。我国已经是市场经济国家，根据环境外部性理论、交易成本理论来改革环境管理体制是可行和合适的。

（一）影响

计划经济体制下，地方各级人民政府应当对本行政区域的环境质量负责没有问题，但在市场经济体制下，仍然沿用这样的环境管理体制，行政效率太低。生态环境部督查组发现的问题，就说明地方政府环保局政府失灵问题严重。

从横向来看，当前我国环境保护横向管理方面采取的是“统一监督管理与部门分工负责相结合”的管理原则，由各级政府的环境保护行政主管部门对本辖区的环境保护工作实施统一监督管理，各有关部门按照有关法律的规定协同环境保护行政主管部门对环境保护实施监督管理。以北京市为例，除环保局外，各级公安、交通、铁道、民航管理部门，由环保法授

① 铁燕．中国环境管理体制改革研究．武汉：武汉大学博士学位论文，2010.

② 宋国君，金书秦，傅毅明．基于外部性理论的中国环境管理体制设计．中国人口・资源与环境，2008（2）：154-159.

权对环境污染防治实施监督管理；发改委、经信委等部门，也在实际中直接或间接参与环境质量管理工作。环保局内部的21个机关处室（包括办公室、人事处、工会、规划财务处、机关党委、离退休干部处6个行政保障部门和其他15个专业化部门）中，除水和生态环境管理处、辐射安全管理处和污染防治处外，各部门均承担一定的空气质量管理工作。此外，环保局直属事业单位中还有8个单位参与空气质量管理工作，分别为环境科学研究院、宣传中心、信息中心、环评中心、监测中心、机动车排放管理中心、投诉举报中心和应急中心。而县区一级的机构设置，基本与此类同。在机构设置和事权分配如此分散的情况下，一方面存在政出多门、多头管理现象，企业负担加重、遇事又难以找到明确的接洽对象；另一方面容易出现部门之间互相推诿或者扯皮，因为无论出现什么环境问题需要问责，多数管理部门都会面临或多或少的责任，可谓是“牵一发而动全身”。

从纵向来看，省、市、县三级环保行政主管部门，都对本辖区的环境保护工作承担统一监督管理责任。然而，地方环境管理部门隶属于地方人民政府，因此，一般认为上级环境管理部门对下级环境管理部门没有领导权，只存在业务上的指导关系；而地方人民政府又不受上级环境管理部门的领导。在中央与地方分权不清的情况下，三级政府很有可能各自为政，令决策的落实程度大打折扣。当面临跨行政区的环境问题时，还将出现同级人民政府及环境管理部门的协商问题。参与管理的行政部门和机构众多，一方面，存在大量利益纠纷，难以达成决议；另一方面，未参与协商的部门或许对决策存在异议，从而消极应对。

（二）原因

第一，缺乏对市场经济体制下跨行政区环境外部性的解决方案。

目前，反复提及的是环境污染的区域联防联控。但是，何为联防联控？我们的法律规章中并没有明确的解释。生态环境部环境规划院的宁森等①在研究中将其定义为“以解决区域性、复合型大气污染问题为目标，依靠区

① 宁森，孙亚梅，杨金田．国内外区域大气污染联防联控管理模式分析．环境与可持续发展，2012，37（5）：11-18.

域内地方政府间对区域整体利益所达成的共识，运用组织和制度资源打破行政区域的界限，以大气环境功能区域为单元，让区内的省市之间从区域整体的需要出发，共同规划和实施大气污染控制方案，统筹安排，互相监督，互相协调，最终达到控制复合型大气污染、改善区域空气质量、共享治理成果与塑造区域整体优势的目的”。这样的界定基本是目标和任务的罗列，没有说明联防联控的本质。

“联防联控”的目标是区域内所有行政区政府机构充分合作、排污单位采用相同排放控制标准、管理机构高效管理等。“区域内”是指一个空气质量控制区，由于地理、城市（镇）等的多样性，根据科学研究的经验划定空气质量控制区，这样的区域一般都是跨行政区的；行政区在我国主要是县及县以上地方政府，多数情况下是地级市人民政府；排污单位采取相同控制标准是市场经济体制下公平性标准的要求，以保障市场的公平竞争；管理机构的高效管理是“联防联控”的准则，即降低交易成本是根本目标之一。

根据国际经验，跨行政区空气质量、水质区域管理机构的运作机制包括：设定跨区域的机构实现区域合作；自发行动签订减排协议并通过利益协商实现区域合作。我国虽然联防联控已实施多年，但具有实权的跨区行政机构始终未能建立。即使是已倡导多年的京津冀区域协作机制，目前的职能定位仅限于通报区域大气污染防治工作进展，研究确定阶段性工作要求、工作重点与主要任务，机构权限职能都尚未有明确描述①。

我国法律规定按照行政区（县及县以上）管理环境质量，各地区对本辖区的环境质量负责。然而，空气、水等环境要素却是流动的。虽有黄河水利委员会、长江水利委员会等流域管理机构设立，但是立法没有明确此类机构在环境保护领域的法律地位，其不能成为具有独立地位的环境管理主体，难以实现协调管理职能。本次机构改革，为流域水质管理提供了机会。水质管理机构设置上的行政区划分割性与环境要素的整体性之间存在根本矛盾，导致跨区域的、流域的环境纠纷争议很难得到及时和有效的处理，久拖不决效率低下。

学术界认为，属地管理和部门管理为主导的环境行政管理体制与环境

① 王伟．京津冀空气污染治理中政府合作机制研究//中国城市规划学会．城乡治理与规划改革：2014中国城市规划年会论文集（07城市生态规划）．北京：中国建筑工业出版社，2014：10.

污染的区域性、复合型产生冲突，必须予以变革①。按照新制度经济学的解释，制度的功能是节约交易费用或交易成本，制度创新实际上是选择交易费用更少的制度安排的过程②。要避免随着受影响区域扩大、利益相关者增加而造成的交易成本上升，最好的方法是将谈判限制在尽可能小的范围内，减少不必要的交易环节。因此，建立一个统一的区域性大气环境管理机构，将政府间的利益博弈转化为机构内部的共同协商将是一种有效选择。

第二，现有的“垂改”过于简单，没有考虑纵向科学、专业和横向区域行动配合的问题，或者无效率，因为垂管仍然无法解决上下级政府间信息不对称的问题。

从信息传输原理来看，信息在传输过程中总会受到来自内部或外部的随机噪声干扰，可能会导致信息的失真③。例如，人的主观偏好就是很大的干扰因素。信息从上一级传到下一级的时候，掌握信息的人可能会把对自己有利的内容有意或无意地给予放大，对自己不利的内容有意或无意地给予缩小，下级向上级报送信息也是这样。2016年中共中央办公厅、国务院办公厅《关于省以下环保机构监测监察执法垂直管理制度改革试点工作的指导意见》提出，省级环保部门对全省（自治区、直辖市）环境保护工作实施统一监督管理，在全省（自治区、直辖市）范围内统一规划建设环境监测网络，将市县两级环保部门的环境监察职能上收，由省级环保部门统一行使，通过向市或跨市县区域派驻等形式实施环境监察。这在一定程度上简化了管理的机构设置和管理程序，提高了管理的专业性和信息的传递效率。但信息失真的问题并没有从根本上得到解决，因为部门职权交叉的现象依然存在。

根据组织设计理论，行政管理结构的设计应当符合如下基本准则：内部关联性准则，即每一个部门都必须是业务高度相关，使部门自身具有高内聚性。内聚性的高低，通过业务处理过程中对信息的相互依赖程度来反映。相对独立性准则，即各部门之间的关联性尽可能低，各个部门之间职能尽量不交叉、不重复，保持相对独立完整，尽可能一件事一个部门办。

---

① 王清军．区域大气污染治理体制：变革与发展．武汉大学学报（哲学社会科学版），2016，69（1）：112-121.

② 刘锡田．制度创新中的交易成本理论及其发展．当代财经，2006（1）：23-26.

③ 邹生．信息机制在行政管理体制改革中的作用．中山大学学报（社会科学版），2006（1）：72-76，126-127.

根据该理论，理想的上下级环保部门间的关系不是垂管，而是分权。当各级部门存在明显的业务独立性时，不必要的信息交流将会大大减少，管理的效率和专业性也会相应提高。

（三）改革建议

第一，取消县（区）级政府的环保监管职能，市及以上环保局针对环境要素设置分局。

当前我国地方环保机构的部门设置并未按照要素管理的思想划分，空气质量管理的任务分布在各级环保部门的多个科室中，再加上各级政府部门下属的事业机构管理队伍十分庞大，污染者与政府、政府内部、同级政府之间都存在大量协调工作，难以达成共识，决策推行起来也十分缓慢。由于环境问题普遍是跨县域的，县级环保局受到权力范围限制，能够发挥的作用有限；加上县级政府人力资源相对不足，取消县政府环保局，也可以减轻县级政府的负担。同理，地级及以上城市全部取消所辖各区的环保局，成立空气质量管理分局，作为隶属市环保局的二级局，负责全市（包括所有的区和县）的空气污染防治管理，各区县及各下属事业单位不再管理空气污染。在空气质量管理分局内，设立固定源、移动源、面源和综合管理等业务部门。固定源实施排污许可证管理，包括常规污染物和危险空气污染物；移动源实施综合全面的管理；面源细化管理手段；设立办公室、人事、财务等行政支持部门，保证机构的顺畅运转。在具体机构和岗位设置上，应当借鉴美国南加州的经验，定岗定责，使管理人员专业化。

采取这种管理机构设置方式：专业化机构的成立可以集中空气质量管理各部门的人力、物力、财力，整合各区资源，按照固定源、移动源、面源分类管理，提高工作效率，降低行政管理成本；专业机构可以降低区县之间沟通协调的交易成本，提高行政效率，是适合市场经济体制的组织方式；减少机构数量、领导数量，降低行政成本水平，与空气质量管理有关的机构只此一家，执法、财务、办公场所等均可以统一配置，既可以降低行政人员的数量，又可以大大减少各预算独立机构领导干部的数量，提高行政效率。

第二，在省环保厅内部设立水质局和流域水质分局。

在生态环境部内设置水质管理区域机构，生态环境部的职责包括制定全国的水环保法规、进行相关科学研究以及向各级水环保部门提供资金和技术支持。区域机构代表生态环境部统管全国地表水、地下水的水质保护事务，监督各省的环境行为，执行国家环保法律以及落实生态环境部项目。

设置隶属于省环保厅的水质局，负责生态环境部授权委托省政府管理的本地区水质保护事务。对省内流域，设立支流域水质管理委员会，主任由流域内主要行政区领导任命的代表担任，委员由水质局、相关流域行政区、自然资源管理部门等代表组成，委员会为非常设机构，主要职责是重大事项的决策、任命支流域水质局局长。委员会的决策事项由支流域水质管理分局具体执行。支流域水质局的职能包括批准水体指定用途（功能）；批准不达标水体的达标规划；制订流域规划，由省长签字，生态环境部批准；批准和管理流域内所有点源的排污许可证，指导市县环保局预处理排污许可证、小点源（简易排污许可证）以及非点源管理（BMP）。跨省的流域水质管理，主要靠地表水质达标规划执行，生态环境部区域机构负责协调规划的制订和执行。

以湖南省湘江流域为例说明垂直型流域水质管理的体制设计，如图12-1所示。

第三，在空气污染严重区域，设置跨省的空气质量管理局。

理想的空气质量管理应当是面向空气质量达标的，由专业机构和人员对辖区的空气质量进行统一管理，对存在以及潜在的问题做出及时反应的有效率的管理模式①。因此，外部性的边界需要与政府管理权限的范围相匹配②。针对跨区域的污染问题，如可以长距离输送的高架源污染、跨区行驶的移动源污染，亟须采取空气流域管理（Air Basin Management）的方式，在一个确定的空气流域内，建立获得法律授权的区域空气质量管理机构，制定统一的法规，采取统一的政策，对污染源实施统一的管理。将政府间的利益博弈转化为机构内部的共同协商；通过解决机构重叠、政出多门的问题，来实现信息传递层次的减少和信息流程的优化③，从而减少不必要的交易费用，提高管理效率。因此，建议在空气污染严重区域，设置跨省的

---

① 周胜男，宋国君，张冰．美国加州空气质量政府管理模式及对中国的启示．环境污染与防治，2013（8）：105-110.

② 宋国君．环境政策分析．北京：化学工业出版社，2008：25.

③ 邹生．信息机制在行政管理体制改革中的作用．中山大学学报（社会科学版），2006（1）：72-76，126-127.

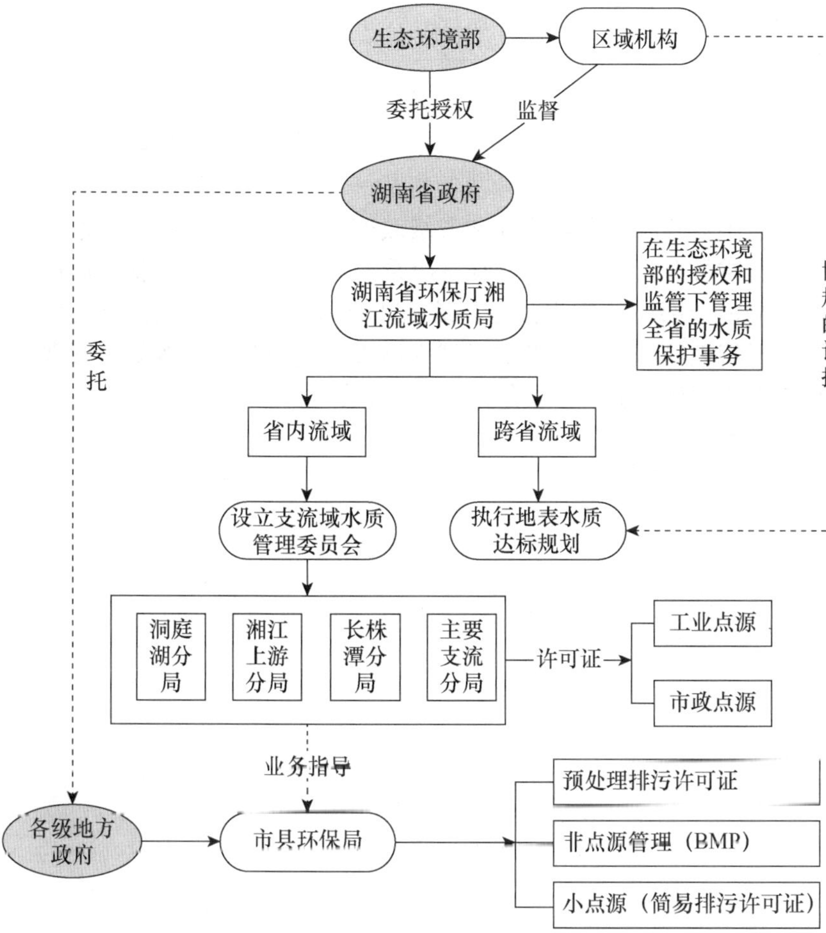

图 12－1　湖南省湘江流域水质管理体制设计框架

空气质量管理局进行管理。

区域空气质量管理局是专司区域空气污染治理的政府机构，可以比照中央政府参公事业机构设置，例如，京津冀空气质量管理局等。相对于隶属于同级人民政府的环保局，其具有独立机构①的性质，由全国人大授权建立并对其财政预算和运作绩效等进行监督。在主管领域内，该局有权行政审批、执法、监督和处罚，并可与地方政府和各级环境主管部门建立合作

① 钟速成．美国独立管制机构研究．长沙：湖南师范大学硕士学位论文，2009.

关系，通过计划、规章、执行、监控、技术改进、宣传教育等综合手段协调开展工作。

为提高决策的专业性和科学性，减少政府职能部门的本位主义倾向，建议空气质量管理局效仿美国南加州空气质量管理经验，采取决策权与执行权分离的管理模式，成立专业决策机构——委员会。委员会委员为行政人员，来自中央政府生态环境部和省级政府环保厅，代表中央和地方政府意志，实行委员会投票表决制，具备决策权和区域空气质量管理局局长的任命权。局内全部人员作为公务员编入生态环境部，局长由委员会任命。该空气质量管理局职责包括批准区域内城市空气质量达标规划、管理大型高架固定源排污许可证、管理有毒物质排污许可证。

附录　2017 年度发展获得感及民生满意度调查报告

增进民生福祉是发展的根本目的，民生问题也是广大人民群众最关心、最直接、最现实的利益问题，享有平等、充足和高质量的基本公共服务是人民日益增长的美好生活需要的重要方面。党的十九大报告提出“幼有所育、学有所教、劳有所得、病有所医、老有所养、住有所居、弱有所扶”的民生发展目标，强调坚持以人民为中心的发展思想，努力抓好保障和改善民生各项工作，不断增强人民的获得感、幸福感、安全感，描绘了未来我国民生领域发展的宏伟蓝图。

增强群众的获得感幸福感安全感，必须坚持问题导向，倾听群众的声音。2017 年 10 月 15 日至 10 月 31 日，中国人民大学中国调查与数据中心，采用电话（手机）调查的方式，通过科学程序严格抽选样本，在全国范围内进行了“发展获得感及民生满意度调查”，以了解在党的十八大以来我国经济社会快速发展、惠民措施大批见效背景下，社会公众对民生议题的幸福感、获得感，对各民生领域的切身感受、真实评价、未来期望，以及意见集中、问题突出和急需解决的民生问题。

一、调查的基本情况

本次调查采用的抽样方式为基于 2017 年度“中国综合社会调查”（CGSS）被调查者样本进行的二次抽样。“中国综合社会调查”抽样设计是通过多阶分层抽样，在全国范围内调查 31 个省共 120 个县级单位（区、县、县级市），能有效地代表全国各个地区的城乡群众的基本情况、行为与态度。在“中国综合社会调查”调查者样本基础上进行的二次抽样实施有针对性的电话调查，抽样的代表性、可靠性、有效性上都远远强过一般的电话调查随机生成电话号码进行拨打的方式。从 2017 年 10 月 15 日到 10 月 31 日，调查共成功访问 2 394 人，覆盖了全国不同省份、不同职业、不同年龄段、不同性别和不同受教育程度的多个社会群体与阶层。科学、严格的样本选取过程、多样化的样本分布使得调查数据结果能够比较有效、充分和客观反映我国公众对于民生各个领域的感受、态度和诉求。

本次调查受访者地域分布广泛。受访者位于中国大陆 27 个省（自治区、直辖市）的 109 个县、区、(县级）市，全面覆盖了我国不同经济与社会发展水平，不同自然条件的各个区域。

本次调查覆盖职业类型多样。受访者职业分布比例最高的是农民/牧民/渔民，比例为 29.5%，其次是退休/无业/失业/下岗/操持家务人员，比例为 25.6%。党政机关/事业单位/企业单位领导、干部的比例合计占 3.4%，专业技术人员占 6.6%，一般职工/办事人员占 5.3%，商业与服务业人员占 4.0%，工人占 10.8%，初级劳动者占 2.2%，个体工商户占 6.6%，在读学生占 2.6%，其他人员占 3.5%（见图附-1）。

本次调查涵盖了不同年龄段的人群。调查中出生于 40 年代及以前的受访者占 11.7%，出生于 50 年代的受访者占 21.4%，出生于 60 年代的受访者占 21.9%，出生于 70 年代的受访者占 18.5%，出生于 80 年代的受访者占 16.3%，出生于 90 年代及以后的受访者占 10.3%（见图附-2）。

本次调查中的男女性别比平衡。受访者中，男性占 53.4%，女性占 46.6%，与我国 18 岁及以上成年人口的性别比非常接近（见图附-3）。

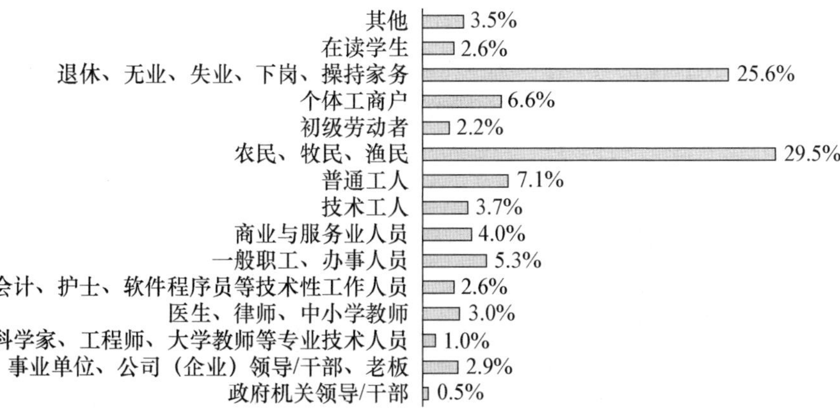

图附-1　受访者职业类型分布

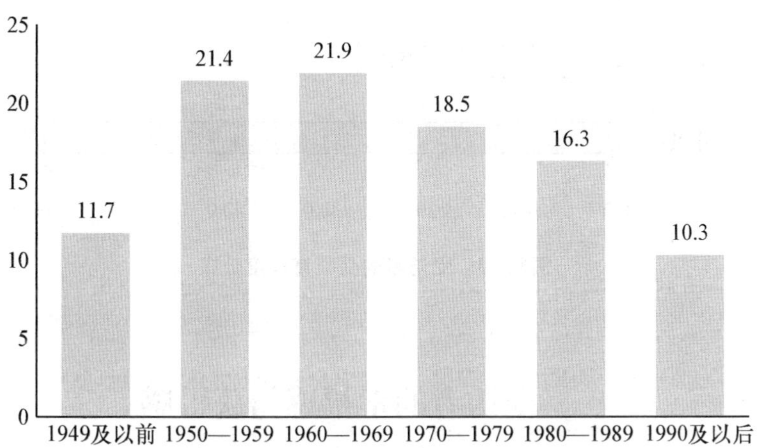

图附-2　受访者出生年份分布情况（%）

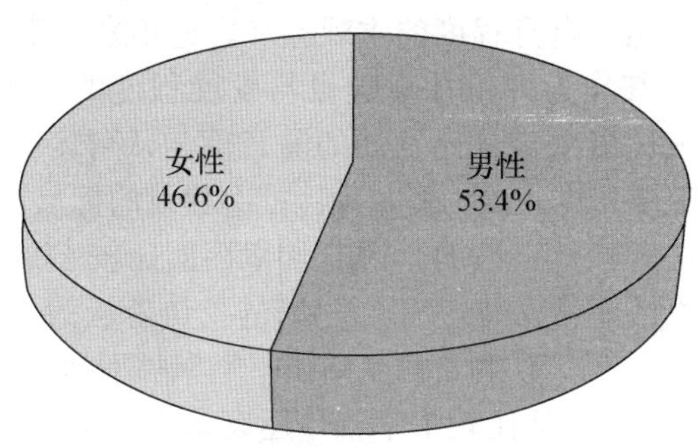

图附-3　受访者的性别构成

本次调查的受访者代表各种不同水平的受教育情况。受访者中具有初中及以下文化程度的比例占 57.9%，高中/中专/技校占 19.1%，大学专科占 9.8%，大学本科占 11.0%，研究生及以上占 1.7%，其他占 0.5%（见图附-4）。

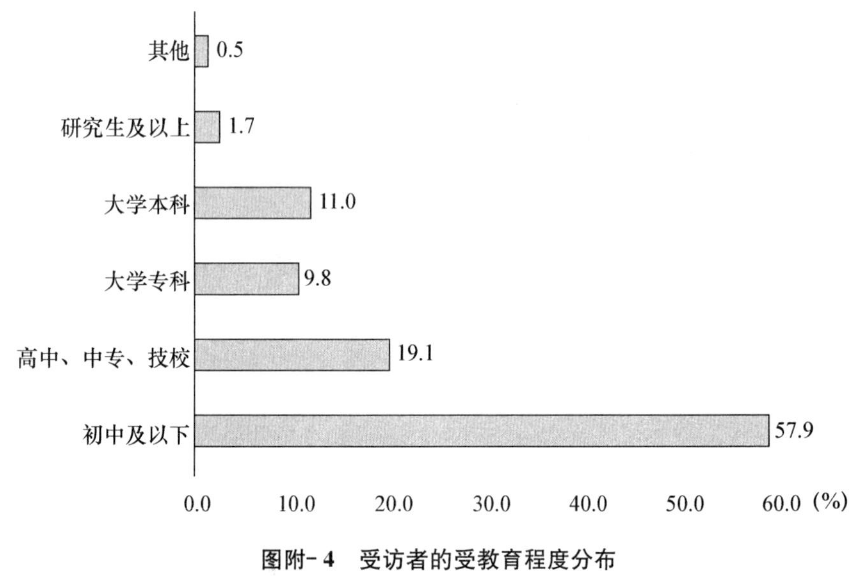

图附-4 受访者的受教育程度分布

二、受访者的幸福感与获得感

幸福感是人们对生活满意程度的一种主观感受，获得感是人们对国家经济社会发展成果惠及自身程度的主观感受。近年来“幸福感”“获得感”等词汇逐渐升温，其作为评价社会建设与发展程度的一个重要测量指标，不仅体现了广大人民群众对社会发展的满意度与认可度，而且越来越成为各级政府决策的重要依据，成为衡量地区社会建设的标尺。

近八成的受访者感觉自己的生活非常幸福或比较幸福。有 21.2%的受访者认为自己的生活非常幸福，有 57.7%的受访者认为自己的生活比较幸福，二者合计达 78.9%。认为自己生活说不上幸福不幸福的比例为 13.1%，有 5.7%的受访者认为生活比较不幸福，还有 2.4%的受访者认为自己的生活非常不幸福。从以上结果可以看出，有将近 80%的民众感觉自己的生活

幸福，认为不幸福的只有约 8%（见图附-5）。

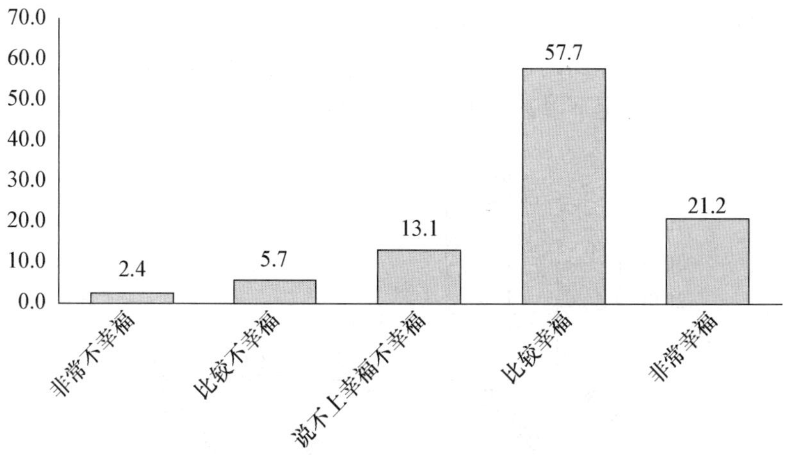

图附-5　受访者主观幸福感分布情况（%）

进一步从发展的趋势来看，调查数据的结果显示目前我国民众的主观幸福感达到了历史上的最高点。中国综合社会调查（CGSS）从 2006 年起持续性地调查我国民众的主观幸福感，以 5 分为满分代表“非常幸福”来计算，2017 年我国民众的主观幸福感达到了 3.86 分，为 12 年来的最高分（见图附-6）。而从历年的调查数据结果也可以看出，2006 年以来，我国民众的主观幸福感总体上呈平稳的上升趋势，这也反映出这些年来我国经济与社会发展的成果切实地落在了民众身上，持续性地增进了民众的福祉。

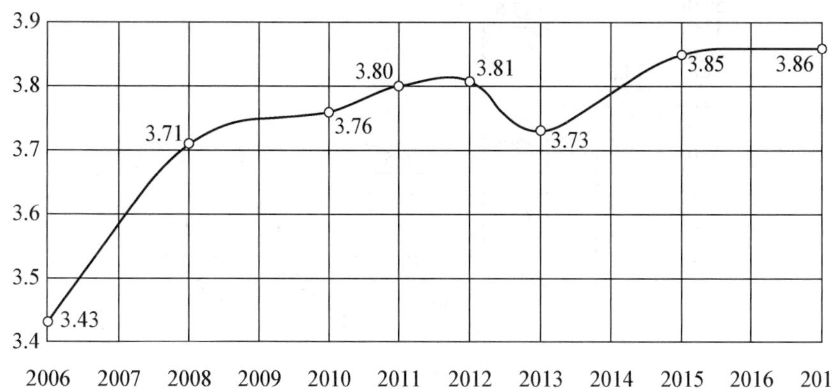

图附-6　历年来主观幸福感变化趋势

85.9%的受访者认为这些年来的发展提高了自己的物质生活水平。30.5%的受访者认为自己的物质生活水平有了很大的提高，认为物质生活水平近年来有一定提高的占55.4%，基本上没有提高的占12.1%。近年来物质生活水平有一定下降甚至下降很多的合计占2.1%（见图附-7）。

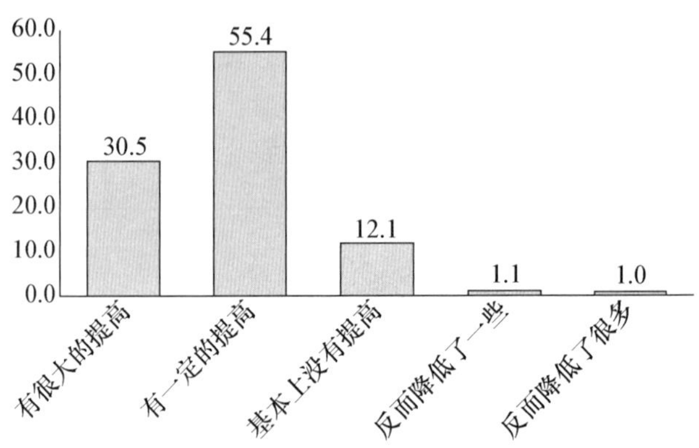

图附-7　受访者对于我国这些年来的发展是否提高了物质生活水平评价分布情况（%）

近八成的受访者感觉这些年的发展让自己活得更加有尊严。其中，33.3%的受访者认为随着国家的发展，自己活得更加有尊严的感觉非常明显，有45.6%的受访者认为自己的尊严感随着国家发展有一定的提升，二者合计占78.9%。16.5%的受访者表示说不清，有4.7%的受访者没有这种感觉（见图附-8）。

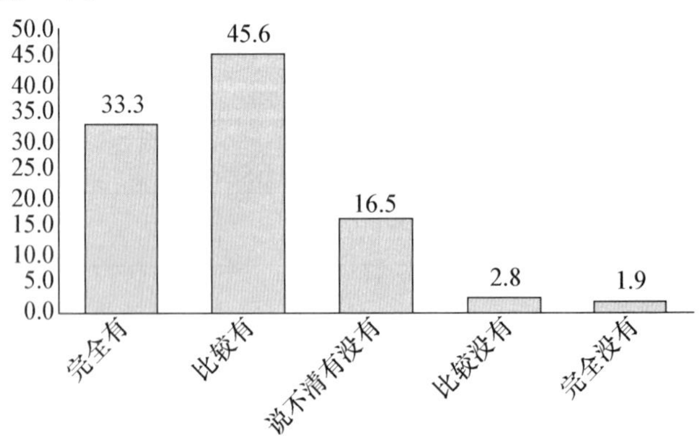

图附-8　受访者对于我国这些年来的发展是否让自己活得更有尊严评价分布情况（%）

超过四分之三的受访者认为近年来自己各方面的权利更加有保障。有 27.6%的受访者表示非常赞同这样的说法，48.9%的受访者表示比较赞同，二者合计达 76.5%。有 15.0%的受访者表示说不清，表示比较不同意和完全不同意看法的受访者分别占 5.7%和 2.8%（见图附-9）。

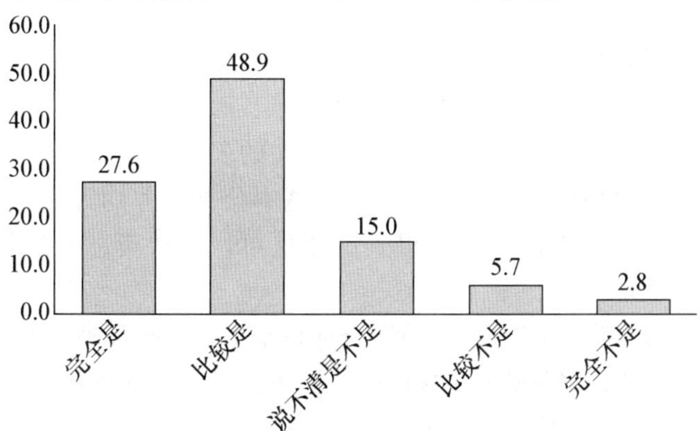

图附-9　受访者对于我国这些年来的发展是否让自己权利更加有保障评价分布情况（%）

86.1%的受访者表示对未来有信心。有 47.3%的受访者认为国家近年来的发展让自己对未来充满信心，持有非常乐观的态度，38.8%的受访者表示比较有信心，二者合计达 86.1%。分别有 9.8%、3.1%和 1.1%的受访者表示“说不清楚”“比较不是”和“完全不是”（见图附-10）。

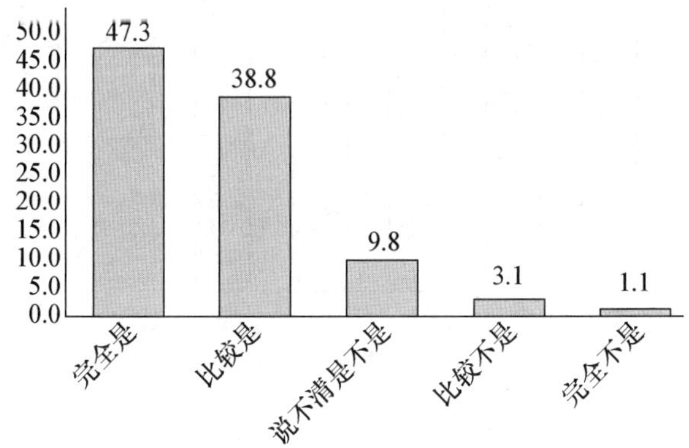

图附-10　受访者对于我国这些年来的发展是否让自己对将来更加有信心评价分布情况（%）

三、受访者对公共服务满意度

公共服务是指能使公民的某种具体的直接需求得到满足的公共项目，包括基础设施、教育、社会管理、社会保障、医疗卫生、社会服务、文化与体育、就业、住房保障等与民生息息相关的公共事业。近年来，我国不断提高政府公共服务能力建设，着力推进基本公共服务均等化建设，“服务型政府”作为新的政府治理模式得到广泛认可，公众满意成为服务型政府建设的主要价值取向。

“城乡基础设施”和“住房保障”分别是基本公共服务满意度得分最高和最低的选项。在公共服务的各个领域中，受访者对“城乡基础设施”“公共教育”“社会管理”的满意度评分均值最高，分别达到 78.8 分、78.6 分和 77.5 分（满分 100 分），“社会保障”满意度评分均值为 75.3 分，“医疗卫生”“基本社会服务”“公共文化与体育”满意度评分均值分别为 74.6 分、74.6 分和 74.1 分。受访者对“劳动就业”的满意度评分均值相对较低，为 73.4 分，对“住房保障”的满意度评分均值最低，为 71.5 分（见图附-11）。

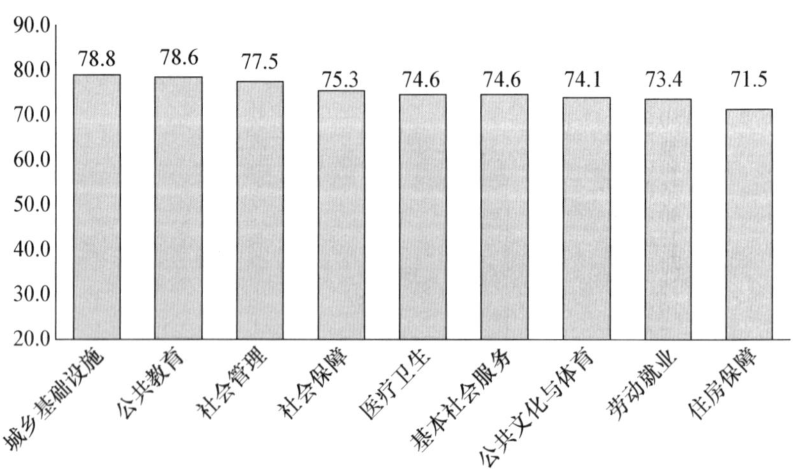

图附-11　受访者对于公共服务满意度评分均值情况（分）

受访者认为政府在下一阶段最应加强的方面是“医疗卫生”和“公共

教育”。分别有19.6%和14.7%的受访者认为政府在下一阶段最应着力于“医疗卫生”和“公共教育”。选择“社会保障”和“住房保障”的受访者占比分别为11.0%和10.9%。选择“城乡基础设施”“劳动就业”“基本社会服务”的比例分别为9.9%、8.4%和6.6%。选择“社会管理”“公共文化与体育”的比例较低，分别仅有5.1%和3.0%（见图附-12）。

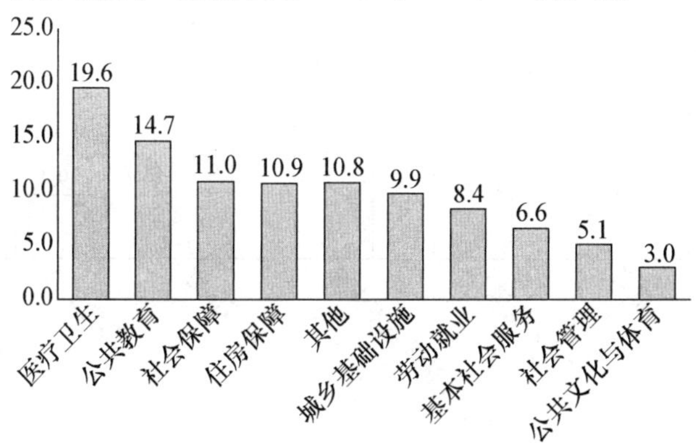

图附-12 受访者认为目前政府对于基本公共服务的哪一个方面最应加强发展分布情况（%）

超过三分之二的受访者对目前我国公共服务资源的充足程度表示满意。对公共服务资源充足程度表示非常满意的占14.7%，比较满意的比例为52.4%，说不清满意不满意的比例为17.8%，表示非常不满意和不太满意的比例分别为2.8%和12.4%（见图附-13）。

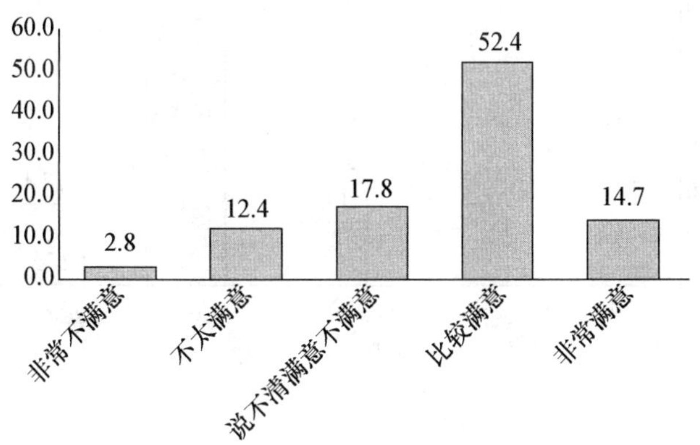

图附-13 受访者对于公共服务资源充足程度满意度评价分布情况（%）

超过四成的受访者对目前我国公共服务资源分布的均衡程度表示满意。仅9.4%的受访者表示对公共服务资源分布的均衡程度非常满意，表示比较满意的比例为34.0%，二者合计为43.4%，表示说不清楚的比例为24.8%，表示非常不满意和不太满意的比例分别为6.2%和25.7%（见图附-14）。

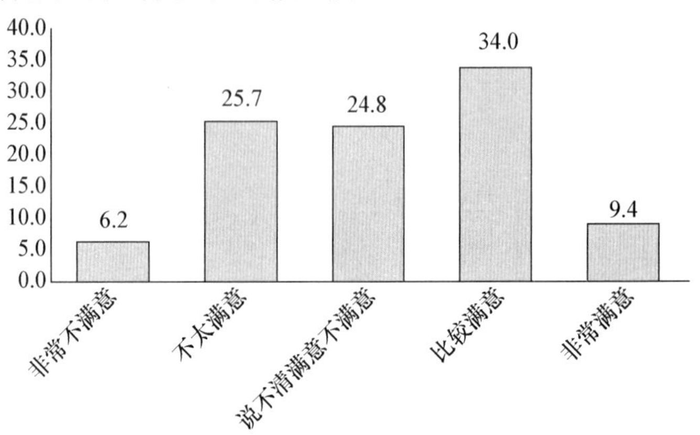

图附-14　受访者对于公共服务资源分布的均衡程度满意度评价分布情况（%）

七成的受访者对目前我国获取公共服务资源的便利程度表示满意。17.4%的受访者对获取公共资源的便利程度表示非常满意，表示比较满意的比例为52.6%，二者合计占70.0%。13.7%的受访者表示说不清楚，表示非常不满意和不太满意的比例分别为3.8%和12.5%（见图附-15）。

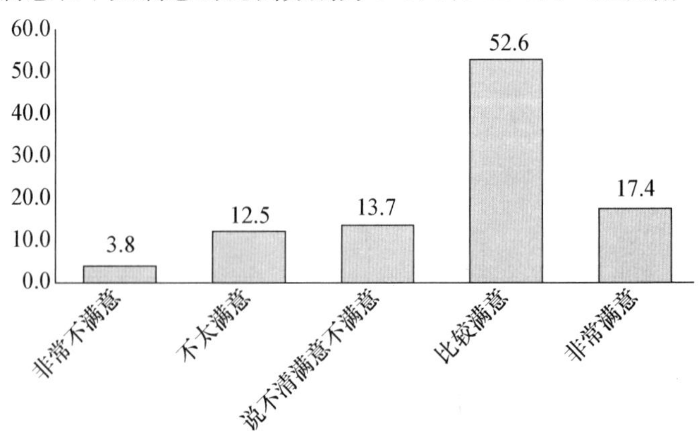

图附-15　受访者对于获取公共服务资源便利程度满意度评价分布情况（%）

六成的受访者对目前我国公共服务资源的普惠性程度表示满意。普惠性衡量的是是否每个人都均等享有获取公共服务资源的权利和机会，有15.1%的受访者表示非常满意，45.5%的受访者表示比较满意，二者合计为60.6%。说不清的比例为20.3%，非常不满意或不太满意的比例分别为4.2%和15.0%（见图附-16）。

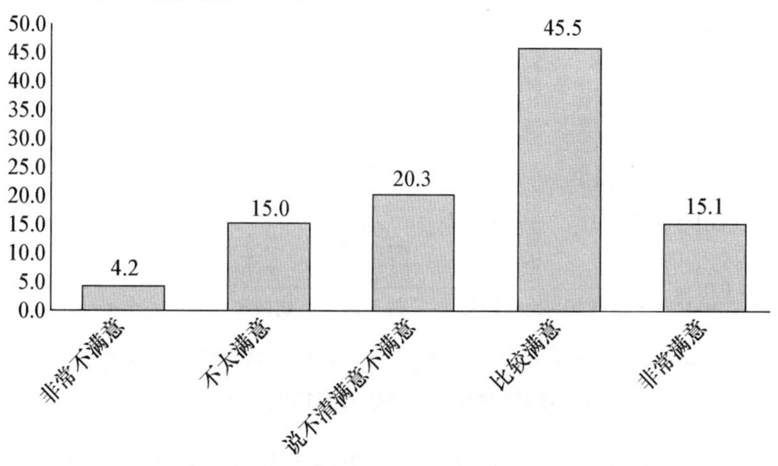

图附-16　受访者对于公共服务资源普惠性程度满意度评价分布情况（%）

四、受访者对主要民生方面的评价

1. 教育

教育是经济社会发展的基础前提与重要助推力，是建设人力资源强国、全面提高全民族素质、推进实施创新驱动战略的重要保障。保障人人享有受教育机会是各国教育发展的重要目标，近年来，我国着力加强教育普及提高工作，扩大国民受教育机会，缩小城乡、区域、校际、群体差距，稳步推进教育公平，同时加强教育全面改革，努力办好世界规模最大的教育体系，取得了一定的成果。

高达九成的受访者认为我国这些年来的发展给人民提供了更多的受教育机会。对此表示完全同意的受访者比例为47.9%，比较同意的受访者比例为 41.8%，二者合计为 89.7%。有 6.5%的受访者表示说不清，持比较不同意或完全不同意态度的比例分别为 2.9%、0.9%（见图附-17）。

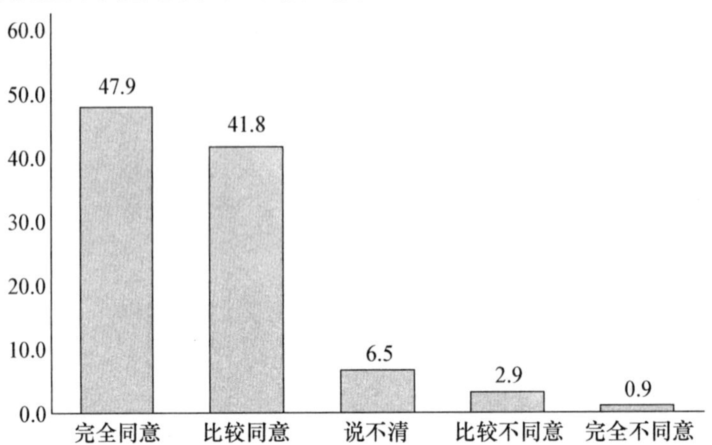

图附-17　受访者对于我国这些年来的发展是否给人民提供了更多的受教育机会评价分布情况（%）

超过五分之四的受访者认为我国这些年来的发展给人民提供了更好的教育资源。对此持完全同意态度的受访者占 44.7%，持比较同意态度的受访者占 39.1%，二者合计占 83.8%。有 9.5%的受访者认为说不清，还分别有 5.3%和 1.5%的受访者表示比较不同意或完全不同意（见图附-18）。

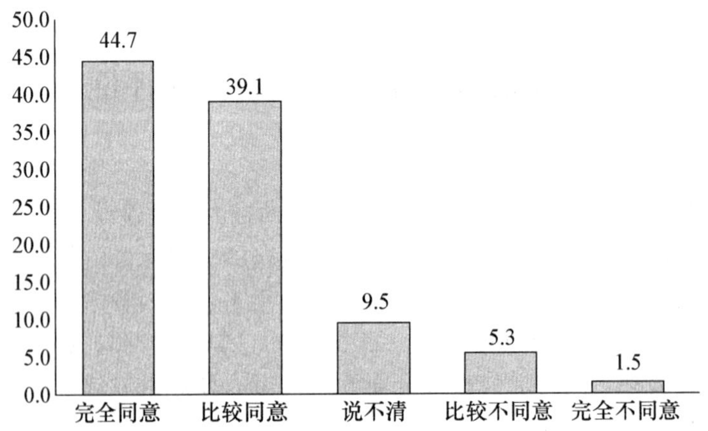

图附-18　受访者对于我国这些年来的发展是否给人民群众提供了更好的教育资源评价分布情况（%）

超过四分之三的受访者认为我国这些年来的发展使得人民群众受教育的机会更加公平。37.6%的受访者对“我国这些年来的发展使得人民群众受教育的机会更加公平”持完全同意的看法，有38.1%的受访者表示比较同意，11.1%的受访者表示说不清。比较不同意、完全不同意的比例分别为9.4%和3.7%（见图附-19）。

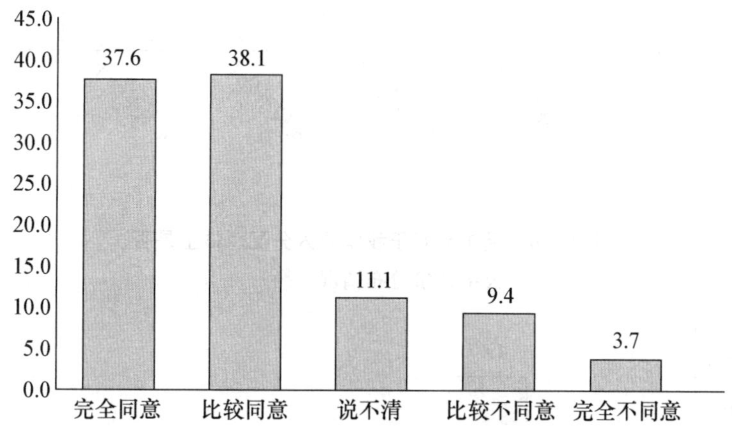

图附-19 受访者对于我国这些年来的发展是否使得人民群众受教育的机会更加公平评价分布情况（%）

2. 收入与分配

改革开放几十年来，我国人民收入水平快速提升的同时，城乡间、区域间、行业间和人群间的收入差距同样在扩大，基尼系数较高，收入结构不合理，垄断行业收入过高，“橄榄形”收入分配格局有待形成，收入分配制度不完善、收入分配体系不健全等影响了劳动分配领域的公平公正，实现公平正义越来越成为收入分配改革的重要目标。

36.6%的受访者认为目前我国收入分配不公平。受访者对于收入分配公平的意见较为突出，认为完全公平的仅有6.9%，认为比较公平的比例为30.0%，说不清楚的比例为26.5%。有24.7%的受访者认为目前的收入分配比较不公平，11.9%的受访者认为完全不公平（见图附-20）。

超过一半的受访者认为自己的收入水平合理。在考虑个人能力和工作情况后，有6.5%的受访者认为自己的收入水平非常合理，47.7%的受访者认为是合理的，谈不上合理不合理的比例为22.6%。认为自己收入不合理的比例为17.1%，认为非常不合理的比例为6.2%（见图附-21）。

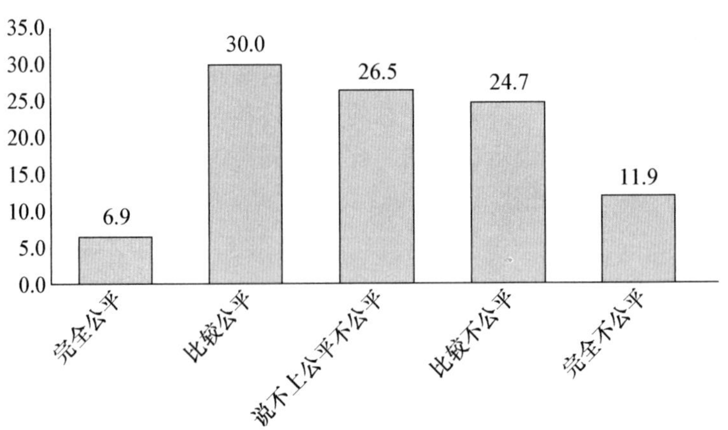

图附-20　受访者对于我国收入分配总体上是否公平评价分布情况（%）

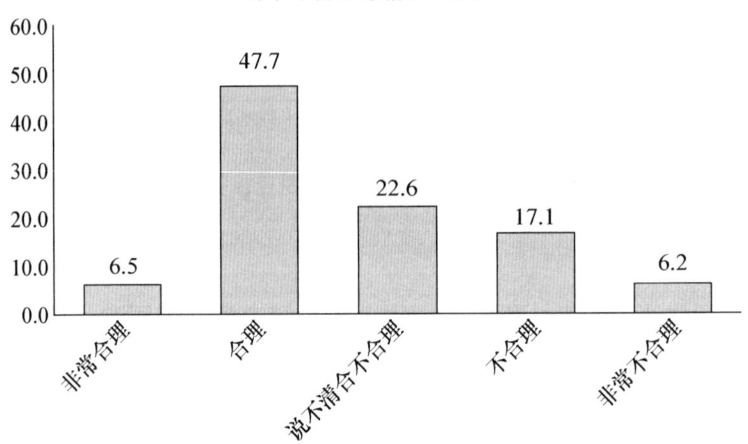

图附-21　受访者对于个人收入是否合理评价分布情况（%）

超过一半的受访者近五年来的实际收入有所增长。11.4%的受访者表示最近五年来自己的收入有了很大的增长，45.2%的受访者表示有一定的增长。收入在最近五年基本没变化的受访者比例为33.5%，有一些减少的比例为5.6%，收入有大幅下降的比例为4.3%（见图附-22）。

3. 劳动与就业

就业是最大的民生，同时也是经济发展最大的支撑，关系改革发展稳

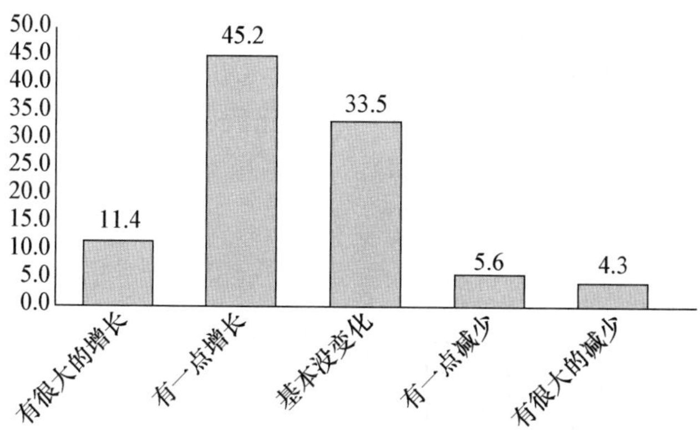

图附-22　受访者近五年来个人实际收入增长分布情况（%）

定的大局。对个人而言，更高质量的就业包括合理增长的劳动报酬、稳定的工作机会、良好的就业环境、完善的社会保障和体面的社会地位；对于一个经济体而言，更高质量的就业包括更充分的就业、更优化的就业结构、更高的劳动生产率。

约四分之三的受访者认可我国这些年来的发展为人民提供了更多的就业机会。有32.5%的受访者表示完全同意人民的就业机会随着发展而增多的观点，有41.9%的受访者表示比较同意，二者合计占74.4%。说不清的占15.2%，比较不同意和完全不同意的比例分别为8.2%和2.2%（见图附-23）。

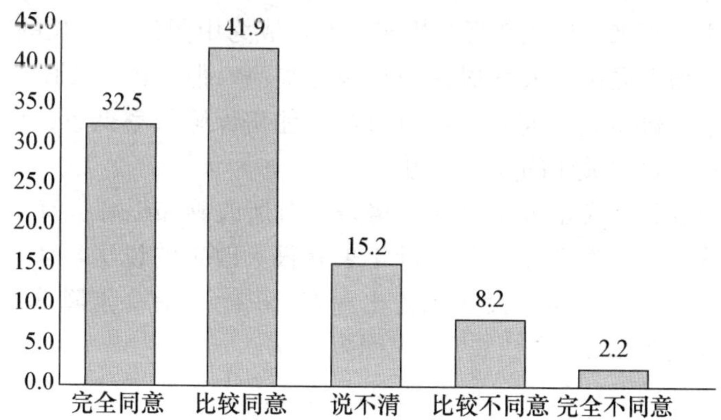

图附-23　受访者对于我国这些年来的发展是否给人民提供了更多的就业机会评价分布情况（%）

约四分之三的受访者认可我国这些年来的发展使得劳动者各方面的权

利得到了更好的保障。有 31.3%的受访者表示完全同意劳动者各方面的权利近年来在逐步得到更好保障的观点，有 43.0%的受访者表示比较同意，二者合计占 74.3%。说不清的占 15.6%，比较不同意和完全不同意的比例分别为 7.4%和 2.7%（见图附- 24）。

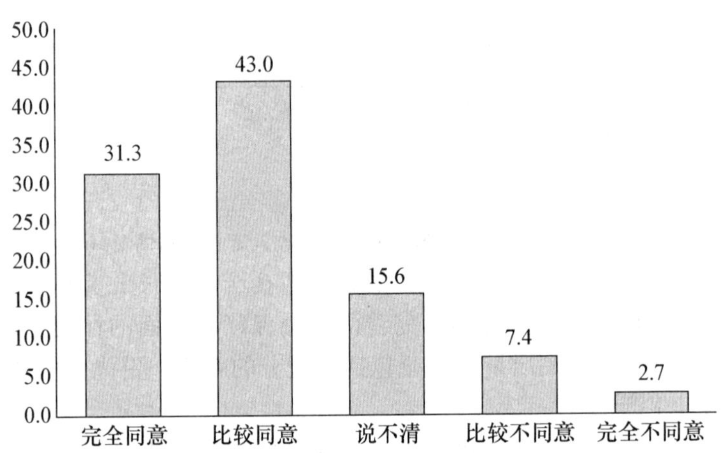

图附- 24　受访者对于我国这些年来的发展是否使得劳动者各方面的权利得到更好的保障评价分布情况（%）

4. 住房

过去十几年来，房地产行业快速发展，成为中国经济增长的支柱产业，与此同时，城乡居民的人均居住面积也在提高，但居民可支配收入上涨的速度远低于房价增速，商品房房价过高、住房保障效率低下、住房分配不平衡成为社会普遍关注的焦点议题。

近八成受访者表示近年来的住房条件有所改善和提高。有 38.4%的受访者表示认可人民群众住房条件近年来有很大改善的说法，认为有一些改善的比例为 39.6%，基本没变化的比例为 19.2%，有一点降低和有很大降低的比例分别为 2.1%和 0.8%（见图附- 25）。

近六成受访者认为人民群众的基本居住需求得到了满足。有 17.0%的受访者表示认为人民群众的基本居住需求得到了很好的满足，认为得到了较好满足的比例为 41.1%。说不清好不好的比例为 23.7%，认为满足得不太好的比例为 14.9%，满足得很不好的比例为 3.3%（见图附- 26）。

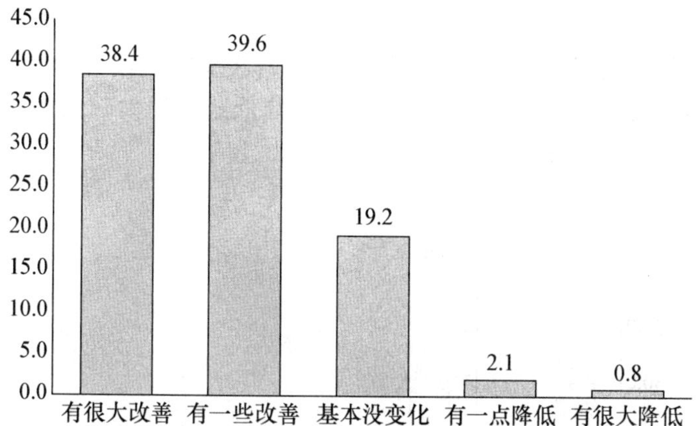

图附-25　受访者对于近些年来人民群众住房条件改善程度评价分布情况（%）

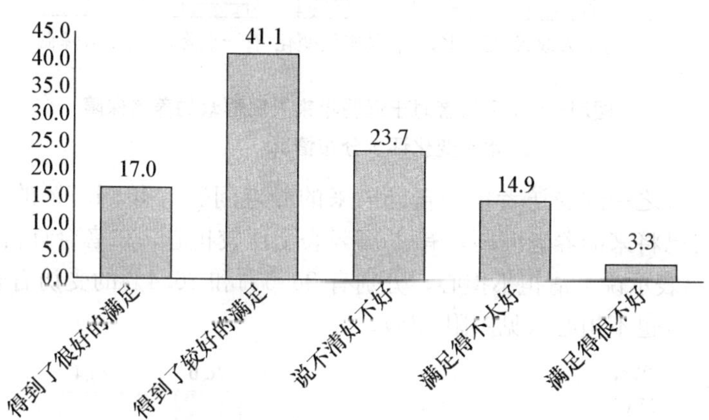

图附-26　受访者对于当前我国人民群众的基本居住需求的满足程度评价分布情况（%）

5. 养老

随着我国人口老龄化进程的不断加快，社会养老需求快速释放，养老问题为社会经济发展带来巨大的压力。由于家庭结构的深刻变化，家庭养老功能日益萎缩，机构养老模式和体系有待培育，特别是我国人口老龄化与工业化、城镇化、现代化相伴生，与城乡差距、区域差距、收入差距交织重叠，给应对银发浪潮增加了新难度。

约八成的受访者认为人民群众的养老保障有所改善。约三成（29.8%）

的受访者认为人民群众的养老保障这些年来有了很大的改善，约五成(49.0%)的受访者认为人民群众的养老保障这些年来有了一些改善。认为基本没变化的占比为 18.0%，认为有一点降低或有很大降低的比例分别为 2.0%和 1.3%（见图附-27）。

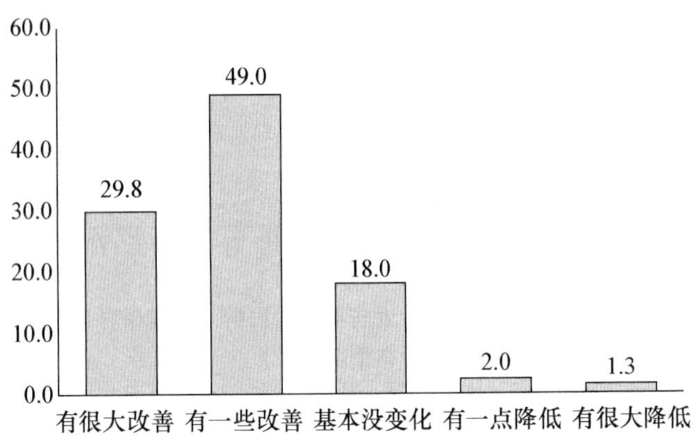

图附-27　受访者对于近些年来人民群众的养老保障水平变化评价分布情况（%）

约三分之一的受访者担心自己未来的养老问题。有 14.7%的受访者非常担心自己将来的养老问题，有 20.2%表示比较担心，二者合计占 34.9%。有 12.1%表示说不清担不担心，分别有 26.6%和 26.4%的受访者表示不太担心或一点也不担心（见图附-28）。

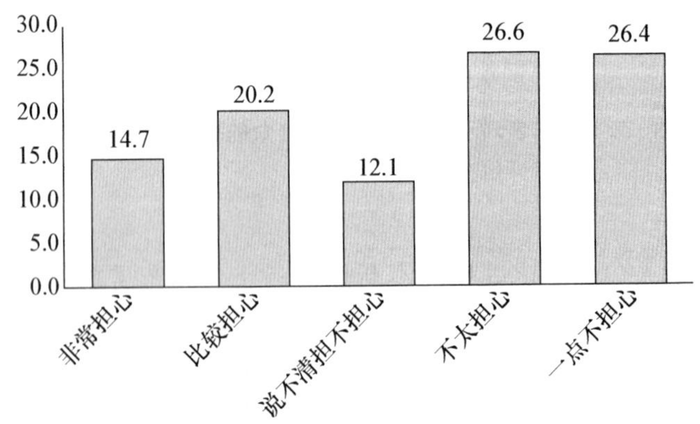

图附-28　受访者对于未来个人养老问题是否担心的分布情况（%）

6. 医疗卫生

医疗卫生事业是造福于人民的事业，卫生事业持续、健康的发展必须依靠卫生资源的合理配置来实现。目前，医疗卫生领域仍然存在一定问题，卫生资源分配不均衡，基本医疗服务滞后，医患关系矛盾事件频发，看病难、看病贵的问题较为突出。医疗卫生服务的公平性有待进一步提升，已不适应人民群众对于健康的需求，医疗体制改革任务依然艰巨。

77.9%的受访者认为人民群众的基本医疗保障近年来有所改善。认为人民群众基本医疗保障近年来改善程度非常大的占30.9%，有一些改善的比例为47.0%。认为基本上没有什么变化的比例为17.2%，还分别有3.4%和1.5%的受访者认为有一点降低或有很大降低（见图附-29）。

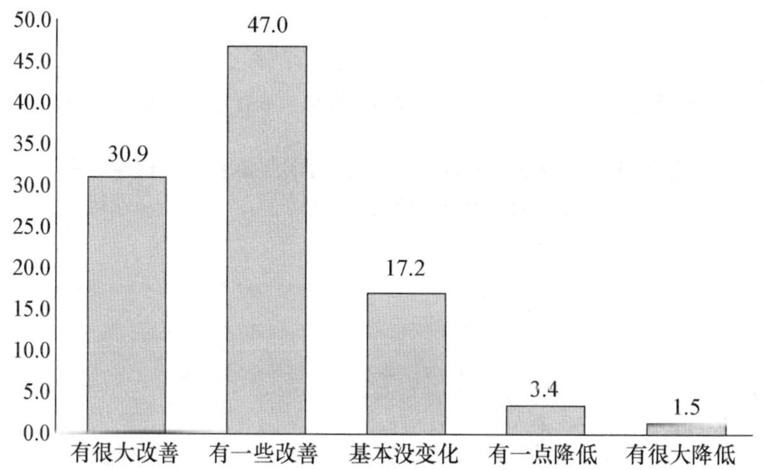

图附-29　受访者对于近些年来人民群众的医疗保障水平变化的评价分布情况（%）

84.6%的受访者认为近年来人民群众的医疗卫生条件有所改善。在受访者中，有37.1%认为近年来医疗卫生条件有很大改善，有47.5%认为有一些改善，二者合计占84.6%。有13.2%认为基本没变化，还分别有1.4%和0.7%的受访者认为有一点降低或有很大降低（见图附-30）。

约七成受访者认为近些年来人民群众更加公平地享受到了医疗卫生服务。对此表示完全同意的受访者占30.3%，比较同意的比例为39.3%，二者合计占69.6%。表示说不清的比例为16.6%，持比较不同意、完全不同意态度的受访者比例分别为10.1%和3.7%（见图附-31）。

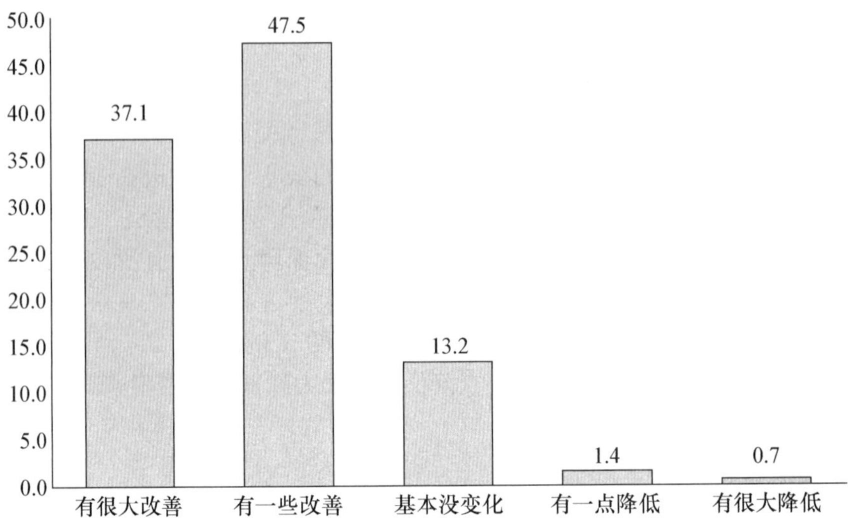

图附-30　受访者对于近些年来人民群众的医疗卫生条件改善程度的评价分布情况（%）

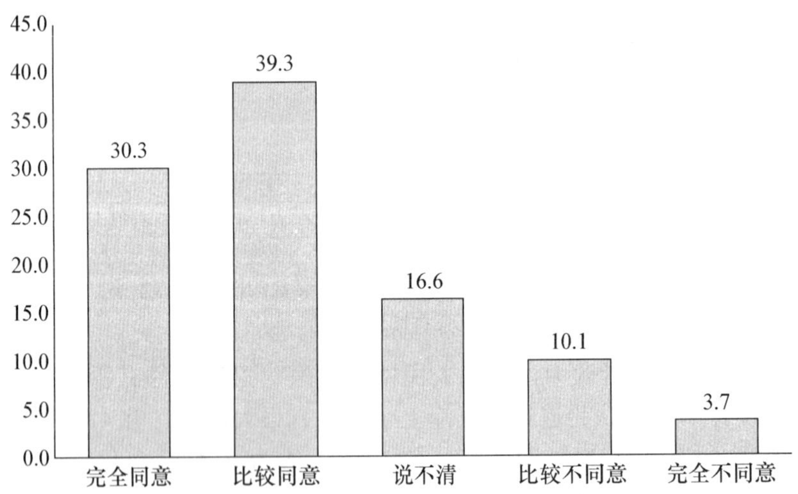

图附-31　受访者对于我国这些年来的发展是否使人民群众能更加公平地享受各种医疗卫生服务的评价分布情况（%）

7. 食品安全

民以食为天，食以安为先。接连不断发生的恶性食品安全事故，让食

品安全问题一度成为整个社会关注的焦点问题。需要持之以恒加强食品安全监管，不断改进监管制度、监管体制，建设食品安全标准体系，健全法律法规体系和食品安全信用体系。

56.5%的受访者认为我国目前仍然存在食品安全问题。有26.2%的受访者认为我国目前食品安全问题非常严重，认为比较严重的比例为30.3%。表示说不清的比例为18.3%，认为不太严重的比例为17.4%，认为不严重的比例为7.8%（见图附-32）。

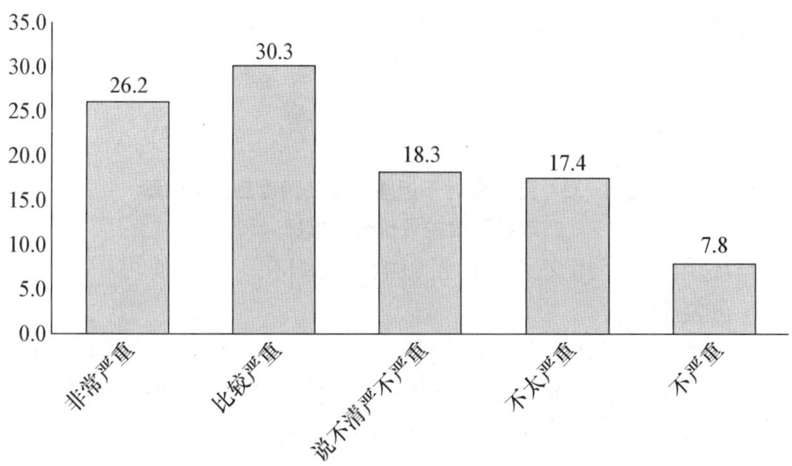

图附-32　受访者对于我国食品安全问题严重程度的评价分布情况（%）

超过六成的受访者认为我国食品安全问题近几年来有所改善。受访者中认为我国食品安全问题有很大改善的比例为16.4%，认为有一些改善的比例为44.9%，二者合计占61.3%。认为食品安全问题基本没变化的比例为26.6%，认为有一点恶化的比例为6.3%，认为有很大恶化的比例为5.8%（见图附-33）。

8. 环境

“绿水青山就是金山银山。”良好的生态环境不仅是人类生存与健康的基础，也是经济社会发展的基础。我国的环境问题首先体现在环境污染，包括水污染、大气污染、固体废弃物污染，其次体现在自然生态环境破坏，包括土壤环境破坏、水环境破坏、草原退化、森林锐减、生物多样性减少

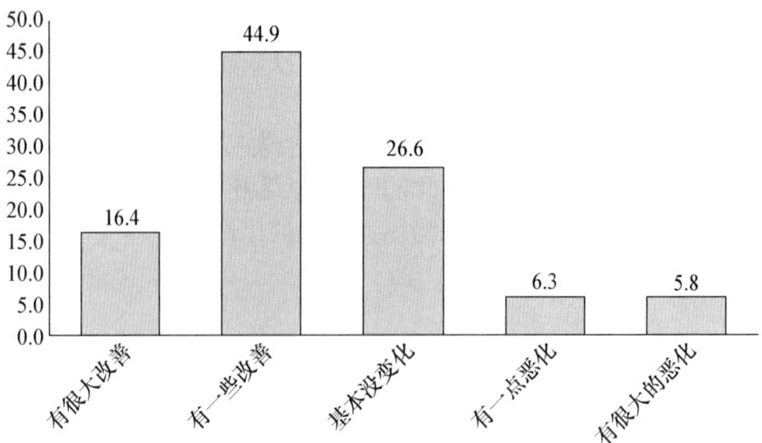

图附-33　受访者对于近些年来我国食品安全问题改善程度的评价分布情况（%）

等。两类环境问题互相交叉，相互影响，交织在一起，使得中国面临的环境问题十分复杂。

43.6%的受访者认为我国环境问题依然严重。有16.1%的受访者认为我国的环境问题非常严重，认为比较严重的占27.5%。表示说不清楚的比例为10.5%，认为不太严重或不严重的比例分别为31.1%和14.9%（见图附-34）。

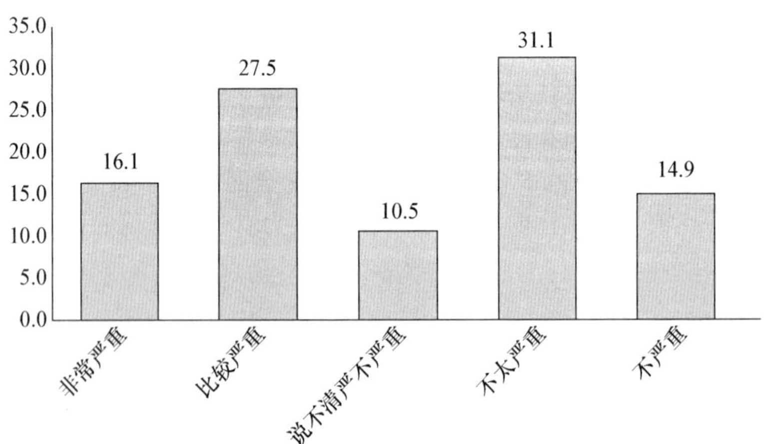

图附-34　受访者对于我国环境污染问题严重程度的评价分布情况（%）

超四分之三的受访者认可我国近几年来环境问题有所改善。有28.6%的受访者认为近几年来我国环境问题有了很大改善，46.9%的受访者认为我国环境问题有了一些改善，二者合计达75.5%。认为基本没变化的比例为15.0%，有一点恶化或有很大恶化的比例分别为5.3%和4.3%（见图附-35）。

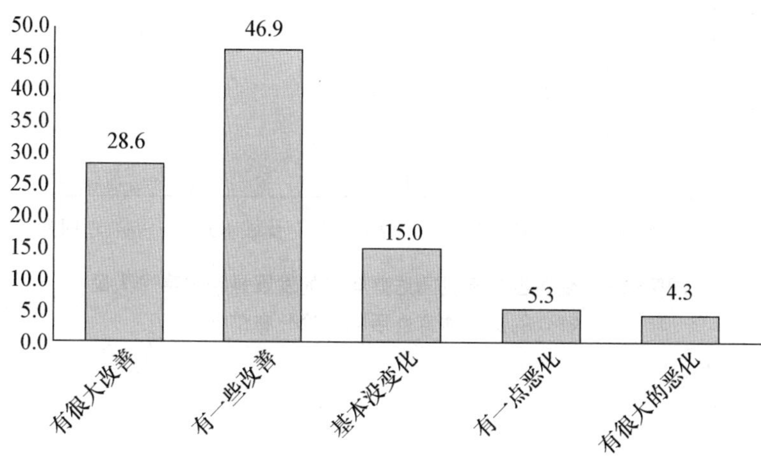

图附-35 受访者对于近些年来我国环境污染问题改善程度的评价分布情况（%）

9. 文化体育

文化是一个国家、一个民族的灵魂，文化自信是“四个自信”的重要组成部分。社会主义满足人民对美好生活的新期待，必须提供丰富的精神食粮。发展社会主义文化，建设社会主义文化强国，就要促进文化事业和文化产业不断健康发展，进一步完善文化体制，建设现代文化产业和市场体系。

超过八成的受访者认为我国这些年来的发展丰富了人民群众的文化体育生活。对此说法表示完全同意的比例为42.8%，表示比较同意的比例为40.1%，二者合计为82.9%。表示说不清的比例为11.2%，表示比较不同意或完全不同意的比例分别为4.6%和1.3%（见图附-36）。

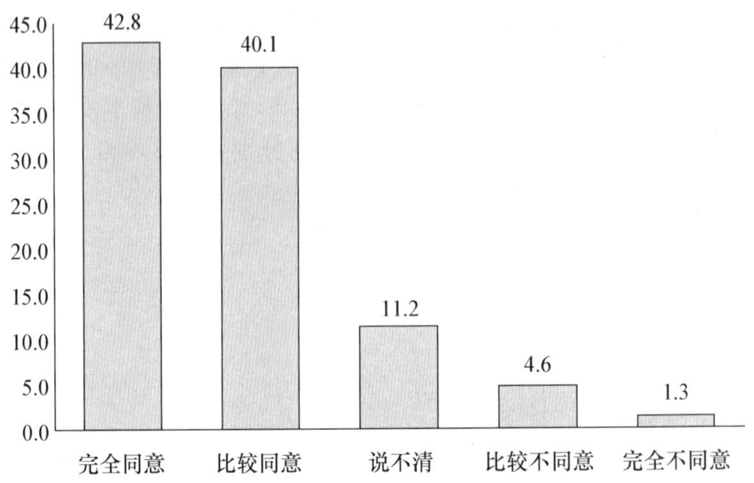

图附-36　受访者对于我国这些年来的发展是否丰富了人民群众的文化体育生活的评价分布情况（%）

五、不同社会群体的获得感与幸福感差异

根据受访者在问卷中民生领域各方面的应答情况，我们构建了各项民生问题的幸福感与获得感指数，将幸福感、教育、收入与分配、劳动与就业、住房、养老、医疗卫生、食品安全、环境、文化体育等 10 个模块中各小题分别赋值，各题目中“非常幸福”“有很大的提高”“完全同意”“完全是”“非常满意”“完全公平”等正向评价赋值为 5 分，“非常不幸福”“有很大降低”“完全不同意”“完全不是”“非常不满意”“完全不公平”等负向评价赋值为 1 分，中间的各项则分别赋值 4、3、2 分，最后由各项取平均得出受访者在该维度上的幸福感、获得感指数（范围 1～5分），以此来测量不同社会群体在各民生领域的评价，也能反映民生领域依然存在的问题焦点领域。

根据图附-37，我们可以明显地看到，在各民生领域上，食品、环境是受访者获得感指数最低的两个方面，其次是收入与分配问题，再次是养老、住房，受访者获得感指数较高的是教育、医疗和文体方面。如果分析不同

职业的受访者在各民生领域的获得感情况，则可以发现，不同职业间在收入、医疗、文体上的获得感、幸福感指数比较一致，在食品、环境等问题上的获得感指数则差异较大，综合来看，工人、初级劳动者、个体工商户的获得感指数高于其他职业群体。

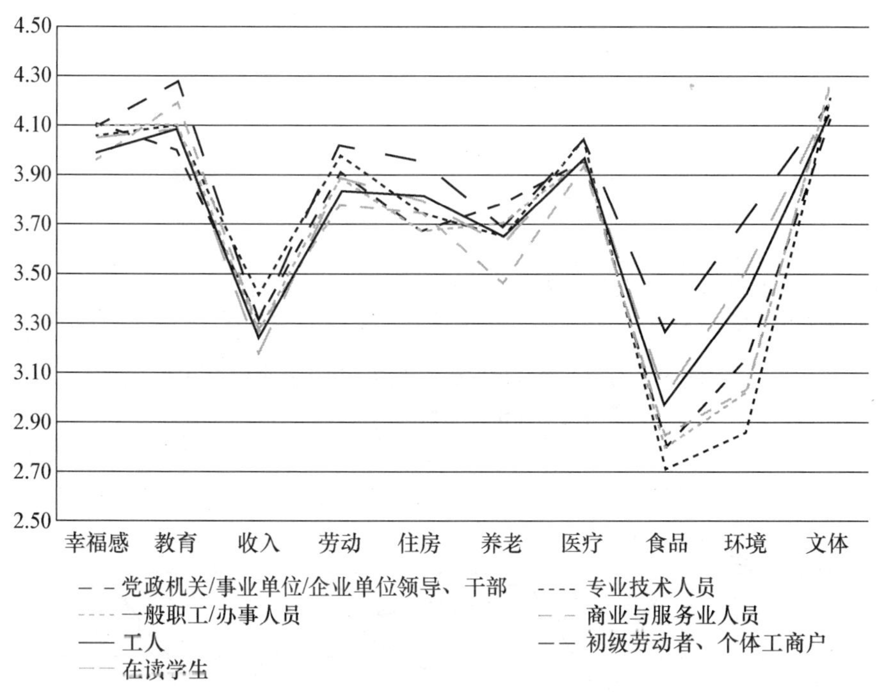

图附-37 分职业群体的受访者对于民生各领域幸福感、获得感的评价分布情况（%）

根据图附-38，也可以发现，在各民生领域上，食品、环境是受访者意见最为突出的两个方面，且不同受教育程度的受访者在该领域的幸福感、获得感指数得分差异较大，受教育程度较低的受访者在此两项领域上的幸福感、获得感得分较高。在教育、医疗、文体等方面，不同受教育程度的受访者意见趋向一致，均给予较高评价。

根据图附-39，可以发现，在养老、食品、环境及住房问题上，男性受访者的获得感显著高于女性受访者。

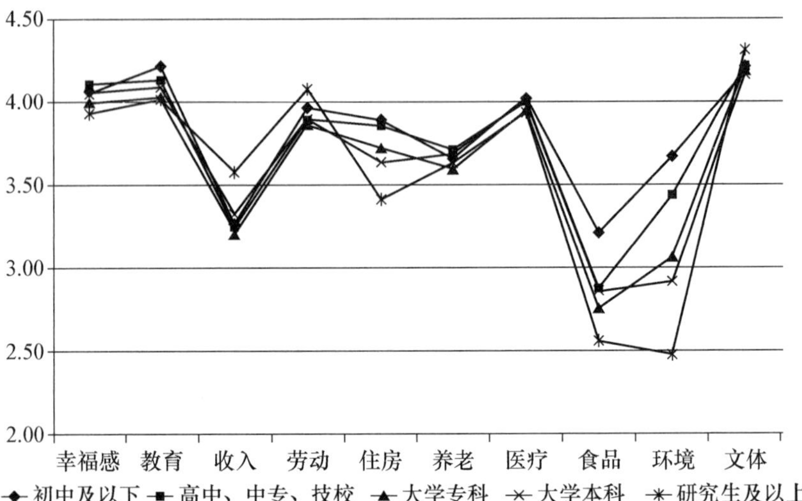

图附-38　分受教育程度的受访者对于民生各领域幸福感、获得感的评价分布情况（%）

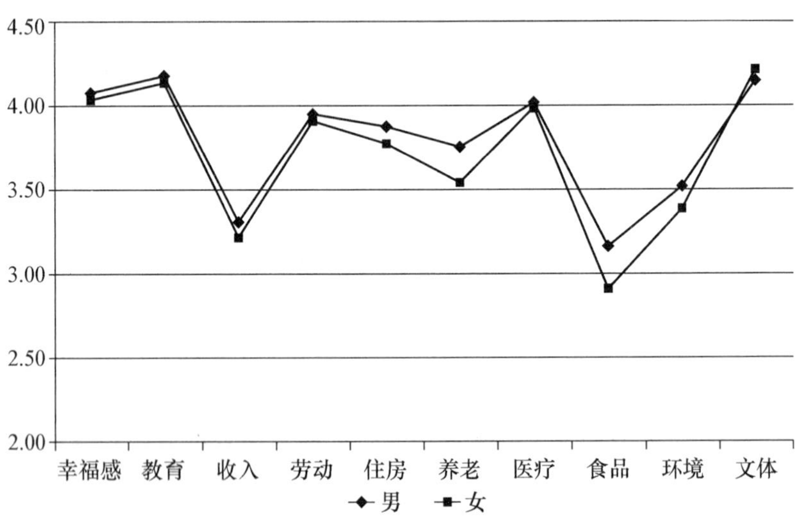

图附-39　分性别的受访者对于民生各领域幸福感、获得感的评价分布情况（%）

六、总结与结论

不断加强和改善民生，在发展中补齐民生短板，是让人民群众共享改革发展成果的重要内容。调查显示，党的十八大以来，在以人民为中心的发展思想引领下，随着一大批惠民举措落地实施，受访群众对过去五年来民生各项领域的发展给予高度评价：高达九成的受访者认为我国这些年来的发展给人民提供了更多的受教育机会，超过一半的受访者近五年来的实际收入有所增长，约超过四分之三的受访者认可我国这些年来的发展为人民提供了更多的就业机会，近八成受访者表示近年来的住房条件有所改善和提高，约八成的受访者认为人民群众的养老保障有所改善，超近八成的受访者认为人民群众的基本医疗保障近年来有所改善，超过四分之三的受访者认可我国近几年来环境问题有所改善，超过八成的受访者认为我国这些年来的发展大大丰富了人民群众的文化体育生活。这些调查结果显示了近年来民生各领域的发展得到了大部分群众的直接感受与高度认可，人民群众进一步提高了幸福感、获得感和信心。调查显示：近八成的受访者感觉自己生活幸福，85.9%的受访者认为这些年来的发展提高了自己的物质水平，86.1%的受访者表示对未来有信心。

在充分肯定民生领域发展成就取得群众认可的前提下，我们也要清醒地认识到，不平衡、不充分发展的问题已经成为现阶段民生发展领域面临的重要矛盾与障碍，民生领域还有不少短板，城乡差距、阶层差距、区域差距依然较大，改革发展成果需要更加公平地惠及全国各地区、社会各阶层。调查显示：有 31.9%的受访者对我国公共服务资源的均衡程度不满意，有 36.6%的受访者认为目前我国收入分配不公平，9.9%的受访者近五年来的实际收入没有提高甚至下降，18.2%的受访者认为群众的基本居住需求没有得到很好满足，34.9%的受访者担心自己的养老问题，56.5%的受访者认为我国食品安全问题严重，43.6%的受访者认为我国环境污染问题严重。民生领域发展的不平衡不充分，影响着人民日益增长的美好生活需要的满足，也影响着群众获得感、幸福感的进一步提升。我们要更加努力地做好普惠性、基础性、兜底性民生建设，让民生领域改革发展成果更加看得见、摸得着，不断增进人民群众在共建共享发展中的获得感、幸福感、安全感。

后　　记

自2002年恢复出版以来，《中国人民大学中国社会发展研究报告》作为中国人民大学社会学理论与方法研究中心主持编写的年度报告已经出版到第16部。聚焦社会发展领域的重大主题和热点问题，是本报告长期坚持的传统。

党的十九大提出“中国特色社会主义进入新时代，我国社会主要矛盾已经转化为人民日益增长的美好生活需要和不平衡不充分的发展之间的矛盾”，这是以习近平同志为核心的党中央基于我国基本国情的阶段性变化所做出的重大论断，也是党治国理政思想的新发展。作为以社会良性运行和协调发展的条件和机制为研究对象、以“增促社会进步、减缩社会代价”为核心理念的学问，社会学理应将如何更好满足人民日益增长的美好生活需要、如何解决发展的不平衡不充分的问题作为自己研究的中心议题。因此，我们将今年报告的主题确定为“更好满足人民美好生活需要”，组织相关领域的专家学者开展了初步的调查研究。

在发展中补齐民生短板、促进社会公平正义，是更好满足人民美好生活需要的必然要求。本报告围绕影响人们获得感、幸福感、安全感的若干突出问题进行了调查分析，总结成就，分析问题，并在汇集专家意见的基础上提出一些政策建议。本报告由一个总报告、十二个子报告和一个附录构成。各部分标题和写作人员如下：

总报告　补短板、促民生，更好满足人民美好生活需要（中国人民大学社会与人口学院暨社会学理论与方法研究中心洪大用教授、中共中央党校社科部社会学教研室王道勇教授、中国人民大学社会与人口学院暨社会学理论与方法研究中心黄家亮副教授）。

第一章　精准扶贫面临的深层挑战及关键对策（华中师范大学社会学院陆汉文教授、博士研究生彭堂超、硕士研究生梁爱有）。

第二章　就业形势与未来展望（中国劳动和社会保障科学研究院就业创业研究室陈云副研究员）。

第三章　优先发展教育事业（中国人民大学教育学院罗云副教授）。

第四章　完善收入分配体制机制（中国人民大学社会与人口学院朱斌讲师）。

第五章　完善国民健康服务体系（中国社会科学院社会政策研究中心房莉杰副研究员、王宇研究助理）。

第六章　健全养老服务体系（中国人民大学社会与人口学院谢立黎讲师）。

第七章　完善住房保障体系（中国人民大学公共管理学院黄燕芬教授）。

第八章　加强社会保障体系建设（中国人民大学劳动人事学院韩克庆教授）。

第九章　保障食品药品安全（中国人民大学公共管理学院刘鹏教授）。

第十章　完善文化体育服务体系（中国政法大学新闻传播学院张森副教授）。

第十一章　积极应对人口发展新挑战（中国人民大学社会与人口学院宋健教授）。

第十二章　生态环境的优先议题及对策（中国人民大学环境学院宋国君教授）。

附录　2017 年度发展获得感及民生满意度调查报告（中国人民大学中国调查与数据中心王卫东副教授）。

本报告摘要及目录的英文翻译工作由我的博士生何钧力承担，中国人民大学社会与人口学院的李荷副教授对译文进行了校对。

本报告的各位编写者均是相应领域术有专攻的学者，相信他们的艰辛努力能够为关心民生事业发展的各界人士提供一定的参考和启示。当然，由于各种客观和主观原因，本报告也一定存在诸多疏漏与不足，恳请读者批评指正，以利不断改进。

需要说明的是，本报告的基础是我主持的两项课题研究成果：第一个课题是 2017 年年初由教育部社科司委托的“全面深化社会建设的目标、任务和重点举措研究”，第二个课题是 2017 年年中由国家发改委社会发展司与中国人民大学共建的社会发展研究院委托的“坚持以人民为中心的发展思想，着力解决人民群众最关心的实际问题”。这两个课题的顺利完成，有力地支撑了本报告的撰写工作。前期参与过课题的中国人民大学劳动人事学院杨伟国教授、中国人民大学教育学院李立国教授、中国人民大学科研处谷曙光副处长和北京市民政局社会福利管理处李树丛副处长，因故没有再参加本报告的撰写，在此一并致谢。另外，加强和创新社会治理也与民生事业密切相关，但是考虑到社会治理是需要另行研究的系统性课题，我们没有在本报告中专门论述。在后续的研究中，我们将予以深入分析。最后，特别需要感谢的是，本报告的执行副主编黄家亮副教授在协助我组织课题和报告撰写中发挥了重要作用。报告初稿完成后，他也进行了初步的统稿工作，付出了很多时间与精力。作为执行主编，我策划了报告主题，组织了研究人员，拟定了研究计划和写作内容，参与总报告写作，并对报告进行通读和修订。最终报告经由主编集体审定。

主编　洪大用

中国人民大学社会学理论与方法研究中心

2018 年 5 月

图书在版编目(CIP)数据

中国人民大学中国社会发展研究报告. 2018：更好满足人民美好生活需要/张建明，洪大用，刘少杰主编. —北京：中国人民大学出版社，2018.8
ISBN 978-7-300-26139-3

Ⅰ.①中… Ⅱ.①张… ②洪… ③刘… Ⅲ.①社会发展-研究报告-中国-2018 ②人民生活-生活水平-研究报告-中国-2018 Ⅳ.①D668

中国版本图书馆 CIP 数据核字（2018）第 190978 号

中国人民大学
中国社会发展研究报告 2018
更好满足人民美好生活需要
主　　编　张建明　洪大用　刘少杰
执行主编　洪大用
执行副主编　黄家亮
Zhongguo Shehui Fazhan Yanjiu Baogao 2018

出版发行	中国人民大学出版社		
社　　址	北京中关村大街 31 号	**邮政编码**	100080
电　　话	010－62511242（总编室）		010－62511770（质管部）
	010－82501766（邮购部）		010－62514148（门市部）
	010－62515195（发行公司）		010－62515275（盗版举报）
网　　址	http://www.crup.com.cn		
	http://www.ttrnet.com(人大教研网)		
经　　销	新华书店		
印　　刷	涿州市星河印刷有限公司		
规　　格	155 mm×235 mm　16 开本	**版　　次**	2018 年 8 月第 1 版
印　　张	22.5 插页 3	**印　　次**	2018 年 8 月第 1 次印刷
字　　数	363 000	**定　　价**	78.50 元